Geschichte *plus*

Brandenburg
Neubearbeitung

Redaktion: Dr. Frank Erzner, Dr. Christine Keitz
Kartografische Beratung: Prof. Dr. Wolfgang Plapper
Bildassistenz: Dagmar Schmidt

Illustrationen: Hans Wunderlich
Kartenherstellung: Peter Kast, Ingenieurbüro für Kartografie, Schwerin
Layout und technische Umsetzung: Bernd Schirok

www.cornelsen.de

Webtipps zum Fach finden Sie unter folgender Adresse:
http://www.cornelsen.de/internet-lotse

Die Links zu externen Webseiten Dritter, die in diesem Lehrwerk angegeben sind,
wurden vor Drucklegung sorgfältig auf ihre Aktualität geprüft. Der Verlag übernimmt
keine Gewähr für die Aktualität und den Inhalt dieser Seiten oder solcher,
die mit ihnen verlinkt sind.

1. Auflage, 2. Druck 2010

Alle Drucke dieser Auflage sind inhaltlich unverändert
und können im Unterricht nebeneinander verwendet werden.

© 2008 Cornelsen Verlag, Berlin

Das Werk und seine Teile sind urheberrechtlich geschützt.
Jede Nutzung in anderen als den gesetzlich zugelassenen Fällen bedarf
der vorherigen schriftlichen Einwilligung des Verlages.
Hinweis zu den §§ 46, 52a UrhG: Weder das Werk noch seine Teile dürfen ohne eine
solche Einwilligung eingescannt und in ein Netzwerk eingestellt oder
sonst öffentlich zugänglich gemacht werden.
Dies gilt auch für Intranets von Schulen und sonstigen Bildungseinrichtungen.

Druck: CS-Druck CornelsenStürtz, Berlin

ISBN 978-3-06-064767-5

 Inhalt gedruckt auf säurefreiem Papier aus nachhaltiger Forstwirtschaft.

Inhaltsverzeichnis

Aufbruch in eine neue Zeit und Welt .... 9 – 44
    Kapitelauftaktseite, Kartenseite .... 9 – 10

Teil I: Neues Wissen und Denken – die Renaissance .... 11 – 17
    1. Ein neues Bild vom Menschen 11
    2. Ein neues Bild der Erde und der Welt 13
    3. **Vertiefungsseiten:** Der Fall Galileo Galilei 14
    4. Fortschritte in Navigation, Schiffbau und Buchdruck 16

Teil II: Die Entdeckungsfahrten .... 18 – 26
    1. Der Seeweg von Europa nach Indien 18
    2. Kolumbus entdeckt Amerika 20
    3. Die Reich der Inka in Amerika 22
    4. Das Reich der Azteken wird zerstört 24
    5. Die neue Welt wird ausgebeutet 25

Teil III: Die Reformation und ihre Folgen .... 27 – 32
    1. Kaiser und Reich um 1500 27
    2. Die römische Kirche um 1500 28
        Methodenseite: Arbeit mit Bildern und Karikaturen 31
    3. Luther: Gibt es einen gnädigen Gott? 32
    4. Luthers Lehre – zwischen Landesherren und Kaiser 34
    5. Die Glaubensspaltung im Heiligen Römischen Reich 36
    6. Das Zeitalter der Konfessionen in Europa 38
    7. **Vertiefungsseiten:** Die Verfolgung von „Hexen" und „Ketzern" 40

    Zeitstrahl – Aufbruch in eine neue Zeit und Welt 42
    Zusammenfassung – Aufbruch in eine neue Zeit und Welt 43
    Check-up-Seite: Das solltest du können! 44

Längsschnitt: **Kriege und Friedensschlüsse im Wandel** .... 45 – 60
    Auftaktseite 45

    1. Der Peloponnesische Krieg – Bruderkrieg in Griechenland 46
    2. Rom und Karthago – zwei Rivalen im Mittelmeerraum 48
    3. Die Kreuzzüge des Mittelalters – Kriege im Namen Gottes? 50
    4. Bauern führen Krieg gegen ihre Herren 52
    5. Der Dreißigjährige Krieg 1618 – 1648 56
    6. Der Siebenjährige Krieg 1756 – 1763 58
    7. Lassen sich Kriege verhindern? 60

Absolutismus und Aufklärung .... 61 – 84
Kapitelauftaktseite, Kartenseite .... 61 – 62

    1. Der Hof des Königs – Zentrum der Macht 63
    2. Grundlagen der Herrschaft des Königs 66

Methodenseite: Arbeit mit Schaubildern 67
3. Die Aufklärung – Herrschaft der Vernunft als Ideal 70
4. Brandenburg-Preußen – der Aufstieg zur Großmacht 72
5. Friedrich der Große – „der erste Diener seines Staates"? 74
6. August der Starke – Kurfürst und König in Sachsen 76
7. Russland – das Tor nach Westen wird aufgeschlossen 78
8. Europäische Machtpolitik im Zeitalter des Absolutismus 80
9. **Vertiefungsseite:** Absolutistische Machtpolitik – die Teilungen Polens 81

Zeitstrahl – Absolutismus und Aufklärung 82
Zusammenfassung – Absolutismus und Aufklärung 83
Check-up-Seite: Das solltest du können! 84

Bürgerliche Revolutionen/Napoleon .... 85 – 140
Kapitelauftaktseite, Kartenseite .... 85 – 86

Teil I: England und Nordamerika .... 87 – 105
1. Die englische Krone festigt ihre Macht 87
2. Bürgerkrieg und Ausgleich zwischen Krone und Parlament 90
3. Englands Aufstieg zur führenden Handelsmacht 92
4. Kolonien – Europäer siedeln in Nordamerika 94
5. England und die Kolonien – der Weg in die Unabhängigkeit 96
6. Die Vereinigten Staaten – ein neuer, gemeinsamer Staat 98
7. Der nordamerikanische Kontinent wird erschlossen 100
8. **Vertiefungsseiten:** Geschichte und Kultur der Indianer 102
9. Bürgerkrieg und rechtliche Gleichstellung der Farbigen 104

Teil II: Die Französische Revolution .... 106 – 122
1. Frankreich vor 1789 – die Krise des Ancien Régime 106
2. Sommer 1789 – die Revolution der Bürger und Bauern 108
3. Frankreich wird konstitutionelle Monarchie 110
4. Die Revolution gerät in Gefahr 112
Methodenseite: Arbeit mit Rollenspielen 115
5. Frauen in der Revolution – Kampf um Gleichstellung 116
6. Der große Schrecken – die Diktatur der Jakobiner 118
7. Das Direktorium – die Republik der gemäßigten Bürger 122

Teil III: Napoleon und die Auswirkungen der Revolution in Europa .... 123 – 140
1. Das Ende der Revolution! – Der Aufstieg Napoleons 123
2. Das Ende des Heiligen Römischen Reiches 126
3. Französisches Vormachtstreben in Europa 128
4. Niederlage und Reformen in Preußen 130
5. Das Ende der napoleonischen Herrschaft in Europa 134
6. **Vertiefungsseiten:** Napoleon: General oder Staatsmann? 136

Zeitstrahl – Bürgerliche Revolutionen 138
Zusammenfassung – Bürgerliche Revolutionen 139
Check-up-Seite: Das solltest du können! 140

Längsschnitt: Menschenrechte und Demokratie .... 141 – 144

Die deutsche Revolution von 1848 .... **145 – 170**
    Kapitelauftaktseite, Kartenseite .... 145 – 146

1. Europa und Deutschland nach dem Sturz Napoleons 147
2. Freiheit und Einheit: die Ziele des deutschen Bürgertums 150
3. Revolutionäre Vorboten in Deutschland und Europa 152
4. **Vertiefungsseiten:** Biedermeier – der Rückzug ins Private 154
5. Elend, Hunger und soziale Unruhen 156
6. Das Jahr 1848 – Revolutionen in Deutschland und Europa 158
   Methodenseite: Eine Erkundung durchführen 161
7. Die Frankfurter Nationalversammlung 162
8. Das Scheitern der Revolution – Gründe und Folgen 166

   Zeitstrahl – Die deutsche Revolution von 1848 168
   Zusammenfassung – Die deutsche Revolution von 1848 169
   Check-up-Seite: Das solltest du können! 170

Industrialisierung und soziale Frage .... **171 – 198**
    Kapitelauftaktseite, Kartenseite .... 171 – 172

1. Produktions- und Wirtschaftsformen verändern sich 173
2. England – Mutterland der Industrie 175
3. Beginn der Industrialisierung in Deutschland 178
4. Schwerpunkte und Zentren der deutschen Industrialisierung 180
5. Schattenseiten: Wohnungsnot und Umweltprobleme 182
6. Industrialisierung und soziale Frage 184
   Methodenseite: Arbeit mit Wandzeitungen 187
7. Lösungsversuche der sozialen Frage 188
8. **Vertiefungsseiten:** Die Anfänge der deutschen Frauenbewegung 192
9. **Vertiefungsseiten:** Marx, Engels und die deutsche Arbeiterbewegung 194

   Zeitstrahl – Industrialisierung und soziale Frage 196
   Zusammenfassung – Industrialisierung und soziale Frage 197
   Check-up-Seite: Das solltest du können! 198

Längsschnitt: Industrialisierung und Kinderarbeit .... 199 – 202
Längsschnitt: Berlin – von der Gründung bis zur Industrialisierung .... 203 – 208
Längsschnitt: Geschichte der Arbeit .... 209 – 212
Längsschnitt: Erziehung zum Bürger – von der Antike
              bis zur preußischen Bildungsreform .... 213 – 220

Das Deutsche Kaiserreich .... **221 – 240**
Kapitelauftaktseite, Kartenseite .... 221 – 222

1. Peußen wird Vormacht in Deutschland 223
2. Drei Kriege und ein Staatsakt – die Reichsgründung 225
   Methodenseite: Arbeit mit Bildern 227
3. Politik im Kaiserreich 228
4. Eine Gesellschaft voller Widersprüche 230
5. **Vertiefungsseiten:** Die Anfänge des deutschen Sozialstaates 232

6. Wirtschaft und Gesellschaft im Kaiserreich 234
7. Die Außenpolitik Bismarcks 236

    Zeitstrahl – Das Deutsche Kaiserreich 238
    Zusammenfassung – Das Deutsche Kaiserreich 239
    Check-up-Seite: Das solltest du können! 240

Imperialismus und Erster Weltkrieg . . . . **241 – 272**
Kapitelauftaktseite, Kartenseite . . . . 241 – 242

Teil I: Die Aufteilung der Welt . . . . 243 – 252
1. Aus Kolonialismus wird Imperialismus 243
2. Motive und Rechtfertigung des Imperialismus 244
3. Großbritannien – eine imperialistische Weltmacht 246
4. Ein Platz an der Sonne – Deutschland will Weltmacht werden 248
5. Deutsch-Südwestafrika – der Völkermord an den Herero 250
   Methodenseite: Arbeit mit Quellen 251
6. Entkolonisierung 252

Teil II: Auf dem Weg in den Ersten Weltkrieg . . . . 253 – 257
1. Bündnispolitik und Flottenbauprogramm 253
2. Krisenregion Balkan 256

Teil III: Der Erste Weltkrieg . . . . 258 – 269
1. Kriegsbeginn und Kriegsbegeisterung 258
2. Der Verlauf des Krieges 260
3. Kriegswirtschaft und „Heimatfront" 264
4. Kapitulation und Zusammenbruch der Monarchie 266
   Methodenseite: Suche von Informationen mit dem Internet 268
5. **Vertiefungsseiten:** Historiker diskutieren über die Frage
   der Kriegsschuld 269

    Zeitstrahl – Imperialismus und Erster Weltkrieg 270
    Zusammenfassung – Imperialismus und Erster Weltkrieg 271
    „Check-up"-Seite: Das solltest du können! 272

Lösungen zu den Check-up-Seiten 273
Sach- und Personenverzeichnis 280
Begriffslexikon 284
Bildnachweis 288

Vordere und hintere innere Umschlagklappen:
Zeitstrahlen und Umrisskarten der Kapitel

Aufbruch in eine neue Zeit und Welt

Christoph Kolumbus entdeckte 1492 eine den Europäern unbekannte, neue Welt. Sie nahmen das Land in Besitz, später nannten sie es „Amerika". Martin Luther begründete 25 Jahre später in Deutschland eine neue Religionslehre, die sich bald in Europa und später auch in Amerika und anderen Regionen der Welt verbreitete. Es war eine Zeit, in der viele Menschen eine neue Art des Denkens, des Forschens, Glaubens und des Zusammenlebens anstrebten.

Aufbruch in eine neue Zeit und Welt

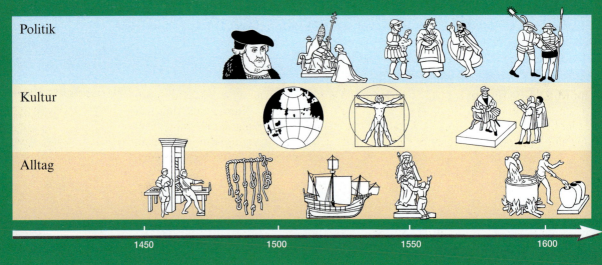

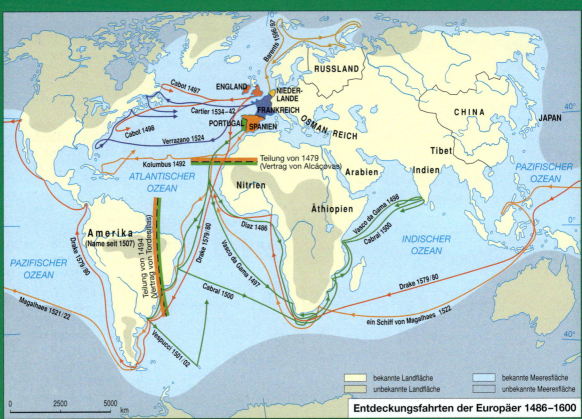

ARBEITSAUFTRAG

Beschreibe die Fahrtrouten der Entdecker und nenne ihre Herkunftsländer. Erkläre den Einfluss der Verträge von Alcáçovas (1479; s. S. 20) und Tordesillas (1494) zwischen Portugal und Spanien auf die Fahrtrouten.

Teil 1: Neues Wissen und Denken – die Renaissance

1. Ein neues Bild vom Menschen

Im Mittelalter verstanden sich die Menschen als Teil einer festgefügten Ordnung. Jeder hatte darin seinen von Gott und der sozialen Herkunft vorbestimmten Platz. Das Leben auf der Erde galt Vielen nur als ein von Sünde und Strafe belastetes Durchgangsstadium zum himmlischen Paradies. Daher war die Initiative der mittelalterlichen Menschen zur Veränderung und Verbesserung ihrer oft bedrückenden Lage nur gering. Dieses starre Weltbild löste sich zwischen dem 15. und 17. Jahrhundert allmählich auf. Was waren die Ursachen? Und wie sahen die Menschen nun ihre Umwelt?

Im Mittelpunkt der Mensch – Ausgangspunkt des neuen Welt- und Menschenbilds waren die oberitalienischen Handelszentren wie Genua, Pisa, Venedig sowie die aufstrebenden Hansestädte Mittel- und Nordeuropas wie Antwerpen, Lübeck, Magdeburg. Von dort breiteten sich die Gedanken der **Renaissance** (dt.: Wiedergeburt) und des **Humanismus** (von lat.: *humanus* = menschenfreundlich) allmählich in Europa aus. Ihre Anhänger verbanden damit antike Ideale in der Kunst und Architektur. Vor allem aber vertraten sie ein **neues Menschenbild**,

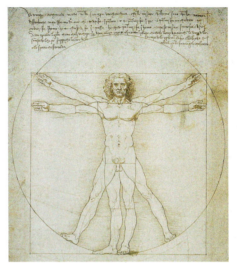

PERSONENLEXIKON

LEONARDO DA VINCI. 1452–1519. Maler, Bildhauer, Architekt und Erfinder. Er stand u. a. in den Diensten der Familie Medici in Florenz.

B2 Menschliches Maß nach Leonardo da Vinci, um 1490

Q1 Pico della Mirandola in seiner Schrift „Über die Würde des Menschen" (1486):

In die Mitte der Welt habe ich dich gestellt, damit du von da aus leichter betrachten kannst, was in der Welt geschaffen ist. Weder himmlisch noch irdisch, weder sterblich noch unsterblich haben wir dich gemacht, damit du gleichsam mit eigenem Verständnis und zu eigener Ehre dein Schöpfer und Bildner seiest, in welcher Form immer du dich ausgestaltest. Du kannst zu den niedersten Geschöpfen der Tierwelt entarten. Du kannst dich aus eigenem Willensentschluss in die höheren, das heißt göttlichen Regionen wiedergebären.
(In: Europäische Geschichte, BSV, S. 660)

Q3 In dem Roman „Sofies Welt" von Jostein Gaarder erklärt der Lehrer Alberto Knox den Begriff „Renaissance":

Alberto: Dass Religion und Wissenschaft ein freieres Verhältnis zueinander entwickelten, führte zu einer neuen wissenschaftlichen Methode […]. Auf diese Weise wurde das Fundament für zwei wichtige Umwälzungen des 15. und 16. Jahrhunderts gelegt, nämlich für die *Renaissance* und die *Reformation*.
Sofie: Lass uns eine Umwälzung nach der anderen anschauen.
Alberto: Unter Renaissance verstehen wir eine umfassende kulturelle Blütezeit, die gegen Ende des 14. Jahrhunderts einsetzte. Sie begann in Norditalien, verbreitete sich aber rasch nach Norden.
Sofie: Hast du nicht gesagt, dass Renaissance „Wiedergeburt" bedeutet?
Alberto: Doch, und das, was wiedergeboren werden sollte, waren die Kunst und die Kultur der Antike […]. Das Motto lautete: „Zurück zu den Quellen!", und die wichtigste Quelle war der Humanismus der Antike.
(Jostein Gaarder: Sofies Welt. Ein Roman über die Geschichte der Philosophie, München/Wien 1993, übers. von Gabriele Haefs, Seite 234 f. Gekürzt)

das den Anspruch jedes Einzelnen auf Individualität, persönliche Freiheit und Würde betonte.

Impulse der Veränderung – Zwischen dem 10. und 12. Jahrhundert waren die Araber aus dem Mittelmeerraum zurückgedrängt worden. Der neu aufblühende Fernhandel kam vor allem den **oberitalienischen Handelsstädten** und den Städten des **Hansebunds** zugute. Deren Bürger hatten sich über Jahrhunderte hinweg in teils erbitterten Kämpfen von der Herrschaft ihrer Landesherren befreit. Nun konnten sie den Nutzen und Gewinn aus der Freiheit ziehen. Denn in ihren Städten blühten der Fernhandel und die gewerbliche Produktion auf. Mächtige Handelsdynastien wie die MEDICI in Florenz oder die FUGGER in Augsburg entstanden.

Wo Gewerbe und Handel florieren, da entstehen auch **Zentren der Kultur und der Wissenschaft.** Die Künstler der Renaissance griffen Themen und Formen der griechisch-römischen Antike auf. Dabei schufen sie – von reichen Mäzenen gefördert – einzigartige Kunstwerke der Malerei, der plastischen Kunst und Architektur. Auch die Wirkungsstätten vieler bedeutender Naturforscher jener Zeit waren meist reiche Wirtschaftszentren.

B5 „Statue des David", Michelangelo, 1504

PERSONENLEXIKON

COSIMO DE MEDICI, 1389–1464. Bankier in Florenz. Er übte ab 1434 die Stadtherrschaft in Florenz aus.

> **Q 4** Der Italiener Gianozzo Manetti schrieb 1452:
>
> Die Welt ist wohl von Gott geschaffen, aber der Mensch hat sie verwandelt und verbessert. Denn alles, was uns umgibt, ist unser
> 5 eigenes Werk, das Werk des Menschen; alle Wohnstätten, alle Schlösser, alle Gebäude aus der ganzen Welt. [...] Von uns sind die Gemälde, die Skulpturen; von uns
> 10 kommen der Handel, die Wissenschaften, die philosophischen Systeme. Von uns kommen alle Erfindungen und alle Arten von Sprachen und Literatur.
>
> (In: John R. Hale: Fürsten, Künstler, Humanisten. Renaissance: Anbruch der Neuzeit, Hamburg 1973, S. 26. Gekürzt)

B 6 „Die Schule von Athen". Gemälde von Raffael, 1510 n. Chr. Der Maler hat in seinem Bild Gelehrte verschiedener Jahrhunderte und Regionen zusammengeführt; im Zentrum Platon [1] und Aristoteles [2], ferner Sokrates [3], Heraklit [4], Diogenes [5], Ptolemäus u. a. m.

ARBEITSAUFTRÄGE

1. Erkläre mithilfe von Q 3 den Begriff „Renaissance".
2. Beschreibe und interpretiere B 2, B 5 und B 6. Erläutere für alle drei Abbildungen, wie die Maler bzw. Bildhauer ihr Verständnis der Renaissance zum Ausdruck bringen.
3. Stelle anhand von Kernsätzen in Q 1 und Q 4 zusammen, welches Menschenbild zum Ausdruck kommt.

2. Ein neues Bild der Erde und der Welt

Nach dem mittelalterlichen Weltbild der Kirche war die Erde eine auf dem Ozean schwimmende Scheibe. Viele Jahrhunderte lang befuhren Seeleute die Meere in der Angst, zu weit aufs offene Meer hinauszufahren und vom Rand der Scheibe hinabzustürzen. Wie kam es zur Veränderung dieses überkommenen Weltbilds?

Im Mittelpunkt die Erde? – In den großen Seefahrernationen jener Zeit hatten Erfahrung und Beobachtungen seit Anfang des 15. Jahrhunderts dazu geführt, dass die in der Antike bekannte Kugelgestalt der Erde neu entdeckt wurde. Nach dem Weltbild des PTOLEMÄUS aus dem 2. Jahrhundert n. Chr. stand die kugelförmige Erde im Zentrum der Welt. Dieses Weltbild nennt man **geozentrisch** (= die Erde im Mittelpunkt stehend).

Auch gemäß der Lehre der Kirche stand die Erde im Mittelpunkt der Schöpfung. Denn nach der Bibel kreisten Sonne und Sterne um die Erde. Aber zahlreiche Beobachtungen mit den neu entwickelten Fernrohren zeigten, dass die Bewegungen der Planeten und Sterne mit diesem Modell der Welt nicht zu erklären waren.

Kopernikus revolutioniert den Himmel – An die Stelle des geozentrischen Weltbilds setzte NIKOLAUS KOPERNIKUS 1543 ein Modell der Planeten, in dem nicht die Erde, sondern die Sonne im Mittelpunkt steht (**= heliozentrisches Weltbild**). Doch sein Modell, das durch viele Beobachtungen bestätigt wurde, stieß auf die Missbilligung der Kirche. Denn mit der Erde sei auch der Mensch aus dem Mittelpunkt der Schöpfung gerückt worden.

PERSONENLEXIKON

NIKOLAUS KOPERNIKUS, 1473–1543. Geb. in Polen. Arzt, Finanzfachmann und Astronom. Im „Hauptberuf" Domherr in Frauenburg. Begründer des heliozentrischen Weltbilds

Q3 Leonardo da Vinci: „Der Urgrund jeder Wissenschaft", 1509:

1 Man sagt, dass die Erkenntnis, die von der Erfahrung erzeugt wird, rein handwerksmäßig sei, und nur diejenige wissenschaftlich [sei], die
5 im Geist entsteht und endet […]. Doch scheint mir, dass jene Wissenschaften eitel und voller Irrtümer sind, die nicht geboren wurden aus der Erfahrung, der Mutter
10 jeder Gewissheit, oder nicht in einer bekannten Erfahrung endet […].
Keine menschliche Untersuchung kann als wahre Wissenschaft
15 bezeichnet werden, wenn sie nicht durch mathematische Beweise geht. [Dagegen muss man] Wissenschaft, die nur im Verstand beginnt und auch endet, […] aus vie-
20 len Gründen leugnen, hauptsächlich, weil in solchen Beweisführungen keine Erfahrung ist, ohne die es keine Gewissheit gibt.
(In: Schulze, H. und Paul, I. U. [Hg.]: Europäische Geschichte, München 1994, S. 660. Gekürzt)

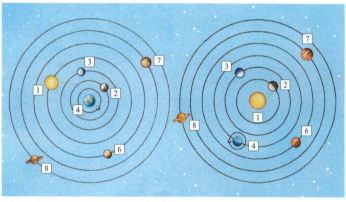

B2 Das geozentrische Weltbild des Ptolemäus, um 150 n. Chr. (links) und das heliozentrische Weltbild des Kopernikus, um 1543 (rechts). [1] Sonne, [2] Merkur, [3] Venus, [4] Erde mit Mond [5], [6] Mars, [7] Jupiter, [8] Saturn

ARBEITSAUFTRÄGE

1. Beschreibe, wie Erde und Sonne in den beiden Abbildungen von B2 zueinander stehen. Überlege und erkläre, warum die Menschen lange Zeit die geozentrische Anordnung von Erde und Sonne für richtig hielten.
2. Formuliere mit eigenen Worten die beiden Methoden der wissenschaftlichen Erkenntnis, die Leonardo in Q3 beschreibt.
3. Kannst du Gründe dafür nennen, warum die Kirche das heliozentrische Weltbild des Kopernikus lange Zeit ablehnte?

3. Der Fall Galileo Galilei

Rom, im Juni 1633: Der nahezu siebzigjährige, bereits zu Lebzeiten hoch angesehener Physiker und Astronom GALILEO GALILEI kniet im Büßerhemd vor einem päpstlichen Gericht. Seine rechte Hand liegt auf der Bibel, in der linken hält er eine brennende Kerze. Er schwört, alles zu glauben, was die Heilige Kirche für wahr halte, und die „falsche" Meinung, dass die Sonne Mittelpunkt der Welt und unbeweglich sei, aufzugeben. Wie kam es zu diesem Prozess und wie verhielten sich Wissenschaft und Kirche am Beginn der Neuzeit zueinander?

Leben und Werk Galileis – Bereits im Alter von 25 Jahren lehrte Galilei an der Universität von Pisa. Dort veröffentlichte er seine bahnbrechenden Untersuchungen zu den Fallgesetzen. Ab 1610 war er als Hofmathematiker des Großherzogs der Toskana in Florenz von allen Lehrverpflichtungen freigestellt und konnte sich ganz seiner astronomischen Forschung widmen. Mithilfe des zu Galileis Zeit erfundenen Fernrohrs machte er zahlreiche Entdeckungen. Viele davon waren mit dem seit der Spätantike vorherrschenden geozentrischen Weltbild des Ptolemäus nicht erklärbar.
Galilei war daher davon überzeugt, dass das von Nikolaus Kopernikus im 16. Jahrhundert entwickelte **heliozentrische Weltbild** richtig ist (vgl. B 2, S. 13). Zu seinen Lebzeiten freilich fehlten für das Modell des Kopernikus noch die endgültigen Beweise.

Galilei im Konflikt mit der Kirche – Das heliozentrische Weltsystem des Kopernikus hatte die Kirche zunächst nicht bekämpft. Erst als Wissenschaftler daran gingen, ihre Erkenntnisse über das von der Kirche vertretene Weltbild zu stellen, wurde das Werk des Kopernikus 1616 von der Kirche auf den **„Index der verbo-**

PERSONENLEXIKON

GALILEO GALILEI, 1564–1642. Mathematiker und Astronom. Er wurde wegen seines Eintretens für das heliozentrische Weltbild 1633 vom Inquisitionsgericht der Kirche zum Widerruf gezwungen und zu unbefristeter Haft verurteilt. 1992 wurde Galilei von der Kirche rehabilitiert.

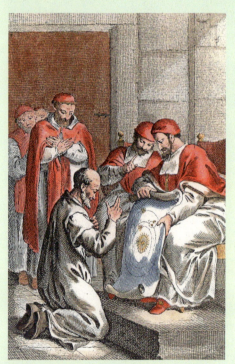

B1 Galilei widerruft 1633 seine Lehre vor dem päpstlichen Inquisitionsgericht, Radierung von J. C. Krüger, 1779

Q2 In einem Brief äußerte sich Galilei 1613 über das Verhältnis von Bibelauslegung und Naturwissenschaften:

Die Heilige Schrift kann weder lügen noch irren; ihre Aussagen sind von absoluter und unverbrüchlicher Wahrheit. Ihre Interpreten und Ausleger jedoch können sich irren. Die Schrift enthält viele Sätze, die nach ihrem Wort-
5 sinn von der Wahrheit abweichen, aber so formuliert wurden, um dem Fassungsvermögen des gemeinen Volkes entgegenzukommen. Es ist das Amt weiser Ausleger […], die wahren Bedeutungen der Bibelstellen herauszufinden und in Übereinstimmung zu bringen mit den physikali-
10 schen Folgerungen, die uns vermöge der Sinne oder durch notwendige Schlussfolgerungen als sicher und gewiss gelten. Ich würde es für klug halten, wenn es niemandem erlaubt wäre, die [Heilige] Schrift zu nötigen und sie zu zwingen […]. Ich denke, dass die Autorität der Hei-
15 ligen Schrift einzig das Ziel hat, die Menschen von dem zu überzeugen, was notwendig für das Seelenheil ist. Aber ich denke nicht, dass es notwendig ist zu glauben, dass derselbe Gott, der uns unsere Sinne, Vernunft und Intelligenz gegeben hat, wünschen könnte, dass wir da-
20 von keinen Gebrauch machen.

(In: Albrecht Fölsing, Galileo Galilei – Prozess ohne Ende. Eine Biographie. München und Zürich 1983. S. 284 ff. Gekürzt.)

3. Der Fall Galileo Galilei

tenen Bücher" gesetzt. Die kopernikanische Lehre stehe im Widerspruch zum Wortlaut der Bibel und den Schriften der Kirchenväter. Sie dürfe daher nicht als Tatsache, sondern lediglich als „Gedankenexperiment" dargestellt werden.

Galilei bekannte sich dennoch öffentlich zum Planetenmodell des Kopernikus, das er als eine wissenschaftlich belegte Tatsache beschrieb. Zwar versuchte er, das neue Weltbild mit den biblischen Texten in Einklang zu bringen. Doch als Galilei 1632 eine satirische Rechtfertigung der Kopernikanischen Theorie erscheinen ließ, fühlten sich seine kirchlichen Gegner öffentlich verspottet. Der Papst zitierte ihn nun vor das **Inquisitionsgericht,** um ein Zeichen der päpstlichen Autorität zu setzen. Im Juni 1633 musste Galilei nach dem vierten Verhör vor dem Inquisitionsgericht und der Androhung der Folter seine Auffassung widerrufen. Er wurde zu lebenslangem Hausarrest und Lehrverbot verurteilt.

Der Prozess gegen Galilei war indes mehr als eine Auseinandersetzung um ein astronomisches Weltbild oder die Auslegung einer Bibelstelle. Die Kirche wollte noch einmal erzwingen, dass die Gültigkeit wissenschaftlicher Erkenntnisse allein von ihr beschieden wurde. 🌐/1

Q3 Viertes Verhör des Galilei durch das Inquisitionsgericht der Kirche in Rom am 21.06.1633 (Auszug):

Frage: Ob er von sich aus etwas zu sagen habe.
Galilei: Ich habe nichts zu sagen.
Frage: Ob er für wahr halte [...], dass die Sonne das Zentrum der Welt und die Erde nicht das Zentrum der Welt sei und sich auch in täglicher Umdrehung bewege.
Galilei: Vor langer Zeit, d.h. vor der Entscheidung der heiligen Indexkongregation und bevor mir jene Ermahnung [durch die Kirche] erteilt wurde, war ich unentschieden und hielt die beiden Lehren des Ptolemäus und des Kopernikus für diskutabel [...].
Protokoll: Es wurde ihm gesagt, dass vielmehr aus seinem Buch und aus den [für beide Theorien] vorgebrachten Argumenten [...] er der Lehre des Kopernikus anhänge; und man daher, wenn er sich nicht zum Bekennen der Wahrheit entschließe [...], zur Tortur schreiten werde [...].
Galilei: Ich bin hier, um Gehorsam zu leisten. Und ich habe diese Lehre [des Kopernikus] nicht für wahr gehalten.

(Krämer-Badoni, R., Galileo Galilei, Frankfurt/M., Berlin 1992, Seite 305 f. Gekürzt)

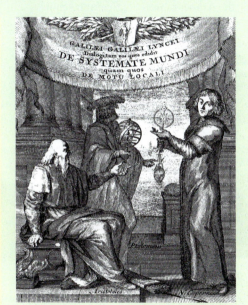

B4 „Zwei Weltbilder". Galileis Schrift „Dialog über die zwei Weltsysteme" von 1632 zeigt den antiken Astronomen Ptolemäus (Mitte), Nikolaus Kopernikus (rechts) und den antiken Philosophen Aristoteles (links). Kupferstich um 1700

ARBEITSAUFTRÄGE

1. Beschreibe und interpretiere B1. Welchen Eindruck vermitteln die dargestellten Personen und das ganze Bild?
2. Lies und analysiere den Brief Galileis in Q2. Erläutere die Position und die Argumente, die Galilei hinsichtlich des Inhalts und des Wortlauts der Bibel formuliert. Wie kann nach Auffassung Galileis der Widerspruch zwischen Bibeltext und wissenschaftlichen Erkenntnissen aufgelöst werden?
3. Lies den Auszug aus dem Verhörprotokoll (Q3) und beurteile sowohl das Verhalten der Kirche als auch das von Galilei.
4. Beschreibe B4 und erläutere, warum Galilei auf dem Titelblatt seiner Schrift diese drei Personen abbilden ließ.
5. Informiere dich in der Bibliothek oder im Internet über die Funktion und den Ablauf eines Inquisitionsverfahrens. 🌐/2

4. Fortschritte in Navigation, Schiffbau und Buchdruck

Das 15. und 16. Jahrhundert waren für die Europäer die Phase des Übergangs vom Mittelalter zur Neuzeit. Zwei Ereignisse pägten diesen Übergang besonders:
- die großen **Entdeckungsfahrten** nach Afrika, Asien und Amerika,
- die sprunghaft einsetzende Vervielfältigung des Wissens durch die Erfindung des **Buchdrucks** mit beweglichen Lettern.

Was waren die Voraussetzungen dafür?

Araber vermitteln Kenntnisse – Seit dem 8. Jahrhundert herrschten die Araber in weiten Teilen des Orients und in Spanien. Zwischen ihnen und den europäischen Städten gab es regen Handel und wissenschaftlichen Austausch. Die Araber kannten aus der Antike die Kugelgestalt der Erde und besaßen bereits ausgeklügelte **Navigationsinstrumente,** mit deren Hilfe sie die Position eines Schiffes auf dem Meer und seinen geografischen Breitengrad feststellen konnten. Diese Instrumente wurden in den europäischen Handels- und Hafenzentren weiterentwickelt. In Portugal gründete Heinrich der Seefahrer um 1420 eine berühmte „**Seefahrtschule",** um Schiffsführer für Entdeckungsfahrten zu schulen.

B1 Globus des Martin Behaim, 1492

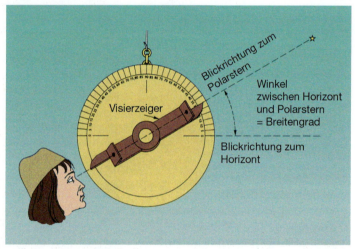

B3 Astrolabium zur Bestimmung des Breitengrads, Rekonstruktion

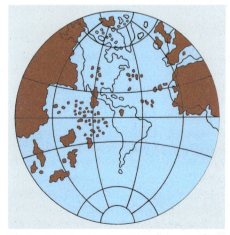

B2 Erdkugel nach der Vorstellung um 1500

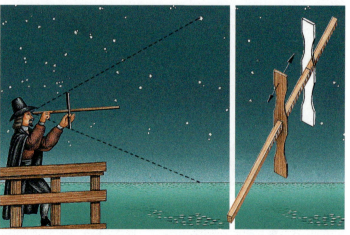

B4 Jakobsstab zur Bestimmung des Breitengrads. Rekonstruktion

4. Fortschritte in Navigation, Schiffbau und Buchdruck

Papier wurde in China bereits seit dem 2. Jahrhundert n. Chr. genutzt. Im 12. Jahrhundert kam es durch die Araber nach Europa. Zuvor waren wichtige Bücher auf Pergament (= gegerbte Tierhaut) geschrieben worden; und zwar jedes einzelne Buch für sich.
Doch Papier war nicht nur wesentlich billiger. Nun konnte erstmals von geschnitzten **Holztafeln** gedruckt werden. Der Drucker spritzte Tinte auf die hervorstehenden Schriftzeichen der Tafel und presste dann Papier darauf.

Drucken von Büchern – Der Durchbruch in der Technik des Buchdrucks gelang JOHANNES GUTENBERG 1448. Er stellte einzelne **Lettern** (Buchstaben) aus Metall her. Daraus konnte er einzelne Wörter und ganze Buchseiten immer wieder neu zusammensetzen. Die Buchproduktion wurde wesentlich einfacher und Bücher wurden sehr viel preiswerter.

Die neue Buchdrucktechnik setzte sich in kurzer Zeit in ganz Europa durch. Die Buchproduktion stieg beachtlich. Nahezu 20 Millionen Bücher wurden zwischen 1457 und 1500 hergestellt. So wurde der Buchdruck zum wichtigsten Wegbereiter für die Verbreitung von Wissen, Bildung und von Nachrichten. 🌐/3

T5 Neue Messinstrumente und bessere Schiffe für die Seefahrt:

1. <u>Jakobsstab</u>: Instrument zur astronomischen Winkelmessung und zur Ermittlung des Breitengrades,
<u>Astrolabium</u>: Instrument zur Be-
5. stimmung des Breitengrades und zur Orientierung auf hoher See,
<u>Seekompass</u>: Der Kompass kam über China und Arabien im 12. Jh. nach Europa; als Seekompass war
10. er seit dem 15. Jh. im Einsatz.
<u>Schiffskonstruktion</u>: Die „Santa Maria" des Kolumbus war eine so genannte „Karacke". Sie verband die Transportkapazität einer Kogge
15. mit der Manövierfähigkeit einer Karavelle und konnte Waren oder Proviant bis zu 600 t befördern.

(Vom Autor nach verschiedenen Quellen zusammengestellt)

PERSONENLEXIKON

JOHANNES GENSFLEISCH ZUR LADEN, genannt: GUTENBERG, ca. 1394–1468. Goldschmied und Schreiber in Mainz. Erfinder des Buchdrucks mit beweglichen Lettern

ARBEITSAUFTRÄGE

1. Erläutere mit B1–B4 und T5 den Zusammenhang zwischen den technischen Neuerungen in der Navigation und der Möglichkeit von Entdeckungsreisen über das offene Meer. 🌐/3
2. Beschreibe B6 und den Ablauf in einer Druckerei des 16. Jh. mit eigenen Worten. Begründe, warum viele Menschen den Buchdruck als wichtigste Erfindung der Neuzeit bezeichnen.

B6 Eine Buchdruckerei im 16. Jahrhundert: Die Buchherstellung begann bei den Setzern (hinten rechts). Sie „setzten" den Text aus einzelnen Lettern in einen Satzrahmen. Es folgte das Korrekturlesen (hinten links). Die druckfertigen Platten wurden dann mit Druckerschwärze und Lederballen eingefärbt (vorne rechts). Nachdem der Papierbogen übergelegt war (vorn links), wurde mit der Druckpresse gedruckt.

Teil II: Die Entdeckungsfahrten

1. Der Seeweg von Europa nach Indien

Eines der wichtigsten Ereignisse zu Beginn der Neuzeit waren die Entdeckungsreisen der Europäer in den Orient, nach Afrika und Indien und später nach Amerika. Viele Menschen stürzten sich in das Abenteuer, die unbekannten Teile der Erde zu entdecken. Getrieben wurden sie vom Wunsch, ihre Ideen zu verwirklichen, vom christlichen Missionsauftrag, vor allem aber vom Verlangen nach kostbaren Handelswaren, Gold und Reichtum. Und viele wollten einen Seeweg nach Indien entdecken. Warum war dieser Seeweg nach Indien, der die alten Handelswege zu Lande ersetzen sollte, für die Europäer nun so wichtig?

Orientwaren werden teuer – In Europa war der Bedarf an Waren aus dem Orient groß. Besonders gefragt waren Gewürze aller Art, aber auch Seide und Elfenbein. Doch der traditionelle Orienthandel, insbesondere der mit Indien, war nicht leicht: Die türkischen und arabischen Kaufleute hatten den Handel mit Orientwaren fest im Griff. Ein direkter Handel mit Indien war nicht möglich, denn das Osmanische Reich versperrte den Weg und wachte streng über sein Handelsmonopol. So mussten die europäischen Kaufleute die begehrten Waren sehr teuer von den Türken und Arabern kaufen.

Q1 Aus dem Tagebuch des Alvaro Velho: Der Weg der Gewürze [...]:

1 Von diesem Lande Kalikut kommen folgende Gewürze: Viel Ingwer, Pfeffer und Zimt. Von der Insel Malakka kommt die Gewürznelke
5 nach Kalikut. Dort nehmen die Schiffe aus Mekka die Gewürze an Bord und bringen sie zu einer Stadt, die in der Gegend von Mekka liegt und Jiddah heißt. Dort lö-
10 schen sie die Ladung und zahlen dem großen Sultan ihren Zoll. Dann werden die Gewürze in kleinere Schiffe geladen, die sie durch das Rote Meer zu einem Ort brin-
15 gen, der bei St. Katharina am Sinai liegt und Suez heißt. Auch hier wieder bezahlen sie Zoll. Dort laden die Kaufleute die Gewürze auf Kamele um und bringen sie in zehn
20 Tagen nach Kairo, wo sie erneut Zoll zu bezahlen haben. [...] In Kairo laden sie die Gewürze von neuem in Schiffe um. Auf dem Nil fahren sie zwei Tage bis zu dem Ort
25 Rosette, und hier zahlen sie wieder Zoll. Nun lädt man die kostbare Fracht von neuem auf Kamele und bringt sie in einer Tagesreise in eine Stadt, die Alexandria heißt und
30 eine Hafenstadt ist. Dorthin kommen die venezianischen und genuesischen Galeeren, um diese Gewürze zu kaufen.

(In: W. Reinhard: Geschichte der europäischen Expansion, Bd. 1, Stuttgart 1983, S. 52 f. Gekürzt)

B3 So stellten sich die Europäer damals die Menschen anderer Kontinente vor. Zeichnungen von S. Münster um 1450

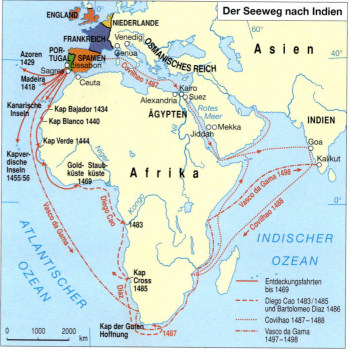

K2

1. Der Seeweg von Europa nach Indien

Hinzu kam, dass die europäischen Länder keine vergleichbaren Waren für den Austausch anzubieten hatten und sie deswegen mit **Gold** bezahlen mussten. Dadurch floss immer mehr Gold aus Europa nach Konstantinopel und in die Handelsstädte Kleinasiens und Nordafrikas. In Europa wurde Gold immer knapper und wertvoller, sodass viele Abenteurer auf Entdeckungsreisen nach sagenhaften Goldschätzen gingen.

Portugal sucht einen neuen Weg – Zu Beginn des 15. Jahrhunderts schickte PORTUGAL, ein armes Land am Rande Südwesteuropas, Schiffe in Richtung Südafrika. Warum begannen die **Entdeckungsfahrten** in Portugal?

Portugal war bereits 1248 von den Arabern, die das Land viele Jahrhunderte beherrscht hatten, befreit worden. Bis 1385 erkämpfte Portugal dann seine Unabhängigkeit von Kastilien, dem großen Königreich in der Mitte Spaniens. König JOHANN I. (1357–1433) war entschlossen, die Position seines Landes gegenüber Spanien zu stärken. 1415 überfiel sein Heer die nordafrikanische Hafenstadt CEUTA. Die Portugiesen erbeuteten nicht nur eine Menge Gold, sie eigneten sich auch gleich die ganze Stadt an.

Das war der Auftakt für die weiteren Entdeckungs- und Eroberungsfahrten der Portugiesen. Portugiesische Karavellen (= hochseetüchtige, wendige Segelschiffe) fuhren an der Westküste Afrikas entlang und machten dort die Gewürze und das Gold Afrikas ausfindig. Organisator der Entdeckungs- und Handelsfahrten wurde der jüngste Sohn König Johanns, PRINZ HEINRICH (1394–1460). Er gründete in Sagres an der südwestlichen Spitze Portugals eine **Seefahrtakademie**. Dort wurden die Grundlagen für die künftigen Expeditionen erarbeitet, auf denen um Afrika herum der Seeweg nach Indien gesucht wurde.

Über Kap Bojador hinaus? – Ein vermeintliches Hindernis auf dem Weg nach Süden war KAP BOJADOR auf der Höhe der Kanarischen Inseln. Dahinter, so erzählte man sich, würde das Wasser moorig und klebrig, sodass die Schiffe stecken blieben. Hier lebten Drachen, Menschen mit Hundsköpfen und Seeschlangen, die ganze Schiffe verschluckten.

Im Jahr 1433 gelang es endlich Kapitän GIL EANES, Kap Bojador zu umfahren. Er berichtete Prinz Heinrich, dass auch hinter diesem Kap eine Weiterfahrt möglich sei. In den folgenden Jahrzehnten drangen die portugiesischen Schiffe immer weiter nach Süden vor. BARTOLOMEO DIAZ erreichte 1487 die Südspitze Afrikas. 1498 gelangte VASCO DA GAMA als Kommandant einer kleinen portugiesischen Flotte auf dem **Seeweg nach Indien.** Das Ziel war erreicht. Das große Geschäft konnte beginnen. Portugal wurde reich und stieg zur Weltmacht auf.

PERSONENLEXIKON

VASCO DA GAMA, ca. 1469–1524. Gouverneur eines portugiesischen Hafens. Fand 1498 den Seeweg nach Indien. Zuletzt portugiesischer Vizekönig in Indien

B4 Der Fürst von Kalikut begrüßt 1498 Vasco da Gama

ARBEITSAUFTRÄGE

1. Miss in K 2 die Entfernung von Ceuta bis Kalikut über die Meere und die Entfernung auf dem in Q 1 beschriebenen Land-/Seeweg. Welcher Weg ist länger?
2. Suche die Orte aus Q 1 in K 2. Schreibe nun eine Rede: Der Schatzmeister erklärt dem portugiesischen König, weshalb sich der lange Seeweg (vgl. K 2) nach Indien doch lohnt.
3. Beschreibe B 3. Diskutiere, was für die Menschen in Europa damals eine Reise auf einen anderen Kontinent bedeutete.
4. Die Portugiesen hatten auf den Entdeckungsfahrten nach Indien viele fremde Völker kennen gelernt. Betrachte B 4 und schreibe auf, was Vasco da Gama empfunden haben könnte.

Kolumbus entdeckt Amerika

Portugals Konkurrent auf dem Atlantischen Ozean war Spanien. Doch erst im Jahr 1492, also 77 Jahre nach der Eroberung Ceutas durch Portugal, schickte das spanische Königspaar eine Flotte auf den Weg nach Indien. Warum erst jetzt?

Auf der Iberischen Halbinsel hatten seit Jahrhunderten die freien Grafschaften und Königreiche gegen die Araber gekämpft. Die **Reconquista,** die Wiedereroberung des Landes von den Arabern, wurde 1492 abgeschlossen. Als letzte von den Arabern beherrschte Stadt wurde Granada dem spanischen Herrscherpaar ISABELLA VON KASTILIEN und FERDINAND VON ARAGON übergeben.

Erst jetzt konnte Spanien mit Portugal um die Entdeckung neuer Länder und den Seeweg nach Indien wetteifern. Doch es gab eine wichtige Beschränkung für Spaniens Entdeckerdrang: Im **Vertrag von Alcáçovas** (1479) hatte sich Portugal das Monopol auf alle Gebiete, die südlich der Kanarischen Inseln liegen, gesichert. Für Spanien bedeutete das: Seine Schiffe konnten zwar bis zu den Kanarischen Inseln fahren, dann aber nur in westlicher (und nicht in südlicher) Richtung weitersegeln.

Kolumbus erhält einen Auftrag – Der aus Genua stammende Kaufmann und Seemann CHRISTOPH KOLUMBUS (1451–1506) hatte schon lange einen Plan entwickelt: Er wollte den östlichen Teil Asiens auf dem Seeweg nach Westen erreichen.

Kolumbus hatte gründlich Reiseberichte und Darstellungen über Ostasien gelesen. Er war überzeugt, er könne durch Han-

Rekonstruktion der Santa Maria. Foto

Q2 Brief des Wissenschaftlers Paolo Toscanelli aus Florenz an Christoph Kolumbus in Lissabon, um 1480:

1 Von deinem mutigen und großartigen Plan, auf dem Westwege, den dir die [von mir] übermittelte Karte anzeigt, zu den Ostländern [= Indien] zu segeln, nahm ich Kenntnis. Besser hätte er sich noch anhand einer runden
5 Kugel klar machen lassen. […]
Eine derartige Reise führt zu mächtigen Königreichen, berühmten Städten und Provinzen, die alles im Überfluss besitzen, was wir benötigen, auch alle Arten von Gewürzen in reicher Fülle sowie Edelsteine in großer Menge
10 aufweisen. […]
Aus diesem Grund bin ich keineswegs erstaunt, dass du, von hohem Sinn wie das ganze portugiesische Volk beseelt, vor Verlangen brennst, die Fahrt zur Wirklichkeit werden zu lassen. […]

(In: Eberhard Schmitt [Hg.]: Dokumente zur Geschichte der europäischen Expansion, Bd. 2, München 1984, S. 99. Gekürzt)

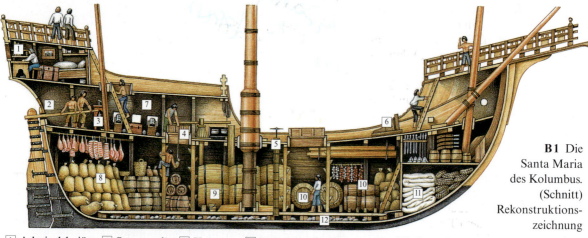

B1 Die Santa Maria des Kolumbus. (Schnitt) Rekonstruktionszeichnung

1 Admiralskajüte, 2 Steuerruder, 3 Kompass, 4 Luke zum Schiffsladeraum, 5 Entwässerungspumpe, 6 Hebevorrichtung für Anker und Segel, 7 Waffen- und Munitionskammer, 8 Essensvorräte, 9 Wasservorrat, 10 Lagerraum/Weinfässer, 11 Abstellkammer für Segel, Lagerraum für Taue, 12 Steine als Ballast

del mit diesen Gebieten zu Reichtum und Ruhm kommen. Außerdem könnte er dort zur Ausbreitung des Christentums beitragen. Er wollte den **Seeweg nach Westen** nehmen, weil er überzeugt war, dass dieser kürzer sei als die Route um Afrika herum. Seine ersten Anfragen bei den Herrschern Portugals und Spaniens waren vergeblich gewesen. Doch im Januar 1492 stimmte das spanische Königspaar endlich zu. Kolumbus wurde zum Admiral und zum Vizekönig ernannt „über alle Inseln und Festlande, die von ihm entdeckt und gewonnen werden". Er erhielt den zehnten Teil aller Schätze und Waren zugesichert, die aus den neuen Gebieten nach Spanien gebracht würden.

Amerika wird entdeckt – Die Flotte des Kolumbus bestand aus dem Flaggschiff SANTA MARIA sowie den Schiffen PINTA und NIÑA. Sie lichteten am 3. August 1492 ihre Anker und erreichten nach neun Tagen GOMERA, eine der Kanarischen Inseln. Nachdem die Lebensmittel sowie frisches Wasser ergänzt waren, ging die Fahrt am 6. September weiter. Nach 36 Tagen, am **12. Oktober 1492**, sichteten die Seefahrer Land: die Insel GUANAHANI. Sie gehört zu den vor der amerikanischen Küste liegenden Westindischen Inseln und heißt heute „Watlingsinsel".

Im März 1493 kehrte die Expedition nach Spanien zurück. Kolumbus wurde ein triumphaler Empfang bereitet. Noch im selben Jahr schickte ihn das Herrscherpaar mit 17 Schiffen, 1200 Menschen und einer großen Menge an Samen, Pflanzen und Haustieren zurück in das neu entdeckte Gebiet. Kolumbus sollte Gold suchen, das Land kolonisieren und die Eingeborenen zum christlichen Glauben bekehren. Als Verwalter war Kolumbus jedoch nicht erfolgreich und fiel beim spanischen Königspaar in Ungnade. Jahrelang prozessierte er vergeblich, um seinen Anteil an den Entdeckungen zu bekommen. Er starb 1506 verarmt und vergessen. Bis zu seinem Tod nahm er an, den Seeweg nach Indien gefunden zu haben. Er wusste nicht, dass er einen neuen Kontinent, Amerika, entdeckt hatte. 🔍/4

Q3 Aus dem Tagebuch des Kolumbus:

1 Freitag, 12. Oktober 1492
Sofort sammelten sich an jener Stelle [an der er, Kolumbus, von der Insel Guanahani Besitz ergriff] zahlreiche Eingeborene. In der Erkenntnis, dass es sich um Leute
5 handle, die man weit besser durch Liebe als durch das Schwert zu unserem Glauben bekehren könne, gedachte ich sie mir zu Freunden zu machen und schenkte also einigen von ihnen Kappen und Halsketten aus Glas und noch andere Kleinigkeiten von geringem Wert, worüber
10 sie sich ungemein erfreut zeigten. Sie wurden so gute Freunde, dass es eine helle Freude war. Sie erreichten schwimmend unsere Schiffe und brachten uns Papageien, Knäuel von Baumwollfaden und viele andere Dinge noch. Sie gaben und nahmen alles von Herzen gern.
15 Sonntag, 14. Oktober 1492
Die Bewohner besitzen keine besonderen Kenntnisse von Waffen, wovon Eure Hoheiten sich bei den sieben Leuten persönlich überzeugen können, die ich ergreifen ließ, um sie nach Spanien mitzubringen. Sollten Eure Hoheiten den
20 Befehl erteilen, alle Inselbewohner nach Kastilien zu schaffen oder aber sie auf ihrer eigenen Insel als Sklaven zu halten, so wäre dieser Befehl leicht durchführbar.

(In: Geschichte in Quellen, Bd. III, München 1982, S. 45 f. Bearbeitet)

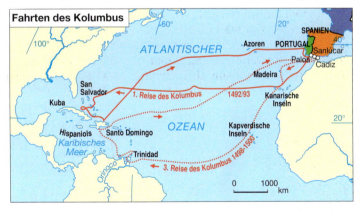

K 4

ARBEITSAUFTRÄGE

1. Die Matrosen kommen an Bord der Santa Maria. Zeige ihnen mithilfe von B 1, wo sie während der Reise wohnen werden.
2. Fasse die wichtigsten Aussagen von Q 2 zusammen. Welchen Einfluss auf die Routenwahl des Kolumbus hatte Toscanelli dem Anschein nach?
3. Heute sagen wir: „Kolumbus hat Amerika entdeckt". Erörtere diese Aussage mithilfe von K 4.
4. Lies und beurteile den Bericht des Kolumbus in Q 3. Schreibe nun einen Bericht aus der Sicht eines Eingeborenen.

3. Das Reich der Inka in Amerika

Zur Zeit der Ankunft der Spanier in Amerika gab es dort zwei große Reiche, das der AZTEKEN in Mittelamerika und das der INKA in Südamerika. Beide Reiche waren durch die Unterwerfung der Nachbarvölker in den hundert Jahren zuvor entstanden. Wie gestaltete sich das Verhältnis zwischen den indianischen Bewohnern und den Spaniern?

Der Inka: absoluter Herrscher – Im 14. Jahrhundert baute der kleine, kriegerische Stamm der INKA die Stadt CUZCO im Hochandental aus. Unter dem Häuptling PACHACUTEC YUPANQUI (1438–1471) wurden Gebiete entlang der südamerikanischen Pazifikküste erobert. Wie wurde das Inka-Reich regiert?

An der Spitze des Staates stand der **Sapa Inka** (= der Einzige Inka). Er galt als Abkömmling des Sonnengottes und war absoluter Herrscher. Ihm gehörte das Land. Die hohen Beamten entstammten der Adelsschicht und waren meist Verwandte des Inka. Sie teilten die Bevölkerung in gleichgroße Gruppen ein, um sie besser beherrschen zu können.

Aus mehreren Familien bestehende Gemeinschaften, Sippen, bearbeiteten das Land. Alle zwei Jahre wurde das Land neu aufgeteilt: Je ein Drittel wurde für den Inka, für die Verwaltungsbeamten und Priester und für die Sippe bebaut. Der Inka konnte die Menschen zwangsweise umsiedeln, wenn sie z. B. Straßen bauen oder neue Felder anlegen mussten.

Die Verwaltung des Staates – Das Inka-Reich war in vier Bezirke, die „Weltgegenden" aufgeteilt. Insgesamt gab es eine große Fülle von Produkten und Früchten. Deren Empfang und Weiterverteilung wurden von Beamten mithilfe von Knotenschnüren, den **Quipu**, aufgezeichnet. Sie ersetzten eine Schrift. Für die Verbindung zwischen den Reichsteilen

Süßkartoffel (Batata) und Ananas. Gezeichnet von Z. Wagner 1634/37 während eines Aufenthalts im heutigen Brasilien.

K1

B2 Der Inka leitet die Frühjahrsaussaat ein.

3. Das Reich der Inka in Amerika 23

sorgte ein über 40 000 Kilometer langes Straßennetz: Große Nord-Süd-Straßen verliefen entlang der Küste und auf den Hochebenen der Anden. Hier wurden Lasten transportiert und Truppen bewegt. An den Straßen gab es Rasthäuser und Warenlager. Läufer wurden stationiert, um Nachrichten aus dem ganzen Reich in die Hauptstadt Cuzco zu bringen.

Die Eroberung der „Neuen Welt" durch die Spanier hatte für die einheimische Bevölkerung einschneidende Folgen. Konnten sich die Indianer gegen die Menschen der „Alten Welt" und deren Kultur behaupten?

Pizarro erobert das Inka-Reich – Der spanische Abenteurer FRANCISCO PIZARRO (1476–1541) ließ sich 1529 von Kaiser Karl V. den Auftrag zur Eroberung des Inka-Reiches geben. 1531 landete er mit 180 Soldaten und etwa 30 Pferden an der Küste Perus und marschierte zur Stadt CAJAMARCA.

Den Inka ATAHUALPA ließ er gefangen nehmen und töten. Das war der Auftakt zur Eroberung Cuzcos und des gesamten Inka-Reiches bis 1571. Mit der Zerstörung der Inka-Herrschaft verfielen auch die Kultur, die Straßen und Bewässerungsanlagen des Reiches. Im Gebiet des heutigen Peru gründete Pizarro die Stadt LIMA. Sie wurde Hauptstadt des spanischen Vizekönigreichs Peru.

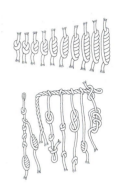

Knotenschnüre (Quipu) der Inkas

Q 3 Pedro Pizzaro über das Treffen mit dem Inka:

1 […] Da weinte Atahualpa, und er flehte sie an, ihn nicht zu töten, denn es befände sich kein einziger Indianer im Lande, der sich ohne
5 seinen Befehl gegen die Spanier erhebe. […] Atahualpa hatte seinen Frauen und den Indianern zu verstehen gegeben, dass er, wenn die Spanier seinen Körper nicht
10 verbrennen würden, aus dem Jenseits zurückkehren werde, da der Sonnengott, sein Vater, ihn auferwecke.
Daraufhin holten ihn die Spanier
15 auf den Platz, um ihn mit der Würgeschraube zu erdrosseln, und der […] Pater Vicente de Valverde predigte ihm und ermahnte ihn, sich zum Christentum zu bekehren. Da
20 fragte ihn Atahualpa, ob sie ihn verbrennen würden, wenn er Christ werde; und sie verneinten dies. Darauf sagte er, wenn er nicht verbrannt würde, wolle er sich taufen
25 lassen, und so taufte Bruder Vicente ihn, und sie erwürgten ihn mit der Garotte und bestatteten ihn anderntags in der Kirche, welche die Spanier in Cajamarca hatten.

(In: Urs Bitterli [Hg.]: Die Entdeckung und Eroberung der Welt. Dokumente und Berichte, Bd. 1, München 1980, S. 67. Gekürzt)

B 4 Machu Pichu. Stadt und Heiligtum der Inka in den Anden

ARBEITSAUFTRÄGE

1. Betrachte K 1. Miss die Ausdehnung der Reiche von Ost nach West und von Nord nach Süd. Informiere dich mithilfe des Atlas über heutige Staaten in diesem Gebiet.
2. Beschreibe B 2. Achte auf die dargestellten Gegenstände. Beurteile die Stellung des Inka.
3. Lies und beurteile Q 3. Spielt in der Klasse ein Rollenspiel, in dem Pater de Valverde wegen Beihilfe zum Mord angeklagt wird. Schreibt eine Anklage- und eine Verteidigungsschrift.
4. Beschreibe die Landschaft in B 4. Überlege: Was sagt die Landschaft über die Bewohner und ihre Kultur?

4. Das Reich der Azteken wird zerstört

Tenochtitlán und das Aztekenreich – Um 1300 gelangte der Stamm der Azteken in das Hochtal von Mexiko. Auf einer von Sümpfen umgebenen Insel im See gründeten sie 1325 die Stadt TENOCHTITLÁN. Sie wurde von den Azteken mit Kanälen, Tempeln, Palästen und Wohngebieten ausgebaut. Etwa 200 000 Menschen lebten hier. Auf den **Chinampas,** künstlichen Inseln aus Schilf und Schlamm, betrieben sie Landwirtschaft. Die wichtigste Frucht war Mais; hinzu kamen Bohnen, Kürbisse, Agaven und andere Früchte.

Ein kriegerischer Staat – Die Azteken verhielten sich gegenüber anderen Stämmen kriegerisch. Die benachbarten Stämme wurden unterworfen und zu Tributleistungen verpflichtet – meist Lebensmittel und Gebrauchsgegenstände. Die Azteken führten auch Kriege, um Gefangene zu machen und sie den **Göttern zu opfern.** Denn die Azteken glaubten, dass die Götter den Fortbestand ihres Volkes nur sicherten, wenn sie immer wieder Menschenblut erhielten.

Cortés erobert Tenochtitlán – Im Jahr 1519 landete der spanische Eroberer HERNAN CORTÉS mit etwa 500 Soldaten, 16 Pferden und 11 Kanonen an der Küste YUCATANS. Er war auf der Suche nach Gold und anderen Schätzen.

Zuerst suchte Cortés einen Dolmetscher, den er in einer Frau namens MALINCHE fand. Cortés erfuhr von einer alten aztekischen Legende, nach der ein **Priesterkönig der Vorzeit** zurückkehren und das Land fordern oder zerstören werde. Diese Legende machte er sich zunutze. Er konnte mit dem Einverständnis des Aztekenherrschers Montezuma 1519 in Tenochtitlán einziehen. Dort nahm er Montezuma gefangen. Nach erbittertem Kampf wurde Tenochtitlán von den Spaniern erobert, seiner Schätze beraubt und niedergebrannt. Später wurde an dieser Stelle die Stadt MEXIKO erbaut. Doch das Reich der Azteken war ausgelöscht.

Q1 Die Azteken berichteten einem Priester, um 1519:

1 Erschrocken hörte Montezuma [der Herrscher der Azteken] davon, wie die Kanone brüllt, wie ihr Donner trifft, dass man taub und ohnmächtig wird. Und die Gesandten berichten weiter: Sie kleiden sich ganz in Eisen, mit Eisen
5 bedecken sie ihren Kopf, aus Eisen sind die Schwerter, ihre Bogen, ihre Schilde und Lanzen. Sie werden von Hirschen auf dem Rücken getragen, wohin sie wollen; auf diesen Hirschen sind sie so hoch wie Dächer. [...] Als Montezuma diesen Bericht gehört hatte, griff die Furcht ihn an.
10 Doch dann schickte er wieder die [...] tapfersten Krieger und die Magiere [um] auszuforschen, wer die Fremden wären [und um] irgendein Unheil auf sie herabzuziehen [...] oder mit einem Zauberspruch Krankheit, Tod oder Umkehr der Fremden zu beschwören. Die Zauberer taten
15 ihr Werk, aber die Wirkung blieb aus.

(In: Urs Bitterli [Hg.]: Die Entdeckung und Eroberung der Welt. Dokumente und Berichte, Bd. 1, München 1980, S. 60–62. Gekürzt)

B2 Malinche, eine eingeborene Maya-Frau, übersetzt zwischen Cortés und Montezuma. Zeitgenössischer Holzschnitt

ARBEITSAUFTRÄGE

1. Lies Q1. Erläutere die Beschreibung der Azteken über das Aussehen der Spanier. Interpretiere Montezumas Reaktion vor dem Hintergrund der Legende von den Priesterkönigen.
2. Beschreibe B2 und beurteile die Rolle der Malinche.

5. Die neue Welt wird ausgebeutet

Cortés und Pizarro, die Eroberer des Inka- und des Aztekenreichs, wurden Vizekönig bzw. Gouverneur der von ihnen eroberten Gebiete. Wie übten die spanischen Eroberer und deren Nachfolger ihre Herrschaft in den neuen Kolonien aus?

Versklavung der Eingeborenen – Die spanische Regierung lenkte die Kolonisierung der eroberten Gebiete. Bereits 1503 hatte der König das **Königliche Handelshaus,** die Casa de la Contratación, gegründet. Es kontrollierte den Handel zwischen der Alten und der Neuen Welt, damit Abgaben an das Herrscherhaus abgeführt wurden. In den Gesetzen von Burgos legte der Könige 1512 fest, dass ein spanischer „Schutzherr" eine Anzahl von Indianern als Arbeiter bekam. Die Spanier waren zuerst hauptsächlich an den Edelmetallen, vor allem am Gold des

B2 Eingeborene beim Verarbeiten von Zuckerrohr. Kupferstich 1569

Q1 Der Priester Bartolomé des las Casas 1542 über die Spanier:

1 […] Der Gouverneur übergab jedem Spanier, der den Wunsch dazu äußerte, dem einen 50, dem anderen 100 Indianer. Er stellte
5 ihnen eine Bescheinigung aus: „Euch werden hiermit 50 (oder 100) Indianer zugewiesen, damit Ihr Euch ihrer bedient und sie im katholischen Glauben unterweisen
10 lasst". […] Er] ließ geschehen, dass die Spanier die verheirateten Männer zum Goldgraben fortschleppten und die Frauen in den Häusern und Farmen zurückblieben, um
15 dort Feldarbeit zu verrichten. […] Sie mussten die Erde […] mit Pfählen aufbrechen. […] Die neugeborenen Kinder konnten sich nicht entwickeln, weil die Mütter,
20 von Anstrengungen erschöpft, keine Nahrung für sie hatten. So starben die Männer in den Goldminen, die Frauen auf den Farmen vor Erschöpfung, und die neugeborenen
25 Kinder, weil sie keine Muttermilch bekamen.
(In: Geschichte in Quellen, Bd. II, S. 69 f. Gekürzt)

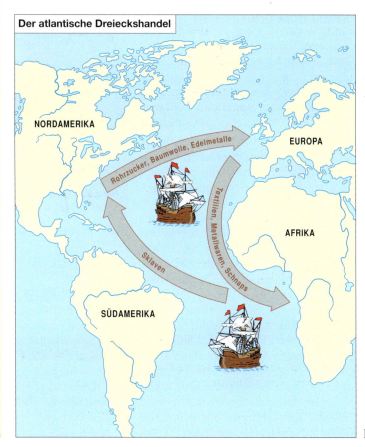

Der atlantische Dreieckshandel

neuen Kontinents, interessiert. Daher ließen sie die Indianer als Bergwerkssklaven in den Gold- und Silberminen nach den kostbaren Metallen graben.
Bald legten die Spanier in den Kolonien auch große Plantagen an, auf denen Zucker, Tabak, Kakao und Baumwolle angebaut wurden.

Harte und ungewohnten Arbeitsbedingungen, grausame Misshandlungen sowie eingeschleppte Krankheiten und Seuchen führten dazu, dass mehr als zehn Millionen Indianer in den Bergwerken und auf den Plantagen starben.

Ab 1524 versuchten die spanischen Herrscher, die Indianer vor den schlimmsten Folgen der Zwangsarbeit zu schützen. Ihre Versklavung wurde durch den spanischen König verboten. Wegen des daraus resultierenden Mangels an billigen Arbeitskräften wurden nun Sklaven aus Afrika in die Neue Welt gebracht.

Der atlantische Dreieckshandel – Ein englischer Kapitän segelte 1562 mit drei kleinen Schiffen nach Sierra Leone an der Westküste Afrikas, beschaffte sich dort einige hundert schwarze Sklaven, die er dann nach Westindien transportierte und dort an die Spanier verkaufte. Das war die Geburtsstunde des so genannten **atlantischen Dreieckshandels.** Ab dem 17. Jahrhundert waren daran vor allem englische, französische und niederländische Handelsunternehmer beteiligt.

Aus den europäischen Häfen segelten die Händler mit Textilien, Metallwaren und Schnaps an die Küste Westafrikas. Dort verkauften oder tauschten sie ihre Waren und übernahmen Sklaven, die von afrikanischen Sklavenjägern gefangen wurden. Die Sklaven wurden nach Mittelamerika gebracht und dort verkauft, z. B. an Zuckerpflanzer. Für die Rückreise nach Europa wurden Rohrzucker, Baumwolle, Edelmetalle geladen. In Europa angekommen, konnte die Reise erneut beginnen. Der Dreieckshandel wurde bald durch die Beteiligung der englischen Kolonien in Nordamerika erweitert. /5

Neue Staaten folgen den Kolonien – Heute befinden sich in den früheren europäischen Kolonien unabhängige Staaten. Nach lange andauernden Unabhängigkeitskriegen siegten die Südamerikaner 1825 unter Führung von SIMÓN BOLÍVAR und JOSÉ DE SAN MARTÍN. Doch noch heute fasst man diese südamerikanischen Staaten unter dem Namen „Lateinamerika" zusammen. Denn die spanische und portugiesische Sprache gehen auf das Lateinische zurück. Spanisch bzw. Portugiesisch blieben auch nach der Unabhängigkeit die Sprachen der mittel- und südamerikanischen Staaten. Auch das katholische Christentum blieb die vorherrschende Religion.

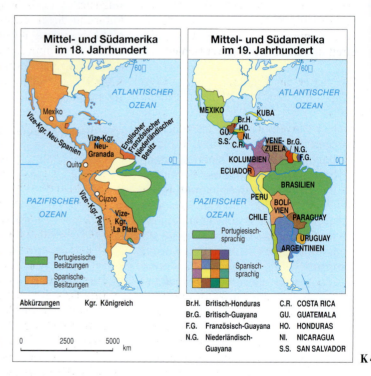

ARBEITSAUFTRÄGE

1. Fasse Q 1 mit eigenen Worten zusammen. Erläutere die Motive der Spanier und bewerte ihre Verhaltensweise.
2. Beschreibe B 2. Führt in der Klasse ein „Streitgespräch": So sehen die Sklaven und so die Plantagenbesitzer die Arbeit.
3. Erkläre mit K 3 das Prinzip des atlantischen Dreieckhandels. Beurteile die bis in die Gegenwart reichenden Folgen.
4. Erläutere und begründe mit K 4, in welchen Staaten Mittel- und Südamerikas man Spanisch bzw. Portugiesisch spricht.

Teil III: Die Reformation und ihre Folgen
1. Kaiser und Reich um 1500

Das „Heilige Römische Reich deutscher Nation" hatte diesen Namen, weil die deutschen Könige seit Otto I. (936–973) zugleich den Titel eines „römischen Kaisers" führten. Aber der **Kaisertitel** stand ihnen erst zu, nachdem sie von den Kurfürsten gewählt und vom Papst gekrönt worden waren. So war es in der Reichsverfassung von 1355/56, der **„Goldenen Bulle"**, noch einmal bestätigt worden. Als im Jahre 1519 Kaiser MAXIMILIAN I. starb, traten plötzlich zwei Bewerber um die Kaiserkrone auf: KARL, der Enkel des verstorbenen Kaisers, sowie der französische König FRANZ I. Wie wurde der Streit um die Kaiserkrone entschieden?

Ein Kaiser aus Frankreich oder Österreich? – Seit dem Jahr 1452 hatte immer ein Herrscher aus dem österreichisch-deutschen Haus Habsburg die Kaiserkrone getragen. Karl war Graf von Burgund und Fürst der Niederlande, seit 1516 auch König von Spanien und dessen überseeischen Gebieten, er war König von Neapel und Sizilien. Und nun, nach dem Tod Maximilians I., war er der Erbe des mächtigen Reiches der Habsburger.

Der französische König Franz I., der damals zugleich Herzog von Mailand war, hatte sich ebenfalls um die Kaiserkrone beworben. Denn er wollte eine Machtausweitung der Habsburger und die territoriale Umklammerung Frankreichs durch habsburgische Länder verhindern. Papst LEO X. unterstützte Franz I. bei seiner Bewerbung um die Kaiserkrone.

Zugeständnisse an die Kurfürsten – Beide Bewerber versuchten, die Kurfürsten auf ihre Seite zu ziehen. Die Kurfürsten selbst waren bemüht, ihre Rechte und die territoriale Macht in ihren Fürstentümern gegen den Kaiser zu stärken. Auch den Machtanspruch des Papstes wollten sie zurückdrängen. Konnte ihnen das jetzt gelingen?

Im Juni 1519 kam es zur Kaiserwahl. Die Kurfürsten setzten auf die Finanzkraft des Habsburgers sowie auf dessen ablehnende Haltung gegenüber dem Papst und wählten ihn zum Kaiser Karl V. Der hatte für die Wahl fast eine Million Goldgulden Bestechungsgeld gezahlt, das ihm zum größten Teil das Bankhaus Fugger geliehen hatte. Auch hatte Karl V. den Kurfürsten und Reichsständen zugesagt, deren Rechte zu wahren und ohne ihre Zustimmung weder ein Heer im Reich aufzustellen noch Steuern zu erheben. Aufgrund dieser Zugeständnisse war er zum Kaiser gewählt worden. Die Fürsten hatten die Doppelbewerbung zu ihrem Vorteil nutzen können: Die Macht des Kaisers wurde weiter eingeschränkt und das eigene Mitspracherecht ausgeweitet.

Q1 Die Krönungsformel:

1 Der Erzbischof von Köln fragte Kaiser Karl V. bei der Krönung:
Willst Du den heiligen überlieferten katholischen Glauben halten und
5 bewahren? Willst Du die Kirche und die Geistlichkeit beschirmen? Willst Du das Reich in Gerechtigkeit regieren? Willst Du die Rechte des Reiches wahren […]? Willst Du ein
10 gnädiger Richter und Anwalt der Armen […], der Witwen und Waisen sein? Willst Du der päpstlichen Heiligkeit und der römischen Kirche in Treue und Ehrfurcht die
15 schuldige Ergebenheit bewahren?

(In: G. Mann, A. Nitschke (Hg.): Propyläen Weltgeschichte, Berlin 1991, Band 7, S. 34. Gekürzt)

PERSONENLEXIKON

KARL V., 1500–1558. Spanischer König, 1519–1556 Kaiser des Heiligen Römischen Reiches Deutscher Nation

FRANZ I., 1494–1547. König von Frankreich ab 1515

ARBEITSAUFTRÄGE

1. Lies den Text. Erkläre, warum die Fürsten ihre Macht und ihre Stellung gegenüber dem Kaiser ausweiten konnten.
2. Erarbeite mit Q1, welche Aufgaben Karl V. nach Auffassung der Kirche als Kaiser hatte. Nimm Stellung dazu.

2. Die römische Kirche um 1500

Als Vertreter Gottes auf Erden erhoben der Papst und die Kirche den Anspruch einer umfassenden geistlichen Herrschaft. Seit dem 10. Jahrhundert forderte sie auch in weltlichen Dingen einen Führungsanspruch. Für die Menschen des Mittelalters war die Kirche eine selbstverständliche Autorität. Doch um das Jahr 1500 war die Kirche selbst in einer Krise. Wie sah diese Krise aus?

Krise der Kirche – Seit 1378 stritten sich Päpste in Rom und Gegenpäpste in Avignon um den Heiligen Stuhl. Diese Spaltung (lat.: **Schisma**) lastete schwer auf der Kirche. Jeder Papst verlangte ungeteilte Ergebenheit; die Menschen mussten sich für einen von ihnen entscheiden.

Viele Bischöfe waren vom Kaiser zu Reichsfürsten eingesetzt worden, sodass sie über große Ländereien und Steuereinnahmen verfügten. Auch Domherren sowie Äbte von Klöstern besaßen einträgliche **Pfründe** (= gesicherte Einkünfte). Doch viele Kirchenfürsten missbrauchten diese privilegierte Stellung: Der Kauf und Verkauf von geistlichen Ämtern war üblich geworden, denn mit deren Pfründen war ein üppiges Leben möglich. Mit Härte trieben sie von Bauern und Handwerkern den **Zehnten** aller Ernteerträge oder Verdienste ein. Um die kirchlichen Aufgaben kümmerten sie sich aber nicht. Die überließen sie den ärmlichen, schlecht ausgebildeten „Leutpriestern".

Die Kritik an diesem Amtsmissbrauch vieler Kirchenfürsten und des Papstes blieb nicht aus. Die schärfsten Kritiker kamen aus der Kirche selbst. Einer davon war der böhmische Prediger JAN HUS (ca. 1370–1415). Er sah die Bibel als einzige Grundlage des Glaubens. Geistliche, die zu weltlich lebten, sollten nicht länger kirchliche Ämter innehaben.

Das Konzil von Konstanz – 1414 beriefen die Kirchenfürsten ein **Konzil** (= Kirchenversammlung) nach Konstanz ein, um für die Kirche eine „Reform an Haupt und Gliedern" einzuleiten. Mit der Wahl eines neuen Papstes konnte die Spaltung der Kirche beendet werden, aber die Vorsätze zur Reform wurden nicht verwirklicht. Auch Jan Hus war auf dem Konzil. Der Kaiser hatte ihm freies Geleit zugesichert, damit er seine Lehre selbst vortragen konnte. Doch das Konzil verurteilte ihn zum Tod auf dem Scheiterhaufen.

> **Q1** Aus einem Brief des Jan Hus:
>
> Du weißt ja, mit welchem Abscheu ich wider das ungeregelte Leben mancher Geistlicher geeifert habe. [...] Ich bitte dich, begib dich nicht auf Pfründenjagd. Wirst du zu einem Pfarramt berufen, so möge dich dabei die Ehre Gottes leiten [...], nicht aber die Gier nach Schweinebraten und Landgütern.
>
> (In: Briefe zur Weltgeschichte, hg. von K. H. Peter, Stuttgart 1961, S. 58)

B 2 Das Schicksal des Jan Hus auf dem Konzil von Konstanz 1414. Holzschnitt von 1483

2. Die römische Kirche um 1500

Die Frömmigkeit der Menschen – Für die einfachen Menschen des Mittelalters hatte die Religion eine sehr große Bedeutung. Im Mittelpunkt ihres Lebens stand die Erlangung des **Seelenheils.** Nach den Lehren der Kirche seien auf Erden Armut, harte Arbeit und Knechtschaft gottgewollt. Doch durch große Frömmigkeit und Buße für begangene Sünden könnten die Menschen das Seelenheil und damit nach dem Tode einen Platz im Paradies erlangen. Welche Formen nahm die Volksfrömmigkeit um 1500 an?

Auf **Wallfahrten** wollten die Menschen Buße tun für ihre Sünden oder auch um Gottes Hilfe bitten. Die gläubigen Pilger nahmen lange und mühsame Wege zu heiligen Stätten auf sich, z. B. zum Grab des hl. Petrus in Rom oder nach Jerusalem zum Grab Christi.

Die Verehrung von **Reliquien** (= Knochen oder Kleidungsstücke eines als heilig verehrten Menschen) erlebte eine Blüte. Vom Besitz einer Reliquie oder der Reise an eine Stätte, wo Reliquien verehrt wurden, versprachen sich die Menschen Schutz durch den Heiligen.

Q3 Bericht eines zeitgenössischen Beobachters über eine Pilgerstätte:

1 Aus allen Gegenden strömte eine Menge Volks zusammen zur glorreichen Jungfrau, die demütigen Pilgern viel Heilung und Guttaten
5 erwies. Wunderlich zu erzählen: Es kamen herbei, gleich ob sie besessen wären, Knaben, Mädchen, Mütter und Männer. […] Und sie hatten es so eilig, dass viele von ih-
10 nen halbnackt, der Sinne und Stimme beraubt, nachdem sie ohne Speis und Trank Tag und Nacht gelaufen, erschöpft anlangten. Und wenn sie die Stätte er-
15 reicht hatten, fielen die meisten von ihnen, wie in Ekstase [Verzückung], schluchzend zur Erde.

(In: Fina, K: (Hg.): Geschichte Konkret, Würzburg 1975, S. 46. Gekürzt)

Es wurde auch möglich, begangene Sünden und die dafür auferlegten Bußen gegen Geldspenden erlassen zu bekommen. Die Menschen zahlten Geld an die Kirche und erwarben einen **Ablassbrief.** Die Gläubigen konnten für Geldspenden auch Messen für Verstorbene lesen lassen, um diesen nachträglich das Seelenheil zu sichern. Bald kam es zu einem regelrechten Handel mit solchen Ablassbriefen. Welche Ursachen hatte das?

Ablassbriefe: Geldquellen der Kirche – Der aufwendige Lebensstil vieler Kirchenfürsten und auch der Bau neuer Kirchen und Klöster verschlang viel Geld. Die Ablassbriefe waren daher eine willkom-

B4 Wallfahrt zur Kapelle der hl. Maria in Regensburg. Holzschnitt 1519

T5 Anzahl der Gottesdienste und Seelenmessen um 1500		
Wittenberg	Schlosskirche	Täglich etwa 20 Messen
Meißen	Dom zu Meißen	„ewiger Chor", d. h. Tag und Nacht Singen von Gebeten
Köln	11 Stifte / 22 Klöster 19 Pfarrkirchen / etwa 100 Kapellen	täglich zeitgleiches Lesen von über 1000 Messen

mene Einnahmequelle der Kirche. Selbst für die schwersten Verfehlungen konnten sie gekauft werden. Ein Ablassbrief Eltern- und Geschwistermord kostete zum Beispiel 7 Dukaten, für Kirchenraub 9 und für Totschlag 7 Dukaten. Als der Papst zu Beginn des 16. Jahrhunderts einen Neubau der Peterskirche in Rom plante, wurde der „St.-Peter-Ablass" zu einem besonders hohen Preis verkauft.

Ablasshandel im Reich – Auch viele weltliche Fürsten beteiligten sich an dem Handel mit Ablässen. Als Papst Leo X. 1515 den Ablassbrief zum Bau der Peterskirche erneuerte, ließ er ihn durch Albrecht von Brandenburg in Norddeutschland verkaufen. Die erhofften Erlöse von 60 000 Gulden sollten vereinbarungsgemäß zwischen Albrecht und dem Papst geteilt werden. Albrecht wollte mit seinem Anteil einen hohen Kredit beim Bankhaus Fugger zurückzahlen. Den Kredit hatte er 1514 zum Erwerb einträglicher Pfründe aufgenommen, unter anderem für das Erzbischofsamts in Mainz.

Seit Anfang des Jahres 1517 zog der Mönch JOHANNES TETZEL im Auftrag Albrechts durch die brandenburgischen Lande, um die „heilige Ware" möglichst schnell zu verkaufen. Tetzel verband religiöse Inhalte mit einem ausgeprägten Geschick als Schauspieler und Händler. Seine Ankunft in einer Stadt hatte etwas vom Einzug eines Zirkus. Zu ihm kamen auch Gläubige aus anderen Gegenden, zum Beispiel aus Wittenberg in Kursachsen, obwohl Friedrich der Weise in seinem Herrschaftsgebiet den Verkauf von Ablassbriefen verboten hatte.

Der Text auf dem Holzschnitt lautet in heutiger Schreibweise:

Oh, ihr Deutschen merket recht /
Des heiligen Vaters Papstes Knecht /
bin ich und bring euch jetzt allein /
zehntausendundneunhundert Schein /
Gnad' und Ablass von einer Sünd /
Für euch, euer Eltern, Weib und Kind/
Soll ein jeder gewährt sein /
So viel er kriegt in's Kästelein /
Sobald der Gulden im Becken klingt /
Im Nu die Seel' in den Himmel springt.

B 7 Karikatur gegen Tetzel. Holzschnitt 1617

ARBEITSAUFTRÄGE

1. Lies Q1 und den Darstellungstext. Warum wendet sich Jan Hus in seinem Brief gegen die „Pfründenjagd" der Priester?
2. Betrachte B2. Jan Hus ist mit einer Bischofsmütze mit der Aufschrift „Heresiarcha" (dt.: Erzketzer) dargestellt. Überlege, was der Maler damit ausdrücken wollte.
3. Betrachte B4. Welchen Eindruck vermittelt das Bild von den wallfahrenden Pilgern? Vergleiche mit Q3.
4. Welche Gründe für die besondere Volksfrömmigkeit werden im Darstellungstext genannt? Welche Meinung hast du dazu?
5. Betrachte B6 und B7. Wer wird auf den beiden Bildern kritisiert? Urteile selbst: Ist diese Kritik berechtigt oder nicht?

B 6 Ablasshandel. Holzschnitt von Lukas Cranach, 1521

Arbeit mit Bildern und Karikaturen

Vielleicht sind dir in Tageszeitungen oder Zeitschriften schon Zeichnungen aufgefallen, die Politiker in ungewöhnlicher oder komischer Art und Weise zeigen. Man bezeichnet diese spotthaften Darstellungen als „Karikaturen". Manchmal will der Zeichner auf menschliche Eigenschaften oder Schwächen aufmerksam machen, meistens aber auch auf politische und soziale Missstände. In der Karikatur werden typische Merkmale von Personen oder Situationen übertrieben und zugespitzt dargestellt und oft noch mit einem Text verstärkt.

Das ist nicht nur in der Gegenwart so. Karikaturen geben uns Auskunft über die Vergangenheit wie andere Quellen auch (historische Gemälde, Texte etc.). Wir erfahren durch sie von den Problemen jener Zeit. Man muss nur lernen zu verstehen, was sie uns mitteilen. Dafür benötigst du zuerst geschichtliches Wissen über die Personen und Ereignisse, die in der Karikatur dargestellt sind.

Vergleiche die Abbildung Tetzels (B 1) auf dieser Seite mit der Karikatur B 7 auf der gegenüberliegenden Seite. Schreibe auf, welche Einzelheiten Tetzels der Zeichner in der Karikatur hinzufügt. Was weißt du über den Ablasshandel und was findest du in der Darstellung wieder, was nicht? Schau dir danach B 2 an: Das Bild zeigt den Einzug Jesu Christi in Jerusalem kurz vor seinem Tod. Er ritt auf einem Esel, arm, doch wie ein König, der den Menschen helfen wollte. Er wurde deshalb mit Palmzweigen begrüßt.

Nach deinem Vergleich merkst du: Tetzel wird in der Karikatur B 7 einerseits dargestellt wie Jesus Christus; andererseits aber doch ganz anders. Er reitet nicht auf einem gewöhnlichen Esel, sondern auf einem Tier mit Wolfskopf und Schweinepfoten. Die wichtigste Kritik an Tetzel lautet: Er nutzt die Gläubigkeit der Menschen und ihre Hoffnung auf Vergebung der Sünden aus, um Geld einzutreiben.

B 1 Johann Tetzel mit Ablassbrief. Holzschnitt um 1520

B 2 Einzug Jesu Christi in Jerusalem. Byzantinische Buchmalerei, 12. Jahrhundert

WORAUF DU ACHTEN MUSST

1. Achte auch auf Kleinigkeiten. Der Zeichner hat alles genau ausgewählt: Welche Personen, Ereignisse, Situation sieht man?
2. Prüfe, ob Einzelheiten besonders ungewöhnlich oder wirklichkeitsfremd sind bzw. ob sie Ähnlichkeit mit anderen Situationen haben.
3. Wenn ja, welche Bedeutung gibt ihnen der Zeichner bzw. auf welche Situation/Geschichte spielt er in seiner Darstellung an?
4. Formuliere, welche Wirkung die Karikatur auf den Betroffenen und auf die Zeitgenossen hat.
5. Prüfe, ob du der Sichtweise des Zeichners zustimmst.

3. Luther: Gibt es einen gnädigen Gott?

Auf der einen Seite gab es um 1500 eine große Volksfrömmigkeit; auf der anderen Seite waren in der Kirche selbst viele Missstände zu beklagen. Zwar gab es auch Kritiker, aber lange Zeit änderte sich an den kirchlichen Missständen in Deutschland nichts. Doch dann trat in Wittenberg ein weiterer Kritiker mit Namen MARTIN LUTHER auf. Wer war Luther und welche Folgen hatte seine Lehre für die Kirche und für die Menschen?

Martin Luther in Wittenberg – 1483 wurde Martin Luther in Eisleben geboren. Seine Großeltern waren Bauern, sein Vater hatte sich zum Besitzer einer kleinen Kupfermine emporgearbeitet. Das Jurastudium in Erfurt beendete er nicht. Statt dessen wurde er gegen den Willen des Vaters Augustinermönch. Bereits 1512 ging er als Professor an die neu gegründete Wittenberger Universität. Es gehörte dort zu seinen Aufgaben, Vorlesungen über die Bibel zu halten.

Luther konnte nicht glauben, dass „äußere" Werke den Christen das Seelenheil bringen könnten. Zu seiner neuen Lehre gehörte, dass die Vergebung der Sünden und die Gnade Gottes für die Menschen allein vom Glauben der Menschen abhängen. Mit seiner Lehre wollte Luther den Widerspruch zwischen den Erwartungen der Gläubigen und den Versprechungen der Kirche zur Diskussion stellen. /7

Der Streit um den Ablasshandel – Luther geriet in einen Konflikt, als Gläubige mit ihren Ablassbriefen zu ihm in die Beichte kamen. Die hatten sie bei Tetzel in benachbarten brandenburgischen Gebieten erworben. Wie verhielt sich Luther?

MARTIN LUTHER, 1483–1546, vor dem Portal der Schlosskirche in Wittenberg. Der von dem Maler dargestellte Anschlag seiner 95 Thesen an der Tür der Schlosskirche ist jedoch nicht belegt. Vermutlich hat er seine Thesen in einem Schreiben an die kirchlichen Oberen festgehalten.

> **Q 1** Aus Luthers 95 Thesen, 1517:
>
> 1. Da unser Herr und Meister Jesus Christus spricht: „Tut Buße" usw., hat er gewollt, dass das ganze Leben der Gläubigen Buße sein soll.
> 5. Der Papst will und kann keine Strafen erlassen, außer solchen, die er auf Grund [...] der kirchlichen Satzungen auferlegt hat.
> 21. Deshalb irren jene Ablassprediger, die sagen, dass durch die Ablässe des Papstes der Mensch von jeder Strafe frei und los werde.
> 24. Deswegen wird zwangsläufig ein Großteil des Volkes durch jenes in Bausch und Bogen großsprecherisch gegebene Versprechen des Straferlasses getäuscht.
> 36. Jeder Christ, der wirklich bereut, hat Anspruch auf völligen Erlass von Strafe und Schuld, auch ohne Ablassbrief.
> 62. Der wahre Schatz der Kirche ist das allerheiligste Evangelium von der Herrlichkeit und Gnade Gottes.
>
> (In: Plöse, D., und Vogler, G. (Hg.): Buch der Reformation, Berlin 1989, S. 154 ff. Gekürzt)

> **Q 2** Aus einem Brief Luthers, 1545:
>
> Ich begann von neuem daranzugehen, die Bibel auszulegen. [...] Tag und Nacht war ich in tiefe Gedanken versunken [...], bis ich endlich den Zusammenhang der Worte beachtete, nämlich [...]: Die Gerechtigkeit Gottes wird im Evangelium offenbart, wenn geschrieben steht: „Der Gerechte (also der Mensch, der die Gnade Gottes empfangen will) lebt aus dem Glauben." [...] Da verstand ich, dass die Gnade Gottes allein durch den Glauben an Gott erlangt werden kann. Da fühlte ich mich wie neu geboren und die Schrift zeigte mir ihr wahres Gesicht.
>
> (In: Schulze, W.: Deutsche Geschichte im 16. Jahrhundert, Frankfurt a. M., 1987, S. 80 f. Gekürzt)

Ehrliche Reue war für diese Gläubigen scheinbar nicht mehr erforderlich, da sie ihren Sündenerlass bereits erkauft hatten. Doch Luther erkannte die Ablassbriefe nicht an und berief sich dabei auf die Heilige Schrift. Er veröffentlichte am 31. Oktober 1517 in Wittenberg **95 Thesen** gegen den Missbrauch des Ablasshandels durch die Kirche. Nach Art der damaligen Gelehrten hatte er seine Thesen in lateinischer Sprache verfasst. Er wollte zuerst die Gelehrten und Geistlichen zur Diskussion aufrufen.

Luther im Konflikt mit der Kirche – Die Unsicherheit der Menschen in Glaubensfragen und ihr Interesse an verständlichen Erklärungen der Bibel bewirkten, dass die Schriften Luthers in kürzester Zeit in deutscher Sprache gedruckt und verbreitet wurden. Die Kirche fühlte sich provoziert; der Papst wollte 1518 einen Glaubensprozess gegen Luther in Rom beginnen. Doch der wandte der sich um Hilfe an seinen Landesfürsten, den sächsischen Kurfürsten Friedrich den Weisen. Kurfürst Friedrich entschied, dass Luther erst einmal in Augsburg von einem angesehenen Theologen der Kirche, von Kardinal Cajetan, verhört werden solle. Der Papst bemühte sich gerade zu dieser Zeit darum, den sächsischen Kurfürsten für die 1519 bevorstehende Kaiserwahl auf seine Seite zu ziehen und für Franz I. von Frankreich zu gewinnen. Papst Leo X. verzichtete daher auf das Erscheinen Luthers in Rom und duldete vorerst, dass der Kurfürst Martin Luther schützte.

Luther wich in dem Augsburger Verhör 1518 jedoch nicht von seinem Standpunkt ab. Er forderte nun seinerseits die Einberufung eines Konzils, auf dem die Glaubensfragen diskutiert werden sollten. Kurze Zeit später behauptete Luther während einer Disputation (= Streitgespräch) mit dem Theologen Johannes Eck sogar, dass der Papst und die Konzilien sich schon mehrfach geirrt hätten und nicht unfehlbar seien, zum Beispiel in Konstanz bei der Verurteilung des Jan Hus. Jetzt musste der Papst reagieren, um seine Autorität unter Beweis zu stellen.

Luther wird verurteilt – Im Sommer 1520 drohte Leo X. den Kirchenbann gegen Luther an. Er forderte ihn auf, binnen 60 Tagen zu widerrufen. Doch Luther hielt an seiner Lehre fest. Er wurde jetzt als **Ketzer** (= von der Kirche Abgefallener) angesehen, und im Januar 1521 erging die päpstliche **Bannbulle** gegen ihn. Luther war damit exkommuniziert (aus der Kirche ausgeschlossen).

Q 3 Luther über die Unfehlbarkeit des Papstes, 1521:

1 Die andere Art meiner Bücher ist die, darin das Papsttum und die papistische Lehre angegriffen wird und angetastet wird, die [...] mit ihrer falschen Lehre, bösem Leben und ärgerlichem Beispiel die Christenheit an Leib und
5 Seele verwüstet hat. Denn niemand kann verneinen, weil es die Erfahrung bezeugt, dass durch des Papstes Gesetz und Menschenlehre der Christgläubigen Gewissen beschweret und gemartert sind.

(In: Geschichte in Quellen, Bd. III, München 1982, S. 124. Gekürzt)

B 4 Verhör Luthers durch den Kardinal Cajetan in Augsburg 1518. Holzschnitt um 1556

ARBEITSAUFTRÄGE

1. Suche in Q 1 Textstellen, die verdeutlichen, was Luther befürwortete und was er verurteilte.
2. In Q 2 stellt Luther dar, wie ein Mensch seiner Auffassung nach allein das Seelenheil erlangen könne. Erläutere, warum er damit in einen Gegensatz zur Kirche geraten konnte.
3. Lies Q 3. Wie begründet Luther, dass auch der Papst nicht unfehlbar sei?

4. Luthers Lehre – zwischen Landesherren und Kaiser

Nachdem der Papst den Kirchenbann über Luther gesprochen hatte, war der Kaiser nach der Reichsverfassung verpflichtet, über Luther die **Reichsacht** zu verhängen. Das bedeutet den Ausschluss aus der Rechtsgemeinschaft und Gefahr für Leib und Leben. Wie konnten Luther und seine Lehre dennoch bestehen?

Der Reichstag in Worms – Karl V. konnte aber nicht ohne weiteres die Reichsacht gegen Luther verhängen. Er hatte bei seiner Wahl zum Kaiser den Reichsständen das Mitspracherecht bei der Reichsacht zugestanden. Und der sächsische Kurfürst Friedrich der Weise sowie andere Kurfürsten und freie Reichsstädte unterstützten Luthers Ideen.

Der Kaiser selbst war fest entschlossen, die Einheit der römisch-katholischen Kirche zu erhalten. Dennoch musste er Luther 1521 zum Reichstag in Worms vorladen und anhören. Die Reise von Wittenberg nach Worms gestaltete sich für Luther zu einem Triumphzug. Am 17./18. April 1521 erschien er vor dem Kaiser und dem versammelten Reichstag.

Auch in Worms verweigerte Luther unter Berufung auf den Text der Bibel und sein Gewissen als Christ den geforderten Widerruf. Daraufhin wurde er vom Reichstag verurteilt. Das vom Kaiser eigenhändig erlassene **Wormser Edikt** sah die Gefangennahme Luthers und die Verbrennung seiner Schriften vor. Der sächsische Kurfürst suchte nach einer Lösung für Luther, der noch 21 Tage freies Geleit vom Kaiser zugesichert bekommen hatte. Friedrich der Weise ließ ihn zum Schein entführen und unerkannt auf die Wartburg bringen. Hier lebte er mehrere Monate unter dem Namen Junker Jörg. 🔎/8

Nicht alle Kurfürsten und Reichsstände hatten der Reichsacht Luthers zugestimmt. Mit ihrer Unterstützung Luthers während des Reichstages zeigten sie, dass sie in ihren Territorien selbst entscheiden und sich gegenüber dem Kaiser behaupten wollten. In ihren Ländern wurde das Wormser Edikt nicht umgesetzt. Führte Luthers Lehre zum Konflikt zwischen Kaiser und Reichsständen und zur Spaltung der Kirche?

Q1 Aus Luthers Rede vor dem Reichstag am 18. April 1521:

1 Darum bitte ich durch die Barmherzigkeit Gottes Eure Kaiserliche Majestät, die Kur- und Fürstlichen Gnaden, oder wer es tun kann, er
5 sei hohen oder niedrigen Standes, dass sie mich mit der Heiligen Schrift überzeugen, dass ich geirrt habe [...]. Denn ich glaube weder dem Papst noch den Konzilien al-
10 lein, weil es offenbar ist, dass sie oft geirrt haben. [...] Und so bleibe ich überzeugt durch die von mir angeführten Schriftstellen in der Bibel, und mein Gewissen bleibt im
15 Worte Gottes gefangen. So kann und will ich nicht widerrufen, weil es nicht geraten ist, etwas gegen das Gewissen zu tun.

(In: Gesch. in Quellen, Bd. III, S.122 f. Gekürzt)

Q2 Kaiser Karl V. zur Verurteilung Luthers, 19. April 1521:

1 Ihr wisst, dass ich von den allerchristlichsten Kaisern der edlen deutschen Nation abstamme, die alle bis zu ihrem Tode treue Söhne der katholischen Kirche gewesen sind, ihren Glauben verteidigend und ausbreitend. [...] Sie ha-
5 ben die heilige katholische Religion hinterlassen, damit ich in ihr lebe und sterbe. Deshalb bin ich entschlossen, alles zu halten, was meine Vorgänger und ich bis zum gegenwärtigen Zeitpunkt gehalten haben, insbesondere was sie auf dem Konzil zu Konstanz angeordnet haben.
10 Denn es ist sicher, dass ein einzelner Mönch in seiner Meinung irrt, wenn diese gegen die der ganzen Christenheit steht, wie sie seit mehr als tausend Jahren und heute gelehrt wird. [...] Deshalb bin ich fest entschlossen, an diese Sache meine Reiche und Herrschaften, mein
15 Blut, mein Leben, meine Seele zu setzen.

(In: Geschichte in Quellen, Bd. III, München 1982, S.125 f. Gekürzt)

PERSONENLEXIKON

FRIEDRICH DER WEISE, 1463–1525. Kurfürst von Sachsen von 1486–1525

Die Wartburg bei Eisenach, damals in sächsischem Besitz

4. Luthers Lehre – zwischen Landesherren und Kaiser

Reformierte Gemeinden entstehen – Luthers Anschauung hatte sich schon vor dem Wormser Edikt zu einer eigenen Glaubensbewegung, der **Reformation**, entwickelt. In vielen nord- und mitteldeutschen Gebieten schlossen sich die Menschen der neuen Lehre an. Welche Folgen hatte das?

Luthers Lehre war, dass die Erneuerung der Kirche aus den Kirchengemeinden heraus erfolgen solle. Diese wählten jetzt ihre Priester selbst und stellten die Worte der Bibel in den Mittelpunkt des Gottesdienstes. Die katholischen Kirchengüter wurden beschlagnahmt und die Klöster wurden aufgelöst. Der Gewinn wurde oft für kirchliche und schulische Zwecke in den reformierten Gemeinden verwendet. Die Beseitigung der Missstände sollte von den Gläubigen ausgehen. Doch bald schon übernahmen die Landesfürsten die Leitung der neu zu organisierenden Kirche. Denn mit dem Besitz der ehemals katholischen Kirchengüter wuchs ihre Macht gegenüber Kaiser und Papst.

Q3 Luther an Kurfürst Johann von Sachsen über die Kirche, 1526:

1 Da aber nun in Euer Kurfürstlichen Gnaden Fürstentum weltlicher und geistlicher Zwang und Ordnung aus einer Hand sind, und alle Klö-
5 ster und Stifte Euer Kurfürstlicher Gnaden als dem obersten Haupt in die Hände fallen, kommen zugleich damit auch Pflicht und Beschwernis, diese Dinge zu ordnen. [...]
10 Derhalben wird es vonnöten sein, aufs baldigste vier Personen das Land visitieren (= besuchen) zu lassen, zwei, die sich auf Zinsen und Güter, und zwei, die sich auf die
15 Lehre und die Person verstehen, damit dieselben auf Euer Kurfürstlichen Gnaden Befehl die Schulen und Pfarren, wo nötig, errichten und versorgen.
20 (In: Strunk, R.: Die Reformation, Stuttgart, 1984, S. 61 f. Gekürzt und bearbeitet)

Luther und die deutsche Sprache – Die Bibel war für Luther und seine Anhänger die wahre Grundlage des Glaubens. Um allen Gläubigen den Text der Bibel zugänglich zu machen, nutzte Luther die Zeit auf der Wartburg, um die Bibel in die deutsche Sprache zu übersetzen. Dabei schuf er eine anschauliche und doch gehobene Umgangssprache, die Ober- und Niederdeutsche verstanden und die Grundlage der deutschen Sprache wurde.

Briefmarke zum 500. Geburtstag Katharina von Boras, der Frau Martin Luthers

B4 Predigt in einer reformierten Gemeinde. Holzschnitt um 1520

ARBEITSAUFTRÄGE

1. Lies Q1. Mit welchem Argument verweigert Luther den Widerruf seiner Lehre? Vergleiche mit Q2. Wie argumentiert demgegenüber der Kaiser?
2. Versetze dich in die Lage des Kurfürsten und verfasse zu Q3 den Antwortbrief an Luther.
3. Betrachte B4 und beschreibe die Darstellung. Überlege, warum Künstler der damaligen Zeit Luthers Lehre illustrierten.

5. Die Glaubensspaltung im Heiligen Römischen Reich

Nach der Verurteilung Luthers und seiner Anhänger durch das Wormser Edikt von 1521 hatten sich zwei politische Lager gebildet: auf der einen Seite die geistlichen sowie weltlichen Fürsten und Städte, die das Edikt umsetzten und den katholischen Kaiser unterstützten. Auf der anderen Seite standen die lutherischen Fürsten und Städte unter Führung der Kurfürsten Johann Friedrich von Sachsen und Philipp von Hessen. Welche Folgen hatte diese Lagerbildung?

Die Anhänger Luthers protestieren – Kaiser Karl V. führte in der Zeit nach 1521 zahlreiche Kriege mit Frankreich sowie gegen die Türken. Meist hielt er sich außerhalb Deutschlands auf. Da er auf die Unterstützung der deutschen Fürsten angewiesen war, vermied er einen offenen Konflikt und musste in der Religionsfrage nachgeben. Auf einem Reichstag 1526 in Speyer einigte man sich darauf, dass jeder **Landesfürst** in seinem Land die **Religion frei bestimmen** könne. Doch schon drei Jahre später, 1529, wollte der streng katholische Karl V. die Anwendung des Edikts von Worms in allen Teilen des Reiches durchsetzen und die Lehre Luthers endgültig verbieten.

Dagegen protestierten mehrere Fürsten sowie 14 Reichsstädte. Sie wurden „protestantische Stände" genannt. Daher stammt auch der bis heute gebräuchliche Name **„Protestanten"** für Christen, die nicht der römisch-katholischen Kirche angehören.

Der Konflikt spitzt sich zu – 1530 kam Karl V. zurück nach Deutschland, um die drohende religiöse Spaltung abzuwenden. In Augsburg eröffnete er einen Reichstag. Die protestantischen Stände legten die **„Confessio Augustana"** (= Augsburger Bekennntnis) vor, mit der sie zwar die Lehre Luthers verteidigten, aber auch einen Ausgleich anstrebten. Doch die Gegensätze ließen sich nicht überbrücken. Karl befahl den Anhängern Luthers, zum katholischen Glauben zurückzukehren.

Das „Augsburger Bekenntnis", verfasst von PHILIPP MELANCHTHON. 1530 wurde es dem Kaiser auf dem Reichstag in Worms übergeben. Es ist bis heute Grundlage der lutherischen Lehre und Kirchen in aller Welt.

B1 Überreichung des Augsburger-Bekenntnisses (Confessio Augustana) an Kaiser Karl V. auf dem Reichstag von 1530. Kupferstich um 1650

5. Die Glaubensspaltung im Heiligen Römischen Reich

Der Schmalkaldische Krieg – Während der Kaiser erneut einen Krieg gegen Frankreich führte, schlossen die evangelischen Reichsstände 1531 einen Bund, um sich der Übermacht des Kaisers und seiner kompromisslosen Religionspolitik widersetzen zu können: den **Schmalkaldischen Bund**. Erst 1544, nach seinem Sieg über Frankreich, reagierte Karl V. auf die gegen ihn gerichtete Bedrohung. Sein Ziel war, die Macht der protestantischen Fürsten zu brechen und sie unter die Herrschaft des Kaisers zu zwingen. Mit welchen Mitteln verfolgte er sein Ziel?

Karl V. verhandelte zunächst mit einzelnen Fürsten. Es gelang ihm, den Herzog Moritz von Sachsen, den Schwiegersohn des sächsischen Kurfürsten, durch Versprechungen auf seine Seite zu ziehen. Damit hatte er in Sachsen selbst einen Verbündeten gegen den sächsischen Kurfürsten und Führer der protestantischen Stände gewonnen. Dann begann der Kaiser den **Schmalkaldischen Krieg** gegen die Kurfürsten Sachsens und Hessens.

Bei Mühlberg an der Elbe kam es 1547 zur Entscheidungsschlacht. Kurfürst Johann Friedrich von Sachsen wurde mit anderen protestantischen Fürsten gefangen genommen. Damit hatte der Kaiser fürs Erste gesiegt. Die Macht der protestantischen Reichsstände schien gebrochen. Moritz von Sachsen erhielt für seine Unterstützung die Kurfürstenwürde.

Die Reichsstände, ja sogar einige katholische Fürsten, befürchteten nun, dass die Macht des Kaisers nach seinem Sieg über die protestantischen Fürsten zu groß werden könne. Auch der neue Kurfürst Moritz von Sachsen verbündete sich 1551 mit der Fürstenopposition. Sie schlossen ein Geheimbündnis gegen Karl V. mit dem französischen König und zogen erneut gegen den Kaiser zu Felde. Karl V. musste nun doch Zugeständnisse an die Protestanten machen. Auch sein Ziel von einem christlichen Universalreich musste er endgültig fallen lassen. Er übergab 1556 die Regierungsgeschäfte seinem Bruder und Nachfolger Ferdinand.

Der Religionsstreit wird beendet – FERDINAND I. suchte den Ausgleich mit den Fürsten und wollte den Religionskonflikt beenden. 1555 berief er einen weiteren Reichstag nach Augsburg ein. Dort vereinbarten die katholischen und protestantischen Reichsstände einen „für ewig währenden Religionsfrieden", den **Augsburger Religionsfrieden.** Fortan galt,
– dass die katholische und die lutherische Lehre gleichberechtigt sind,
– dass die Landesherren über die Religion in ihrem Gebiet selbst entscheiden konnten; die jeweiligen Untertanen mussten sich dem anschließen,
– dass die verstaatlichten Kirchengüter im Besitz der protestantischen Landesherren blieben.

Diese Einigung war ein religiöser Kompromiss, der zugleich die Stellung der Landesfürsten weiter stärkte.

KAISER KARL V. 1500 – 1558, König von Spanien und deutscher Kaiser von 1516/19 – 1555/56. Das Bild zeigt den Kaiser auf dem Schlachtfeld bei Mühlberg, 1547. Ölgemälde von Tizian

B 2 Schlacht bei Mühlberg 1547 und Gefangennahme des Kurfürsten Johann Friedrich von Sachsen durch kaiserliche Truppen

ARBEITSAUFTRÄGE

1. Schreibe auf, wer am Reichstag von Augsburg 1530 teilnahm und welche Ziele die Vertreter hatten. Versuche, einige der in B 1 abgebildeten Personen den Ständen zuzuordnen.
2. Beschreibe B 2 mithilfe des Darstellungstextes. Warum nahm Kaiser Karl V. den sächsischen Kurfürsten gefangen?

6. Das Zeitalter der Konfessionen in Europa

Auch in anderen Ländern Europa gab es im 16. Jahrhundert Reformatoren, die ähnliche Lehren wie Luther vertraten. In welchen Ländern konnte sich die Reformation durchsetzen?

Reformation in der Schweiz – Erste reformatorische Veränderungen bewirkte der Prediger ULRICH ZWINGLI in Zürich. Mit der Unterstützung des Rates der Stadt errichtete er zwischen 1523 und 1525 eine „Kirche der Bürger". Das Leben in der Stadt Zürich wurde nach strengen christlichen Regeln gestaltet.

Nach Zwinglis Tod schlossen sich seine Anhänger der Glaubenslehre des Reformators JOHANNES CALVIN an. In Genf hatte Calvin mithilfe des Rates der Stadt 1541 eine Kirchengemeinde nach seinen Regeln geschaffen. Die Kirchenordnung der **Calvinisten** regelte nicht nur die religiösen Dinge, sondern auch das ganze öffentliche und private Leben der Bürger. Wirtshausbesuche, Glücksspiele, Tanzvergnügungen oder teurer Schmuck waren verboten. Man führte sogar Hauskontrollen durch. Wer gegen die Regeln verstieß, wurde hart bestraft.

Im „Gottesstaat" Calvins sollten die sozialen Unterschiede zwischen den Bürgern gering sein. Auch die Spitäler und Schulen waren für alle da. Aber es gab keine Toleranz gegen Andersdenkende. Anhänger der Lehren Luthers oder Calvins gab es bald auch in den Niederlanden und den skandinavischen Ländern. In England und Schottland nannten sich die Anhänger Calvins **Puritaner** (dt.: „die Reinen"), in Frankreich **Hugenotten.**

PERSONENLEXIKON

JOHANNES CALVIN, 1509 – 1564. Begründer der nach ihm benannten evangelischen Glaubenslehre des Calvinismus

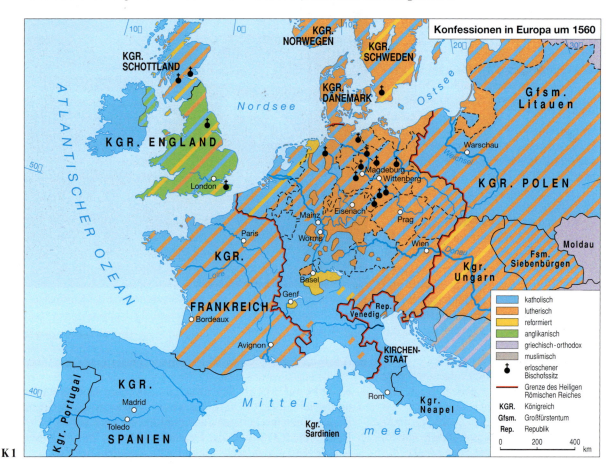

K1 Konfessionen in Europa um 1560

6. Das Zeitalter der Konfessionen in Europa

Hugenotten in Frankreich – Calvin war gebürtiger Franzose. Zu seinen französischen Glaubensgenossen, den **Hugenotten**, hielt er daher enge Verbindungen. Anfangs waren es Handwerker und wohlhabende Kaufleute, die sich der Lehre Calvins angeschlossen hatten. Doch kamen bald auch Adlige hinzu, die im Gegensatz zum französischen König standen und eine Machterweiterung des katholischen Königs verhindern wollten.

Die religiösen Gegensätze lösten auch in Frankreich blutige Kämpfe aus. Sie konnten erst 1598 durch König Heinrich IV. mit dem **Edikt von Nantes** beendet werden. Darin wurde die katholische Religion als die herrschende bestätigt, aber den Hugenotten wurde weitgehende Religionsfreiheit zugestanden.

Verändert sich die katholische Kirche? – Die Missstände in der katholischen Kirche hatten zur Reformation und schließlich zur Anerkennung der protestantischen Religion geführt. Wie reagierte die katholische Kirche auf die von den Reformatoren beklagten Missstände?

> **Q2** Calvin über die Prädestination (= Vorherbestimmung des Seelenheils):
>
> 1 Weil wir nicht wissen, wer zu der Anzahl der Vorherbestimmten hinzugehört und wer nicht, so soll es unser Ziel sein, dass wir wünschen,
> 5 alle möchten gerettet werden. So soll es kommen, dass wir uns befleißigen, jeden, der uns begegnet, zum Mitstreiter zu machen. [...] Soviel an uns liegt, sollen wir also
> 10 allen einen heilsamen strengen Tadel gleichsam wie Medizin zuteil werden lassen, damit sie Gott nicht verloren gehen und andere nicht verderben. Gottes Entscheidung
> 15 aber wird es vorbehalten sein, diesen Tadel an denen wirksam werden zu lassen, die er zuvor ersehen und vorherbestimmt hat.
>
> (In: Raupp, Werner (Hg.): Mission in Quellentexten. Erlangen 1990, S. 30 f. Gekürzt)

Das Konzil von Trient – Der Papst berief ein **Konzil** (= Versammlung der Bischöfe) in die norditalienische Stadt Trient ein (1545–1563). Auch die Fürsten Europas lud er. Durch **Reformen in der katholischen Kirche** sollten wirksame Maßnahmen gegen die Ausbreitung der Reformation in Europa eingeleitet werden.

> **Q3** Die Beschlüsse des Konzils von Trient, um 1563:
>
> 1 Nicht nur die Bibel ist Grundlage des Glaubens, sondern auch die Lehre der Kirchenväter.
> Nur die Kirche hat das Recht, die Bibel auszulegen.
> Gottes Gnade kann den Mensch nicht allein durch den
> 5 Glauben, sondern auch durch gute Werke verdienen.
> Der Missbrauch des Ablasses wird verboten.
> Die Ausbildung der Priester soll nach den Grundsätzen des Konzils erfolgen. Ihre Lebensführung unterliegt strengen Vorschriften.
> 10 Der Papst allein leitet die Kirche. Konzilsbeschlüsse bedürfen seiner Bestätigung.
>
> (Autorentext)

B 4 „Durch alle Reformatoren wurde das Licht des Evangeliums wieder entzündet". Stich aus dem 17. Jahrhundert

ARBEITSAUFTRÄGE

1. Analysiere mit K 1 die Religionsverteilung in Europa um 1560. Vergleiche sie mit der Situation in diesen Ländern heute.
2. Lies Q 2. Erläutere, was Calvin unter Prädestination (= Vorherbestimmung) versteht. Beurteile, welche Auswirkungen diese Lehre auf das Verhalten der Menschen haben kann.
3. Beschreibe B 4: Achte auf die einzelnen Personen. Erläutere, was der Maler mit dem „Licht des Evangeliums" meinte.

7. Die Verfolgung von „Hexen" und „Ketzern"

Auf dem Höhepunkt der Hexenverfolgungen, zwischen 1550 und 1650, wurden in dem Gebiet des heutigen Deutschlands etwa 30 000 Menschen, meist Frauen, als **„Hexen"** oder **„Ketzer"** verurteilt und hingerichtet. Was wurde diesen Menschen vorgeworfen?

Erste Verurteilungen so genannter **„Ketzer"** gab es bereits im 13. Jahrhundert mit dem Aufkommen der kirchlichen Inquisitionsgerichte. Als Ketzer galt, wer in seinem christlichen Glauben und Bibelverständnis von der offiziellen Lehrmeinung der Kirche abwich. In den kirchlichen Inquisitionsgerichten wurden die Beschuldigten – oft durch die Anwendung grausamer Foltermethoden – zum Widerruf gezwungen oder aber zum Tod auf dem Scheiterhaufen verurteilt.

Die eigentlichen **Hexenverfolgungen** setzten in großem Stil erst im 15. Jahrhundert ein. Die Vorstellung, dass dämonische und teuflische Mächte für Krankheiten, Missernten oder Unglücksfälle verantwortlich seien, war im gesamten Mittelalter weit verbreitet gewesen. Doch seit Mitte des 15. Jahrhunderts nahmen die Angst vor Zauberei und der „Hexenwahn" extreme Formen an. Ursachen waren die Bedrohung der Menschen durch Missernten und Hungersnöte, Pestepidemien, die Verwüstungen durch den Dreißigjährigen Krieg sowie eine fehlgeleitete Religiosität der Menschen.

Q 1 Papst Innozenz VIII. veröffentlichte 1484 eine Erklärung, die später den Namen „Hexenbulle" erhielt:

1 Uns ist neuerdings zu unserem nicht geringen Leidwesen zu Ohren gekommen, dass […] eine große Anzahl von Personen bei-
5 derlei Geschlechts des eigenen Heils vergessend und vom katholischen Glauben abfallend mit […] Teufeln Unzucht treiben und mit ihren Zaubersprüchen […] und
10 Verschwörungen sowie anderen abscheulichen abergläubischen Handlungen [und] Verbrechen bewirken, dass sie die Geburten der Frauen, die Jungen der Tiere, die
15 Feldfrüchte, die Weintrauben und die Früchte der Bäume sowie auch Männer, Frauen, Zugtiere, Kleinvieh, Ziegen und andere Lebewesen unterschiedlichster Art […]
20 verderben, ersticken und umbringen. […]

(In: Peter Segl. Als Ketzer fliegen lernten. Über den Hexenwahn im Mittelalter, Abensberg 1991, S. 8. Gekürzt)

B 2 Die Wasserprobe. Die Angeklagte wurde an Händen und Füßen gefesselt und ins Wasser geworfen. Ging sie nicht unter, war sie als Hexe überführt, weil das Wasser nach dem Aberglaube der damaligen Zeit keine Hexe aufnehmen würde. Ging die Gefesselte unter, dann war sie unschuldig – aber oft auch ertrunken. Holzschnitt, 16. Jh.

T 3 Rechnung vom 20. Oktober 1639
Verteilung der Einnahmen aus elf Hexenprozessen

Es empfing:			
der Bürgermeister	9 Taler	6 Groschen
der Rat	9 Taler	6 Groschen
der Vogt	18 Taler	6 Groschen
die Gerichtsschöffen	18 Taler	12 Groschen
der Stadtschreiber	9 Taler	6 Groschen
der Stadtdiener	9 Taler	6 Groschen

Der Rest von 351 Talern und 23 Groschen wurde dem Fürstbischof als dem Landesherrn übergeben.

Vertiefung

7. Die Verfolgung von „Hexen" und „Ketzern"   41

Die Haltung der Kirchen – Die katholische und die protestantischen Kirchen hatten diesen Aberglauben noch bestärkt. Bereits 1484 veröffentlichte PAPST INNOZENZ VIII. die so genannte **„Hexenbulle"**, die zur Verfolgung von Hexen aufrief. Drei Jahre später verfassten die Dominikanermönche Sprenger und Institoris den so genannten **„Hexenhammer"**. In diesem Buch wurde beschrieben, woran man eine Hexe erkenne, was sie macht und wie man sie bestrafen müsse. Für 200 Jahre begann jetzt in weiten Teilen Europas die systematische und grausame Verfolgung von „Hexen".

Der Ablauf eines Hexenprozesses – Hexenprozesse wurden nicht nur als Verstoß gegen die kirchliche Lehre, sondern auch als Verstoß gegen weltliche Gesetze geführt. Sie wurden daher vor weltlichen Gerichten verhandelt. Für die Anklage reichte es oft schon, wenn jemand nur beschuldigt wurde, eine Hexentat begangen zu haben. Die Beschuldigten, meist waren es Frauen, mussten dann ihre Unschuld beweisen. Aber das war fast unmöglich, denn man erpresste von den Angeklagten unter **Folter** ein „Geständnis"; außerdem erzwang man die Nennung von Mitschuldigen. Die meisten Beschuldigten legten ein „Geständnis" ab, nur um der weiteren Folter zu entgehen. Das Urteil des Prozesses lautete oft: Tod durch das Feuer.

Q 4 Martin Luthers Haltung zur Hexenverfolgung, 1526:

1 Es ist ein überaus gerechtes Gesetz, dass die Zauberinnen getötet werden, denn sie richten viel Schaden an, was bisweilen ignoriert
5 wird, sie können nämlich Milch, Butter und alles aus dem Haus stehlen [...]. Sie können ein Kind verzaubern [...]. Auch können sie geheimnisvolle Krankheiten im
10 menschlichen Körper erzeugen, dass der Körper verzehrt wird. [...] Die Zauberinnen sollen getötet werden, weil sie Diebe sind, Ehebrecher, Räuber und Mörder [...].
15 Sie schaden mannigfaltig. Also sollen sie getötet werden, nicht allein, weil sie schaden, sondern auch, weil sie Umgang mit dem Satan haben.

(In: Martin Luther: Predigt vom 6. Mai 1526, WA 16, S. 551 f., zit. nach http://de.wikipedia.org/wiki/Hexenverfolgung. Gekürzt)

Q 5 Der Jesuitenpater Friedrich Spee von Langenfeld urteilt über die Hexenprozesse, 1631:

1 Was suchen wir so mühsam nach Hexen und Zauberern. Hört auf mich, ihr Richter, ich will euch gleich zeigen, wo sie stecken. Auf, greift Kapuziner, Jesuiten, alle Ordensleute und foltert sie; sie werden gestehen. Leugnen wel-
5 che, so foltert sie drei-, viermal, und sie werden gestehen.

(In: W. Behringer (Hg.): Hexen und Hexenprozesse in Deutschland, München 1988, S. 377 f. Gekürzt)

B 6 Hexenverfolgung und -verbrennung. Miniatur von 1514

ARBEITSAUFTRÄGE

1. Lies Q 1 und Q 4 und erläutere, welche Beschuldigungen der Papst und Luther gegen die sogenannten Hexen vorbringen. Bewerte die Anschuldigungen und das Verhalten der Kirchen.
2. Betrachte B 2. Beurteile die Beweiskraft der „Wasserprobe" sowie die Konsequenzen für die Angeklagten.
3. Analysiere T 3. Überlege, woher das Geld aus den Hexenprozessen kam. Welche Gefahr bestand, wenn zum Beispiel Gerichtsschöffen einen Anteil des Geldes erhielten?
4. Erläutere und interpretiere die Aussage v. Langenfelds in Q 5.

Aufbruch in eine neue Zeit und Welt – Zeitstrahl

	Politik	Kultur	Alltag
1600	1618–1648: Dreißigjähriger Krieg		Atlantischer Dreieckshandel; Zerstörungen, Plünderungen, Hunger durch den Dreißigjährigen Krieg
	1562–1598: Hugenottenkriege in Frankreich		Neue Waffen durch Einsatz des Schwarzpulvers, Söldnerheere entstehen
	1546: Schmalkaldischer Krieg; 1531–1533: Pizarro erobert das Inkareich; Tod Atahualpas 1519: Cortés erobert das Reich der Azteken	1555: Augsburger Religionsfrieden 1545–1562: Konzil von Trient	16. und 17. Jh.: Hexenverfolgungen 16. Jh. ff.: Zwangsarbeit der Indianer Süd- und Mittelamerikas in Bergwerken und auf Plantagen
1500	1524/1525: Bauernkrieg 1519–1555: Karl V. deutscher Kaiser	1536: Calvinismus begründet 1534: Jesuitenorden gegründet 1521: Wormser Edikt 1517: Beginn der Reformation durch Luthers 95 Thesen um 1500: Heliozentrisches Weltbild, Weltkarten	Entstehung der deutschen Landeskirchen; Streit um den Ablasshandel
	1492: Reconquista in Spanien abgeschlossen		1503: Casa de la Contratación in Spanien; 1498: V. da Gama in Indien 1492: Kolumbus entdeckt Amerika
	1438–1471: Inka Pachacutec Yupanqui bildet Großreich	1448: Gutenberg erfindet den Buchdruck mit beweglichen Lettern	Wallfahrten und Reliquienverehrung als Ausdruck besonderer Volksfrömmigkeit
	1415: Überfall der nordafrikanischen Hafenstadt Ceuta durch die Portugiesen	15. Jh.: Nutzung des Jakobsstabs durch Seefahrer	1415: Tod des Jan Hus auf dem Scheiterhaufen
1400	um 1400: Gründung einer Seefahrtsakademie in Portugal	15. Jh.: Hochentwickelte Verwaltung und Straßenbau bei den Inka	15. Jh.: Knotenschnüre der Inka
	1356: „Goldene Bulle"	14.–16. Jh.: Renaissance als kulturelle und weltanschauliche Bewegung in Europa	
	14. Jh.: Entstehung des Inkareichs in Südamerika 1325: Gründung Technotitlans in Mittelamerika durch die Azteken		
1300			

Zusammenfassung – Aufbruch in eine neue Zeit und Welt

Zu Beginn der Neuzeit wandelte sich die Auffassung vom Menschen: Das Individuum sollte die Welt verändern und sich nicht auf vorgegebene Ordnungen verlassen. Für das weltzugewandte Leben dienten die antike Kunst und Denkweise als Vorbild. Man nannte die Zeit deshalb **Renaissance,** die Wiedergeburt. Die Herstellung des Papiers und der Buchdruck machten eine schnelle und weite Verbreitung von Wissen möglich. Durch exakte Beobachtungen gewannen die Menschen eine **neues Weltbild,** wonach die Sonne im Mittelpunkt der Welt steht.

Die beiden aufstrebenden Staaten Portugal und Spanien suchten einen Seeweg nach Indien, um den Handel zu verbilligen. Christoph Kolumbus fand auf dem Seeweg nach Westen einen neuen Kontinent: Amerika.

Die Eroberung des Kontinents durch die Europäer verlief rasch und gewalttätig. Die Spanier zerstörten die Hochkulturen der Inka, Azteken (und Maya). Durch Zwangsarbeit und Seuchen wurde die einheimische Bevölkerung fast ausgerottet. Seit dem 17. Jahrhundert wurden Sklaven aus Afrika herbeigeschafft.

Missstände in der Kirche wie der Ablasshandel sowie der Umbruch im Denken der Menschen bereiteten den Boden für die **Reformation.** In Deutschland hatte das Wirken Martin Luthers die größte Bedeutung. Seine Lehre rückte den persönlichen Glauben und die Gnade Gottes in den Mittelpunkt.
Die neue „protestantische" bzw. evangelische Konfession fand Unterstützung bei einigen Fürsten. Ihr Bekenntnis zur Reformation verstärkte den Gegensatz zu Kaiser und Reich. Der Versuch Kaiser Karls V., die Fürsten militärisch zum Katholizismus und zur Einheit des Reichs zu zwingen, scheiterte. Auf einem Reichstag in Augsburg wurde 1555 mit dem Augsburger Religionsfrieden die **Religionsfreiheit** der Landesfürsten festgelegt.

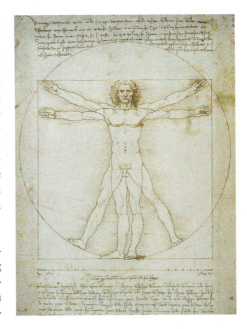

ARBEITSAUFTRAG

1. Nenne Unterschiede zwischen dem Welt- und Menschenbild des Mittelalters sowie dem der Renaissance oder der Frühen Neuzeit.
2. Setze dich mit der folgenden Aussage auseinander: „Die kulturelle Überheblichkeit und die technische Überlegenheit der europäischen Eroberer zerstörten die indianischen Hochkulturen Süd- und Mittelamerikas".
3. Beurteile das Wirken Martin Luthers als Reformator und sein Verhalten im Konflikt mit der katholischen Kirche.

ZUM WEITERLESEN

Morris, Neil: Mayas, Azteken, Inkas. Tessloff, Nürnberg 2003
Röhrig, Tillmann: Übergebt sie den Flammen!, Arena Verlag, Würzburg 1996

- /1 http://de.wikipedia.org/wiki/Galilei
- /2 http://de.wikipedia.org/wiki/Inquisition
- /3 http://de.wikipedia.org/wiki/Buchdruck
- /4 http://www.stromberg-gymnasium.de/ags/seminarkurs_04_05/abschluss_05/c/geschichte.html
- /5 http://de.wikipedia.org/wiki/Christoph_Kolumbus
- /6 http://de.wikipedia.org/wiki/Sklavenschiff
- /7 http://de.wikipedia.org/wiki/Luther
- /8 www.wartburg.eisenach.de
- /9 http://www.muenster.org/abendgymnasium/faecherprojekte/projekte/hexenprozess/geschich.htm

Standard-Check: Das solltest du können!

1. Wichtige Arbeitsbegriffe
Hier sind wichtige Arbeitsbegriffe des Kapitels aufgelistet. Übertrage sie in dein Heft und formuliere zu jedem Begriff eine kurze Erläuterung.

Ablasshandel	Bannbulle
Entdeckungsfahrten	Reformation
Reliquie	Renaissance
heliozentrisches Weltbild	

1.

2. Ergänzung und Interpretation einer Abbildung
2.1 Übertrage die Abbildung B 1 in dein Heft und ergänze den fehlenden Text in den Pfeilen. Womit wurde gehandelt und welche „Waren" wurden in welche Richtung transportiert?
2.2 Erläutere, wer am atlantischen Dreieckshandel beteiligt war und welche Vorteile bzw. Konsequenzen er für die Beteiligten hatte.
2.3 Formuliere deine eigene Meinung zum atlantischen Dreieckshandel.

B 1 Der atlantische Dreieckshandel

2.1

2.2

2.3

3. Interpretation eines Quellentextes aus unserer Zeit
3.1 Kläre zuerst unbekannte Begriffe oder Namen in dem Text.
3.2 Fasse die Kernaussagen des Textes in eigenen Worten zusammen.
3.3 Ordne den Text quellenkritisch ein: Kannst du etwas über den Autor sagen? Vertritt er eine bestimmte Meinung? Wann wurde der Text geschrieben? An wen richtet er sich?

Q 2 Ein Historiker aus unserer Zeit urteilt über die Hexenprozesse des 15 bis 17. Jahrhunderts:

1 Das gesellschaftliche Gefüge einer noch weitgehend statischen Agrargesellschaft geriet unter Druck, weil bei einer wachsenden Bevölkerung eine zunehmende Existenzangst eintrat. Diese [...] muss
5 auch vor dem Hintergrund der Hungerkrisen verstanden werden, die im Zuge einer weltweiten klimatischen Abkühlung, der so genannten „kleinen Eiszeit" [...] eintraten.
[...] Hexen konnten sowohl für Missernten, Unwetter als auch für Krankheiten von Mensch und Vieh verantwortlich gemacht werden.

(In: Hexen und Hexenverfolgung im deutschen Südwesten. Nicht namentlich gekennzeichneter Text in einem Ausstellungskatalog, hg. vom Badischen Landesmuseum, Ostfildern 1994, S. 131. Gekürzt)

3.1

3.2

3.3

Die Lösungen zu diesen Standard-Checkaufgaben findest du auf Seite 273. | Aber: Erst selbst lösen, dann überprüfen. Dein Können kannst du bewerten (☺☻☹). | Deine Leistungsbewertung zeigt dir, was du noch einmal wiederholen solltest.

Das konnte ich
☺ = gut
☻ = mittel
☹ = noch nicht

Kriege und Friedensschlüsse im Wandel — Längsschnitt

Vor dem letzten Irakkrieg appellierte Papst JOHANNES PAUL II. an die Konfliktparteien: „*Krieg ist niemals ein unabwendbares Schicksal. Krieg bedeutet immer eine Niederlage für die Menschheit!*" Leider fand der Irakkrieg dennoch statt. Bis heute diskutieren die Menschen, ob die USA und ihre Verbündeten 2003 einen legitimen **Präventivkrieg** oder einen völkerrechtswidrigen **Angriffskrieg** gegen den Irak führten. Es gibt demnach verschiedene Kriegsarten. Keiner ereignet sich schicksalhaft, denn zumindest auf einer Seite der Kriegsparteien haben handelnde Menschen die Entscheidung zum Krieg bewusst getroffen – oder schuldhaft herbeigeführt. Deshalb muss man die Motive und Handlungsmöglichkeiten aller Beteiligten kennen, um sich ein eigenes Urteil bilden zu können.

T1 Stimmen zum Thema Krieg. Eine kleine Auswahl aus verschiedenen Jahrhunderten:

- Der Krieg ist der Vater aller Dinge. (*Heraklit, griech. Philosoph, 550–480 v. Chr.*)
- Bürgerkrieg ist für beide Parteien ein Unglück. Denn das Verderben trifft Sieger und Besiegte in gleicher Weise. (*Demokrit, griech. Philosoph, ca. 460–400 v. Chr.*)
- Der Offensivkrieg ist der Krieg eines Tyrannen, wer sich jedoch verteidigt, der ist im Recht. (*Voltaire, französischer Philosoph, 1694–1778*)
- Der Krieg ist eine bloße Fortsetzung der Politik mit anderen Mitteln. (*Carl von Clausewitz, preußischer General, 1780–1831*)
- Wer auf den Krieg vorbereitet ist, kann den Frieden am besten wahren. (*George Washington, erster Präsident der USA, 1732–1799*)
- Nicht durch Reden und Majoritätsbeschlüsse werden die großen Fragen der Zeit entschieden, sondern durch Eisen und Blut. (*Otto von Bismarck, erster deutscher Reichskanzler, 1815–1898*)
- Die Menschheit muss dem Krieg ein Ende setzen, oder der Krieg setzt der Menschheit ein Ende. (*John F. Kennedy, früherer amerikanischer Präsident, 1917–1963*)
- Nicht der Krieg, der Frieden ist der Vater aller Dinge. (*Willy Brandt, früherer deutscher Bundeskanzler, 1913–1992*)

T2 Krieg hat viele verschieden Namen und Gesichter:

- Angriffskrieg
- Verteidigungskrieg
- Bürgerkrieg
- Stellvertreterkrieg
- Kalter Krieg
- Vernichtungskrieg
- Präventivkrieg
- Religionskrieg
- … andere Kriege

1. Der Peloponnesische Krieg – Bruderkrieg in Griechenland

„*Dieser Krieg dauerte so lange und brachte so viel Leiden über Hellas. […] Nie wurden so viele Städte erobert, […] nie gab es so viel Flüchtlinge, so viele Tote.*" So berichtete der griechische Geschichtsschreiber THUKYDIDES über den Peloponnesischen Krieg (431–404 v. Chr.). Dabei handelte es sich nicht um einen neuen Angriff der Perser, den die griechischen Poleis im gemeinsamen Bund aller Hellenen zweimal (490 v. Chr. und 480/479 v. Chr.) erfolgreich abgewehrt hatten. Diesmal handelte es sich vielmehr um einen Krieg zwischen den Hellenen selbst. Wie kam es zu diesem Krieg?

Konflikte im Seebund – Um Griechenland und die griechischen Tochterstädte an den Küsten Kleinasiens vor weiteren Angriffen der Perser zu schützen, hatten ATHEN sowie zahlreiche andere Städte und Inseln der Ägäis 477 v. Chr. ein Schutzbündnis geschlossen: den ATTISCHEN SEEBUND. Während die athenische Flotte die Verteidigungsaufgaben übernahm, verpflichteten sich die kleineren Bündnispartner zu jährlichen **Beitragszahlungen** in die Bundeskasse. SPARTA, neben Athen die zweite Großmacht in Griechenland, blieb dem Seebund fern.

Doch seit 450 v. Chr. machte Athen den Seebund zu einem Instrument seiner Machtpolitik im gesamten Ägäisraum. Kein Mitglied durfte den Seebund verlassen. Gleichzeitig griff Athen zum Teil gewaltsam in die inneren Angelegenheiten einzelner „Bündner" ein, stürzte deren politische Führung und zwang ihnen das eigene politische System auf. Diesen Zwang zur Bündnistreue und seine Vormachtstellung verbanden die Athener mit eigenen wirtschaftlichen Interessen. Die anfangs freiwilligen Beiträge der Bundesgenossen wurden nun zu **Zwangstributen,** die von den Athenern auch für den Ausbau der eigenen Stadt verwandt wurden. Athen hatte die politisch-militärische **Hegemonie** (Griech.: Vormachtstellung) im Seebund an sich gerissen.

Konflikte zwischen Sparta und Athen – Sparta hatte bereits um 550 v. Chr. mit anderen Poleis den PELOPONNESISCHEN STÄDTEBUND gegründet. Es beobachtete die wachsende Macht Athens und dessen Hegemonie im Seebund mit Misstrauen.

T1 Einnahmen und Ausgaben Athens um 440 v. Chr.:

Ausgaben
Kosten für das Heer und für die Flotte:	300 Talente
Bezahlung der Beamten, Richter und Ratsmitglieder:	250 Talente
Tempelbauten, Theater, Schulen:	150 Talente
Summe:	**700 Talente**

Einnahmen
Landwirtschaft, Handwerk und Handel:	270 Talente
Silberbergwerke und andere Minen:	180 Talente
Abgabesteuern für Metöken und Fremde:	50 Talente
Abgabesteuern der reichen Bürger Athens:	150 Talente
Tributzahlungen aus dem Seebund (in Friedenszeiten):	460 Talente
Summe:	**1010 Talente**

Durch die Tributabgaben der Bundesgenossen aus dem Seebund hatte Athen jährlich etwa 310 Talente Überschuss für die eigene Staatskasse.
1 Talent = 6000 Drachmen; 1 Drachme = 6 Obolen.
Eine Familie brauchte pro Tag etwa 2 Obolen zum Leben.
Ein Beamter oder Richter erhielt pro Tag etwa 2 Obolen Diäten.

Athen und Sparta vor dem Peloponnesischen Krieg 431 v. Chr.

Der schwelende Konflikt zwischen beiden Poleis verschärfte sich, als frühere Bündnispartner Athens, die sich gegen dessen Zwangsmaßnahmen zur Wehr setzten, den Schutz Spartas und des Peloponnesischen Bundes suchten. Als Athen 431 v. Chr. den Städten des Seebundes den Handel mit MEGARA, einem Verbündeten Spartas, verbot, brach der Konflikt offen aus: Sparta erklärte Athen den Krieg.

Der Peloponnesische Krieg – Sparta und seine Bündnispartner fielen 431 v. Chr. mit einem Landheer in Attika ein. Die Athener zogen die Bevölkerung Attikas hinter die schützenden Mauern zurück, die die Stadt und den Hafen Piräus umgaben. Alle lebenswichtigen Güter führten sie über den offenen Seeweg ein; den Krieg führten sie mit ihrer Flotte. Während das Heer Spartas Attika verwüstete, umfuhren die Athener mit ihren Schiffen den Peloponnes und zerstörten und plünderten die Küstenstädte der Gegner.
Nach wechselvollem Kriegsverlauf, der für beide Seiten mit großen Verlusten verbunden war, kam es 421 v. Chr. zu einem vorübergehenden Friedensschluss.

Das sizilianische Abenteuer – Nach dem Tod des Politikers PERIKLES 429 v. Chr. geriet die Politik Athens mehr und mehr in die Hände ehrgeiziger Abenteurer. So hatte ALKIBIADES die Volksversammlung Athens davon überzeugt, die mit Sparta verbündete Stadt Syrakus auf Sizilien anzugreifen, um in den Besitz der reichen Silberminen zu kommen. Athen schickte 415 v. Chr. 30 000 Soldaten und eine Flotte von 140 Kriegsschiffen nach Sizilien. Doch das Kriegsabenteuer scheiterte und die Athener erlitten eine katastrophale Niederlage: Über 6000 Soldaten verloren ihr Leben; ein großer Teil der attischen Flotte wurde vernichtet.

Sparta triumphiert über Athen – Die Schwäche Athens nach der Niederlage in Sizilien wurde von Sparta rigoros ausgenutzt. Mit Geldmitteln der Perser, den ehemaligen Feinden, rüstete Sparta eine eigene Kriegsflotte aus und besiegte 405 v. Chr. die Athener endgültig. Athen musste seine verbliebene Kriegsflotte abgeben sowie die Stadt- und Hafenmauern schleifen. Es hatte seine politische und militärische Vormacht in Griechenland verloren. Zu den Verlierern ohne eigene Schuld des „Bruderkrieges" gehörten die griechischen Städte an der Küste Kleinasiens. Sparta ließ es zu, dass sie erneut unter persische Herrschaft kamen.

Q3 Athens Politiker Perikles rechtfertigt die Tributzahlung der Bündnispartner des Seebundes an Athen, 440 v. Chr.:

1 Die Athener sind den Bundesgenossen für dieses Geld keine Rechenschaft schuldig, denn Athen führt für sie Krieg und beschützt sie gegen die Perser. Die Bundesgenossen haben kein Pferd, kein Schiff und keinen Mann gestellt,
5 sondern nur Geld beigesteuert. Und Geld gehört dem, der es bekommt, wenn er nur das tut, wofür man es ihm gegeben hat. Weil nun Athen an dem, was es zur Kriegsführung braucht, nichts mehr fehlt, kann es den Überschuss zum Ausbau der Stadt verwenden."

(Plutarch: Perikles 12 f., in: Gesch. in Quellen I, München 1989, S. 193. Bearb.)

Q4 Thukydides über die Ursachen der Niederlage Athens:

1 Sie [Athens Führer] rissen aus persönlichem Ehrgeiz und zu persönlichem Gewinn den ganzen Staat in Unternehmungen, die mit dem Krieg ohne Zusammenhang schienen und falsch für Athen und seinen Bund waren. Solan-
5 ge es gut ging, hatten einzelne Bürger Ehre und Vorteil davon, im Fehlschlag schwächten diese Unternehmungen aber die ganze Stadt. [...] Daher wurden immer wieder bei der Größe der Stadt und ihrer Herrschaft viele Fehler begangen, vor allem die Fahrt nach Sizilien.

(Thukydides: Geschichte des Peloponnesischen Krieges, übersetzt von G. P. Landmann, München 1976, S. 162. Gekürzt)

ARBEITSAUFTRÄGE

1. Beschreibe mit K2 die Bündniskonstellation zu Beginn des Peloponnesischen Krieges. Begründe die Bezeichnungen „Attischer Seebund" bzw. „Peloponnesischer Bund".
2. Beurteile die Position, die Perikles in Q3 hinsichtlich der Verwendung der Tributzahlungen gibt; nutze auch T1.
3. Stelle die Motive der beiden kriegsführenden Parteien tabellarisch zusammen. Diskutiere und beurteile diese Motive sowie die Handlungsweisen der beiden Kriegsparteien.
4. Um welche Kriegsart/-arten (vgl. T2, S. 45) handelte es sich?

… Kriege und Friedensschlüsse im Wandel

2. Rom und Karthago – zwei Rivalen im Mittelmeerraum

KARTHAGO, die alte phönizische Handelsmacht in Nordafrika, und ROM, das neue aufstrebende Machtzentrum Italiens, waren zu Beginn des 3. Jahrhunderts v. Chr. die führenden Mächte im westlichen Mittelmeerraum. Nach mehr als 200 Jahren vertraglicher Verbundenheit führten die beiden Staaten zwischen 264 v. Chr. und 146 v. Chr. **drei erbitterte Kriege.** Was waren die Motive der Kriegsparteien, wie wurden die Kriege geführt und wie beendet?

Ein Rivale in Sizilien – Der westliche Teil Siziliens war seit Jahrhunderten phönizisch kolonisiert und gehörte Anfang des 3. Jh. zum Herrschaftsgebiet Karthagos. Im Südwesten der Insel hatte auch Rom Stützpunkte. Als 264 v. Chr. die nordsizilianische Stadt MESSANA Rom um Beistand gegen die Nachbarstadt SYRACRUS bat, schickten die Römer Truppen nach Sizilien. Rom sah einen willkommenen Anlass, den eigenen Einfluss in Sizilien auszubauen, Karthago zurückzudrängen und in den Besitz der sizilianischen Silberminen zu kommen. Aus dem zunächst kleinen Konflikt entwickelte sich der erste Krieg zwischen Rom und Karthago (264–241 v. Chr.). Nach erbitterten, wechselvollen Kämpfen fand Rom einen Weg, die überlegene Flotte Karthagos zu besiegen. Der lange Krieg endete mit einem Friedensschluss, in dem Karthago Sizilien preisgeben und 80 Tonnen Silber an Rom zahlen musste. Sizilien wurde die erste **römische Provinz** (= römisches Gebiet außerhalb Italiens).

Der Konflikt eskaliert – Nach dem Verlust Siziliens dehnte Karthago sein Herrschaftsgebiet in Spanien aus und erschloss sich dort neue Silbergruben. Der karthagische Feldherr HANNIBAL verletzte dabei einen mit Rom geschlossenen Vertrag, als er die spanische Stadt Sagunt zerstörte und mit seinen Truppen den Ebro überschritt. Daraufhin erklärte Rom Karthago den Krieg (zweiter Krieg: 218–201 v. Chr.). Doch HANNIBAL fiel 218 v. Chr. überraschend mit 60 000 Soldaten und 37 Kriegselefanten auf dem Weg über die Alpen in Italien ein. Die Römer erlitten katastrophale Niederlagen. Allein bei CANNAE verloren sie 50 000 Soldaten. Der Ruf *„Hannibal vor*

PERSONENLEXIKON

HANNIBAL, 247 (246)–183 v. Chr. Feldherr Karthagos im 2. Krieg gegen Rom

Darstellung eines Kriegselefanten Karthagos, 3. Jh. v. Chr.

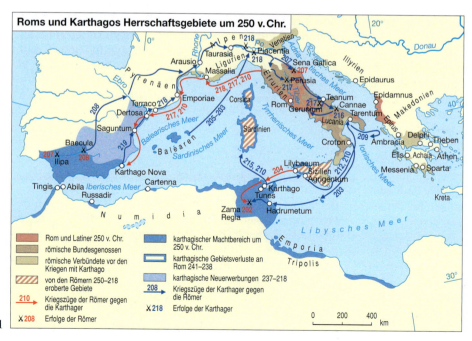

K 1 Roms und Karthagos Herrschaftsgebiete um 250 v. Chr.

den Toren" entsetzte Rom und war Ausdruck der Angst vor einem vernichtenden Angriff. Hannibal zog aber durch Italien, um die Bundesgenossen Roms für sich zu gewinnen. Nach den verheerenden Niederlagen wich das römische Heer einer Schlacht aus, konnte aber die Bundesgenossen einschüchtern. Die Römer zogen Gegenangriffe in Spanien und ab 204 v. Chr. sogar in Afrika vor. Daraufhin rief Karthago Hannibal zurück. Vor den Mauern Karthagos verlor er 202 v. Chr. die entscheidende Schlacht gegen die Römer. Karthago war besiegt und musste erneut harte Friedensbedingungen akzeptieren. Nachdem Rom zuvor schon die Abtretung Sardiniens und Korsikas erzwungen hatte, fiel nun auch Karthagos Gebiet in Spanien an Rom.

Rom vernichtet Karthago – Vielen Römern genügte der Sieg von 202 v. Chr. nicht. Noch Jahrzehnte später wurde im Senat gefordert, Karthago zu zerstören. Als 149 v. Chr. Karthago sich gegen räuberische Nomaden wehrte, reichte Rom das als neuerlicher Kriegsgrund. Karthago wurde über drei Jahre hinweg ausgehungert, dann machten die Römer die Stadt dem Erdboden gleich. Die Überlebenden wurden als Sklaven verkauft.

Q 3 Der antike Historiker Polybios über den Waffenstillstand am Ende des 2. Punischen Kriegs (202 v. Chr.):

1 Für alles während des Waffenstillstandes zugefügte Unrecht sollen die Karthager den Römern Schadensersatz leisten, […] alle Kriegs-
5 schiffe bis auf 10 Trieren ausliefern, desgleichen alle Elefanten. Sie sollen mit keinem Volk […] Krieg beginnen ohne Zustimmung der Römer. 10 000 Talente an barem Gelde
10 sollen [sie] innerhalb 50 Jahren entrichten [und] als Bürgschaft 100 Geiseln stellen.

(Polybios, Geschichte 15, 18, in: Geschichte in Quellen Bd. I, München 1989. S. 435. Gekürzt)

PERSONENLEXIKON

PUBLIUS CORNELIUS SCIPIO (Africanus), ca. 235–183 v. Chr., Römischer Konsul und Feldherr; verdrängte die Karthager aus Spanien und siegte 202 v. Chr. über Hannibal

ARBEITSAUFTRÄGE

1. Erläutere mit K 1 und K 2 die Situation Roms und Karthagos für die Zeit vor dem 1. Krieg und nach dem 3. Krieg.
2. Nenne und beurteile die Motive der beiden Kriegsparteien. Gibt es Änderungen der Motive im Verlauf des Krieges?
3. Erläutere die Form der Kriegsführung beider Parteien.
4. Beurteile mit Q 3 und dem Darstellungstext die Bedingungen der Friedensschlüsse nach der 1. und der 2. Kriegsphase.
5. Um welche Kriegsart/-arten (vgl. T 2, S. 45) handelte es sich?

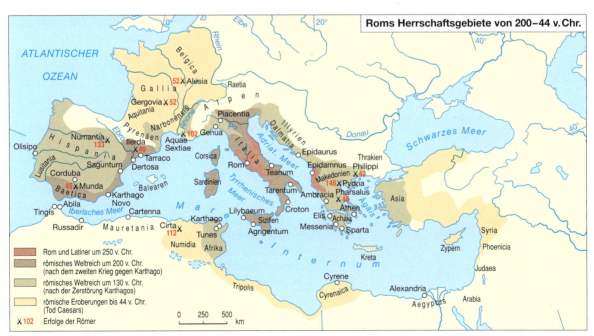

K 2

3. Die Kreuzzüge des Mittelalters – Kriege im Namen Gottes?

Zu Beginn des 11. Jahrhunderts war die religiös motivierte Vorstellung vom nahenden Ende der Welt (vgl. Seite 29) mit dem Wallfahrtsgedanken sowie der Sehnsucht nach Jerusalem als Mittelpunkt der christlichen Welt verknüpft worden. Diese Bewegung entwickelte sich zwischen 1096–1291 in mehreren **Kreuzzügen** zu einem regelrechten Massenphänomen. Was waren Kreuzzüge? Welche Motive und Ziele hatten die Teilnehmer?

Der Papst ruft zum Kreuzzug auf – Im Jahr 1078 n. Chr. hatten Muslime Jerusalem, die Grabstätte Christi, erobert. Der Kaiser von Byzanz hatte den Papst in Rom und die Adligen Europas um Waffenhilfe gebeten; vor allem, weil er den Fall der Hauptstadt Konstantinopel befürchtete. Papst URBAN II. reagierte 1095 während einer Kirchenversammlung auf den Appell und rief nun seinerseits die fränkischen Fürsten und Ritter „im Zeichen des Kreuzes [daher: „Kreuzzug"] zum Kampf gegen die Ungläubigen in Palästina" auf. Inwieweit die Initiative des Papstes religiös motiviert war, ist schwer zu beurteilen. Ungewöhnlich war zumindest, dass das Oberhaupt der katholischen Kirche die geistige Führungsrolle in einem bewaffneten Feldzug übernahm; einem Feldzug, bei dem die weltlichen Fürsten sich ein- und unterordnen sollten. Erstaunlich war auch die Resonanz, die der Aufruf des Papstes fand. Allein am 1. Kreuzzug (1096–1099) beteiligten sich etwa 300 000 Menschen – von denen jedoch nur 45 000 Palästina erreichten. ❷/1

Kreuzritter. Buchmalerei, 13. Jahrhundert

Ritter oder Abenteurer? – Im westfränkischen Reich und in Lothringen schlossen sich tausende **Adlige und Ritter** dem 1. Kreuzzug an. Neben religiösen Motiven waren Abenteurertum, die Hoffnung auf reiche Beute sowie der versprochene Sündennachlass Gründe für die Teilnahme.

Q2 Ansprache von Papst Urban II. auf einer Kirchenversammlung in Clermont-Ferrand, 1095, (Auszug):

[Vor einer großen Menschenmenge] setzte der Papst zu folgender Rede an:
„Ihr Volk der Franken […], ihr seid, wie eure vielen Taten erhellen, Gottes geliebtes und auserwähltes Volk […]. An euch richtet sich unsere Rede […], sie betrifft euch und alle Gläubigen. Aus dem Land Jerusalem und der Stadt Konstantinopel kamen schlimme Nachrichten. Das Volk im Perserreich, ein fremdes, ein ganz gottfernes Volk […] hat die Länder der dortigen Christenheit besetzt, durch Mord, Raub und Brand entvölkert und die Gefangenen teils in sein Land abgeführt, teils elend umgebracht […]. Wem anders obliegt nun die Aufgabe, diese Schmach zu rächen, dieses Land zu befreien, als Euch? Euch verlieh Gott mehr als den übrigen Völkern ausgezeichneten Waffenruhm, hohen Mut […]. Tretet den Weg zum Heiligen Grab [Christi] an, nehmt das Land fort dem gottlosen Volk, macht es euch untertan. […] Jerusalem ist der Mittelpunkt der Erde, das fruchtbarste aller Länder, als wäre es ein zweites Paradies der Wonne. […] Schlagt also diesen Weg ein zur Vergebung eurer Sünden; nie verwelkender Ruhm ist euch im Himmelreich gewiss." Als der Papst dies […] vorgetragen hatte, führte er die Leidenschaft aller Anwesenden […] zu einem Willen zusammen, dass sie riefen: „Gott will es, Gott will es!"

(Zit. nach Arno Bost, Lebensformen im Mittelalter, Frankfurt/Berlin 1979, S. 318 ff., Gekürzt)

K1 Palästina vom 11. bis zum 13. Jahrhundert

Die weitaus größte Gruppe der Kreuzfahrer bestand jedoch aus verarmten, sozial entwurzelten Städtern und Landarbeitern sowie Jugendlichen und Kindern. Dieser **„Volkskreuzzug"** zog entlang der Flussläufe von Rhein und Donau über den Balkan in Richtung Konstantinopel. Bereits im Rheinland **plünderten** sie zahlreiche **jüdische Gemeinden** und ermordeten tausende Juden.

Die Eroberung Jerusalems – 1099 traf das stark dezimierte Heer des 1. Kreuzuges schließlich vor Jerusalem ein. Mit dem Schlachtruf „Gott will es!" eroberten die Kreuzfahrer die Stadt und morden in einem grausigen Blutbad nahezu alle muslimischen und jüdischen Einwohner. Die siegreichen Kreuzfahrer gründeten in den eroberten Gebieten Palästinas mehrere **Kreuzfahrerstaaten,** die zu Stützpunkten des Handels mit Westeuropa wurden. Doch nach der Vereinigung der arabischen Völker unter der Führung eines **Sultans** (= Herrscher) mussten die Kreuzfahrer alle eroberten Gebiete in Palästina bis 1291 wieder aufgegeben.

B 4 König Richard Löwenherz von England lässt 1191 während des 3. Kreuzuges im eroberten Akkon 3000 gefangenen Muslime hinrichten

Q 3 Christliche Teilnehmer berichteten über die Eroberung Jerusalems:

1 Frauen, die in Palästen und Gebäuden Zuflucht gesucht hatten, machten sie nieder mit der Schärfe des Schwerts; Kinder, Säuglinge
5 noch, traten sie mit dem flachen Fuß den Müttern von der Brust oder rissen sie aus den Wiegen, um sie sodann gegen Mauern oder Türschwellen zu schmettern [...];
10 wieder andere erschlugen sie mit Steinen. Es war nicht nur der Anblick der zerhackten [...] Leichen, der dem Beschauer bange werden ließ; wahrhaft beklemmend wirkte
15 auch das Bild der Sieger selbst, die vom Scheitel bis zur Sohle von Blute troffen; ein Grauen packte alle, die ihnen begegneten.

(Albert von Aachen und Wilhelm von Tyrus. In: Hans Wollschläger: Die bewaffneten Wallfahrten nach Jerusalem, Zürich 1973, S. 38 ff. Gekürzt)

Q 5 Der Historiker J. N. Pieterse schreibt über die religiöse Toleranz des Islams zur Zeit der Kreuzzüge, 1989:

1 In Wirklichkeit [...] lebten die drei Religionen [Islam, Christentum und Judentum] seit mehreren Jahrhunderten in Frieden, oder relativem Frieden, miteinander. Religiöse Intoleranz war keine Eigenschaft der muslimischen Zivilisa-
5 tion. Und religiöse Verfolgungen, wie sie in Spanien und unter der Inquisition ausbrachen, ereigneten sich in der [damaligen] Welt des Islam nicht [...]. Religiöse Intoleranz war auch keine Eigenschaft der griechischen [christlich-orthodoxen] Kirche. Die Vorstellung von der Verbreitung des
10 Christentums mit dem Schwert galt als unchristlich. Ein Theologe hat das [westliche] Christentum „die aggressivste Religion" [...] genannt. Liegt der Grund darin, dass Europa zur Zeit der Kreuzzüge wirtschaftlich und sozial auch die rückständigste Nation war?

(Jan Nederveen Pieterse, Kreuzzüge und die Anfänge der europäischen Weltherrschaft, in: ders., Empire und Emanzipation, New York 1989, S. 92 f. Gekürzt)

ARBEITSAUFTRÄGE

1. Vergleiche den Argumentationsstil der Papstrede in Q 2 mit dem heutiger religiös-fanatischer Prediger.
2. Beurteile mit Q 3 und B 4 das Verhalten der Kreuzfahrer.
3. Fasse die Aussagen von Q 5 in eigenen Worten zusammen. Beurteile besonders die These im letzten Satz von Q 5. Siehst du vergleichbare Situationen in heutiger Zeit?
4. Um welche Kriegsart/-arten (vgl. T 2, S. 45) handelte es sich?

4. Bauern führen Krieg gegen ihre Herren

Zu Beginn des 16. Jahrhunderts waren die meisten Bauern einem adligen oder kirchlichen Grundherrn untertan. Sie mussten schwer für ihren Lebensunterhalt arbeiten, dem Grundherren Abgaben in Form von Vieh, Ernteerträgen und Zins leisten und auf dessen Gut zusätzliche Dienste leisten. Doch die Lasten der Bauern wurden noch schwerer. Wie reagierten sie auf diese Entwicklung?

Die Situation der Bauern – Damals waren die Preise für landwirtschaftliche Erzeugnisse gefallen. Die Grundherren versuchten daher, ihre eigenen Einnahmen auf Kosten der Bauern durch die Ausweitung der **Abgaben und Frondienste** zu erhöhen. So wurden den Bauern nun Abgaben für Dinge abverlangt, die bisher frei genutzt werden konnten. Dazu zählte z. B. die Nutzung der Mühlen und der Wälder oder Weiden. Auch die Nutzungsrechte der Bauern an dem von ihnen bewirtschafteten Land wurden immer weiter eingeschränkt. Das Erblehen wurde in ein so genanntes **Fall-** oder **Schupflehen** umgewandelt. Auf diese Weise wurde einem Bauern das Nutzungsrechte am Land nur noch auf Lebenszeit oder kurzfristig verliehen. Der Grundherr hatte also die Möglichkeit, nach dem Tod des Bauern das Land neu zu vergeben und den **Grundzins** neu festzulegen.

Die Bauern vereinigen sich – In wirtschaftlich besser entwickelten Gebieten war der Druck der Grundherren auf die Bauern größer. Hier wuchs deshalb die Unzufriedenheit der Bauern seit dem Ende des 15. Jahrhunderts besonders. Wie verhielten sich die Bauern?

Schon in den Jahren 1483 bis 1517 hatten sich unter dem Zeichen des **Bundschuhs** Bauern zwischen Speyer und Freiburg erhoben. Doch der Geheimbund der Bauern wurde jedes Mal verraten. Seine Mitglieder verloren Hab und Gut, wurden gefoltert und einige sogar hingerichtet.

In den Bauernaufständen des 15. und 16. Jh. war der mit Riemen gebundene bäuerliche Bundschuh das volkstümliche Symbol und „Feldzeichen" der Bauern. Sie grenzten sich damit von den stiefeltragenden Adligen ab.

B 1 Titelblatt der Memminger Bundesordnung, eines „Bauernparlaments", von 1525

Q 2 Die Hauptartikel aller Bauernschaft / Zwölf Artikel:

1 Zum Ersten ist unser demütig Bitt und Begehr, auch unser aller Wille und Meinung, […] dass die Gemeinde ihren Pfarrer selbst erwählen soll; auch Gewalt haben, denselbigen wieder abzusetzen, wenn er sich ungebührlich verhält. […]
Zum Dritten ist der Brauch bisher gewesen, dass man uns für ihr eigen Leut gehalten hat, was zum Erbarmen ist, in Anbetracht dessen, dass uns Christus alle mit seinem kostbaren Blutvergießen erlöst und losgekauft
10 hat, den Hirten ebenso wie den Höchsten, keinen ausgenommen. Darum ergibt sich aus der Schrift, dass wir frei seien und wollen sein. […]
Zum Sechsten ist unser hart Beschwer der Dienst, welcher von Tag zu Tag gemehrt wird und täglich zunimmt.
15 Wir begehren, dass man ein Einsehen hat und wir wieder dienen können, wie unsere Eltern gedient haben, allein nach dem Wortes Gottes. […]
Zum Neunten ist unser Meinung, uns bei alther geschriebenen Gesetzen zu strafen und nit nach Gunst.
20 Zum Zehnten beschweren wir uns, dass etliche Herren sich Wiesen, desgleichen Äcker angeeignet haben, die der Gemeinde gehören. Dieselben werden wir wieder zu unsern Händen nehmen, es sei denn, dass man's redlich erkauft habe. Wenn aber nit, soll man gütlich und brüder-
25 lich miteinander vergleichen nach Lage der Sache.

(In: Plöse / Vogler (Hg.): Buch der Reformation, Berlin 1989, S. 356 ff. Gekürzt)

4. Bauern führen Krieg gegen ihre Herren

Auch in den Jahren 1524 bis 1526 bildeten sich in vielen Teilen Deutschlands bewaffnete **Haufen**. So nannte man Bauerngruppen, die ihre Rechte gegen die Grundherren oder Landesherren verteidigen wollten. Die Bauern waren nicht als eigener Stand in den Landtagen vertreten. Doch wie in den reformierten Kirchengemeinden wollten sie jetzt auch ihr Zusammenleben im Dorf selbst regeln.

In den süddeutschen und thüringischen Gebieten verfassten einzelne Untertanen und ganze Gemeinden Beschwerdeschriften. Sie waren ermutigt worden durch Luthers Lehre von der Gerechtigkeit Gottes und seiner Schrift „Von der Freiheit eines Christenmenschen" (1520). In Memmingen fasste 1525 der Kürschner Sebastian Lotzer die wichtigsten Forderungen der Bauern in einer Flugschrift zusammen, den **„Zwölf Artikeln"**. Sie wurde binnen zweier Monate 25 000-mal gedruckt und schnell verbreitet.

Bald kam es zu gewaltsamen Übergriffen gegen die Herren. An der Spitze eines bewaffneten Haufens standen jetzt jeweils ein Oberster Feldmann und ein Kriegsrat.

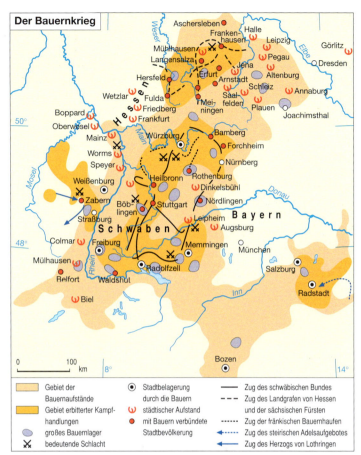

K 4

B 3 Plünderung des Klosters Weißenau in Oberfranken, 1525/1526. Zeitgenössische Darstellung von Jakob Murers

Zur Wahrung des Landfriedens und der kaiserlichen Interessen hatten sich schon Ende des 15. Jahrhunderts die süddeutschen Fürsten im **Schwäbischen Bund** zusammengeschlossen. Dessen Truppen bekämpften nun die aufständischen Bauern. Die fürstlichen Truppen siegten schnell: Meist wurden Tausende von Bauern, aber nur wenige Soldaten getötet.

„Das Reich Gottes auf Erden" – Auch in verschiedenen Orten der thüringischen Region gab es Erhebungen der Bauern. Doch die „Zwölf Artikel" waren nur teilweise übernommen worden. Worin unterschieden sich die Forderungen in Thüringen von denen in Schwaben?

Der Pfarrer THOMAS MÜNTZER gehörte ursprünglich zu den Anhängern Luthers. Doch bald entwickelte er eigene Vorstellungen. In seinen Predigten forderte er, einen „Gottesstaat auf Erden", ein tausendjähriges Reich Christi zu errichten. Darin sollten alle Menschen gleich sein, vom Bettler bis zum Fürsten, und durch Frömmigkeit Gott nah sein.

Anfang 1525 fand Müntzer in Mühlhausen viele Menschen, die ihn unterstützten: die Bauern der thüringischen Herrschaften, aber auch Bergleute und Bürger der Stadt. Der Rat Mühlhausens wurde abgesetzt, jetzt regierte der „Ewige Rat Gottes" die Stadt. Brot und Kleiderstoff verteilte man an die Armen. Der kirchliche Besitz wurde beschlagnahmt. Klöster wurden geräumt, die frei werdenden Räume konnten Obdachlose nutzen. Nonnen und Mönche kehrten in das weltliche Leben zurück.

Die Ereignisse in Mühlhausen wurden bald in ganz Thüringen bekannt. An vielen Orten bildeten sich wilde Bauernhaufen, die plündernd durch Thüringen zogen und Klöster, Pfarreien und Adelshöfe stürmten. Luther, der die Forderungen der „Zwölf Artikel" ursprünglich unterstützt hatte, wendete sich nun scharf gegen das gewaltsame Vorgehen der Bauern.

Der Bauernkrieg – Anfang 1525 hatten Grundherren und Fürsten ein gemeinsames Söldnerheer aufgestellt und zogen unter Führung des Landgrafen Philipp von Hessen nach Frankenhausen in Thüringen, wo sich ein großes Bauernheer versammelt hatte. Die aufständischen Bauern bezogen auf dem Schlacht-

PERSONENLEXIKON

THOMAS MÜNTZER, um 1489–1525

GEORG III. TRUCHSESS VON WALDBURG-ZEIL, Heerführer des Schwäbischen Bundes

---

Q5 Thomas Müntzer an die Fürsten Kursachsens und Sachsens, 13. Juli 1524:

1 […] Der erbärmliche Schaden der heiligen Christenheit ist so groß geworden, dass ihn keine Zunge darstellen kann […].
5 Christus sagt: „Ich bin nicht kommen, Frieden zu senden, sondern das Schwert." Was soll man aber mit demselbigen machen? Nichts andres als die Bösen, die das
10 Evangelium verhindern, wegtun und absondern […].
Christus sagt: „Wer da einen aus diesen Kleinen ärgert, ist ihm besser, dass man ihm einen Mühlstein
15 an den Hals hänge und werfe ihn in das tiefe Meer." Wollt ihr nun Regenten sein, so müsst ihr das Regiment bei der Wurzel anheben und wie Christus befohlen hat.

(In: Geschichte in Quellen III, S. 140 f. Gekürzt)

Q6 Luther ermahnt zum Frieden:

1 An die Fürsten und Herren!
Zuerst: Euch Fürsten und Herren, besonders euch blinden Bischöfen und tollen Pfaffen und Mönchen und niemandem sonst auf Erden, verdanken wir dieses Unheil und
5 solchen Aufruhr. […] Ihr tut in eurer weltlichen Herrschaft nichts als schinden und rauben, um weiter euer üppiges und hochmütiges Leben zu führen, bis es der arme gemeine Mann nicht länger ertragen kann und mag.
An die Bauernschaft!
10 […] Ja, ihr sagt, die Obrigkeit ist böse und nicht zu ertragen. Sie wollen uns das Evangelium nicht lassen und bedrücken uns allzu hart durch die Belastungen der zeitlichen Güter, richten uns also an Leib und Seele zugrunde. Darauf antworte ich: Dass die Obrigkeit böse und im
15 Unrecht ist, entschuldigt keine Zusammenrottung und keinen Aufruhr.

(In: Beintker H. et al. (Hg.): Martin Luther, Berlin 1982. Bd. 5, S. 48 ff. Gekürzt)

berg der Stadt Stellung. Dort wurden sie von den fürstlichen Soldaten umzingelt. Die Herren versprachen, Gnade walten zu lassen, wenn ihnen Müntzer ausgeliefert würde. Doch dazu waren die Aufständischen nicht bereit.

Am 15. Mai 1525 begann der Angriff der Fürsten und ihrer Landsknechte. Fast alle Aufständischen – über 5000 Menschen –, aber nur wenige Soldaten des Fürstenheeres fanden den Tod. Die überlebenden Bauern wurden gefangen genommen und hingerichtet. Thomas Müntzer wurde gefoltert und am 27. Mai 1525 enthauptet. Sein abgeschlagener Kopf wurde zur Abschreckung auf eine Stange gespießt und öffentlich aufgestellt.

Auch an vielen anderen Orten Deutschlands wurden die meist schlecht bewaffneten Bauernhaufen von den organisierten Söldnerheeren der Fürsten blutig niedergeschlagen. Insgesamt starben über 70 000 Bauern. Den Überlebenden drohten harte Strafen. Sie mussten vor allem hohe Wiedergutmachungsgelder als Buße für ihren Aufruhr zahlen.

Ein Krieg mit Folgen – Zwar hatten die Bauern in einigen Regionen Süddeutschlands auch Forderungen gegen die Herren durchsetzen können. Aber im größten Teil Deutschlands hatten sie ihre Ziele nicht erreicht. Besonders im Osten Deutschlands verschlechterte sich die Lage der Bauern noch mehr: Sie verloren ihre Freiheit an die Gutsherren und mussten mehr Frondienste leisten als früher.

Die Landesfürsten waren die eigentlichen Sieger des Bauernkrieges. Denn sie konnten auch ihre Stellung gegenüber dem niederen Landadel und den Städten stärken.

ARBEITSAUFTRÄGE

1. Betrachte B 1 und erläutere, welchen Eindruck die Memminger Bauern mit dem Titelblatt beim Betrachter wecken wollten.
2. Lies Q 2. Ordne die Forderungen der „Zwölf Artikel" wirtschaftlichen, religiösen und politischen Gesichtspunkten zu. Wie beurteilst du die Forderungen der Bauern?
3. Beschreibe B 3. Erläutere, welche Gründe zur Plünderung des Klosters durch die Bauern geführt haben können.
4. Suche in K 4 Zentren der Bauernaufstände.
5. Nenne mit Q 5 die Forderungen Müntzers an die Fürsten. Vergleiche sie mit den Forderungen der „Zwölf Artikel" (Q 2).
6. Lies Q 6. Wie argumentiert Martin Luther gegenüber den Fürsten und wie gegenüber den Bauern? Vergleiche Luthers Aussagen mit denen von Thomas Müntzer in Q 5.
7. Beschreibe mit B 7 die Schlacht. Achte auf die Waffen der Beteiligten. Gibt es Hinweise auf den Ausgang der Schlacht?
8. Um welche Kriegsart/-arten (vgl. T 2, S. 45) handelte es sich?

B 7 Schlacht bei Frankenhausen im Jahr 1525. Gemälde von W. Tübke 1979–1981

5. Der Dreißigjährige Krieg 1618–1648

Im 16. Jahrhundert hatten die deutschen Reichsstände gegen den Kaiser durchsetzen können, dass allein sie über die **Religion** in ihren Gebieten entscheiden konnten. Neben der Religionsfrage ging es jedoch vor allem um die **Machtverhältnisse im Reich**: Im **Augsburger Religionsfrieden** von 1555 hatten die Landesherren ihre territoriale Selbstständigkeit gegen den Kaiser stärken können. Doch Anfang des 17. Jahrhunderts brach der Konflikte erneut auf. Die Folge war der **Dreißigjährige Krieg.** Welche Auswirkungen hatte der Krieg und wie konnte er beendet werden?

Konflikte in Böhmen – Kaiser FERDINAND II. war seit 1617 auch König von Böhmen. Gleich zu Beginn seiner Regentenschaft hatte er den böhmischen Reichsständen verbriefte politische und religiöse Freiheiten verweigert. Dagegen revoltierte der böhmische Adel: Er erklärte Ferdinand II. für abgesetzt und wählte FRIEDRICH VON DER PFALZ zum neuen König von Böhmen. Zuvor hatte der böhmische Adel sich der Zustimmung der **Protestantischen Union,** eines Schutzbundes protestantischer Fürsten und Reichsstädte, versichert.
Ferdinand II. setzte seine habsburgische Hausmacht gegen den böhmischen Adel ein. Militärische Unterstützung erhielt er von der **katholischen Liga,** einem Bündnis katholischer Fürsten, Bischöfe und Äbte, sowie vom habsburgisch regierten Spanien. 1620 siegte das kaiserliche Heer. Der böhmische Adel wurde vom Kaiser entmachtet und ganz Böhmen musste wieder den katholischen Glauben annehmen. Eine Unterstützung der Böhmen durch Truppen der Protestantischen Liga war vorerst nicht zustande gekommen.

Der Kaiser will die Restauration – 1620 ließ der Kaiser das Heer der katholischen Liga von Böhmen aus gegen die protestantische Gebiete Mittel- und Norddeutschlands vorrücken. Er wollte die **Rekatholisierung** auch in diesen Gebiete einleiten und die Macht der Fürsten brechen.

Nun kam es zu einem breiten Militärbündnis der Fürsten gegen den Kaiser. Auch die Könige von Dänemark, Schweden, Frankreich und Spanien griffen mit Truppen und finanzieller Unterstützung in den Krieg ein. Die protestantischen Fürsten wollten weder die konfiszierten früheren Bischofssitze und Klöster verlieren noch die gegen den Kaiser erstrittene Macht in ihren Territorien preisgeben. Dem Dänenkönig ging es um die Kontrolle der norddeutschen Hansestädte. Der schwedische König fürchtete einen weiteren Machtzuwachs des Kaisers und sah die eigene Vormacht im Ostseeraum bedroht. Und Frankreich bemühte sich bereits seit langem, die territoriale Umklammerung durch die Habsburger, die

Musketiere (mit Flinte und Säbel bewaffnete Berufssoldaten) bildeten den Kern der damaligen Söldnerheere. Sie wurden unterstützt von der Artillerie und der Kavallerie.

B 1 Die Kriegsteilnehmer und Verbündeten im Dreißigjährigen Krieg

Q 2 Graf Pappenheim über die Zerstörung Magdeburgs:

1 Wir haben Magdeburg gestern um 9 Uhr vormittags erobert. Den Bischof habe ich gefangen, Falckenberg ist niedergehauen samt aller Soldaten und Bürger, die sich zur Wehr gesetzt haben. Als nun die Grausamkeit der
5 Soldaten schon aufgehört hatte, hat der gerechte Zorn und die Strafe Gottes erst angefangen, sind viele Feuer aufgegangen an etlichen Stellen, die von uns gemacht wurden. Die haben binnen weniger Stunden die Stadt mit all ihrem großen Reichtum in Asche gelegt. Was sich an
10 Menschen in die Keller geflüchtet und auf den Boden versteckt, das ist alles verbrannt. Ich meine, es seien über 20 000 Seelen gestorben. […] Alle unsere Soldaten sind dabei reich geworden.

(In: M. Puhle, Hrsg.: … ganz verheeret! Magdeburg und der Dreißigjährige Krieg, Halle 1998, S. 251. Gekürzt)

im deutschen Reich, in Spanien, in den spanischen Niederlanden und in Teilen Italiens herrschten, zu durchbrechen und die Macht des Kaisers zu schwächen.

Ein Friedensschluss nach 30 Jahren Krieg – Die Söldnerheere zogen marodierend kreuz und quer durch Deutschland. Aufgrund direkter oder indirekter Kriegsfolgen verlor ein Drittel der Bevölkerung das Leben. Da keine der Kriegsparteien einen Sieg erringen konnte, schlossen sie 1648 den **Westfälischen Frieden**. Darin wurden:
– die Bestimmungen des Augsburger Religionsfriedens von 1555 bekräftigt
– und die Stellung der deutschen Reichsstände gegen den Kaiser weiter gestärkt. Das deutsche Reich war jetzt nur noch ein lockerer Staatenverbund, was in der Folgezeit die Ausbildung eines deutschen Zentralstaates behinderte und verzögerte.
– Die Schweiz und die Niederlande schieden aus dem Gebiet des deutschen Reichs aus und wurden selbstständige Staaten. Schweden erhielt Vorpommern und das Herzogtum Bremen; Frankreich gewann Gebiete in Lothringen.

Bevölkerungsverluste im Dreißigjährigen Krieg **K4**

Deutschland nach dem Dreißigjährigen Krieg **K5**

Q3 Friedensvertrag von Osnabrück, 24. Oktober 1648:

Artikel VIII. Rechte der Reichsstände
§ 1 Alle Kurfürsten, Fürsten und Stände [sollen] in ihren alten Rechten und der freien Ausübung der Landeshoheit sowohl in geistlichen als auch in weltlichen Angelegenheiten in ihren Gebieten bestätigt sein.
§ 2 [Sie] sollen das Stimmrecht in allen Beratungen über Reichsgeschäfte haben, vornehmlich wenn Gesetze zu erlassen oder auszulegen, Krieg zu beschließen, Steuern auszuschreiben [sind, …] und auch mitbestimmen, wenn Frieden oder Bündnisse zu schließen sind. Nichts dergleichen soll künftig jemals ohne die auf dem Reichstag abgegebene freie Zustimmung und Einwilligung aller Reichsstände geschehen oder zugelassen werden.

(In: Geschichte in Quellen, Band IV, München, 1982, S. 348. Gekürzt)

ARBEITSAUFTRÄGE

1. Analysiere die Zusammensetzung der Kriegsparteien in B1. Formuliere Hypothesen zu ihren möglichen Motiven.
2. Erläutere mit Q2 und K4 die Auswirkungen des Dreißigjährigen Kriegs auf die Bevölkerung.
3. Erläutere mit Q3, K5 und dem Darstellungstext die zentralen Bestimmungen sowie Folgen des Westfälischen Friedens.
4. Beurteile die These, dass es ein Religionskrieg war.

6. Der Siebenjährige Krieg 1756–1763

Der Siebenjährige Krieg war zunächst ein Konflikt der beiden Hauptgegner Preußen und Österreich um den Besitz Schlesiens. Doch wie im Dreißigjährigen Krieg waren zahlreiche andere europäische Staaten beteiligt. Auch das Schlachtfeld war wiederum Deutschland – mit verheerenden Folgen für die Bevölkerung. Langfristig hatte dieser Krieg große Auswirkungen auf die Konkurrenz zwischen Preußen und Österreich um die Vorherrschaft in Deutschland. Der Satz des damaligen britischen Premierministers William Pitt, dass *„Großbritannien Kanada im Kolonialkrieg gegen Frankreich [1758–62] auf den Schlachtfeldern Schlesiens gewonnen [habe]"*, zeigt zudem, dass die Bedeutung des Krieges über Deutschland hinausging. Er beeinflusste auch das Kräfteverhältnis der Kolonialmächte Großbritannien und Frankreich in Nordamerika und Indien. Was waren die Ursachen des Krieges? ⓘ/3

Die Vorgeschichte des Krieges – 1740 war es in Berlin und in Wien zu einem Thronwechsel gekommen. In Preußen regierte nun der 28-jährige FRIEDRICH II. In Wien war die 23-jährige MARIA THERESIA Kaiser Karl VI. auf den Thron gefolgt. Doch die Kurfürsten von Bayern und Sachsen sowie die Herrscher von Frankreich, Spanien und den Niederlanden erkannten die (weibliche) Thronfolge Maria Theresias nicht an. Sie meldeten eigene Erbansprüche auf Teile des österreichischen Herrschaftsgebiets an und wollten diese militärisch durchzusetzen.

Friedrich II. von Preußen nutzte noch im Dezember 1740 die Schwäche Österreichs. In zwei blutigen Kriegen (1740–1742 und 1744–1745) überfiel er das zu Österreich gehörende Schlesien und verleibte es Preußen ein. Als „Ausgleich" bot er die Unterstützung Österreichs im „Erbfolgekonflikt" sowie die Anerkennung Franz' I., des Gatten Maria Theresias, als deutschen Kaiser an.

K2

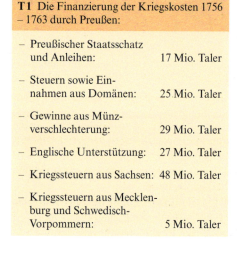

T1 Die Finanzierung der Kriegskosten 1756 – 1763 durch Preußen:	
– Preußischer Staatsschatz und Anleihen:	17 Mio. Taler
– Steuern sowie Einnahmen aus Domänen:	25 Mio. Taler
– Gewinne aus Münzverschlechterung:	29 Mio. Taler
– Englische Unterstützung:	27 Mio. Taler
– Kriegssteuern aus Sachsen:	48 Mio. Taler
– Kriegssteuern aus Mecklenburg und Schwedisch-Vorpommern:	5 Mio. Taler

K3

Bündnisse und Verlauf des Krieges – Maria Theresia konnte sich bis 1748 als Erbin der Habsburgmonarchie durchsetzen. Doch der Verlust Schlesiens wog schwer. Sie versuchte daher in den Folgejahren, eine breite Allianz gegen Preußen zu schmieden. Geschickt nutzte Österreich dabei den Konflikt zwischen Großbritannien und Frankreich um die Vorherrschaft in Nordamerika und Indien für einen „Wechsel der Bündnisse". Frankreich, bisher mit Preußen verbündet, wechselte 1756 an die Seite Österreichs. Diesem Bündnis schlossen sich Russland, Schweden, Polen, Bayern, Sachsen und weitere deutsche Staaten an.

Preußen war von einer übermächtigen Allianz der europäischen Mächte umgeben. Nur Großbritannien unterstützte Preußen mit Hilfsgeldern, weil es hoffte, französische Truppen in Deutschland zu binden und vom Kriegsschauplatz in Nordamerika fernzuhalten.
Trotz der gegnerischen Übermacht marschierte Friedrich II. 1756 in Sachsen ein. Damit begann der **Siebenjährige Krieg**. Die Absicht des Preußenkönigs war es, einem erwarteten Angriff der Allianz zuvorzukommen. Von Sachsen aus wollte er Österreich niederzwingen, noch ehe die Truppen der Allianz eingreifen konnten. Doch der Plan scheiterte. Nach wechselvollen, für beide Kriegsparteien und die Zivilbevölkerung sehr verlustreichen Kämpfen stand Preußen 1759/60 kurz vor dem Zusammenbruch.

Unerwartet brachte 1762 der Tod der russischen Zarin Elisabeth die Wende im Kriegsverlauf. Ihr Nachfolger, Zar Peter III., war ein Verehrer Friedrichs II. Er schloss einen Sonderfrieden mit Preußen und zog die russischen Truppen zurück. Auch Großbritannien und Frankreich hatten nach dem Ende des Kolonialkriegs in Nordamerika (1762) das Interesse an dem Konflikt zwischen Preußen und Österreich verloren. Österreich war alleine zu schwach, um den Kampf weiterführen zu können. Im **Frieden von Hubertusburg** wurde 1763 Schlesien endgültig Preußen zugesprochen.

Und die Folgen? – Preußen war im Siebenjährigen Krieg nur knapp einer militärischen und politischen Katastrophe entgangen. Doch durch den Friedensschluss von Hubertusburg hatte es sich neben Österreich, England, Frankreich und Russland als neue, fünfte europäische Großmacht durchgesetzt. Den Preis zahlte die Bevölkerung: Allein in Preußen fielen dem Krieg 120 000 Soldaten und etwa 380 000 Zivilisten zum Opfer. Das Land war völlig verwüstet.

Q 4 König Friedrich II. über die Rechtfertigung von Krieg. Auszüge aus seinen Briefen und Schriften, 1737/38–1763:

Als Kronprinz 1737/38:
Es ist […] eine verbrecherische Raubgier, etwas zu erobern, worauf man keinen rechtlichen Anspruch besitzt.
Als Kronprinz 1739/40:
5 Über Königen gibt es keinen Gerichtshof mehr. […] So muss denn das Schwert über ihre Rechte und die Stichhaltigkeit ihrer Beweismittel entscheiden. […] Auch Angriffskriege gibt es, die gerechtfertigt sind: die vorbeugenden Kriege. […]
10 Friedrich II. an seinen Außenminister, 6.11.1740:
Schlesien ist aus der ganzen kaiserlichen Erbmasse [Österreichs] dasjenige Stück, auf welches wir das meiste Recht haben […]. Es ist gerechtfertigt, […] die Gelegenheit des Todes des [österreichischen] Kaisers zu ergreifen, um sich in den Besitz des Landes zu bringen. Die Überlegen-
20 heit unserer Truppen […] ist vollständig.
Friedrich II. über den Siebenjährigen Krieg, 1763:
Was hat es denn eigentlich auf sich mit dem schrecklichen Wort: Angreifer? Es ist eine Vogelscheuche, mit der man nur Feiglingen Angst einjagt. […] Der wahre Angreifer ist
25 ohne Zweifel der, welcher den anderen zwingt, sich zu bewaffnen und ihm zuvorzukommen […]. Die Verschwörung der Mächte Europas [gegen Preußen] war fix und fertig […].
(Vom Autor nach verschiedenen Quellen zusammengestellt. Gekürzt)

ARBEITSAUFTRÄGE

1. Analysiere mit T1, wie Preußen die Kosten des Krieges finanzierte. Überlege, welche Auswirkungen die Kriegssteuern für die Bevölkerung hatten.
2. Erläutere mit K2 und K3, wie sich die Bündniskonstellation zwischen 1740 und 1756 veränderte.
3. Analysiere und beurteile die Äußerungen Friedrichs II. in Q4.
4. Beurteile die These Friedrichs II., dass Preußen 1756–1763 einen Präventivkrieg zum Schutz des eigenen Landes führte.

7. Lassen sich Kriege verhindern?

Der United Nations Organisation (**UNO**) gehören heute etwa 190 Staaten an. Ihr Hauptziel ist die Sicherung des Friedens weltweit. Dazu kann der UN-Sicherheitsrat notfalls auch den Einsatz militärischer Mittel gegen Aggressoren beschließen. Manche Kriege konnte die UNO so befrieden; bei anderen war sie machtlos. Auch aus diesem Grund haben nahezu alle Staaten bis heute eigene Streitkräfte. Würden sie überall nur zur Landesverteidigung eingesetzt, kämen sie nie zum Einsatz. Doch die meisten Menschen sind davon überzeugt, dass es auch in Zukunft Kriege geben wird. Ist die Menschheit zum dauerhaften Frieden unfähig?

Q2 Friedensplan von William Penn, Gründer Pennsylvanias, 1693:

1 Die souveränen Fürsten Europas sollen aus Liebe zum Frieden [...] übereinkommen, durch ihre Bevollmächtigten in einem gemeinsamen
5 Reichstag [...] sich zu treffen und da Rechtsbestimmungen festzusetzen [...], die sie wechselseitig halten müssen. Weigert sich eine der Hoheiten, die Beschlüsse zu erfüllen,
10 muss die Unterwerfung unter den Spruch erzwungen werden – mit Entschädigung für die benachteiligte Partei und Kostenzahlung an die Mächte, denen die Unterwerfung oblag.
15 Die Folge müsste sein, dass der Friede in Europa bewerkstelligt und fortdauernd erhalten wäre.

(In: Hagen Schulz, Ina Paul, Europäische Geschichte, München 1994, S. 336)

Kriege werden auch propagandistisch vorbereitet: antifranzösische Schießscheibe, Deutschland 1923

B1 Karikatur zu Hitlers „Friedensrede" vom 17. Mai 1933, aus: „The Nation", USA

Q3 Die Liedermacherin Bettina Wegner: Über die Unmöglichkeit von Gewaltlosigkeit (1977)

1 Nein, wenn einer meine linke Wange schlägt
halte ich ihm nicht noch die rechte hin
und es hat mich immer wieder aufgeregt
wenn ich irgendwann erniedrigt worden bin.
5 [...]
Wenn du glaubst, Verzicht auf Kampf
wär höhere Gerechtigkeit
und du trägst dies alles mit Geduld,
sollst du wissen, an der schlimmsten Grausamkeit
10 trägst du selber ja die größte Schuld.

(In: B. Wegner, Wenn meine Lieder nicht mehr stimmen, Reinbek 1977, S. 119)

ZUM WEITERLESEN

- /1 www.maraba.de/gedseite/kriegwid/kreuzzug.htm
- /2 www.wcurrlin.de/pages/5.htm
- /3 http://www.zum.de/Faecher/G/BW/Landeskunde/rhein/geschichte/jh18/siebenjaehrigerkrieg.htm

ARBEITSAUFTRÄGE

1. Informiere dich in der Bibliothek oder im Internet über die UNO. Beurteile die Möglichkeiten und Grenzen des Völkerbunds, den Frieden weltweit und dauerhaft zu sichern.
2. Nimm Stellung zu Q3; berücksichtige dabei auch B1.
3. Wähle zwei oder drei Zitate aus T1, Seite 45. Erläutere daran deine Meinung zum Thema Friedenssicherung.

Absolutismus und Aufklärung

Im 17. und 18. Jahrhundert ließen sich überall in Europa die Herrscher große und prächtige Schlösser bauen. Ihr bewundertes Vorbild war das Schloss Versailles bei Paris. Ludwig XIV. (1643–1715) hatte es bauen lassen. In der Mitte des Schlosses lag sein Schlafzimmer. Von dort aus konnte er den ganzen Hof überblicken. Das Schloss von Versailles war der symbolische Ausdruck seiner Macht und Herrschaft. Man nennt die Epoche dieser Herrschaftsform „Absolutismus".

62 Absolutismus und Aufklärung

| | 1650 | 1700 | 1750 | 1800 |

ARBEITSAUFTRAG

Welche Staaten Europas waren um 1740 Nationalstaaten?
In welchen Staaten regierten absolutistische Herrscher?

1. Der Hof des Königs – Zentrum der Macht

Der französische König, der den Befehl zum Bau des riesigen Schlosses Versailles gegeben hatte, war LUDWIG XIV. (1661 –1715). Er war einer der mächtigsten Herrscher Europas. Welche Bedeutung hatte Versailles für seine Herrschaft?

Am Hof des Sonnenkönigs – Im Alter von fünf Jahren war Ludwig XIV. König von Frankreich geworden. Er wählte die Sonne als sein Sinnbild: So, wie sie im Zentrum des Sonnensystems steht, wollte er im Zentrum seines Königreichs stehen. Noch heute wird er „Sonnenkönig" genannt. Die prunkvolle Ausstattung seiner Schlösser mit ihren weitläufigen Gärten, seine prächtigen Kleider und Schmuckstücke sollten den Adligen die herausgehobene Stellung des Königs zeigen. Am Hof König Ludwigs XIV. fanden viele Feste statt, besonders am Geburts- oder Namenstag des Königs. Dazu wurden zahlreiche Adlige geladen. Oft wurde mehrere Tage in Folge gefeiert, mit Turnieren, Bällen, Theater- und Opernaufführungen; und zum Abschluss wurde ein prächtiges Feuerwerk geboten.

Regeln für den Hof – Wie erreichte es der König, immer im Mittelpunkt des höfischen Lebens zu stehen?

In Versailles gab es eine Vielzahl von Vorschriften, die das alltägliche Leben am Hof und den Umgang der adligen Höflinge miteinander regelten: das **Zeremoniell**. Selbst der König unterwarf sich bewusst dem Zeremoniell. Aber manchmal reichte er etwa einem seiner Untertanen, der vor ihm niederkniete, freundlich die Hand und bat ihn aufzustehen. Das war im Zeremoniell eigentlich nicht vorgesehen. Ein andermal verweigerte er einem Adligen, der sonst immer mit ihm die Mahlzeiten einnahm, an seiner Tafel speisen zu dürfen. Von den Höflingen wurden solche Abweichungen vom Zeremoniell genau beobachtet. Sie gaben Aufschluss darüber, ob ein Adliger in der Gunst des Königs stand oder nicht.

Ludwig wies den Adligen nicht nur Ämter und Aufgaben zu, sondern auch einen genauen Platz in der Rangordnung seines Hofstaates. Danach bestimmten sich die täglichen Rechte und Pflichten der Höflinge. Jeder wollte möglichst hoch in der königlichen Gunst stehen. Rangstreitigkeiten unter den Adligen entschied allein der König.

B 1 König Ludwig XIV. begrüßt einen Adligen. Kupferstich um 1700

E2 *Uns wird erzählt*

1 *Ein Kammerdiener berichtet vom „Lever" des Königs, der Zeremonie des morgendlichen Aufstehens:*
Meistens wecke ich den König morgens um acht Uhr. Ich bin immer in seiner Nähe, schlafe sogar in seinem Zimmer. Wenn
5 *der König endlich wach ist, muss ich sofort die vornehmsten Hofadligen benachrichtigen, die schon lange in den Vorzimmern warten – und natürlich die Küche, denn der König will frühstücken. In einem vergoldeten Porzellantässchen wird der Kaffee gebracht – viel mehr will Ludwig nicht. Er hat ja auch*
10 *am Abend vorher wieder so viel gegessen und getrunken. Nun ruft der Zeremonienmeister halblaut einen Namen. Der Aufgerufene, der mit den anderen still gewartet hat, darf erst jetzt eintreten und mit dem König sprechen. Nur wenige dürfen beim Frühstück des Königs dabei sein, ihm beim Ankleiden helfen.*
15 *Ja, manchmal geschieht es, dass der König einen Adligen, der draußen wartet, einfach nicht ausrufen lässt. Da öffnet sich plötzlich eine Hintertür und herein tritt der Sohn des Königs. Alle anderen erstarren, denn wer dem König besonders nahe steht, muss sich nicht anmelden. Bis Ludwig endlich ange-*
20 *kleidet ist, hat er schon mit den wichtigsten seiner Hofleute geredet.*

Absolutismus und Aufklärung

Die Macht des Adels wird begrenzt – Ludwig XIV. konnte seine absolute Macht nur durchsetzen, wenn die Adligen Frankreichs sich regelmäßig am Hof aufhielten und so unter seiner Kontrolle waren. Wie konnte er das erreichen?

Im 16. Jahrhundert hatten schreckliche Kriege im Land gewütet. Vordergründig war es um die rechte Religion gegangen. In Wirklichkeit aber hatte ein erbitterter Machtkampf unter den Adligen Frankreichs getobt. Sieger in diesen Auseinandersetzungen waren die französischen Könige gewesen. Nun gingen sie daran, die Mitspracherechte der Adligen zurückzudrängen, vor allem bei der Erhebung der Steuern. Ludwig XIV. musste sich in seiner Jugend gegen eine mächtige Adelsopposition durchsetzen und hatte so seine Alleinherrschaft begründet.

Während seiner Regierungszeit sorgte der Sonnenkönig dafür, dass sich kein nennenswerter Widerstand der Adligen Frankreichs mehr regte. Wichtige Ämter, etwa in der Rechtsprechung oder der Finanzverwaltung, verlieh er allein seinen Hofleuten. Indem er sie mit Ämtern, Ehrentiteln und Geschenken bedachte, gelang es ihm, die Adligen an seinen Hof zu binden und so zu kontrollieren. Für viele Adlige war der Aufenthalt am Hof die einzige Möglichkeit, sich von den oft viel reicheren Bürgern und Kaufleuten Frankreichs abzugrenzen. Denn diesen war der Zugang zum König erschwert, wenn nicht ganz verwehrt.

Anfänge des zentralisierten Staates – Ludwig XIV. wollte in Frankreich alle wichtigen Entscheidungen selbst fällen. Was bedeutete dies für das Land?

Die französischen Könige waren seit dem Mittelalter bestrebt, durch den beharrlichen Aufbau von Verwaltungseinrichtungen einen auf den Königshof hin ausgerichteten Staat zu schaffen. Selbst schwache Könige hatten qualifizierte Berater gehabt, die es verstanden, die Macht des Königtums gegen die Adligen und Grundherren zu wahren.

Dies heißt freilich nicht, dass Frankreich bereits ein einheitlich verwalteter Staat gewesen wäre. Es gab immer noch Teile des Landes, die der Verfügung des Königs fast völlig entzogen waren und von mächtigen Adligen beherrscht wurden. Nach den inneren Kriegen des 16. Jahrhunderts gingen vor allem die Kardinäle RICHELIEU und MAZARIN daran, im Namen ihrer Könige den Einfluss rivalisierender Adliger wieder einzudämmen. Sie begannen auch damit, den Machtanspruch des Königs theoretisch zu rechtfertigen. So wie der Grundriss eines

Q3 Der Herzog von Saint-Simon berichtet, um 1720:

Der König achtete darauf, dass die Adligen Frankreichs sich immer wieder an seinem Hof einfanden. Bei seinem Lever und bei den Mahlzeiten, in seinen Gärten zu Versailles, immer blickte er um sich und bemerkte jedermann.
5 Den Vornehmen nahm er übel, wenn sie ihren ständigen Aufenthalt nicht am Hofe nahmen, den anderen, wenn sie nur selten kamen. Seine volle Ungnade aber traf die, welche sich nie zeigten. Wenn einer von diesen etwas vom König erbat, sagte er: „Ich kenne Ihn nicht." Als ich in meiner
10 Jugend einmal wegen eines Prozesses verreisen musste, bekam ich sofort einen Brief, in dem der König fragte, was denn der Grund meiner Reise sei. Er nahm es nicht übel, wenn ich im Sommer einige Wochen auf meinen Landsitz verbringen wollte. Aber ich musste aufpassen,
15 sen, dass ich nicht zu lange wegblieb.

(Aus den Memoiren St. Simons, in: Norbert Elias, Die höfische Gesellschaft, Frankfurt a. M., 1983, S. 296. Bearbeitet)

B4 Ludwig XIV. im Kreis seiner Berater. Kupferstich von 1681

Schlosses regelmäßig, so wie die Gestaltung eines Parks nach vernünftigen Grundsätzen geplant wurde, so sollte auch der Staat aufgebaut sein: mit festen Regeln, einer zentralen Verwaltung und mit dem König an seiner Spitze.

„L'État, c'est moi!", soll Ludwig XIV. einmal gesagt haben: „Der Staat bin ich!" Zwar wissen wir heute, dass der Ausspruch nicht von ihm stammt. Doch kennzeichnet er die Entwicklung der Machtverhältnisse in Frankreich und das Regierungsverständnis Ludwigs XIV. gut. Für das Wohl des Reichs sorgte nur einer: der König. Nur sein Wille galt in Frankreich. Ihm sollten alle Bewohner gleichermaßen untertan sein, auch die früher so mächtigen Landesherren.

Die Lehre vom Absolutismus – In der frühen Neuzeit entwickelten Philosophen die Lehre, der Herrscher müsste in seinem Staat über den Gesetzen stehen. Die unumschränkte Macht des Fürsten sei die Grundlage der Herrschaft. Der Franzose Jean Bodin hatte dafür im 16. Jahrhundert den Begriff der **absoluten Macht** geprägt. Bodin meinte jedoch nicht, dass der Herrscher völlig willkürlich regieren könne. Er unterschied zwischen menschlichen Gesetzen sowie göttlichem und natürlichem Recht. Diesem göttlichen und natürlichen Recht müsse sich auch der König beugen, etwa das Eigentum schützen und die Rechtssprüche des Parlaments beachten. Das war in Frankreich ein Gerichtshof, der königliche Gesetze darauf prüfte, ob sie göttlichem und natürlichem Recht entsprachen. Was geschehen solle, wenn der König dagegen verstieß, beantwortete Bodin jedoch nicht.

Adliger in Hoftracht. Französisches Gemälde um 1680

Q5 Finanzminister Colbert an einen Finanzbeamten:

1 27. November 1671
Seine Majestät wird sich freuen, dass die Vertreter der Stände gekommen sind, um Sie ihres Ge-
5 horsams zu versichern. Man muss sie verpflichten, diese schönen Worte in die Tat umzusetzen. Was die Summe angeht, die Seine Majestät fordert, kann ich versi-
10 chern, dass es angesichts der enormen Ausgaben, die Seiner Majestät für den Krieg erwachsen, unmöglich ist, sich mit weniger zu begnügen. Sie dürfen also keine
15 Hoffnung auf eine Ermäßigung aufkommen lassen. Stellen Sie den König schnellstens zufrieden."

31. Dezember 1671
20 Der König nimmt die Summe, die die Ständeversammlung ihm als Geschenk angeboten hat, an. Seine Majestät ist aber so ungehalten über das Betragen bei der Bera-
25 tung, dass er den Befehl gegeben hat, zehn der am übelsten Gesinnten zu verbannen.

(In: Geschichte in Quellen, Bd. III, München 1986, S. 435. Gekürzt)

Q6 Bischof Bossuet, Hofprediger Ludwigs XIV., über die königliche Gewalt (1682):

1 Jeder muss dem König dienen, wie er es verlangt, denn in ihm hat die Vernunft Gottes, die den Staat lenkt, ihren Sitz. Die Herrscher handeln also als Gottes Statthalter auf Erden. Deswegen ist die Person des Königs geheiligt. Ohne diese
5 bedingungslose Macht kann ein Herrscher weder das Gute tun noch das Böse beseitigen. Seine Macht muss so groß sein, dass niemand sich ihr entziehen kann.

(In: Geschichte in Quellen, Bd. III, München 1986, S. 450 f. Gekürzt)

ARBEITSAUFTRÄGE

1. Beschreibe B 1. Achte dabei besonders darauf, wie der Maler die Beziehung der Personen zueinander gestaltet hat.
2. Spielt die Szene in E 2. Überlegt, was wohl in den beteiligten Personen vorgeht.
3. Lies Q 3. Erläutere, wie der König beschrieben wird. Diskutiert den Satz: „Der König und die Adligen waren aufeinander angewiesen."
4. Beschreibe B 4. Beurteile das Verhältnis zwischen dem König und seinen Beratern.
5. Erläutere die Auseinandersetzung, von der Q 5 berichtet. Begründe, warum der König am Ende trotz Erfüllung seiner Wünsche bestraft.
6. Fasse Q 6 in eigenen Worten zusammen. Welche Probleme können aus dieser Begründung des Absolutismus entstehen?

2. Grundlagen der Herrschaft des Königs

Am Hof in Versailles war Ludwig XIV. der unumschränkte Herrscher. Um die Macht der Krone zu wahren und auszubauen, führte der König Eroberungskriege, z. B. ließ er 1681 Straßburg besetzen. Auch die Verwaltung und die Wirtschaft des Landes machte er effektiver. Wie ging er dabei vor?

Grundlagen der Herrschaft – Ludwig XIV. führte Kriege gegen seine Nachbarn. Dazu organisierte der Kriegsminister das Söldnerheer in ein stehendes **Heer aus Berufssoldaten** um. Die Soldaten wurden bei Ausbruch eines Kriegs nicht mehr jedes Mal neu angeworben und nach dessen Ende aus dem Heer entlassen. Jetzt wurden sie dauernd vom König bezahlt und standen ihm immer zur Verfügung. In regelmäßigen Manövern übten sie ihren Einsatz. Die Finanzierung eines solchen „stehenden Heers" war nur durch hohe Steuern möglich.

Ludwig XIV. übertrug wichtige Aufgaben des Staates **königlichen Beamten,** die nur ihm unterstellt waren. Oft entstammten sie dem Bürgerstand. Ihren Dienst für den Staat belohnte er mit der Erhebung in den Adelsstand. Dieser **Amtsadel** war dem König besonders verpflichtet. Mit dem alten Adel, der seit Geburt diesem Stand angehörte, stand der neue Amtsadel in Konkurrenz.

Die wichtigsten der königlichen Beamten waren die **Intendanten.** Sie hatten umfassende Vollmachten und kontrollierten die Einziehung der Steuern, die der Krone zufließen sollten. Je mehr Steuern sie aufbrachten, desto größer war der Anteil, den sie selbst für ihre Dienste erhielten. Auch die Polizei, das Militär, die Justiz, der Straßenbau zur Förderung der Wirtschaft und die Lebensmittelversorgung der Bevölkerung unterstanden der Kontrolle der königlichen Beamten.

Doch auch mithilfe der Beamten konnte der König seine Herrschaft in den einzelnen Regionen des Landes nicht gleichmäßig durchsetzen. Dazu waren die Wege innerhalb des Reiches einfach zu lang. So brauchte zum Beispiel eine Nachricht mit der Postkutsche quer durch Frankreich beinahe zwei Wochen. Auch wurde nicht wie heute überall französisch gesprochen, sondern provençalisch oder bretonisch. Und nicht überall vermochten die königlichen Beamten, sich gegen die alteingesessenen Adligen durchzusetzen.

Schreiber, unentbehrlich für jede Verwaltung. 17. Jahrhundert

B 1 Zeichnung: „Die Säulen des absolutistischen Staates" (Hofadel, Heer, Beamte, Wirtschaft). Darunter: der Dritte Stand

Arbeit mit Schaubildern

In den einzelnen Kapiteln dieses Buches findest du Darstellungen, für die es keine zeitgenössische Vorlage gibt. Sie werden als „Schaubilder" bezeichnet und erleichtern das Verständnis geschichtlicher Vorgänge oder Tatsachen.

Oft werden typische Bilder als Grundlage oder „Symbol" genutzt, z. B. auf dieser Seite der „Ständebaum" aus der frühen Neuzeit (B 1). Dort ist als Symbol ein Baum von der Wurzel bis zur Krone genutzt. In den Baum hinein sind Menschen gezeichnet. Unter der Erdoberfläche siehst du Bauern. Als Wurzeln ernähren sie den ganzen Baum; symbolisch gesehen also die gesamte übrige Gesellschaft. Die anderen Mitglieder der Gesellschaft sind nach einer bestimmten Rangfolge auf den Ästen angeordnet. Von unten nach oben folgen Handwerker und Kaufleute, Fürsten und Bischöfe, der König und der Papst. So erkennt man die „Ordnung der Stände" in der frühen Neuzeit.

B1 Ständebaum. 16. Jahrhundert

Das Schaubild „Die Säulen des Absolutismus" (B 1 auf der gegenüberliegenden Seite) ist für dieses Buch angefertigt worden. Es veranschaulicht, wie der Staat im Absolutismus aufgebaut war. Betrachte die einzelnen Bestandteile des „Tempels" genau: Beginne mit dem Fundament: So wie ein richtiger Tempel ein starkes Fundament benötigt, so wurde das Volk zu Untertanen des absolutistischen Staates gemacht. Es ist die Grundlage, auf der die Säulen und das Dach des Gebäudes ruhen. Im Giebel des Daches befindet sich der König. Nur er allein hat dort Platz.

Zwischen Fundament und Dach siehst du vier Säulen. Auf die besondere Bedeutung der Säulen weist der Text hin: „Die vier Säulen des Absolutismus". Welche Eigenschaften haben Säulen? Sie sollen etwas stützen. Ihre Anzahl ist genau bestimmt und entspricht dem stehenden Heer, der Verwaltung mit dem Beamtentum, dem Hof und der merkantilistischen Wirtschaftsform. Als Stützen oder Pfeiler der absolutistischen Herrschaft ermöglichen sie die Alleinherrschaft des Königs und die verschwenderische Lebensweise am Hof. Sie dienen ausschließlich dem König.

Du kannst dir mithilfe des Schaubildes ein eigenes Urteil über den absolutistischen Staat bilden! Seinen „Bauplan" zeigt das Schaubild. Würdest du dir diesen Staat wünschen? Ist es für dich ein Bild, das die große Bedeutung des Königs zum Ausdruck bringt, oder ist es ein Bild, das die Lasten und die Auswirkungen der Politik des Königs zum Ausdruck bringt?

WORAUF DU ACHTEN MUSST

1. Wird ein Bild aus der Wirklichkeit als Symbol genutzt? Welche Bedeutung hat dieses Symbol in der Darstellung?
2. Welche Einzelheiten werden durch die Farbgestaltung betont und welche Informationen sind durch die Schrift hinzugefügt?
3. Welche Aussage enthält das Schaubild? Wird ein Zustand oder eine Entwicklung dargestellt? Beziehe alle Elemente in deine erläuternde Darstellung ein.
4. Wie bewertest du das dargestellte Schaubild?

Der Staat fördert die Wirtschaft – Der Bau von Versailles, die Hofhaltung des Sonnenkönigs, der Unterhalt des stehenden Heeres, der Bau von Festungen in eroberten Gebieten: Dies verschlang ungeheure Geldsummen. Ludwig und seine Minister suchten daher immer wieder nach neuen Einnahmequellen, um die drängendsten Schulden bezahlen zu können. Steuern, die auf den Verbrauch von Salz und anderen Gütern erhöht wurden, trafen besonders die einfachen Bürger.

Steuern können nur dort erhoben werden, wo etwas zu holen ist. Ein wichtiges Ziel der Politik Ludwigs war deshalb die Förderung der Wirtschaft Frankreichs. Sein Finanzminister JEAN BAPTISTE COLBERT unterstützte die neuen **Manufakturen.** Das waren Großbetriebe, in denen alle nötigen Handwerker nebeneinander arbeiteten, um hochwertige Produkte – z. B. eine Kutsche oder Spielkarten – so preiswert und schnell wie möglich erzeugen zu können. Auch der Ausbau von Straßen und Häfen sowie die Beschränkung der Zölle innerhalb Frankreichs sollten die Wirtschaft ankurbeln.

Hohe Einfuhrzölle trugen dazu bei, ausländische Konkurrenz aus Frankreich fernzuhalten. Die Förderung und Lenkung der Wirtschaft durch den absolutistischen Staat nennt man **Merkantilismus** (lat.: System, das den eigenen Handel erleichtert). ❶/1

Ist alles Gold, was glänzt? – Die Macht Ludwigs XIV. wuchs nach innen und außen. Doch wie erging es der französischen Bevölkerung?

Viele Bürger machten als Kaufleute und Fabrikanten riesige Gewinne. Sie versuchten, den aufwendigen Lebensstil der

PERSONENLEXIKON

JEAN BAPTISTE COLBERT, 1619–1683. Sohn eines reichen Tuchmachers. Seit 1665 Oberintendant für Finanzen, Landwirtschaft, Handel, Marine, Kolonien, Bauwesen ❶/1

Q2 Finanzminister Colbert schreibt an Ludwig XIV., um 1680:

1 Ich glaube, man wird ohne weiteres in dem Grundsatz einig sein, dass es einzig und allein der Reichtum an Geld ist, der die Unter-
5 schiede an Größe und Macht der Staaten begründet. [...] Es ist sicher, dass jährlich aus dem Königreich einheimische Erzeugnisse (Wein, Obst, Leinwand, Eisenwa-
10 ren, Seide, Kurzwaren) für den Verbrauch im Ausland im Wert von 12 bis 18 Mio. Livres hinausgehen. Das sind die Goldminen unseres Königreiches, um deren Erhaltung
15 wir uns sorgfältig bemühen müssen. [...] Je mehr wir ausführen und je weniger wir einführen, desto mehr vergrößern wir die Menge des hereinströmenden Bargelds
20 und [...] die Macht, Größe und Wohlhabenheit des Staates. [...] Außerdem wird sicherlich durch die Manufakturen eine Million zur Zeit Arbeitsloser ihren Lebensun-
25 terhalt gewinnen. [...] Als Mittel, diese Ziele zu erreichen, schlage ich vor: Es sollte jährlich eine bedeutende Summe für die Wiederherstellung der Manufakturen und
30 die Förderung des Handels [...] ausgeworfen werden.

(In: Geschichte in Quellen, Bd. III, S. 448. Gekürzt)

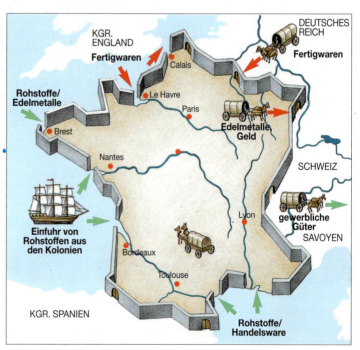

B3 Schaubild des Merkantilismus

Adligen nachzuahmen. Deswegen kränkte es sie tief, dass sie als **Dritter Stand** den ersten beiden Ständen, den Geistlichen und den Adligen, in der Öffentlichkeit viele Vorrechte einräumen mussten. So war es einem Bürger verboten, reich geschmückte Kleider aus teuren Stoffen zu tragen, selbst wenn er sie sich eher hätte leisten können als mancher verarmte Landadlige.

Die Beamten, die früher eine wichtige Stütze der königlichen Macht gewesen waren, dachten bald nur noch an ihren eigenen Vorteil und Gewinn. **Korruption**, zum Beispiel durch die Bestechung von Beamten, wurde üblich. Die Bevorzugung der Manufakturen und des Handels stürzte die Landwirtschaft Frankreichs in eine tiefe Krise. Die Bauern konnten für ihre Produkte keine ausreichenden Preise mehr erzielen, mussten aber weiterhin einen Großteil des Steueraufkommens stellen. Kriege und Missernten vergrößerten das Elend. Selbst Getreide wurde knapp. Hungeraufstände und Übergriffe gegen die königlichen Beamten waren vielerorts die Folgen.

Am Ende seiner Regierungszeit ließ sich das absolutistische Herrschaftssystem Ludwigs XIV. nur noch mühsam aufrechterhalten. Aufkeimender Widerstand wurde durch Militär und Geheimpolizei gebrochen. Schriften wurden zensiert (= kontrolliert) oder ganz verboten.

Q 4 Ludwigs Festungsbaumeister Vauban schreibt an den König:

Ich hatte seit mehr als vierzig Jahren die Möglichkeit, die meisten Provinzen des Königreichs zu verschiedenen Malen und auf verschiedene Weise zu besuchen [...]. Ich bin zu der Wahrnehmung gelangt, dass in der letzten Zeit fast ein Zehntel der Bevölkerung [= etwa 2 Mio.] sich tatsächlich durch Betteln am Leben erhält; dass von den übrigen neun Zehnteln fünf nicht in der Lage sind, das erste Zehntel durch Almosen zu unterstützen, weil sie selber diesem Elendszustande [...] nahe sind. Von den verbleibenden vier Zehnteln sind drei außerordentlich schlecht gestellt und von Schulden und Prozessen bedrängt. In dem zehnten Zehntel gibt es keine hunderttausend Familien, mit denen man rechnen könnte [...], und ich glaube mich nicht zu irren, wenn ich sage, dass es keine zehntausend Familien gibt, denen es wirklich gut geht [...]. Es liegt an den Kriegen und an der fehlerhaften Wirtschaftspolitik.

(Bearbeitet nach: Geschichte in Quellen, Bd. III, München 1986, S. 460 f. Gekürzt)

B 5 Eine französische Bürgersfamilie um 1650. Stich

ARBEITSAUFTRÄGE

1. Beschreibe B 1. Erläutere die Bedeutung der Teile im Gebäude des absolutistischen Staates.
2. Lies Q 2. Wie hat sich der französische Finanzminister den französischen Staat vorgestellt? Verfasse aus heutiger Sicht eine Erwiderung auf Colbert.
3. Erkläre mit B 3 die Funktionsweise des Merkantilismus.
4. Fasse Q 4 in eigenen Worten zusammen und erläutere die möglichen Folgen für Frankreich. Schreibe auf, was Ludwig XIV. antworten könnte.
5. Beschreibe und interpretiere B 5. Wie sollte das Bild auf den Betrachter wirken?

3. Die Aufklärung – Herrschaft der Vernunft als Ideal

Viele Menschen des 18. Jahrhunderts hatten das Gefühl, den Beginn einer neuen Zeit zu erleben. Das „finstere Mittelalter", wie man damals sagte, sei endlich vorbei und die „Sonne der Vernunft" aufgegangen. Was sind die wichtigsten Inhalte dieses neuen Denkens?

Menschen bilden sich – Seit der Renaissance hatten die Naturwissenschaften einen bedeutenden Aufschwung erlebt: Die Welt sollte allein mithilfe des Verstandes erklärt werden. Doch Latein, die damalige Gelehrtensprache, beherrschten nur Wenige. Erst als nach 1700 wissenschaftliche Werke auch in die verschiedenen Landessprachen übersetzt wurden, stießen die neuen wissenschaftlichen Erkenntnisse auf ein größeres und breites Interesse. In Frankreich fassten DIDEROT und D'ALEMBERT das Wissen ihrer Zeit in den 35 Bänden der auf Französisch geschriebenen **„Encyclopédie"** zusammen.

Vernunft wird praktisch – Die Gebildeten vertrauten darauf, dass der Verstand das Zusammenleben der Menschen nach vernünftigen Grundsätzen ordnen könne. Philosophen wie der Engländer JOHN LOCKE (1632–1704) und JEAN-JACQUES ROUSSEAU aus Genf (1712–1778) fragten, woher Herrschaft komme. Ob es recht sei, dass die Fürsten alle Macht im Staat hätten, aber keiner Kontrolle unterliegen.
Vernunft und vernünftiges Verhalten der Menschen wurden zu politischen Schlagworten. Allmählich setzte sich der Gedanke durch, der Staat sei ursprünglich ein selbst gewählter Zusammenschluss der Menschen aus vernünftigen Gründen.

Diese Ideen der **Aufklärung** wurden in ganz Europa verbreitet. Auch viele deutsche Fürsten waren für die Gedanken der Aufklärung aufgeschlossen. Ihre Herrschaft sollte nicht mehr allein durch ihre Machtvollkommenheit, sondern durch vernünftige Grundsätze begründet sein. Deshalb spricht man heute vom **aufgeklärten Absolutismus**.

Q1 Der Philosoph Immanuel Kant schrieb 1784 einen Artikel „Was ist Aufklärung":

1 Aufklärung ist der Ausgang des Menschen aus seiner selbst verschuldeten Unmündigkeit. Unmündigkeit ist das Unvermögen, sich seines Verstandes ohne Lenkung eines andern zu bedienen. Selbst verschuldet ist diese
5 Unmündigkeit, wenn ihre Ursache nicht am Mangel des Verstandes, sondern des Mutes liegt, sich seiner ohne Leitung eines andern zu bedienen. „Habe Mut, dich deines eigenen Verstandes zu bedienen!", ist also der Wahlspruch der Aufklärung.

(Immanuel Kant: Beantwortung der Frage: Was ist Aufklärung? In: Kant: Gesammelte Schriften, Bd. VIII., Berlin 1912/13, S. 33)

Q2 Der englische Gelehrte John Locke über die Grenzen der staatlichen Macht, 1689:

1 Das große Ziel, mit welchem die Menschen in eine Gesellschaft eintreten, ist der Genuss ihres Eigentums in Frieden und Sicherheit. Und das große Werkzeug dazu sind die Gesetze. […]
5 Zum Ersten muss die gesetzgebende Gewalt nach öffentlich bekannt gemachten festen Gesetzen regieren, die […] nur ein Maß anlegen für Reich und Arm […]. Zum Zweiten sollen diese Gesetze auf kein anderes letztes Ziel als das Wohl des Volkes ausgerichtet sein. […]
10 Wo immer das Gesetz übertreten wird, beginnt die Tyrannei. Und wer immer in Ausübung von Amtsgewalt […] den Untertanen etwas aufzwingen will, was das Gesetz nicht vorsieht, […] handelt ohne Autorität und man darf sich ihm widersetzen.

(John Locke: Über die Regierung, Stuttgart 1974, S. 101 ff. ,S. 153. Gekürzt)

Q3 Der Philosoph Montesquieu über den Staat, 1748:

1 Demokratie und Aristokratie sind nicht von Natur aus freie Staatsformen. Freiheit ist nur unter maßvollen Regierungen anzutreffen. Eine Erfahrung lehrt, dass jeder Mensch, der Macht hat, dazu neigt, sie zu missbrauchen.
5 Deshalb ist es nötig, dass die Macht die Macht bremse. Es gibt in jedem Staat dreierlei Vollmacht: die gesetzgebende Gewalt, die vollziehende und die richterliche. Es gibt keine Freiheit, wenn diese [drei Machtbefugnisse] nicht voneinander getrennt sind.

(Montesquieu: Vom Geist der Gesetze. Übersetzt von Kurt Weigand. Stuttgart 1965, S. 211 ff. Bearbeitet)

Das Beispiel Anhalt-Dessau – 1758 hatte Fürst Leopold III. die Regentschaft in Anhalt-Dessau angetreten. Inspiriert durch die Werke der Aufklärung, entwickelte er sich zu einem wichtigen Vertreter des **aufgeklärten Reformabsolutismus.** 1766 begann er mit der Umsetzung seines wirtschaftlichen, sozialen und kulturellen Reformwerks.

Er schuf große naturnahe **Parkanlagen.** Für die soziale Absicherung der Landarbeiterinnen und Landarbeiter ließ er Ackerflächen verteilen. Beeindruckt von den reformpädagogischen Ideen Johann B. Basedows, rief Fürst Leopold den Pädagogen nach Dessau und unterstützte ihn beim Bau des **Philanthropins,** einer „Schule der Menschenfreundlichkeit". Eine **Schulreform** sorgte 1785 dafür, dass die Schulen Anhalt-Dessaus für jeden zugänglich wurden, auch für die Kinder armer Familien.

Friedrich II. von Preußen – Auch der preußische König Friedrich II. („der Große") verstand sich selbst als aufgeklärter Monarch. Seine Macht rechtfertigte er nicht mit dem „Gottesgnadentum" früherer Herrscher, sondern mit den Pflichten, die er als „*erster Diener des Staates*" für das Wohlergehen Preußens habe (↑ s. S. 74).

Die Vernunftgrundsätze, nach denen Preußen regiert werden sollte, legte Friedrich II. jedoch selbst fest. Seine Stellung als absoluter Monarch gab er nicht preis. Die Gedanken der Aufklärung fanden ihre Grenzen an seinem königlichen Willen. Dennoch veranlasste er zahlreiche Reformen, unter anderem die **Abschaffung der Folter** in Strafprozessen, eine Reform des preußischen **Schulwesens** sowie eine umfassende **Justizreform,** die zum Beispiel die Gleichheit aller Angeklagten vor dem Gesetz zum Ziel hatte.

„Aufklärung". Radierung von Daniel Chodowiecki, um 1791

B4 Das „Philanthropin" in Dessau. Der Unterricht sollte Natur, Schule und Leben der späteren Staatsbürger zusammenführen. Stich von Chodowiecki, 1771

B5 Der preußische König Friedrich II. mit dem französischen Aufklärer Voltaire im Schloss Sanssouci in Potsdam. Gemälde, um 1790

ARBEITSAUFTRÄGE

1. Fasse Kants Definition von „Aufklärung" in Q1 in eigenen Worten zusammen. Überlege: Was folgt daraus?
2. Gib die Gedanken von Locke (Q2) und Montesquieu (Q3) wieder. Vergleiche ihre Vorstellungen mit dem absolutistischen Staat Ludwigs XIV.
3. Vergleiche die Schule in B4 mit einer mittelalterlichen Schule oder einer preußischen Landschule um 1840 (s. S. 213).

4. Brandenburg-Preußen – der Aufstieg zur Großmacht

Das **Kurfürstentum Brandenburg** wurde um 1600 wegen seiner sandigen, wenig fruchtbaren Böden abschätzig als „des Reiches Streusandbüchse" bezeichnet. 1618 erwarben seine Regenten das unter polnischer Oberhoheit stehende **Herzogtum Preußen,** das später dem Staat seinen Namen geben sollte. Innerhalb eines Jahrhunderts wurde Preußen neben Frankreich, England, Österreich und Russland zu einem der mächtigsten Staaten Europas. Wie gelang seinen Herrschern dieser Aufstieg?

Der „Große Kurfürst" – Während des Dreißigjährigen Krieges wurde Brandenburg-Preußen schwer verwüstet. Sein junger KURFÜRST FRIEDRICH WILHELM konnte durch geschickten Wechsel zwischen den Kriegsparteien den Bestand seines Landes sichern.

Nach dem Vorbild Frankreichs baute er dann ein stehendes Heer auf. Er erhob zu dessen Unterhalt indirekte Steuern (Akzise) und ließ diese von einem neuen „General-Kriegskommissariat" einziehen. Der Adel in den Provinzialständen beharrte zuerst auf seinen Mitspracherechten. Zwar konnte der Kurfürst den Widerstand mit Gewalt brechen. Einen Vertreter der Stände, Oberst von Kalckstein, ließ er sogar verurteilen und hinrichten. Dennoch musste er den Adligen Steuerfreiheit und die Gerichtsgewalt auf ihrem Grundbesitz gewähren. Nur die Söhne der Adligen konnten Offizier werden. Durch die Förderung der Wirtschaft und die landwirtschaftliche Erschließung von zuvor öden Landstrichen konnte der Kurfürst das Steueraufkommen Brandenburg-Preußens erhöhen.

Als der französische König 1685 die **Hugenotten,** die Protestanten Frankreichs, vertrieb, nahm der Kurfürst 20 000 Glaubensflüchtlinge auf. Er profitierte von ihrer Finanzkraft und ihrem Können. Beim Tod des „Großen Kurfürsten", wie er von seinen Zeitgenossen genannt wurde, war Brandenburg ein finanziell gesicherter, militärisch starker Staat geworden. ⊘/2

Die Königskrone – Sein Sohn FRIEDRICH I. konnte sich 1701 mit Zustimmung des Kaisers als „König in Preußen" krönen. Unter seiner Regierung entfaltete sich erstmals der Glanz eines großen Hofes in Brandenburg-Preußen. Dadurch wurde jedoch die Staatskasse so stark belastet, dass Preußen innerhalb weniger Jahre finanziell ruiniert war.

PERSONENLEXIKON

KURFÜRST FRIEDRICH WILHELM, genannt: „Der Große Kurfürst", 1620–1688. Kurfürst ab 1640. Er machte aus Preußen einen mächtigen Militärstaat.

K1

Das Zepter als Zeichen preußischer Königswürde, 1701

4. Brandenburg-Preußen – der Aufstieg zur Großmacht

Der „Soldatenkönig" – FRIEDRICH WILHELM I. ist als „Soldatenkönig" in die Geschichte eingegangen. Was war sein Beitrag zum weiteren Aufstieg Preußens?

Sofort nach seinem Regierungsantritt im Jahre 1713 begann er, die Staatsschulden abzubauen. So verkaufte er zum Beispiel den Krönungsmantel und entließ den gesamten Hofstaat. Die staatlichen Güter, die so genannten „Domänen", wurden straff verwaltet und das Einkommen des Staates wurde auch dadurch erhöht. Friedrich Wilhelm I. schuf mit dem Generaldirektorium eine neue zentrale Behörde für Heer, Steuern und Domänen. Die preußischen Beamten waren zu lebenslangem Dienst, Gehorsam, Sparsamkeit und großer Arbeitsleistung verpflichtet.

Hatte der „Große Kurfürst" noch 4000 Soldaten unter Waffen gehabt, so vergrößerte der Soldatenkönig sein Heer auf ca. 80 000 Mann. Nur ein Prozent der Staatseinnahmen gab er für die Hofhaltung aus, dagegen 60 bis 70 Prozent für den Ausbau des Heeres. Jeder Dreißigste der etwa 2,4 Millionen Einwohner Preußens diente als Soldat. Dazu führte der König eine neue Form der Aushebung von Soldaten ein: Jeder Militäreinheit wurde ein Bezirk zugeordnet, der eine bestimmte Zahl an Rekruten stellen musste. Allerdings wurden nur Bauern und Handwerker regelmäßig zum Militärdienst eingezogen. Für die Söhne des Adels war der Dienst als Offizier eine wichtige Standespflicht. Dadurch erhielt der preußische Adel eine herausgehobene Stellung im Staat. Preußen war zu einem **Militärstaat** geworden. Doch Friedrich Wilhelm I. führte keine Kriege, er verstand es, seine Außenpolitik allein auf die Existenz seiner gewaltigen Armee zu gründen.

PERSONENLEXIKON

FRIEDRICH WILHELM I., genannt: der „Soldatenkönig", 1688–1740. König in Preußen ab 1713

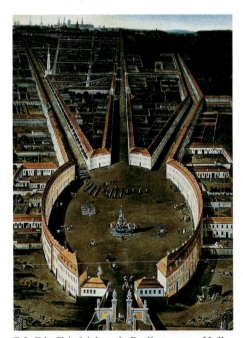

B 2 Die Friedrichstadt Berlins, vom „Halleschen Tor" aus gesehen. Berlin war 1709 mit den umliegenden Neustädten, z. B. der Friedrichstadt, vereinigt und als Residenzstadt ausgebaut worden. Ab 1735 erhielt Berlin eine Zollmauer. Gemälde um 1740

Q 3 Friedrich Wilhelm I. an seinen Nachfolger (1722):

1 Ein Regent, der in Ehren in der Welt regieren will, muss seine Angelegenheiten alle selber erledigen […]. Der liebe Gott hat Euch auf den Thron gesetzt nicht zum Faulenzen, sondern zum Arbeiten und um seine Länder wohl zu
5 regieren. Leider überlassen die meisten großen Herren ihren Ministern den Willen […]. Eure Finanzen müsst Ihr selbst und allein behandeln und das Kommando der Armee selbst und allein führen und diese zwei Hauptsachen allein einteilen. Dadurch werdet Ihr Autorität in der Armee
10 und die Liebe Eurer Offiziere und der Zivilbedienten haben, weil Ihr allein den Knopf auf dem Beutel habt. Mein lieber Nachfolger, was wird die Welt sagen, wenn Ihr gleich bei Eurer Thronbesteigung die Armee vergrößert? Dass Ihr ein mächtiger Herr seid, für die Feinde, von de-
15 nen unser Haus sehr viele hat. Eure Freunde werden Euch für einen klugen und verständigen Herrscher halten. Dazu verhelfe Euch der allerhöchste Gott, das wünsche ich von Herzen. Amen.

(In: Geschichte in Quellen, Bd. III, München 1986, S. 574 f. Gekürzt)

ARBEITSAUFTRÄGE

1. Beschreibe mit K 1 den Aufstieg Brandenburg-Preußens. Welche heutigen Länder umfasste Brandenburg-Preußen im Jahre 1740? Welche kamen bis 1795 dazu?
2. Beschreibe B 2. Schreibe auf, welchen ersten Eindruck ein Besucher hatte, wenn er Berlin durch das Stadttor betrat.
3. Lies Q 3. Erläutere die Ziele Friedrich Wilhelms I. Vergleiche seine Regierung mit der Ludwigs XIV. von Frankreich.

5. Friedrich der Große – „der erste Diener seines Staates"?

König FRIEDRICH II. von Preußen ist eine der bekanntesten Gestalten der deutschen Geschichte. Schon zu seiner Zeit wurde er „der Große" genannt. Warum ist gerade dieser König populär geworden? Und wie können wir seine Leistungen heute beurteilen?

Harte Jugendzeit – Friedrich wurde sehr streng erzogen. Sein Vater, der „Soldatenkönig", zwang ihn, eine militärische Laufbahn einzuschlagen. Doch als junger Mann interessierte Friedrich sich mehr für Philosophie und Musik. Sein Vater nannte ihn deshalb verächtlich „Querpfeifer und Poet". Mit 18 Jahren versuchte Friedrich, mit seinem Freund Katte aus Preußen zu fliehen, was aber misslang. Der König verurteilte Katte zum Tode. Friedrich wurde unter strengen Arrest gestellt und gezwungen, der Enthauptung seines Freundes zuzusehen.

Ein aufgeklärter Herrscher? – Friedrich II. empfand den Tod seines Vaters als Befreiung und strebte eine andere Form der Herrschaft an. Schon als Kronprinz hatte er Briefe mit dem französischen Aufklärer VOLTAIRE gewechselt, den er später für einige Jahre nach Berlin holte. Als Friedrich 1740 König wurde, setzten die Aufklärer Europas große Hoffnungen auf den preußischen Herrscher. Friedrich II. veranlasste in der Tat eine Reihe von Reformen in Preußen. So verbot er besonders grausame Hinrichtungsarten wie das Ertränken in einem Ledersack. Er lockerte die Zensur der Presse. Vor allem forderte er: *„Alle Religionen müssen toleriert werden, denn jeder muss nach seiner Fasson [= auf seine Art] selig werden."* Doch trotz zahlreicher Reformen, die Friedrich II. in Preußen einführte, blieb er Zeit seines Lebens ein absolutistisch regierender Monarch.

Justizreform und Landausbau – Friedrich II. wollte Preußen zu einem modernen und starken Staat machen. Seinem Minister Cocceji gab er den Auftrag, ein gut funktionierendes Rechtswesen aufzubauen. Er sorgte für eine gründliche Ausbil-

PERSONENLEXIKON

FRANCOIS MARIE VOLTAIRE, 1694–1778. Französischer Philosoph. Mitarbeiter der Enzyklopädie. Wegen seiner Schriften in Frankreich zeitweise verfolgt

Q 1 Friedrich II. über die Grundsätze seiner Regierung (1752):

1 Die erste Bürgerpflicht ist, seinem Vaterlande zu dienen. Ich habe sie in allen verschiedenen Lagen meines Lebens zu erfüllen gesucht.
5 Als Träger der höchsten Staatsgewalt hatte ich die Gelegenheit und die Mittel, mich meinen Mitbürgern nützlich zu erweisen […].
Eine gut geleitete Staatsregierung
10 muss ein fest gefügtes System haben. […] Alle Maßnahmen müssen gut durchdacht sein, Finanzen, Politik und Heerwesen auf ein gemeinsames Ziel steuern: nämlich
15 die Stärkung des Staates und das Wachstum seiner Macht. Ein System kann aber nur aus einem Kopfe entspringen; also muss es aus dem des Herrschers hervorge-
20 hen. […] Der Herrscher ist der erste Diener seines Staates.

(In: Geschichte in Quellen, Bd. III, München 1986, S. 605 ff. Gekürzt)

B 2 Friedrich II. spielt die Flöte in seinem Schloss Sanssouci. Zeitgenössische Darstellung

dung der Staatsbeamten und Richter. Damit trennte er die Justiz von der Verwaltung. Diese verpflichtete er, streng nach den Gesetzen zu handeln. Er ließ ein **„Allgemeines Landrecht"** ausarbeiten, ein Rechtsbuch, an das sich Justiz und Verwaltung halten mussten.

Besonders wichtig war ihm der innere **Landesausbau.** Sumpfgebiete, etwa im Oderbruch, ließ er trockenlegen und nutzbar machen. Zur Besiedlung dieses Landes ließ er Siedler aus ganz Europa anwerben. Einige hundert Dörfer entstanden so. Neue Straßen und Kanäle verbanden die Landesteile miteinander.

Friedrich II. führt Krieg – Die Stärkung Preußens verfolgte Friedrich II. nicht nur auf friedlichem Wege. Gleich nach seinem Regierungsantritt, 1740, besetzte er ohne Kriegserklärung die habsburgische Provinz Schlesien, um sie Preußen einzuverleiben. Österreichs KAISERIN MARIA THERESIA gelang es nicht, die Preußen wieder aus Schlesien zu vertreiben. 1756 überfiel Friedrich das Königreich Sachsen, weil er eine Koalition Österreichs mit Sachsen und Russland gegen Preußen zur Rückgewinnung Schlesiens vermutete. Nahezu alle europäischen Mächte wurden im Laufe dreier **Schlesischer Kriege** in die Auseinandersetzungen Preußens mit Österreich verwickelt. (↑ s. S. 58 f.)

Als Friedrich II. 1786 starb, hinterließ er ein militärisch und wirtschaftlich starkes Preußen.

B4 Friedrich bei einer Wachparade in Potsdam. Gemälde 1778

B5 Friedrich II. besichtigt die Kolonien im Rhinluch. Gemälde von Johann Christoph Frisch, um 1780

Q3 Friedrich II. über den inneren Landesausbau in Preußen, 1752:

1 Längs der Oder und der Neiße zog sich ein Streifen [...] wilden und unzugänglichen Sumpflandes. Ich begann damit, die Sümpfe von
5 Damm bei Stettin zu entwässern. Man arbeitete an einem Deich um die Oder einzudämmen und verteilte dann das neue Land an die Erbauer der dort angelegten Dör-
10 fer. [...] Überall sind [neue] Dörfer angelegt. [...] Wenn ich alles seit 1746 zusammenzähle, bin ich jetzt beim 122. Dorf.

(In: Geschichte in Quellen, Bd. III, S. 460 f.)

ARBEITSAUFTRÄGE

1. Lies Q 1 und gib Friedrichs Grundsätze in eigenen Worten wieder. Was ist daran absolutistisch? Was ist aufklärerisch?
2. Beschreibe und interpretiere die Bilder B 2, B 4 und B 5. Welche Wirkungen sollen die einzelnen Bilder beim Betrachter hervorrufen?
3. Beurteile mit Q 3 die Bedeutung des inneren Landausbaus.
4. Welches Bild hast du selbst von der Person und der Herrschaft Friedrichs II. gewonnen? Nutze für dein Urteil auch S. 58 f.

6. August der Starke – Kurfürst und König in Sachsen

Seit 1694 war FRIEDRICH AUGUST I. Kurfürst von Sachsen; seit 1697 war er als AUGUST II. auch König von Polen. Wir kennen ihn heute unter seinem Beinamen „August der Starke", denn er konnte ein Hufeisen mit bloßen Händen zerbrechen. War August auch politisch ein starker Herrscher?

König von Polen – Seine einzigen Ziele seien Ruhm und Ehre, sagte August. Darin war er ganz seinem großen Vorbild gleich, dem Sonnenkönig Ludwig XIV. Bereits 1697 bot sich die Gelegenheit dazu. Der König von Polen war gestorben. Die Adligen wählten oft einen ihres Standes zum König, meist jedoch aus dem Ausland. Je weniger Macht ein König im Land hätte, so dachten sie, desto größer ihre eigene Macht. König konnte in Polen aber nur werden, wer katholisch war. In einer nächtlichen Zeremonie trat August des-

PERSONENLEXIKON

Die GRÄFIN COSEL, 1680–1765. Lange Zeit die offizielle Geliebte Augusts. Später in jahrelanger Haft

Q1 August schreibt an seinen Minister Fürstenberg, um 1706:

1 Sie können mir glauben, wie mir zu Mute ist, da ich die Armee in einem fremden Lande auf dem Halse habe und es in den 6. Monat geht,
5 dass ich für selbige keine Groschen bekommen habe. Also machen Sie, was Sie können, damit ich Geld für die Armee bekomme; sonst ist sie völlig ruiniert und
10 möchte wohl gar auseinandergehen.

(In: Reinhard Delau, August der Starke. Bilder seiner Zeit. Halle und Leipzig 1989, S. 34. Bearbeitet)

B3 August der Starke (links) und Friedrich Wilhelm I. von Preußen (rechts). Gemälde von Louis de Silvestre, um 1730

B2 Elbansicht Dresdens. Gemälde von Canaletto, seit 1748 Hofmaler in Dresden. V.l.n.r.: Frauenkirche (1743), Augustus-Brücke, im Hintergrund das Schloss, Katholische Hofkirche (1755 vollendet), Teil der geschleiften Festungsmauer

halb zum katholischen Glauben über. Mit hohen Bestechungsgeldern setzte er sich gegen Mitbewerber durch und wurde zum König von Polen gewählt.

König AUGUST II. versuchte, seine beiden Länder zu einem Gesamtstaat zusammenzufügen. Zwischen Polen und Sachsen lag Schlesien, das damals zum Reich der österreichischen Habsburger gehörte. August versuchte vergeblich, dieses Land zu erwerben. 1706 musste er nach einem Krieg gegen die Schweden sogar auf die polnische Krone verzichten. Erst mit russischer Unterstützung konnte er sie 1709 wiedergewinnen.
Seine Versuche, in Polen eine absolutistische Herrschaft aufzubauen, scheiterten am Widerstand der polnischen Adligen. Augusts Herrschaft in Polen verschlang Unsummen.

Kurfürst von Sachsen – Konnte August der Starke in seinem Heimatland seine Macht vergrößern?

Die Bedenken der sächsischen Stände, sie müssten wie ihr Herrscher katholisch werden, konnte August zerstreuen. Sachsen, das Mutterland der Reformation, blieb protestantisch. Aber als Landesherr konnte er nun nicht mehr Oberhaupt der protestantischen Landeskirche sein. Er setzte seinen höchsten Beamten, den Geheimen Rat, als Leiter ein. Dennoch konnten nun die Landstände in ihrer Kirche viel selbstständiger bestimmen.

August musste die Stände seines Landes um Bewilligung der hohen Kosten für zahlreiche Kriege bitten. Zwar setzte er eine **Generalakzise** (= Steuer) gegen die Stände durch. Doch konnte er den Einfluss der Stände nie ganz zurückdrängen. Die Macht in Sachsen blieb zwischen den Ständen und dem Kurfürsten geteilt; man spricht daher vom **„absolutistischen Ständestaat"**.

Kulturelle Blüte – August war wie sein Vorbild Ludwig XIV. Förderer der Künste. Er ließ Dresden als barocke Residenzstadt ausbauen.

Berühmt ist das **Meißner Porzellan.** Eigentlich hatte JOHANN FRIEDRICH BÖTTGER im Auftrag des Kurfürsten Gold herstellen sollen, dabei aber das Geheimnis der Porzellan-Herstellung entdeckt. Dieses „weiße Gold" musste nun nicht mehr aus China eingeführt werden. Böttgers Manufaktur wurde zu einer guten Einnahmequelle für August. Die schönsten Stücke fügte er seinen Kunstsammlungen ein.

Augusts Sohn und Nachfolger, AUGUST III. (1733–1763), machte Dresden zu einer bedeutenden Kunststadt. Die Regierungsgeschäfte überließ er dem wenig erfolgreichen Grafen Brühl. Am Ende der Regierungszeit Augusts III. war Sachsen ein wirtschaftlich und finanziell ruinierter Staat. Erst die Nachfolger leiteten Reformen der Verwaltung, der Finanzen und der Wirtschaft ein. ⓔ/4

August der Starke. Figur aus Meißner Porzellan

B4 Großer Garten in Dresden mit Hoftheater. Zeichnung 1719

ARBEITSAUFTRÄGE

1. Lies Q1. Erläutere die Schwierigkeiten Augusts II.
2. Beschreibe B3. Vergleiche die beiden Könige miteinander. Achte dabei besonders auf ihre Kleidung und ihre Haartracht. Stelle Zusammenhänge zu ihrem Herrschaftsstil her.
3. Beschreibe B2. Vergleiche mit B4. Schreibe einen Bericht über Augusts Herrschaft.
4. Betrachte B4. Erzähle in einem Brief von einer Reise nach Dresden im 18. Jahrhundert.

7. Russland – das Tor nach Westen wird aufgeschlossen

Im Jahr 1703 befahl der russische **Zar Peter I.** (1672–1725), an der Ostsee eine neue Hauptstadt zu erbauen: St. Petersburg. Zehntausende von Zwangsarbeitern rammten unzählige Pfähle in den sumpfigen Boden und errichteten darauf in kürzester Zeit eine Stadt nach westlichem Vorbild. Als Peter starb, war eine der schönsten Residenzstädte Europas entstanden, das „Venedig des Nordens", wie die Zeitgenossen sagten. Wer war dieser Zar, der in solch ungünstigem Gebiet eine Stadt errichten ließ?

Europa als Vorbild – Als erster russischer Herrscher unternahm Zar Peter eine einjährige Bildungsreise nach Westeuropa, studierte dort das Militärwesen und lernte auf einer Werft das Handwerk eines Schiffszimmermanns. Seine Briefe trugen ein Siegel mit der Aufschrift: „Im Stande eines Lernenden bin ich und Lehrende suche ich mir!"

Als er nach Russland zurückkehrte, ging er sofort daran, das rückständige Riesenreich nach westeuropäischem Vorbild zu modernisieren. Peter wollte Russland zu einer der einflussreichsten Mächte Europas machen und neue Länder gewinnen. Im Nordischen Krieg (1700–1721) löste Russland Schweden als Vormacht in Osteuropa und im Ostseeraum ab. Der Bau St. Petersburgs war ein Symbol des Erfolges.

Q 1 Zar Peter I. spricht beim Stapellauf eines Kriegsschiffes zu russischen Adligen, um 1720:

Brüder, ist wohl ein Einziger unter Euch, der sich vor dreißig Jahren hätte vorstellen können, dass er das baltische Meer, nach der Weise der gesittetsten Nationen, mit russischen Flotten bedeckt sehn und Land-Armeen, die nach der genauesten Manneszucht in Europa gebildet sind, finden würde, durch welche uns Gott in den Stand gesetzt hat, solche erstaunlichen Eroberungen zu machen, dass unsere Nation gegenwärtig von der ganzen übrigen Welt mit Bewunderung angesehen wird? […] Die Geschichtsschreiber sagen, die Wissenschaften hätten ihren Ursprung zuerst in Griechenland gehabt […]; aber niemals haben sie bisher Zutritt bei uns gefunden, welches wir der Trägheit und dem Unverstande unserer Vorfahren zuschreiben müssen. […] Nunmehr ist die Reihe an uns gekommen, wofern Ihr nur meinen Bemühungen gern und willig beitreten, das ist, wenn Ihr einen sorgfältigen Fleiß mit Eurem blinden Gehorsam verbinden und Euch bemühen wollt, das Gute anzunehmen und das Böse zu vermeiden.

(In: Geschichte in Quellen, Bd. III, München 1986, S. 565 f. Gekürzt)

Das russische Kaiserreich 1689–1795

Die Modernisierung erfordert Reformen – Auf seinen Reisen durch Europa hatte Peter I. die Überzeugung gewonnen, dass er für die Modernisierung Russlands ein zuverlässiges Beamtentum, eine merkantilistische Wirtschaft sowie eine moderne Armee nach westlichem Vorbild brauchte. Zur Finanzierung dieser **Reformpolitik** erlegte Peter allen Russen außer den Adligen eine **Kopfsteuer** auf. Die Landbewohner machten 97 % der ca. 15,5 Millionen Untertanen aus. Sie mussten den Großteil der Steuer und auch die 200 000 Soldaten stellen, die meist lebenslang und unter hartem Drill zu dienen hatten.

Der Zar zog die Adligen stärker zu Aufgaben im Militär und in der Verwaltung heran. Die adligen Grundherren erhielten auch nahezu unbegrenzte Verfügung über die leibeigenen Bauern. Dadurch wurde der Adel zwar in seiner sozialen Stellung gestärkt, aber seine politische Macht verlor er zunehmend.

Doch für die Mehrheit der Bevölkerung, die russischen Bauern, brachten die Reformen Peters keine Vorteile. Im Gegenteil: an den Zaren mussten sie die neue Kopfsteuer zahlen und von den adligen Gutsherren wurden sie zur Fronarbeit gezwungen. Wenn ihnen Unrecht geschah, konnten sie nicht einmal vor Gericht gehen, denn sie waren zu **Leibeigenen** der Gutsherren geworden.

Katharina die Große – Nach einer Zeit innerer Wirren kam 1762 KATHARINA II. (1729–1796) als Witwe des ermordeten Zaren Peter III. auf den Thron. Würde es ihr gelingen, die Reformversuche Peters I. fortzuführen und umzusetzen?

Katharina war eine geborene Prinzessin von Anhalt-Zerbst, eine sehr gebildete Frau, die sich als Anhängerin der Aufklärung verstand. Sie trat ihre Herrschaft mit dem Versprechen an, ein rechtsstaatliches Gesetzeswerk zu schaffen. Die alte Willkürherrschaft der Zaren sollte durch einen modernen Staatsaufbau gemildert werden. Zugleich wollte sie die Machtstellung Russlands weiter ausbauen.

Die wenigen städtischen Bürger, Handwerker und Kaufleute, wurden in Gruppen und Zünften organisiert. Doch die versprochene Verfassung mit mehr Rechten für die Bürger kam nicht zustande. Mehr noch als Peter I. nahm Katharina den Adel in die Pflicht und verstärkte dessen Privilegien. Obwohl sie angekündigt hatte, die Leibeigenschaft der Bauern aufheben zu wollen, wurde diese in ihrer Regierungszeit bekräftigt und verschärft. Es kam deshalb 1775 sogar zu einem großen Bauernaufstand.

Ohne Rücksichten auf die Interessen Polens nahm Katharina II. mit Preußen die Besetzung und **Teilung Polens** vor (zuerst 1772). Auch erhielt Russland unter ihrer Herrschaft mit der Halbinsel Krim den Zugang zum Schwarzen Meer.

PERSONENLEXIKON

KATHARINA II., genannt „die Große". Zarin von 1762 bis 1796

B 3 Zar Peter I. (Mitte) in Versailles mit dem jungen Ludwig XV., seit zwei Jahren König von Frankreich

ARBEITSAUFTRÄGE

1. Lies Q 1. Welche Ziele verfolgte Peter der Große? Diskutiert, was wohl seine Untertanen dazu dachten.
2. Erläutere mit K 2 die Bedeutung des Russischen Reiches um 1700. Vergleiche mit dem heutigen Gebiet Russlands.
3. Beschreibe B 3. Stelle dir vor, du seist einer der französischen Höflinge und hättest täglich die Regeln des Zeremoniells zu beachten. Erzähle die Szene aus dessen Sicht.
4. Vergleiche Katharina II. mit Ludwig XIV. und Friedrich II. von Preußen. Hat sie zur Modernisierung Russlands beigetragen?

8. Europäische Machtpolitik im Zeitalter des Absolutismus

Das 17. und 18. Jahrhundert werden heute auch als „Epoche der Kriege" bezeichnet. Welche Veränderungen im Mächtegefüge Europas hatten diese Kriege zur Folge?

Nach dem Dreißigjährigen Krieg (1618–1648) gab es in Europa fünf Großmächte: **Spanien, Frankreich, England, Schweden,** das seine Macht über den Ostseeraum bis nach Deutschland ausgedehnt hatte. Ferner **Österreich**, die Führungsmacht des Heiligen Römischen Reiches deutscher Nation mit seinen vielen selbstständigen Einzelstaaten.

Die Beziehungen zwischen den Staaten Europas waren vom Wunsch ihrer Herrscher geprägt, sich **militärischen Ruhm** zu erwerben und fremde Territorien zu erobern. Die Diplomaten versuchten zwar, Interessenskonflikte auch ohne Krieg zu regeln. Wo aber die Diplomatie versagte, wurden Armeen ins Feld geschickt. Über die Belange kleinerer Nationen gingen die Großmächte bedenkenlos hinweg. So wurde Polen im 18. Jahrhundert zwischen Preußen, Österreich und Russland aufgeteilt.

England verdrängte zu Beginn des 18. Jahrhunderts Spanien als Weltmacht und setzte sich auf dem nordamerikanischen Kontinent auch gegen Frankreich durch. Die Briten strebten in Europa einen Gleichgewichtszustand, die **„balance of power"**, zwischen den Großmächten an. Denn sie konzentrierten sich auf den Ausbau ihres kolonialen Weltreiches.

Russland löste nach dem Nordischen Krieg (1700–1721) Schweden als Großmacht im Ostseeraum ab.

Preußen kam nach dem Siebenjährigen Krieg (1756–1763) als neue europäische Großmacht hinzu. Am Ende der Epoche entstand eine Rivalität zwischen Österreich und der neuen Großmacht Preußen, die die Ausbildung eines einheitlichen deutschen Nationalstaates verzögerte.

Q1 König Friedrich II. von Preußen an seinen Nachfolger:

1 Ein Fürst muss notwendigerweise Ehrgeiz haben, aber dieser Ehrgeiz muss weise, maßvoll, durch die Vernunft erhellt sein. […] Von allen Ländern Europas passen zu Preußen am besten Sachsen und Polnisch-Preußen und
5 Schweden-Pommern, weil sie zur Abrundung seines Gebietes beitragen […]. Sie meinen […], man müsse auch die Mittel zum Erwerb dieser Länder angeben. Es sind folgende: Man muss seine Absicht verheimlichen und verbergen, die Umstände nutzen, günstige Gelegenheiten
10 geduldig abwarten und, wenn sie kommen, entschlossen handeln […]. Erwerbungen, die man durch Verträge erreicht, sind denen, die man durch das Schwert macht, immer vorzuziehen. Man wagt dabei weniger und ruiniert weder seine Börse noch seine Armee.

(In: Geschichte in Quellen, Bd. III, München 1986, 684 f. Gekürzt)

Q2 Krieg als Fortsetzung der Politik mit anderen Mitteln: General v. Clausewitz in seinem Buch „Vom Krieg", 1832:

1 Der Krieg ist also ein Akt der Gewalt, um den Gegner zur Erfüllung unseres Willens zu zwingen. [… Dazu] müssen wir den Feind wehrlos machen […].
Der Krieg […] geht aber immer von einem politischen Zu-
5 stand aus und wird durch ein politisches Motiv hervorgerufen. Er ist also ein politischer Akt. […] Der Krieg ist eine bloße Fortsetzung der Politik mit anderen Mitteln. […] Wir werden im Folgenden […] untersuchen, was es heißt, einen Staat wehrlos zu machen […]:
10 1. Die [feindliche] Streitkraft muss vernichtet werden […].
2. Das [feindliche] Land muss erobert werden, denn aus dem Lande könnte sich eine neue Streitkraft bilden.
3. Ist aber beides geschehen, so kann der Krieg […] nicht als beendet angesehen werden, solange der Wille des
15 Feindes nicht auch bezwungen ist, d. h. seine Regierung […] zur Unterzeichnung des Friedens oder das Volk zur Unterwerfung vermocht sind.

(In: http://gutenberg.spiegel.de/clausewz/krieg/buch01.htm. Gekürzt u. bearb.)

ARBEITSAUFTRÄGE

1. Lies Q1 und arbeite die Kernaussagen des Textes heraus. Wie rechtfertigt Friedrich II. Kriege? Beurteile seine Auffassung.
2. In welchem Verhältnis stehen Politik und Krieg nach Auffassung des General von Clausewitz (Q2), und welche Ziele sollen in einem Krieg verfolgt werden? Beurteile seine Auffassung.

9. Absolutistische Machtpolitik – die Teilungen Polens

Ende des 18. Jahrhunderts wurde Polen dreimal zwischen Preußen, Österreich und Russland geteilt. Warum hat Polen dieses Schicksal erlitten? Und welche Motive hatten die drei Großmächte?

Innere Schwäche Polens – Die polnischen Könige kamen nicht durch Erbfolge an die Macht, sondern sie wurden vom polnischen Adel gewählt. Um die Herausbildung einer starken Königsmacht zu verhindern und die eigenen Interessen besser verfolgen zu können, war die Wahl des Adels oft auf einen ausländischen Fürsten gefallen. Im polnischen Reichstag saßen ausschließlich Adlige. Jedes Mitglied besaß ein **Vetorecht,** d. h., es konnte durch seinen Einspruch Beschlüsse des Reichstags verhindern. Das hatte zur Folge, dass zwischen 1736 und 1763 kein einziger Reichstagsbeschluss zu Stande kam; auch deshalb, weil immer wieder Reichtagsmitglieder von benachbarten Großmächten bestochen wurden, um unliebsame Beschlüsse zu verhindern.

Die Teilungen Polens – 1764 war Stanislaus II. zum König von Polen gewählt worden. Als er versuchte, Polen zu reformieren und politisch zu stärken, einigten sich Russland, Österreich und Preußen 1772 darauf, polnische Gebiete abzutrennen und dem eigenen Staat einzuverleiben. Etwa zwanzig Jahre später griffen die Großmächte aus fadenscheinigen Gründen erneut in Polen ein und zwangen das Land, weitere Gebiete abzutreten. Im Jahre 1795 teilten sie auch noch den kaum mehr lebensfähigen Rest Polens unter sich auf. Für die Dauer von 123 Jahren, bis zum Jahr 1918, existierte nun kein polnischer Staat mehr.

ARBEITSAUFTRÄGE

1. Erläutere mit K 1 die Teilungen Polens im 18. Jahrhundert. Welche Motive hatten die drei Großmächte?
2. Beschreibe und interpretiere B 2.

K 1

B 2 „Die Situation Polens 1772". Die russische Zarin Katharina II., der österreichische Kaiser Joseph II. und der preußische König Friedrich II. zeigen auf einer Karte Polens ihre Gebietsansprüche. Der polnische König Stanislaus II. (2. von links) verweist auf die göttliche Gerechtigkeit. Zeitgenössischer Kupferstich von Johann E. Nilsson

Absolutismus und Aufklärung – Zeitstrahl

	Politik	Kultur	Alltag
1800	1772/1795: Polen wird von Preußen und Russland aufgeteilt	um 1800: Nur ein Viertel der Bevölkerung Europas kann lesen und schreiben	1775: Bauernaufstände in Russland
	1762–1796: Katharina I. („die Große") als Zarin Russlands	1794: In Preußen tritt das „Allgemeine Landrecht" in Kraft	
	1756–1763: Siebenjähriger Krieg Preußens u. a. mit Österreich und Sachsen; Schlesien fällt an Preußen		
1750	1740–1786: Friedrich II. („der Große"); Preußen wird fünfte Großmacht Europas	1724–1804: Immanuel Kant, deutscher Philosoph der Aufklärung	ab 1740: Landesausbau und Förderung der Landwirtschaft in Preußen; u. a. Anbau der Kartoffel
	1713–1740: Friedrich Wilhelm I. (der „Soldatenkönig") macht aus Preußen eine Militärmacht	1712–1778: Jean-Jacques Rousseau, franz. Philosoph der Aufklärung; Ausbau Dresdens als barocke Residenzstadt Augusts II.	Ausbau Berlins
	1701: Preußen wird Königtum	um 1710: Pressezensur in Frankreich	um 1710: Missernten und Hungeraufstände in Frankreich
	1694–1733: August II. („der Starke"), Kurfürst von Sachsen und König von Polen	1710: Gründung der Porzellanmanufaktur in Meißen	
1700	1689–1725: Zar Peter I. („der Große"); Europäisierung Russlands	Ab 1700: Europäisierung Russlands	ab 1703: Ausbau St. Petersburgs zur Hauptstadt des russischen Zaren
	ab 1680: Ludwig XIV. beginnt mit dem Aufbau einer zentralistischen Verwaltung; staatliche Wirtschaftsförderung (Merkantilismus) durch Colbert	1685: Verfolgung und Vertreibung der Protestanten (Hugenotten) in Frankreich	ab 1670: Der Merkantilismus führt zur Entstehung von Manufakturen und fördert den Handel.
	1661–1715: König Ludwig XIV.; Ausbau des Absolutismus in Frankreich		
1650		ab 1650: Barock als Stilrichtung in Kunst und Musik	
	1640–1688: Friedrich Wilhelm I., Kurfürst von Brandenburg	1632–1704: John Locke, englischer Philosoph der Aufklärung	

Zusammenfassung – Absolutismus und Aufklärung

Dem französischen König Ludwig XIV. gelang es im 17. Jahrhundert, die Mitbestimmung der Stände im Staat, vor allem des Adels, einzuschränken. Er verstand es geschickt, die Adligen Frankreichs an seinen Hof nach Versailles zu holen, sie an seiner prächtigen Hofhaltung zu beteiligen, politisch aber zu entmachten. Das höfische Zeremoniell führte täglich neu die zentrale Stellung des Königs vor Augen. Mit der Hilfe von Beamten, die Ludwig XIV. oft aus dem Bürgerstand wählte, versuchte er, alle Bereiche seines Staates zu vereinheitlichen und zentral zu lenken. Er war absolutistischer König. Der **Absolutismus** war die Grundlage des Staates.

In ganz Europa ahmten die Herrscher das französische Vorbild nach. Den Kurfürsten von Brandenburg glückten bedeutende Machtgewinne. Nach 1700 wurden sie zu Königen in **Preußen.** Der „Soldatenkönig" Friedrich Wilhelm I. machte den preußischen Staat zu einem Militärstaat. Sein Sohn Friedrich II. („der Große") nutzte die militärische Macht Preußens: In zahlreichen Kriegen machte er Preußen zu einer europäischen Großmacht. August der Starke, Kurfürst von **Sachsen** und König von Polen, musste den sächsischen Ständen zahlreiche Zugeständnisse machen. Im Osten Europas wurde **Russland** unter der Herrschaft Peters des Großen nach westlichem Vorbild modernisiert und ebenfalls Großmacht. Der größte Teil der russischen Bevölkerung litt aber weiterhin bittere Not.

Im 18. Jahrhundert übten die **Aufklärer** Kritik am Absolutismus: Von den Untertanen würde völlige Unterwerfung unter den Willen des Herrschers verlangt, obwohl von Natur aus alle Menschen frei geboren seien. Einige absolutistische Herrscher wie Friedrich II. waren für die Gedanken der Aufklärung aufgeschlossen. Doch auch als „aufgeklärte Monarchen" forderten sie weiter völligen Gehorsam von ihren Untertanen.

ARBEITSAUFTRÄGE

1. Im Absolutismus gelang es dem König, sich gegen die Landesfürsten und den Adel durchzusetzen. Schreibe einen Bericht: „Der König sichert seine Macht".
2. Vergleiche die Gedanken und Forderungen der Aufklärer mit dem absolutistischen Herrschaftsanspruch Ludwigs XIV.
3. Ludwig XIV. wird der Satz zugesprochen: „Der Staat bin ich!". Friedrich II. verstand sich dagegen als „erster Diener des Staates". Entwirf ein Streitgespräch zwischen beiden Herrschern.

ZUM WEITERLESEN

Mai, Manfred: Deutsche Geschichte. Erzählt von Manfred Mai, mit Bildern von Julian Jusim, Beltz Verlag, Weinheim/Basel 2003, S. 61 ff.

- /1 http://de.wikipedia.org/wiki/Jean_Baptist_Colbert
- /2 http://de.wikipedia.org/wiki/Hugenottische_Diaspora
- /3 http://de.wikipedia.org/wiki/August_der_Starke
- /4 http://de.wikipedia.org/wiki/Dresdener_Barock
- /5 http://www.lexikon.freenet.de/kulturgeschichte_der_kartoffel

Standard-Check: Das solltest du können!

1. Wichtige Arbeitsbegriffe
Hier sind wichtige Arbeitsbegriffe des Kapitels aufgelistet. Übertrage sie in dein Heft und formuliere zu jedem Begriff eine kurze Erläuterung.

absolute Macht	Manufakturen
Amtsadel	Merkantilismus
Hofadel	stehendes Heer
aufgeklärter Absolutismus	Stände

1.

2. Richtig oder falsch?
Prüfe, ob die rechts stehenden Aussagen entweder richtig sind oder falsch. Übertrage nur die Sätze mit falschen Aussagen in dein Heft, aber berichtige sie dabei direkt.

– Als Absolutismus bezeichnet man eine Herrschaftsform, die in Europa zwischen ca. 1500–1700 existierte.
– Der absolutistische Herrscher verstand sich selber als „über den Gesetzen" stehend.
– Der Merkantilismus galt als typische Wirtschaftsform des englischen Absolutismus unter König Karl I.
– Absolutistische Herrscher stützten ihre Macht auf ein stehendes Herr, dem Aufbau einer Verwaltung sowie der Entmachtung des Feudaladels.

2.

3. Aufbau einer absolutistischen Gesellschaft
3.1 Übertrage das Schaubild als Skizze in dein Heft.
3.2 Ergänze und beschrifte es nun in deinem Heft.
3.3 Erläutere, was das Schaubild über den Aufbau einer absolutistischen Gesellschaft aussagt.
3.4 Bewerte die Stellung und die Rolle des Hofadels im Absolutismus.

Aufbau einer absolutistischen Gesellschaft

3.1
3.2
3.3
3.4

4. Bildinterpretation
4.1 Erläutere in deinem Heft, was der Zeichner mit der Karikatur zum Ausdruck bringen will.
4.2 Welcher Stilmittel bedient er sich dabei?
4.3 Stimmst du der Aussage der Karikatur zu? Begründe deine Antwort im Heft.

König Ludwig XIV. Englische Karikatur um 1840

4.1
4.2
4.3

Die Lösungen zu diesen Standard-Checkaufgaben findest du auf Seite 274.

Aber: Erst selbst lösen, dann überprüfen. Dein Können kannst du bewerten (☺ ☺ ☹).

Deine Leistungsbewertung zeigt dir, was du noch einmal wiederholen solltest.

Das konnte ich
☺ = gut
☺ = mittel
☹ = noch nicht

Bürgerliche Revolutionen / Napoleon

Die absolutistische Herrschaft der Könige geriet seit dem 18. Jahrhundert ins Wanken. Das Bürgertum strebte zur Macht. Schon Mitte des 17. Jahrhunderts hatte das englische Parlament Krieg gegen den König geführt. 1776 erklärten die amerikanischen Kolonien ihre Unabhängigkeit von England. In den Vereinigten Staaten von Amerika wählten nun die Bürger ihre Regierung. Solche Veränderungen vollzogen sich oft mit Gewalt. Die Franzosen ließen ihren König Ludwig XVI. während der Französischen Revolution 1793 hinrichten.

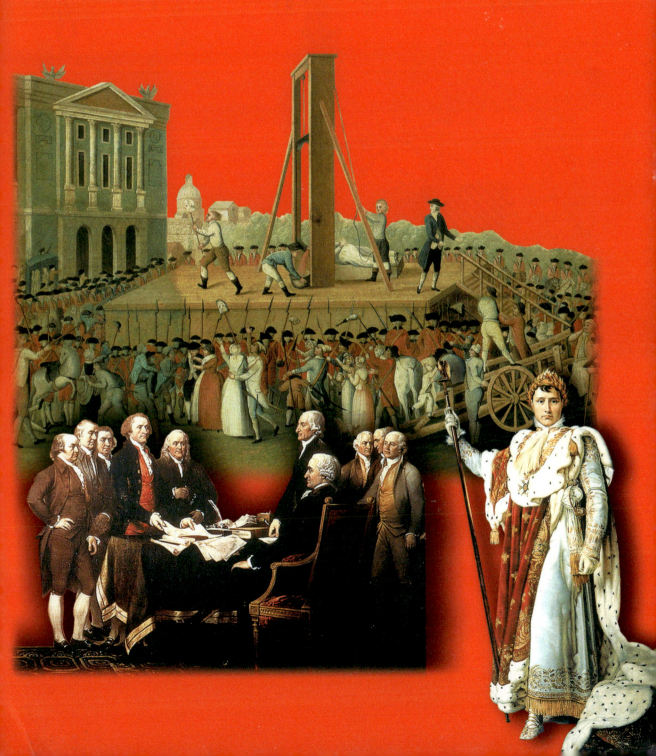

Bürgerliche Revolutionen/Napoleon

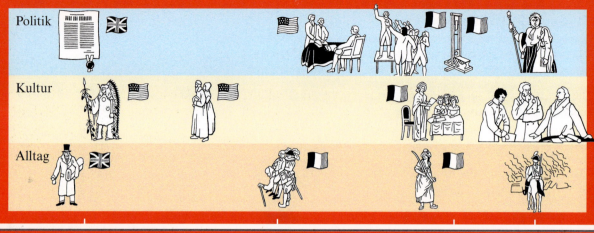

ARBEITSAUFTRAG

Auf der rechten Karte erkennst du die Staaten Großbritannien, Frankreich und Spanien.
Erläutere, was diese Länder mit der Geschichte Nordamerikas zu tun haben.

Teil I: England und Nordamerika
1. Die englische Krone festigt ihre Macht

Um 1500 war England noch ein schwacher Staat. Die Gründe dafür waren der 100-jährige Krieg mit Frankreich und ständige Thronstreitigkeiten. Doch 250 Jahre später war England zur führenden Macht in Europa aufgestiegen. Was waren die Voraussetzungen für das Erstarken Englands seit dem 16. Jahrhundert?

Starke Herrscher – Im Vergleich zu den Vorgängern waren HEINRICH VII. (1485–1509) und HEINRICH VIII. (1509–1547) aus dem Hause Tudor mächtige Könige. Die Thronfolge ihrer Kinder setzten sie problemlos durch.

Heinrich VIII. war nicht nur berühmt für seine Erfolge auf Tennisplätzen und bei Ritterturnieren, er galt auch als intelligent und durchsetzungsfähig. Er rüstete sein Heer zielstrebig mit der kostspieligen neuen Waffentechnik aus: Kanonen und Schießpulver. Er erkannte auch die Bedeutung einer Kriegsflotte für den Inselstaat England. Die Flotte sollte neue Kolonien in Übersee erschließen und den englischen Handel gegen die Konkurrenz der Hanse und der Niederlande schützen. Den Adel band Heinrich VIII. fest in Heer und Flotte ein. Ein Aufstand gegen ihn war deshalb aussichtslos.

Die englische Reformation – Heinrich VIII. wurde als erster englischer König auch religiöses Oberhaupt seiner Untertanen und löste die englische Kirche von der katholischen Papstkirche in Rom. Was waren die Gründe?

Als die Reformation in Europa begann, hatte sich Heinrich anfangs auf die Seite des Papstes gestellt. Doch aus persönlichen Gründen änderte er seine Einstellung. Von seiner Frau KATHARINA hatte er eine Tochter, aber keinen männlichen Erben. Deshalb wollte er die Scheidung, um seine Geliebte ANNA BOLEYN heiraten zu können. Der Papst weigerte sich jedoch, die Ehe mit Katharina für ungültig zu erklären. Darauf ließ sich Heinrich VIII. vom Erzbischof von Canterbury scheiden. Als der Papst den Bann über den König sprach, löste dieser alle Bindungen zur katholischen Kirche und erklärte sich 1534 zum Oberhaupt der **anglikanischen** (= englischen) **Kirche**.

Die neue Konfession erlaubte die Priesterehe und sah die englische Sprache im Gottesdienst vor. Ansonsten waren die Zeremonien ähnlich wie in der katholischen Kirche. Für Heinrich hatte die Trennung von der katholischen Kirche auch wirtschaftliche Vorteile. Er ließ die über 600 katholischen Klöster seines Landes schließen. Deren Besitz, etwa ein Viertel des gesamten Landes, fiel nun an ihn. Der Verkauf des früheren Kirchenlandes füllte seine Kassen mit etwa einer Million Pfund Silber.

PERSONENLEXIKON

HEINRICH VIII., 1491–1547. König von England seit 1509. Er brach mit der katholischen Papstkirche, gründete 1534 die anglikanische Kirche und erklärte sich zu deren religiösem Oberhaupt.

B1 Einschiffung Heinrichs VIII. in Dover. Ausschnitt aus einem zeitgenössischen Gemälde

Staatskirche und Minderheiten – Wie standen nun die Menschen in England zur Reformation des Königs?

Die Mehrheit der Bevölkerung folgte dem König und begrüßte die Neuerungen. Eine beachtliche Minderheit aber wollte die neue anglikanische Religion nicht annehmen. Sie hatte sich weitergehende Veränderungen der Kirche erhofft. Es handelte sich um die Anhänger anderer Reformatoren, vor allem Calvins. Sie nannten sich **Puritaner** (lat.: *purus* = rein), denn sie wollten ein Bekenntnis, das allein dem reinen Wort Gottes folgte. Die Auslegung der Bibel bildete den Kern ihres Gottesdienstes. Jede Gemeinde sollte sich selbst verwalten und keinem Geistlichen oder Bischof folgen müssen.

Die Puritaner wollten ein sparsames, tugendhaftes und arbeitsames Leben zur Ehre Gottes führen. Sie glauben, Gott würde ihnen schon auf Erden durch ihren wirtschaftlichen Erfolg zeigen, dass sie für das Himmelreich ausgewählt seien. Deshalb betätigten sich die Puritaner auch in neuen Wirtschaftszweigen, zum Beispiel als Verleger. Doch da sie in England verfolgt wurden, wanderten viele Puritaner in die Niederlande, später nach Nordamerika aus.

Veränderungen in der Wirtschaft – Englands Wirtschaft fand im 16. Jahrhundert zu neuem Wohlstand. Die starke Flotte sowie die Zielstrebigkeit der Puritaner waren nicht die einzigen Gründe für den wirtschaftlichen Erfolg.
Im europäischen Ausland wurden englische Wolltuche immer beliebter. Mit Wolle konnte mehr verdient werden als mit den Produkten des Ackerbaus. Daher stellten die englischen Grundherren, denen das Land gehörte, ihre Landwirtschaft auf Schafzucht um und umgaben die Ländereien mit Mauern, Zäunen oder Hecken. Noch heute sind diese **Einhegungen** typisch für das englische Landschaftsbild. Die Kleinbauern und Pächter, die zuvor das Land bewirtschaftet hatten, verloren dadurch die Grundlage ihrer Existenz. Für sie blieb nur der Ausweg, als Arbeiter in die Städte zu ziehen oder als Heimarbeiter ein sehr karges Leben auf dem Land zu führen.

Es entstand ein neuer Unternehmertyp: der **Verleger**. Er kaufte Wolle oder Garn und ließ diese von Heimarbeitern zu Tuch weiterverarbeiten. Die Heimarbeiter mussten sehr geringe Löhne akzep-

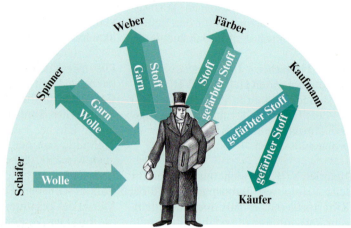

B2 Das Verlagswesen in der Textilherstellung

Q3 Der englische Humanist Thomas Morus, um 1516:

1 Die Schafe gelten als recht zahm und genügsam; jetzt aber fressen sie Menschen, verwüsten und entvölkern Länder, Häuser, Städte: [...] Edelleute und sogar Äbte nehmen das schöne Ackerland weg, zäunen alles als
5 Weiden ein, reißen die Häuser nieder, zerstören die Dörfer und lassen nur die Kirche als Schafstall stehen [...]. Damit also ein einziger Prasser ein paar tausend Morgen zusammenhängendes Land mit einem einzigen Zaun umgeben kann, werden Pächter von Haus und Hof ver-
10 trieben: Durch List und gewaltsame Unterdrückung macht man sie wehrlos oder bringt sie durch ermüdende Plackerei zum Verkauf. [...] Ihren ganzen Haushalt schlagen sie für ein Spottgeld los. Ist das bisschen Erlös auf der Wanderschaft verbraucht, was bleibt ihnen schließ-
15 lich anderes übrig, als zu stehlen oder Bettler zu werden? Kein Mensch will ihre Dienste haben, sie mögen sich noch so eifrig anbieten! Denn mit dem Ackerbau, den sie gewohnt sind, ist es nichts mehr, wo nicht gesät wird; genügt doch ein einziger Schafhirte, um dasselbe Land
20 abzuweiden, zu dessen Anbau als Saatfeld viele Hände benötigt werden [...].

(In: U. Margedant [Hg.]: Englands Weg zum Parlamentarismus, Frankfurt a.M. 1977, S. 34. Gekürzt)

tieren, weil sie keine anderen Verdienstmöglichkeiten hatten. Den Unternehmern brachte diese Form der Produktion große Gewinne. So entstand eine wirtschaftlich aktive Oberschicht aus Landadel und Verlegern, die **Gentry**. Die Gewinne nutzten die Angehörigen der Gentry für Investitionen in den Fernhandel, für die Gründung von Handelsniederlassungen in Übersee und später für Investitionen in die neu entstehenden Fabriken.

Englands Königtum zu Beginn des 17. Jahrhunderts – Königin ELISABETH I. (1558–1603), die Tochter Heinrichs VIII., erkannte die wirtschaftlichen Vorteile, die Handelsstützpunkte in Übersee den Spaniern oder Niederländern brachten. Sie wollte es ihnen gleichtun. In ihrem Auftrag segelten **Merchant Adventurers** (dt.: Handel treibende Abenteurer) wie WALTER RALEIGH und FRANCIS DRAKE an ferne Küsten und gründeten dort englische Handelsniederlassungen. So entstanden ein weltweites englisches Handelsnetz sowie die erste englische Kolonie in Nordamerika: Virginia. England wurde zu einer bedeutenden Kolonialmacht.

Nach dem Tod Elisabeths bestieg ihr nächster männlicher Verwandter, der schottische König JAKOB I. (1603–1625), den Thron. Als König von Schottland hatte er eine starke Stellung erlangt. Er handelte aus der Überzeugung heraus, von Gott als König eingesetzt worden zu sein, dem **Gottesgnadentum** des Königs. Deshalb beanspruchte Jakob I. diese unumschränkte Macht für sich, als er zum englischen König gekrönt wurde. Doch der neue Geldadel widersetzte sich dem absolutistischen Anspruch des Königs.

Einhegungen in der englischen Landschaft

B 5 Elisabeth I. mit ihren Hofleuten. Gemälde von R. Peake, ca. 1580

Q 4 Englands König Jakob I. über das Königtum (1615):

1 Könige sind in Wahrheit Götter. Sie üben eine Art göttlicher Macht auf Erden aus. Wenn ihr die Eigenschaften Gottes betrachtet, werdet
5 ihr sehen, wie sie mit denen des Königs übereinstimmen. Gott hat die Macht zu schaffen oder zu zerstören, hervorzubringen oder aufzuheben, Leben zu gewähren oder
10 den Tod zu senden. Und die gleiche Macht besitzen Könige: Sie schaffen oder vernichten ihre Untertanen, sie haben Gewalt, sie zu erhöhen oder zu erniedrigen, sie
15 haben Gewalt über Leben und Tod […]. Sie selbst sind allein Gott verantwortlich […]. So wie jemand Gott lästert, wenn er mit ihm streitet, so begehen die Untertanen
20 Aufruhr, wenn sie das Gebot königlicher Machtvollkommenheit bestreiten.

(In: Bernd Askani u. a. [Hg.]: Anno 2, Braunschweig 1995, S. 262)

ARBEITSAUFTRÄGE

1. Beschreibe B1 und erläutere, welche Bedeutung für England der Bau einer mächtigen Flotte hatte.
2. Erkläre mithilfe von B2 die Tätigkeiten und Verdienstmöglichkeiten eines Verlegers. Schreibe ein Gespräch auf zwischen einem Heimarbeiter, einem Tuchweber, und dem Verleger.
3. Interpretiere den Satz: *„Die Schafe fressen die Menschen."* (Q3). Erläutere die Konsequenzen der Schafzucht für die Pächter und Kleinbauern des früheren Ackerlands.
4. Erläutere und beurteile, wie Jakob I. in Q4 seine Stellung als König beschreibt und begründet.
5. Betrachte B5. Beschreibe: Gefolge, Schmuck und Kleidung von Elisabeth I. Begründe, warum sie so prunkvoll auftrat.

2. Bürgerkrieg und Ausgleich zwischen Krone und Parlament

König Jakob I. und auch sein Sohn KARL I. (1625–1649) strebten die absolute Stellung als König an. Doch mit dieser Auffassung standen sie im Gegensatz zu der des Parlaments. Das Parlament pochte auf das 400 Jahre zuvor mit der Magna Carta Libertatum errungene Recht der Steuerbewilligung. Wer konnte sich in diesem Konflikt zwischen König und Parlament durchsetzen?

Der Weg in den Bürgerkrieg – Zunächst konnte das Parlament 1628 mit der **Petition of Right** (dt.: Bitte um Recht) weitere Rechte beim König durchsetzen. So durfte niemand mehr ohne rechtmäßige Anklage verhaftet werden. Die Untertanen wurden dadurch vor königlicher Willkür geschützt. Doch der König versuchte, den Einfluss des Parlaments zu verringern, indem er es 15 Jahre lang nicht mehr zusammenrief. Es kam dennoch wieder zu einem Konflikt: Als die Schotten sich mit Waffen gegen die Absicht Karls I. wehrten, ihnen die anglikanische Religion aufzuzwingen, benötigte der König Geld für einen Krieg gegen sie. Er forderte deshalb 1640 das englische Parlament auf, neue Steuern per Gesetz zu erlassen.

Der puritanische Teil der Abgeordneten des Parlaments wollte entsprechend seiner Zahl und wirtschaftlichen Stärke mehr Mitsprache in den Angelegenheiten des Landes. Sie fühlten sich gegenüber den anglikanischen Abgeordneten, die der Staatskirche angehörten, benachteiligt. Überhaupt forderten sie nun eine Teilung der Macht zwischen König und Parlament. Das war Karl I. zu viel. Im Jahr 1642 versuchte er, seine Gegner im Unterhaus zu verhaften. Doch damit verletzte er die Rechte des Parlaments und seiner Abgeordneten.

Krieg zwischen König und Parlament – Das Verhalten des Königs wurde von den Abgeordneten als Kriegserklärung an das Parlament aufgefasst. Wie ging der Machtkampf aus?

Der größte Teil des Adels und die meisten anglikanischen Untertanen unterstützten Karl I. Doch die Armee des Parlaments, die **New Model Army** (dt.: neue Musterarmee), vom puritanischen Landedelmann OLIVER CROMWELL hervorragend gedrillt und angeführt, war stärker als das Heer des Königs. Nach fünfjährigem Bürgerkrieg geriet der König sogar in Gefangenschaft.

Der siegreiche Cromwell regierte England mithilfe seiner Armee zehn Jahre. Er „säuberte" das Parlament von Abgeordneten, die nicht puritanisch waren. Ein Sondergericht des Parlaments verurteilte Karl I. im Jahr 1649 zum Tode. Dies war ein bis dahin einmaliger Vorgang: Ein König, der seine Macht von Gottes Gnaden haben sollte, wurde enthauptet. Aber die Zeit unter Cromwell wurde für die Engländer wegen der strengen Moralgesetze unerfreulich, weil z. B. die Theater geschlossen wurden. Für die selbstbewusste Schicht der englischen Gentry war es schließlich unerträglich, dass Cromwell England im Stile eines Alleinherrschers regierte.

PERSONENLEXIKON

OLIVER CROMWELL. 1599–1658. Angehöriger der Gentry, Mitglied des Parlaments. Führer des Parlamentsheeres im Krieg gegen den König. Unterwarf auch die Opposition und wurde als Lord-Protector (Engl.: Schutzherr) Alleinherrscher Englands

Q 1 Petition of Right (1628):

In einer Bittschrift forderte das Unterhaus 1628 folgende Rechte vom englischen König Karl I.:
Unseren obersten Herrn und König machen wir […] untertänigst darauf aufmerksam, dass keine Steuer oder
5 Beihilfe erhoben werden dürfe ohne den guten Willen und die Zustimmung des Parlaments. […] Es ist auch erklärt und verfügt worden, dass kein freier Mann verhaftet, geächtet oder verbannt werden dürfe außer nach gesetzlichem Urteil von Seinesgleichen oder nach dem
10 Landesgesetz. Wir bitten deshalb Eure Majestät ehrerbietig, es möge künftig niemand mehr genötigt werden, irgendein Geschenk, ein Darlehen oder eine freiwillige Gabe, eine Steuer oder sonst eine entsprechende Abgabe zu leisten ohne allgemeine Zustimmung durch Parla-
15 mentsbeschluss, und es möge niemand zur Verantwortung gezogen werden […] weil er sich geweigert hat, eine solche Abgabe zu entrichten.

(In: Geschichte in Quellen, Bd. III, München 1982, S. 364 ff. Gekürzt)

So erschien das alte Königtum, mit dem eine Einigung vielleicht möglich gewesen wäre, in einem verklärten Licht. Nach Cromwells Tod setzte das Parlament wieder einen Monarchen ein. Es rief KARL II. (1660–1685), den Sohn Karls I., zurück. Der musste aber zusichern, die alten Rechte des Parlaments zu achten.

Die Einigung über die Herrschaft – Doch schon bald kam es zu neuem Streit. Das verschwenderische Leben des Königs störte die puritanischen Abgeordneten. Noch schlimmer war für Puritaner und Anglikaner, dass der Nachfolger Karls II., JAKOB II. (1685–1688), Katholiken als Beamte und Offiziere vorzog.

Als 1688 der neugeborene Thronfolger katholisch getauft wurde, war dies der Anlass zum endgültigen Bruch zwischen König und Parlament. In einem geheimen Brief wurde dem protestantischen Schwiegersohn des Königs, WILHELM VON ORANIEN, die englische Krone angeboten. Wilhelm war Statthalter in den spanischen Niederlanden. Als dieser mit seinem Heer nach England übergesetzt war, verließ Jakob II. fluchtartig London. Doch bevor Wilhelm 1689 gekrönt wurde, musste er einen Vertrag unterschreiben, in dem die Rechte des Parlaments und die Aufgaben des Herrschers festgelegt wurden **(Bill of Rights)**. Die Engländer bezeichneten diesen unblutigen Wechsel der Herrschaft als **Glorious Revolution** (= glorreiche Revolution). Entscheidend war, dass das englische Parlament einen neuen Absolutismus verhindert hatte und nun den König kontrollieren konnte.

Q3 Die Bill of Rights (1689):

1 Die versammelten […] Lords und Gemeinen [= nicht-adlige Parlamentsmitglieder] legen Wilhelm und Maria, Prinz und Prinzessin von Oranien, eine Erklärung vor: […]
5   4. Steuern für Zwecke der Krone oder zum Gebrauch der Krone […], ohne Erlaubnis des Parlaments […] zu erheben, ist gesetzwidrig.
    5. Es ist das Recht des Untertans, dem König Bittschriften einzureichen, und jede Untersuchungshaft sowie
10   Verfolgung deswegen ist gesetzwidrig.
    6. Es ist gegen das Gesetz, es sei denn mit Zustimmung des Parlaments, eine stehende Armee im Königreich in Friedenszeiten aufzustellen oder zu halten. […]
    8. Die Wahl von Parlamentsmitgliedern soll frei sein.
15 9. Die Freiheit der Rede und der Debatten und Verhandlungen im Parlament darf nicht […] angefochten oder in Frage gestellt werden. […]
    13. Um allen Beschwerden abzuhelfen sowie zur Besserung, Stärkung und Erhaltung der Gesetze sollen Par-
20   lamentssitzungen häufig gehalten werden. […]
    14. […] beschließen die versammelten Lords und Gemeinen, dass Wilhelm und Maria, Prinz und Prinzessin von Oranien, König und Königin von England sein und als solche erklärt werden sollen […].

(In: Geschichte in Quellen, Bd. III, München 1982, S. 495. Gekürzt)

B 2 Prozess gegen Karl I. 1649, Kupferstich

ARBEITSAUFTRÄGE

1. Erkläre, wie das Parlament in Q1 zum König steht und was es für sich beansprucht. Begründe, warum das Steuerbewilligungsrecht für die Parlamentarier so wichtig war.
2. Beschreibe die Personengruppen in B 2. Versetze dich in einen königstreuen Beobachter des Geschehens und schreibe aus seiner Sicht eine Eintragung in ein Tagebuch.
3. Erarbeite mit Q 3, welche Rechte ab 1689 dem Parlament zugesichert werden und welche noch beim König verbleiben.

3. Englands Aufstieg zur führenden Handelsmacht

Wie in ganz Europa, so bildeten auch in England die Kaufleute eine Minderheit gegenüber der überwiegend noch von Landwirtschaft lebenden Bevölkerung. Doch diese Handel treibende Minderheit erwirtschaftete so viel Geld wie die gesamte übrige Bevölkerung. Wie konnte der Handel diese große Bedeutung für England gewinnen?

Die Gesellschaft wandelt sich – Die oberen Stände, Adel und Gentry, blieben in England weniger abgeschlossen voneinander als anderswo. Das wohlhabende Bürgertum aus Kaufleuten, Verlegern und Unternehmern schloss sich für die gemeinsamen wirtschaftlichen Interessen zusammen. Als Gentry genoss es großes Ansehen und war auch mit dem Adel durch Heirat verbunden. Der Adel selbst war schon lange zu einer gewinnbringenderen Landwirtschaft und zur Schafzucht übergegangen. Es galt als durchaus standesgemäß, sich auch in weiteren Wirtschaftszweigen zu betätigen. Adel und Gentry erwarben zum Beispiel Anteile an **Kohlebergwerken** oder sie beteiligten sich mit ihrem Geld an den **Handelsfahrten** der Kaufleute nach Übersee. Ihr Streben nach Reichtum wurde vom puritanischen Glauben bestärkt, der unternehmerischen Erfolg als Beweis für ein gottgefälliges Leben ansah.

Zusammenschlüsse für den Handel – Um englische Niederlassungen in Indien oder Amerika aufzubauen, wurden Handelsgesellschaften gegründet, zum Beispiel die **East India Company** oder die **Virginia Company**. Wie gaben sie dem Überseehandel Auftrieb?

Adelige und Bürger stellten als Mitglieder dieser Gesellschaften große Geldsummen zur Verfügung, um deren Seefahrten und Niederlassungen zu finanzieren. Daher teilten sie sich auch die Gewinne oder trugen – im Falle eines Scheiterns – die Verluste der Unternehmungen. Aufgrund **königlicher Privilegien** und ausschließlicher Handelsrechte für bestimmte Waren (= **Monopole**), waren die Gewinnaussichten jedoch gewaltig. Außerdem genossen die Handelsgesellschaften militärischen Schutz für ihre Niederlassungen und hatten das Recht, diese selbstständig zu verwalten.

An vielen Küsten Afrikas, Amerikas und Asiens waren daher bald englische Handelsniederlassungen zu finden. Manche

Q1 Charta für Virginia (1612):

1 I. Wir, Jakob, von Gottes Gnaden König von England, entbieten allen Unseren Gruß. Auf untertäniges Gesuch verschiedener Unserer geliebten Untertanen, Unternehmer und Siedler der ersten Kolonie in Virginia, [...] haben
5 Wir bewilligt, dass sie und alle diejenigen Unserer geliebten Untertanen, die sich [...] künftig ihnen als Siedler oder Unternehmer anschließen sollten, für alle Zeit eine politische Körperschaft bilden sollen. [...]
II. Ferner haben Wir zu ihrem Besten der genannten
10 Kompanie [von Virginia] die Länder, Gebiete und Territorien, die in dem als Virginia bezeichneten Teil von Amerika liegen, für alle Zeit übergeben, verliehen und bestätigt; dazu allen Grund und Boden, Gewässer, Fischereigebiete, Minen und Bodenschätze, Jagdberechtigun-
15 gen, Hoheitsrechte, Privilegien und Freiheiten. [...]
X. Wir bewilligen ferner der Kompanie für alle Zeiten die gesetzliche Freiheit, alle diejenigen Untertanen wie auch beliebige Ausländer in die erwähnte Pflanzung Virginia zu bringen, die aus freiem Willen bereit sind, ihnen in die
20 Pflanzungen zu folgen.

(In: E. Hinrichs u.a.: Das waren Zeiten, Bd. 2, Frankfurt a. M. 1997, S. 88)

T2 Englische Importe aus den Kolonien (in 1000 Pfund Sterling)

	1699–1701	1722–24	1752–54	1772–74
aus Asien				
Baumwolltextilien	367	437	401	697
Tee	8	116	334	848
aus Amerika				
Zucker	630	928	1302	2360
Tabak	249	387	953	904

(Nach: Dietmar Rothermund: Europa und Asien im Zeitalter des Merkantilismus, Darmstadt 1978, S.109)

englischen Kaufleute, auch Händler aus anderen Ländern, spezialisierten sich auf den Menschenhandel. Im **Dreieckshandel** zwischen Afrika, Amerika und Europa wurden Afrikaner als **Sklaven** nach Amerika verkauft. Ohne Rücksicht auf das Schicksal der versklavten Menschen wurden so hohe Gewinne erwirtschaftet.

Eine neue Handelsmacht – Die englischen Kaufleute erreichten, dass der Staat die Ausweitung des englischen Handels sicherte. 1651 ordnete der König in einem **Navigation Act** (dt.: Schifffahrtsgesetz) an, dass der Handel mit England nur von englischen Schiffen erlaubt sei. Davon waren die Niederlande betroffen, die bis dahin führende Handelsmacht und der Hauptkonkurrent Englands in Übersee. Andere Gesetze legten fest, dass Güter, die in den Kolonien produziert wurden, nur nach England geliefert oder von dort bezogen werden durften. Allerdings stießen solche Handelsbeschränkungen auch auf den Widerstand der englischen Kolonisten.

Die von der Krone und dem Parlament geförderte Handelspolitik machte LONDON zum blühenden Handelszentrum. Obwohl die Stadt im Jahr 1666 durch einen Brand fast völlig zerstört wurde, war London mit seinem Hafen, den Palästen, öffentlichen Bauten und Kirchen bald Symbol für das neue Selbstverständnis Englands. Ein Zeitgenosse fasste es einige Jahre später in folgende Worte: „*Unsere Schiffe sind beladen mit Ernten aus allen Klimazonen. Unsere Tische biegen sich unter Gewürzen, Ölen und Weinen […] Unser Frühstücksgetränk kommt aus der entferntesten Gegend der Erde […] Die Weinberge Frankreichs sind unsere Gärten, die Gewürzinseln unsere Beete. Die Perser knüpfen Teppiche für uns, die Chinesen liefern uns ihr Porzellan.*"

ARBEITSAUFTRÄGE

1. Erläutere mit Q1 und T2 die Vorteile, die Kaufleute, Anteilseigner und der König von den Handelsgesellschaften hatten.
2. Nenne mit T2 und K3 die Herkunft der Waren im Dreieckshandel und beschreibe die Handelswege (vgl. auch S. 25).
3. Stelle mit K3 die Kolonialgebiete des britischen Reichs um 1765 zusammen. Beurteile, ob deiner Meinung nach das britische Reich damals schon ein Weltreich war oder nicht.
4. Diskutiert, was der Dreieckshandel für die Händler und was er für die versklavten Menschen bedeutete.

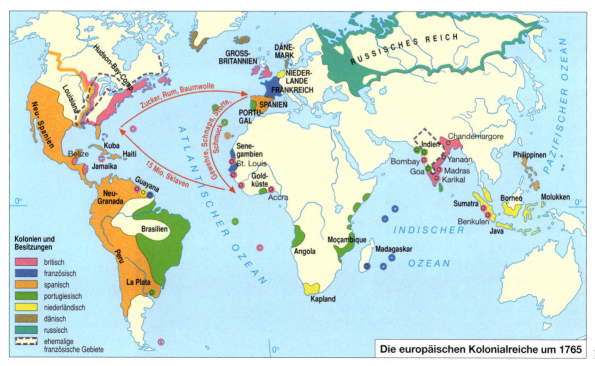

Die europäischen Kolonialreiche um 1765

4. Kolonien – Europäer siedeln in Nordamerika

Seit Anfang des 17. Jahrhunderts besiedelten Engländer sowie Menschen aus anderen Teilen Europas die Ostküste Nordamerikas. Was veranlasste sie dazu, ihrer Heimat für immer den Rücken zu kehren? Wie gestalteten sie das Zusammenleben in Nordamerika?

Eine Heimat in der „Neuen Welt" – Berichte über den neu entdeckten fernen Kontinent schilderten den Europäern die unermessliche Weite des fruchtbaren Landes – genug für alle, die zupacken konnten. So machten sich viele verarmte Menschen, die zu Hause kein Auskommen fanden, aber auch manche Abenteurer, auf nach Amerika. Noch mehr flohen vor Kriegen oder aus den Zwängen der Grundherrschaften oder wegen religiöser bzw. politischer Verfolgung. Die „Neue Welt" schien für Viele bessere Aussichten zu bieten als das alte Europa.

Wieder andere Menschen kamen im Auftrag von Handelsgesellschaften. Sie gründeten an geeigneten Buchten Niederlassungen, um die Kolonien mit Waren zu versorgen oder um Produkte der Kolonien, zum Beispiel Tabak und Baumwolle, gewinnbringend nach Europa zu schaffen. Die Handelsgesellschaften unter-

E 2 *Uns wird erzählt*

1 *Ein Brief aus Massachusetts*

                       Plymouth, d. 20. Mai 1621
Liebe Brüder und Schwestern in der Heimat!
Morgen soll das Schiff der Virginia Company nach England
5 *auslaufen. Dies ist eine gute Gelegenheit, euch zu berichten. Wie froh waren wir, als wir das alte Plymouth hinter uns gelassen hatten. Keine königlichen Beamten mehr, die uns den Gottesdienst verbieten konnten! Das ließ uns die stürmische Überfahrt und fürchterlichen Hunger ertragen. Gottes Segen*
10 *für die Virginia Company, die uns das Geld für die Reise vorgeschossen hat! Noch an Bord wählten wir den ehrenwerten William Bradford zu unserem Führer.*
Doch was erwartete uns, als wir die Küste erreichten? Eine verlassene Wildnis voll wilder Tiere und wilder Menschen. Gera-
15 *de noch rechtzeitig konnten wir einfache Hütten aus Baumstämmen errichten und Feuerholz schlagen, bevor ein harter Winter einbrach. „Plymouth" nannten wir die neue Siedlung. Unsere Vorräte wurden immer knapper. Mit Gottes Hilfe wurden die Herzen der Eingeborenen erweicht, sie retteten viele*
20 *von uns mit ihren Getreide- und Fleischgaben. Dennoch starben über 30 von uns.*
Jetzt ist die Aussaat geschafft, nachdem wir viele Morgen Land mit Mühe gerodet haben. Auf einigen Feldern bauen wir auch Mais an, das amerikanische Getreide. Nun beten wir täg-
25 *lich um Gottes Segen für die erste Ernte! Euch rufen wir auf: Folgt unserem Beispiel! Jede Hand wird hier gebraucht. Gott begleite unseren und euren Weg!*
Euer Bruder W. Baker

B 1 William Penns Vertrag mit den Indianern. Gemälde, 19. Jahrhundert

stützten auch die Überfahrten von Religionsflüchtlingen. Allein zwischen 1630 und 1640 verließen etwa 60 000 Puritaner England. Dort waren sie wegen ihrer Religion benachteiligt und folgten deshalb dem Beispiel der **Pilgrim Fathers** (engl.: Pilgerväter), die 1620 die Überfahrt nach Amerika gewagt hatten. @/1

Die englischen Kolonien in Nordamerika – Im 18. Jahrhundert hatten sich an der amerikanischen Ostküste dreizehn englische **Kolonien** gebildet. Die wenigen Gebiete anderer europäischer Staaten gingen in ihnen auf. So wurde das niederländische NEU-AMSTERDAM 1664 zu NEW YORK. Die Bewohner der Kolonien waren weiterhin Untertanen des englischen Königs. Er ernannte einen **Gouverneur** (= regierender Beamter) für die Verwaltung jeder Kolonie. Die Kolonisten hatten jedoch auch ein eigenes Parlament. Dort berieten sie die Gesetze des Königs.

Wirtschaftlich entwickelten sich die Kolonien schon wegen der klimatischen Verhältnisse sehr unterschiedlich. Im kühleren Norden und in der Mitte des Siedlungsgebietes konnten die meisten Kolonisten als freie Bauern Landwirtschaft und Viehzucht betreiben. Das Land hatten sie zunächst freundschaftlich von den dort lebenden Indianern im Tauschhandel erworben. Als sich die Indianer gegen die steigende Zahl der Siedler zur Wehr setzten, wurden sie gewaltsam vertrieben.

In den südlichen Kolonien mit ihrem feuchtwarmen Klima konnten auf riesigen Plantagen Tabak, Reis, Indigo, später auch Baumwolle angebaut werden. Die Besitzer der Plantagen, die **Pflanzer**, lebten ähnlich wie adelige englische Grundherren in luxuriösen Herrenhäusern. Auf ihren Feldern mussten **Sklaven** aus Afrika arbeiten, die dort bald 60 Prozent der Bevölkerung ausmachten.

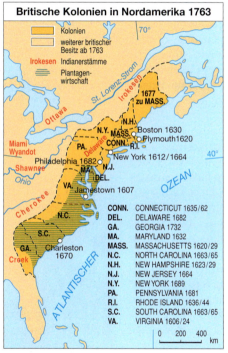

K 4 Britische Kolonien in Nordamerika 1763

T 3 Bevölkerungsentwicklung in den Kolonien

Jahr	Bewohner	davon Sklaven
1630	4 346	
1640	26 634	
1650	50 368	
1660	75 058	
1670	111 935	
1680	151 507	
1690	210 372	
1700	250 888	
1710	331 711	
1720	466 185	68 839
1740	905 563	150 024
1760	1 593 625	325 806
1780	2 780 369	575 420
1830	13 252 000	2 008 800
1860	26 824 000	3 972 000

(Nach: U. Sauter: Geschichte der Vereinigten Staaten, Stuttgart 1986, S. 573)

ARBEITSAUFTRÄGE

1. Beschreibe B 1. Was sagt das Bild über die Personen, das Geschehen und über die Atmosphäre aus?
2. Welche Gründe werden in E 2 für das Auswandern der Puritaner genannt? Diskutiert: Wurden ihre Hoffnungen erfüllt?
3. Werte T 3 aus und überlege, wie sich die zunehmende Zahl der Siedler auf deren Verhältnis zu den Indianern ausgewirkt hat.
4. Analysiere K 4. Erläutere, wo sich die Europäer zuerst angesiedelt haben und was ihre Lebensgrundlage war? (Nutze T 3)

5. England und die Kolonien – der Weg in die Unabhängigkeit

In den Jahren 1756 bis 1763 weitete sich der **Siebenjährige Krieg** zwischen England und Frankreich (↑ s. S. 58) auf Nordamerika aus. England konnte alle Gebiete Frankreichs auf dem nordamerikanischen Kontinent für sich gewinnen. Wie gestaltete sich im weiteren Verlauf das Verhältnis zwischen den Kolonien und dem Mutterland England?

Der Steuerstreit – England hatte im Siebenjährigen Krieg ein großes Heer nach Amerika geschickt. Dies verursachte hohe Kosten und entsprechende Staatsschulden. Die englische Regierung ordnete daraufhin Abgaben in den Kolonien an, um die Einkünfte des englischen Staats zu erhöhen. Für alle Druckerzeugnisse und Urkunden sollten die Kolonisten aufgrund eines Gesetzes von 1765 eine so genannte **Stempelsteuer** (engl.: *stamp act*) zahlen.

Gegen solche Abgaben erhob sich Widerstand bei den Kolonisten: Vertreter ihrer Parlamente trafen sich und verfassten Protestnoten; Gesandtschaften wurden nach London geschickt. Ja, es kam sogar zu gewaltsamen Übergriffen auf englische Verwaltungsbeamte. Die Siedler empörte es besonders, dass sie als englische Bürger nicht um ihre Zustimmung zu den neuen Steuern befragt worden waren. **"No taxation without representation"** (dt.: "Keine Besteuerung ohne unsere Mitsprache im Parlament") – dieses verbriefte Recht der englischen Bürger sei missachtet worden.

Boykott und gewaltsamer Protest – Die Kolonien setzten sich gegen die englische Politik zur Wehr. Ihre Kaufleute weigerten sich, Waren aus England einzuführen. Die englische Regierung musste das Steuergesetz auf Druck englischer Kaufleute wieder aufheben, erließ aber bald neue Zölle, z. B. auf die Einfuhr von Tee. Bei einer Demonstration gegen die britischen Truppen in Boston schossen dann englische Soldaten im März 1770 in die Menge. In diesem "Blutbad von Boston" (engl.: **"Boston Massacre"**) gab es die ersten Toten im Konflikt zwischen England und seinen amerikanischen Kolonien.
Im Jahr 1773 wurde die englische East India Company für die Einfuhr ihres

E 1 *Uns wird erzählt*

1 *Aus dem Tagebuch eines englischen Steuerbeamten in der englischen Kolonie Massachusetts, 31.10.1765:*
War das ein schlimmer Tag! Kaum hatten die Leute hier in Boston in der Zeitung gelesen, dass sie geringe Steuern für ihre
5 *Lektüre zu zahlen haben – einen läppischen Penny für jede Ausgabe! –, da versammelten sie sich schon vor meinem Amtshaus. Junge Leute – "Söhne der Freiheit" nennen sie sich – beschimpften und bespuckten mich, ließen mich gar nicht zu Wort kommen. Dabei wollte ich sie doch nur daran erinnern,*
10 *was der König die letzten Jahre für sie getan hat. Ohne ihn wären die Franzosen oder sogar die Indianer die Herren von Boston. Da ist eine kleine Abgabe doch nur recht und billig. Was müssen die Untertanen in England dagegen zahlen! Ganz schnell verriegelte und verbarrikadierte ich die Tür hinter mir.*
15 *Nur gut, dass meine Familie noch in England ist. Durch ein Fenster konnte ich beobachten, wie der Pöbel eine Strohpuppe mit meinem Namen auf der Brust erst enthauptete, dann noch verbrannte. Wo soll das nur enden? Ich bin doch nur ein treuer Diener meines Königs. Gott bewahre König Georg!*

B 2 "Blutbad in Boston", 5.3.1770. Kolorierter Stich von Paul Revere

Tees in die Kolonien vom Zoll befreit. Diese Londoner Handelsgesellschaft hatte so Vorteile gegenüber den Händlern aus den Kolonien. Eine Gruppe von Kolonisten, die sich SÖHNE DER FREIHEIT nannte, kippte darauf die Teeladung von drei englischen Schiffen in den Hafen von Boston. Nach dieser **Boston Tea Party** (dt.: Bostoner Tee-Fest) genannten Protestaktion ließ der englische Gouverneur die Stadt von Truppen besetzen. Die Charta von Massachusetts, die Grundlage des Parlaments der Kolonie Massachusetts mit ihrer Hauptstadt Boston, wurde von der englischen Regierung aufgehoben. 🌐/2

Die Kolonien schließen sich zusammen – Auf einem **Kontinentalkongress** trafen sich 1774 Vertreter aus den 13 Kolonien, um über die Unterstützung für Boston zu beraten. Auf dem Kongress setzte sich die Meinung durch, eine Besteuerung durch das englische Parlament sei grundsätzlich abzulehnen. Flugschriften wie die von THOMAS PAINE, die große Verbreitung fanden, beeinflussten die anwesenden Vertreter der Kolonien stark. Der Kongress beschloss die Aufstellung von **Milizen** (= freiwillige Truppen). Am 4. Juli 1776 unterschrieben sie eine „Erklärung der Unabhängigkeit", mit der sich die Kolonien von England lossagten. England schickte starke Söldnertruppen, um die Loslösung der Kolonien zu verhindern. Mithilfe europäischer Offiziere gelang es dem Oberbefehlshaber der amerikanischen Truppen, GEORGE WASHINGTON, seine Milizen zu einer schlagkräftigen Armee zu formen. Die bessere Ortskenntnis und die Hilfe Frankreichs ließen die Amerikaner die Oberhand gewinnen: 1781 mussten die englischen Truppen kapitulieren. 🌐/3

Mit den englischen Truppen verließen über 100 000 königstreue Siedler Amerika. Im **Frieden von Paris** erkannte England 1783 seine ehemaligen Kolonien als unabhängige Staaten an.

> **Q3** Aus der Streitschrift „Common Sense" von Thomas Paine (1776):
>
> 1 Diese neue Welt ist Zufluchtsort gewesen für die verfolgten Verfechter der politischen und religiösen Freiheit aus allen Teilen Europas. 5 Hierher sind sie geflohen nicht vor den zärtlichen Umarmungen ihrer Mutter, sondern vor der Grausamkeit eines Ungeheuers. Und für England trifft es zu, dass dieselbe Tyrannei, die die ersten Auswanderer vertrieb, ihre Nachkommen noch heute heimsucht […].
> Was die Regierung betrifft, so ist England unfähig, diesen Kontinent 15 gerecht zu behandeln. Diese Aufgabe ist zu wichtig, um sie eine Macht bewältigen zu lassen, die so weit von uns entfernt ist, so wenig von uns weiß. Immer 3000 oder 20 4000 Meilen wegen einer Bittschrift zu reisen, vier oder fünf Monate auf eine Antwort zu warten […], das wird man in wenigen Jahren für unsinnig halten. Es gab eine 25 Zeit, als dies passend war, jetzt ist die passende Zeit, um damit Schluss zu machen.
> […] Kleine Inseln, die unfähig sind, sich selbst zu verteidigen, sollten 30 sich unter den Schutz von Königreichen stellen. Aber es ist völlig unsinnig, dass ein Kontinent auf Dauer von einer Insel beherrscht wird […]. England gehört zu Euro- 35 pa, Amerika sich selbst […]. Eine eigene Regierung ist unser natürliches Recht.
>
> (Thomas Paine: Common Sense, New York 1960, S. 32 ff. Übers. und gekürzt v. Bernd Zaddach)

PERSONENLEXIKON

GEORGE WASHINGTON, 1732–1799.
Sohn einer Pflanzerfamilie in Virginia, Mitglied des Kontinentalkongresses 1774, Oberbefehlshaber der Milizen im Unabhängigkeitskrieg gegen England 1776–1781, Präsident der Verfassunggebenden Versammlung 1787.
Er war der erste Präsident der Vereinigten Staaten von Amerika 1789–1797. Die Hauptstadt der Vereinigten Staaten erhielt seinen Namen: Washington.

ARBEITSAUFTRÄGE

1. Erkläre das in E1 geschilderte Geschehen. Schreibe eine Tagebucheintragung aus der Sicht eines Demonstranten.
2. Beschreibe und interpretiere das in B2 dargestellte Ereignis. Beurteile, welche Wirkung der Maler erzielen wollte.
3. Fasse die Forderungen, die Thomas Paine in Q3 formuliert, zusammen. Beurteile seine Begründungen der Forderungen. Erläutere, warum diese Schrift so starke Beachtung fand.

6. Die Vereinigten Staaten – ein neuer, gemeinsamer Staat

Die 13 amerikanischen Kolonien hatten die Unabhängigkeit vom König und dem englischen Parlament erkämpft und 1776 mit der gemeinsamen **Unabhängigkeitserklärung** besiegelt. Mit welcher politischen Ordnung sollte die neu gewonnene Unabhängigkeit verwirklicht werden?

Staaten mit gemeinsamen Zielen – Nach der Unabhängigkeitserklärung gaben sich die meisten Staaten eine neue Verfassung. Darin wurde bestimmt, dass die Regierung vom Volk gewählt wird (= **Volkssouveränität**). Zwischen den einzelnen nordamerikanischen Staaten bestanden jedoch z. T. große Unterschiede; zum Beispiel hatten sie verschiedenes Geld sowie eigene Armeen und Zollgrenzen zu ihren Nachbarstaaten. Viele Nordamerikaner fühlten sich anfangs noch mehr ihrer eigenen Kolonie als den gemeinsamen Zielen aller Kolonien verbunden.

Der Unabhängigkeitskrieg gegen England brachte auch neue Probleme mit sich: Geliehenes Geld musste den europäischen Staaten zurückgezahlt werden. Allerdings wurden dafür noch nicht ausreichende Mengen amerikanischer Produkte hergestellt. Angesichts dieser Wirtschaftskrise sahen viele Bürger nur dann eine Zukunft für ihren Staat, wenn sie eine gemeinsame und einheitliche Handels- und Außenpolitik aller Kolonien betrieben. Schließlich schickten die Einzelstaaten Vertreter zu einem Kongress nach Philadelphia, der eine gemeinsame Verfassung für alle Staaten ausarbeiten sollte. Die Teilnehmer, die **Founding Fathers** (dt.: Gründungsväter), waren Kaufleute, Anwälte, Journalisten oder Plantagenbesitzer.

Der Weg zum Kompromiss – Die verfassunggebende Versammlung hatte eine Reihe schwieriger Fragen zu klären:
– Welche Aufgaben sollte eine Zentralregierung übernehmen, welche die Einzelstaaten?
– Wie konnten die Einzelstaaten, auch die kleinen, ihre Interessen behaupten?
– Wer sollte die Gesetze beschließen, wer die oberste Rechtsprechung haben und wer die Verwaltung führen?

Das Ergebnis war ein Kompromiss: Der neue Staat hatte eine Zentralregierung, beließ aber viele Aufgaben den Einzelstaaten. Der **Präsident der Vereinigten Staaten** führte die Handels-, Steuer- und Verteidigungspolitik. Andere Aufgaben wie die Aufstellung der Polizei, die Steuererhebung und die Erziehung blieben bei den Gouverneuren der Einzelstaaten. 🔎/4

Die amerikanische Flagge von 1789. Für die damals 13 Bundesstaaten steht jeweils ein Stern.

Q1 Die Unabhängigkeitserklärung vom 4.7.1776:

1 Folgende Wahrheiten halten wir für selbstverständlich: dass alle Menschen gleich geschaffen sind, dass sie von ihrem Schöpfer mit gewissen unveräußerlichen Rechten ausgestattet sind und dass dazu das Leben, die Freiheit
5 und das Streben nach Glück gehören; dass zur Sicherung dieser Rechte Regierungen unter den Menschen eingesetzt werden, die ihre rechtmäßige Macht aus der Zustimmung der Regierten herleiten; dass, wann immer eine Regierungsform diesen Zielen zu schaden droht, es
10 das Recht des Volkes ist, sie zu ändern oder abzuschaffen und eine neue Regierung einzusetzen.

(In: Geschichte in Quellen, Bd. IV, München 1981, S. 90 f.)

B2 Abgeordnete überreichen dem Präsidenten des Generalkongresses, John Hancock, am 4.7.1776 den Entwurf der Unabhängigkeitserklärung. Auf dem Podium: John Adams, Roger Sherman, Robert Livingston, Thomas Jefferson, Benjamin Franklin. Gemälde von John Trumbull 1786–1797

Der neuen Verfassung wurden zehn Zusätze vorangestellt: die **Menschenrechte** (engl.: **Bill of Rights**). Diese Grundrechte sollten jedem Menschen prinzipiell und immer zustehen. Alle 13 Einzelstaaten stimmten der neuen Verfassung der **„United States of America"** (dt.: Vereinigte Staaten von Amerika) zu. Es war die erste geschriebene Verfassung, die sich die Bürger eines Staates selbst gegeben hatten. Sie trat am 4. März 1789 in Kraft. Zum ersten Präsidenten wurde GEORGE WASHINGTON gewählt.

Die Macht des Staates wird geteilt – Ein wichtiger Grundsatz der neuen amerikanischen Verfassung war das Prinzip der **Gewaltenteilung:** die Aufteilung der staatlichen Gewalt in mehrere Teilgewalten, um einen Machtmissbrauch des Staates verhindern und die Freiheit und Rechte der Bürger sichern zu können. Diese Gewaltenteilung sieht eine gesetzgebende Gewalt vor (lat.: Legislative), eine ausführende Gewalt (lat.: Exekutive) und eine Recht sprechende Gewalt (lat.: Jurisdiktion).

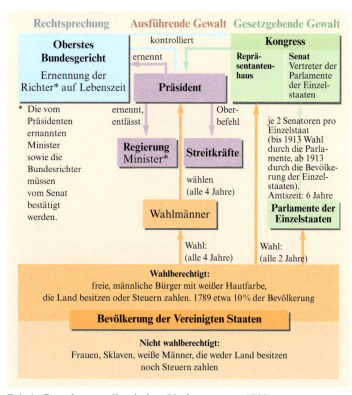

B 4 Aufbau der amerikanischen Verfassung von 1789

Q 3 Die Grundrechte in der amerikanischen Verfassung (1789):

1 Art. 1 Der Kongress soll kein Gesetz erlassen, das eine Einrichtung einer Religion zum Gegenstand hat oder deren freie Ausübung be-
5 schränkt, oder eines, das Rede und Pressefreiheit oder das Recht des Volkes, sich friedlich zu versammeln und an die Regierung eine Bittschrift zur Abstellung von Missständen zu richten, verkürzt.
10 Art. 2 Da eine wohlgeordnete Miliz für die Sicherheit eines freien Staates notwendig ist, soll das Recht des Volkes, Waffen zu besitzen und zu tragen, nicht verkürzt
15 werden. [...]
Art. 4 Das Recht des Volkes auf Sicherheit der Person, des Hauses, der Papiere und der Habe vor ungerechtfertigter Nachsuchung
20 und Beschlagnahme soll nicht verletzt werden. [...]
Art. 5 Niemand soll wegen eines todeswürdigen oder sonstigen [...]
25 Verbrechens zur Verantwortung gezogen werden, es sei denn auf Grund [...] der Anklage eines großen Geschworenengerichts.

(In: Günther Franz: Staatsverfassungen, München 1964, S. 37 ff. Gekürzt)

ARBEITSAUFTRÄGE

1. Lies Q 1 und erläutere, welches Verständnis vom Staat, seiner Regierung und den einzelnen Bürgern darin formuliert wird. Vgl. demgegenüber Q 4 von Seite 89.
2. Beschreibe B 2 und die Teilnehmer der Versammlung. Welche Stimmung drückt das Bild aus? Informiere dich in einem Lexikon oder im Internet über die genannten Hauptpersonen.
3. Begründe, warum viele Amerikaner einen so großen Wert auf die Rechte legen, die in Q 3 genannt werden.
4. Analysiere den Aufbau der amerikanischen Verfassung in B 4. Erläutere, wie die Teilung der „drei Gewalten" die Bürger vor Machtmissbrauch des Staates schützen soll. Diskutiert auch: Ist der amerikanische Präsident ein „König auf Zeit"?
5. Vergleiche den genauen Wortlaut von Q 1 mit B 4 und dem dort erläuterten Wahlrecht. Erkennst du Widersprüche?

7. Der nordamerikanische Kontinent wird erschlossen

Die Hoffnung auf Wohlstand und Freiheit zog immer mehr Europäer nach Amerika. Zwischen 1790 und 1910 wuchs die Bevölkerung der USA vor allem durch Einwanderung aus Europa von 3,9 auf 92 Millionen Menschen. Darunter waren auch etwa 4 Millionen Aussiedler aus Deutschland. Welche Lebensgrundlagen fanden die Einwanderer dort?

Leben an der Frontier – Anfangs siedelten die Neuankömmlinge an der Ostküste Nordamerikas. Als dort das Siedlungsland knapp wurde, zogen viele weiter in den noch unerschlossenen Westen. Die **Homestead Act,** ein Gesetz von 1862, machte es jedem Bürger möglich, in den unerschlossenen Gebieten des Westens 65 Hektar Land gegen eine geringe Gebühr zu erwerben und zu besiedeln. In großen Planwagenzügen gelangten sie zu ihrem Zielort und rodeten das Land, das ihnen die Regierung zugewiesen hatte.

Das Grenzgebiet zwischen dem neu erschlossenen Siedlungsland und der Wildnis nannten die weißen Siedler **Frontier** (dt.: Grenze). Der harte Existenzkampf an der Frontier schuf einen besonderen **Pioniergeist:** Tatkraft und freiheitliches Denken, verbunden mit dem Willen zur Selbstbehauptung.
Hatten die ersten Siedler Fuß gefasst, folgten Handwerker und Kaufleute und legten den Grundstein für Siedlungen, die oft zu Städten wurden. Wenn sich in einem neu erschlossenen Gebiet mehr als 60 000 Menschen angesiedelt hatten, wurde dieses Territorium als neuer Staat in die Vereinigten Staaten aufgenommen.

Verdrängung der Indianer – Vor der Ankunft der Siedler bewohnten etwa 4 – 5 Millionen **Indianer** Nordamerika. Sie lebten als Jäger oder sesshafte Bauern in Stämmen. Die Indianer brachten den weißen Siedlern anfangs Freundschaft und Neugier entgegen; auch das Interesse, durch Tausch neuartige Waffen, Kleidung oder Schnaps zu erwerben.

Erst als der Strom der Siedler und ihr Landbedarf immer größer wurden, setzten sich die Indianer zur Wehr. Doch gegen die besser bewaffneten und zahlenmäßig überlegenen Militäreinheiten der US-Regierung hatten sie auf Dauer keine Chance. Nur etwa 5 Prozent der Indianerbevölkerung überlebten die **blutigen Kämpfe** sowie die von Weißen eingeschleppten Krankheiten und Seuchen. Die Indianerstämme mussten schließlich „Friedensverträge" annehmen und wurden in **Reservate** (= geschützte Gebiete) zwangsumgesiedelt. (↑ s. S. 102 f.) ●/5

Blockhütten der ersten Einwanderer

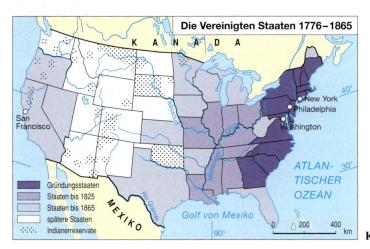

Die Vereinigten Staaten 1776–1865

- Gründungsstaaten
- Staaten bis 1825
- Staaten bis 1865
- spätere Staaten
- Indianerreservate

Der Westen						Der Osten
	Trapper Frontier	Cattle Frontier Cowboys	Farming Frontier		Urban Frontier	
Mythos für Wohlstand und Reichtum	Jäger Fallensteller Pelzhändler	Lumering Frontier (Holzfäller) Mining Frontier (Goldgräber)	Squatters („wilde Siedler")	Farmer (Landbesitzer, Pächter, Landarbeiter)	Handwerker Gewerbetreibende Händler Kleinstädte	Arbeiter Unternehmer Großstädte Universitäten
Indianer	Indianer	Indianer	Indianer		Indianer	Indianer

B1 „Go West" – Verlaufsschema der von Ost nach West wandernden Grenze (= Frontier) der USA

7. Der nordamerikanische Kontinent wird erschlossen 101

Melting pot of nations – Die Einwanderer und Siedler vereinte ein starker **Pioniergeist** und die Zuversicht, in einem freien Land voller scheinbar unbegrenzter Möglichkeiten ihr Glück zu finden. Trotz unterschiedlicher Herkunftsländer wuchs diese Pioniergeneration im 19. Jahrhundert zu einer Nation zusammen. Die USA wurden zum **„melting pot of nations"** (dt.: Schmelztiegel der Nationen).

Erschließung des Kontinents – Bis Mitte des 19. Jahrhunderts lebten die meisten Amerikaner in den Kolonien der Ostküste. Hier waren in den Städten auch die ersten Fabriken entstanden, die zum Beispiel Dampfmaschinen, landwirtschaftliche Geräte, Textilien und Waffen produzierten. Zwischen der dicht besiedelten und industriell entwickelteren Ostküste und den neuen, landwirtschaftlich geprägten Siedlungsgebieten im Westen entstand ein reger Handel. Der war wiederum Anstoß für den Bau von **Eisenbahnlinien** quer über den Kontinent. Finanziert wurden die Eisenbahnen von großen Gesellschaften, den ersten Großbetrieben der USA.

Um 1890 gab es dann keine „Frontier" mehr; der Kontinent war vollständig erschlossen. Ein einheitlicher **nationaler Markt** war geschaffen.

Q3 Der US-Historiker F. J. Turner schrieb 1920 über die Auflösung alter Standesschranken:

1 Im Grenzerleben gab es keine Freizeit, [nur] harte Arbeit. Ererbte Titel und althergebrachte Klassenunterschiede [waren] bedeutungslos,
5 [weil] der Wert eines Menschen für die Gesellschaft nach seinen persönlichen Fähigkeiten beurteilt wurde. Ein demokratisches Gesellschaftssystem mit größeren Auf-
10 stiegschancen war die Folge. Vor allem aber [bot] das weite Land im Grenzgebiet dem Einzelnen so große Entfaltungsmöglichkeiten, dass äußere Kontrollen unnötig
15 waren. Individualismus und Demokratie wurden Leitbilder der Grenzer.

(In: R. A. Billington, America's Frontier Heritage, Albuquerque 1974, S. 3, übers. v.: F. Anders)

B 5 „Amerikanischer Fortschritt". Gemälde von John Gast, 1872

T 4 Fläche und Einwohnerzahl der USA

Jahr	Fläche in Mio. km²	Einwohnerzahl in Mio.
1790	2,3	4
1830	4,63	13
1870	7,83	40
1910	7,83	92
1950	7,83	151
1990	9,36	250

ARBEITSAUFTRÄGE

1. Beschreibe und interpretiere die Personen, Gegenstände und Geschehnisse in B 5. Wie wird die Erschließung des nordamerikanischen Kontinents dargestellt?
2. Beurteile mit B 1, K 2 und dem Darstellungstext, ob der „amerikanische Fortschritt" in B 5 angemessen dargestellt ist.
3. Erläutere mit K 2 und T 4 das Wachstum der USA zwischen ca. 1770 und ca. 1870. Diskutiere, welche Folgen dieses Wachstum für die indianische Urbevölkerung hatte.
4. Lies Q 3 und erläutere die Aussagen des Autors. Arbeite dazu die Kernbegriffe des Textes heraus.

8. Geschichte und Kultur der Indianer

Bis zur Besiedelung Nordamerikas durch Weiße lebten dort etwa vier bis fünf Millionen Ureinwohner, die Indianer. Wie veränderte sich ihr Leben nach der Ankunft der Europäer?

Kultur und Stammesleben der Indianer – Um 1700 existierten rund 500 verschiedene indianische Stämme mit ca. 170 verschiedenen Sprachen oder Dialekten in Nordamerika. Die Größe eines Stammes lag zwischen 10000 – 80000 Menschen. Das Oberhaupt wurde von den Weißen als „Häuptling" bezeichnet. Einen Zusammenschluss mehrerer Stämme zu einer „nationalen Einheit" gab es nie. ✎/5

Die Lebensgrundlagen der Indianer waren z. T. sehr verschieden. Je nach den natürlichen Gegebenheiten waren sie **Jäger und Sammler** (z. B. Shoshonen), **Fischer** (z. B. Fox) oder sie betrieben wie die Puebloindianer im Südwesten und die Cherokee im Südosten hoch entwickelten **Ackerbau**. Die Pueblo-Indianer bewohnten Dörfer aus Lehmziegeln oder Steinen. Auch andere Stämme waren **sesshaft** und lebten in Holz- oder Lehmhäusern, wenn die Nahrungsversorgung dies zuließ (z. B. Irokesen). Wieder andere wie die Büffel jagenden Apachen und Sioux zogen als **Nomaden** mit ihren Zelten durch die Prärie.

Die nordamerikanischen Indianer kannten weder Alphabet noch Schrift. Ihre Überlieferungen erfolgten nur mündlich,

Q 1 Ein Häuptling der Blackfoot:

1 Unser Land ist wertvoller als euer Geld. Es wird immer da sein. Nicht einmal Feuer kann es zerstören. Solange die Sonne scheint und
5 Wasser fließt, wird dieses Land bestehen und Menschen und Tieren Leben spenden. Wir können das Land, die Grundlage für das Leben von Menschen und Tieren, nicht
10 verkaufen, denn es gehört uns nicht. Ihr könnt euer Geld zählen und es verbrennen, und ihr braucht dazu nicht länger als ein Büffel, der mit dem Kopf nickt. Aber nur der
15 Große Geist kann die Sandkörner und Grashalme dieser Ebene zählen. Als Geschenk werden wir euch alles geben, was wir haben, alles was ihr forttragen könnt; aber
20 unser Land nicht.

(In: K. Recheis/G. Bydlinski: Freundschaft mit der Erde. Der indianische Weg, Wien 1980, S. 30)

B 2 Sioux-Indianer vor seinem Tipi. Foto 1869

Tipi der Sioux-Indianer

Langhaus der Irokesen

K 3

Vertiefung

8. Geschichte und Kultur der Indianer

wobei tatsächliche Ereignisse und Mythen oft miteinander verschmolzen. Trotz großer Unterschiede zwischen den verschiedenen Stämmen waren einige kulturelle Elemente auf dem ganzen Kontinent verbreitet: So glaubten viele Indianer an Tiergeister und an den Schöpfungsmythos, dass Amerika auf dem Rücken einer Wasserschildkröte entstanden sei.

Zusammenprall zweier Kulturen – Das Vordringen der Siedler veränderte das Leben der Indianer rasch: Zunächst gab es friedlichen Handel, zum Beispiel Tierpelze gegen Schmuck, Eisenwaren und „Feuerwaffen". Doch bald verdrängten die Farmer die Indianer auf ihrer Westwanderung fast vollständig. Die Indianer erlebten die Weißen als Eindringlinge, die ihr Land wegnahmen und Verträge brachen. Sie setzten sich dagegen zur Wehr, aber nur Wenige überlebten die blutigen Kriege gegen die besser bewaffneten und zahlenmäßig überlegenen Militäreinheiten der US-Regierung. Etwa 200 Jahre nach Ankunft der Siedlertrecks lebten nur noch 5 % der Indianer! Viele starben auch an den eingeschleppte Krankheiten und Seuchen. Die Überlebenden wurden zwangsweise in Reservate umgesiedelt, oft weit entfernt von ihrem früheren Stammesland. Dort verelendeten viele und verloren ihre kulturelle Identität. @/5

B 5 Cheyenne-Indianer mit Pferd und Transportkorb, Foto um 1880

Q 4 Der Sioux-Häuptling Großer Adler, um 1862:

1 Die Weißen haben immer versucht, die Indianer dazu zu bringen, ihre Lebensweise aufzugeben und wie Weiße zu leben – eine Farm zu be-
5 treiben, hart zu arbeiten und zu tun, was die Weißen taten. Die Indianer wussten nicht, wie man das macht, und wollten es auch gar nicht [...]. Hätten die Indianer versucht, ihre
10 Lebensweise den Weißen aufzuzwingen, so hätten diese sich dagegen gewehrt; bei vielen Indianern war dies genauso.

(In: D. Brown, Begrabt mein Herz an der Biegung des Flusses, Hamburg 1995, S. 50)

Q 6 Vertrag der US-Regierung mit den Sioux-Indianern über die Ansiedlung in Reservaten (1868):

1 Die Vereinigten Staaten stimmen überein, dass das folgende Gebiet [... Grenzen sind genannt] bestimmt ist zum ausschließlichen und ungestörten Nutzen der oben genannten Indianer [...]. Um die Zivilisierung der Indianer zu
5 sichern, wird die Notwendigkeit einer Ausbildung anerkannt; die Vereinigten Staaten stimmen überein, dass für jeweils dreißig Kinder, die gebeten oder gezwungen werden, zur Schule zu gehen, ein Haus bereitgestellt werden und ein Lehrer vorhanden sein soll. [... Zusage, Saatgut
10 und landwirtschaftliche Geräte, Kleidung und Nahrungsmittel für die ersten Jahre bereitzustellen] Und weiter ist festgesetzt, dass die Vereinigten Staaten jeder Indianergemeinschaft folgendes liefern und sie damit versorgen werden: [...] eine gute Kuh und einen gut gezüchteten
15 Ochsen – innerhalb von 60 Tagen, nachdem sie sich in dem Reservat niedergelassen hat.

(In: K. Recheis u. G. Bydlinski: Freundschaft mit der Erde. Der indianische Weg, Wien, 1985, S.30 f. Gekürzt)

ARBEITSAUFTRÄGE

1. Erläutere und beurteile mit Q1 die Auffassung der Indianer vom dem Land, in dem sie lebten.
2. Erkläre und begründe mithilfe von K 3, B 2, den Abbildungen der Randspalte und dem Darstellungstext die unterschiedlichen Lebensweisen von Sioux-Indianern und Irokesen.
3. Nenne und beurteile die Gründe, die der Sioux-Häuptling in Q4 für die Konflikte zwischen Indianern und Weißen sieht.
4. Fasse zusammen, was gemäß Q 6 den Indianern in den Reservaten geboten wird. Erläutere und bewerte die Absichten der amerikanische Regierung. Vergleiche mit Q 4.

9. Bürgerkrieg und rechtliche Gleichstellung der Farbigen

In den Jahren 1775 bis 1783 hatten sich die ehemals englischen Kolonien in einem blutigen Krieg die Unabhängigkeit erkämpft. Nicht einmal hundert Jahre später, 1861–1865, kam es zwischen den Bundesstaaten der USA zu einem erbitterten **Bürgerkrieg.** Mehr als eine halbe Million Amerikaner verloren dabei ihr Leben. Was waren die Ursachen des Krieges?

Krieg zwischen Nord- und Südstaaten – In den **Südstaaten** der USA hatte sich seit dem 18. Jahrhundert eine kleine, aristokratisch geprägte Schicht von Plantagenbesitzern gebildet. Das günstige Klima ermöglichte hier den großflächigen und einträglichen Anbau von Baumwolle und Tabak. Der Gewinn der Plantagenbesitzer war vor allem deshalb groß, weil die Mehrzahl der Arbeitskräfte schwarze **Sklaven** waren. So blieben die Südstaaten zunächst von Agrarwirtschaft, Großgrundbesitz und Sklaverei geprägt.

Auf den Farmen der **Nordstaaten** gab es dagegen keine Sklaverei. Der Nordosten der USA durchlief außerdem eine rasche **Industrialisierung** und in den Industriebetrieben waren keine Sklaven, sondern Einwanderer als Arbeiter beschäftigt.
In den Nordstaaten entwickelte sich eine starke Bewegung gegen die Sklaverei der Südstaaten. Als der neu gewählte Präsident ABRAHAM LINCOLN die totale **Abschaffung der Sklaverei** forderte, kam es zur **Abspaltung** (Sezession) des Südens und zum Bürgerkrieg (1861–1865) zwischen den Nordstaaten (Union) und den Südstaaten (Konföderation). Neben der Frage der Sklaverei spielten in diesem Bürgerkrieg auch andere gegensätzliche Interessen zwischen Nord- und Südstaaten eine Rolle. Die Südstaaten wurden von den militärisch und wirtschaftlich überlegenen Nordstaaten besiegt und wieder angeschlossen. Die Sklaverei wurde nun in allen US-Bundesstaaten abgeschafft.

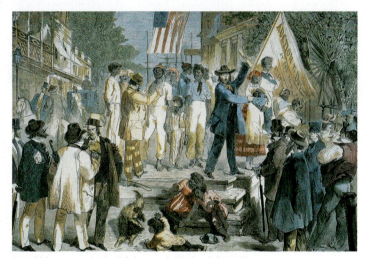

B 2 Sklavenmarkt in Richmond. Holzstich 1861

T 1 Sklaven in den USA		
	1830	**1860**
Nordstaaten:		
Weiße	6 986 000	19 338 000
Sklaven	28 800	133 000
freie Schwarze	138 000	225 000
Südstaaten:		
Weiße	3 546 000	7 034 000
Sklaven	1 980 000	3 839 000
freie Schwarze	182 000	259 000

(Nach: J. Allen, J. L. Betts: USA, History with Documents, New York u. a. 1971, S. 366)

9. Bürgerkrieg und rechtliche Gleichstellung der Farbigen

Kampf um die rechtliche Gleichstellung – Die Abschaffung der Sklaverei allein bedeutete nicht die rechtliche und soziale Gleichstellung der Farbigen. Noch 1896 war die **Rassentrennung** vom höchsten amerikanischen Gericht unter dem Motto „seperate but equal" (engl.: getrennt, aber gleich) für rechtmäßig erklärt worden. Vor allem in den Südstaaten wurde diese Rassentrennung praktiziert. Hier durften Farbige nicht mit Weißen zusammen im Bus sitzen, nicht im gleichen Restaurant essen, farbige Kinder durften nicht mit weißen zur Schule gehen. In vielen Südstaaten war das Wahlrecht für Farbige eingeschränkt.

Erst in den 1950/60er-Jahren konnte eine **Bürgerrechtsbewegung** unter Führung des Baptistenpredigers MARTIN LUTHER KING eine weitgehende Gleichstellung der Farbigen in allen Bereichen der Gesellschaft durchsetzen. 1964/65 verboten die **Bürgerrechtsgesetze** jede Diskriminierung (= Benachteiligung) aufgrund von Hautfarbe, Religion, nationaler Herkunft oder Geschlecht. Trotz dieser staatlichen Reformen existieren weiter gesellschaftliche Vorurteile gegenüber Farbigen.

PERSONENLEXIKON

MARTIN LUTHER KING, 1929–1968. Geistlicher der Baptisten. Seit 1955 Organisator gewaltfreier Proteste für die Bürgerrechte der Farbigen. 1964 Friedensnobelpreisträger. 1968 von einem Weißen ermordet ⓔ/7

Q4 Martin Luther Kings Traum (1964):

1 Ich sage euch heute, meine Freunde: Obwohl wir den Schwierigkeiten von heute und von morgen gegenüberstehen, habe ich noch
5 immer einen Traum. Dieser Traum wurzelt tief im amerikanischen Traum: Ich habe einen Traum, dass eines Tages die Nation aufstehen und nach dem echten Sinn ihres
10 Glaubensbekenntnisses [der Verfassung] leben wird: *„Wir halten es für eine selbstverständliche Wahrheit, dass alle Menschen gleich geschaffen sind."*
15 Ich habe einen Traum, dass eines Tages sich die Söhne früherer Sklaven und die Söhne früherer Sklavenhalter auf den roten Bergen Georgias an den Tisch der Brüderlich-
20 keit setzen können.
Ich habe einen Traum, dass eines Tages sogar der Staat Mississippi, ein Staat, der unter der Glut der Ungerechtigkeit schmachtet, in eine
25 Oase der Freiheit und Gerechtigkeit verwandelt wird.
Ich habe einen Traum, dass meine vier kleinen Kinder eines Tages inmitten einer Nation leben werden,
30 in der man sie nicht nach ihrer Hautfarbe, sondern nach ihrem Charakter beurteilt. Ich habe heute einen Traum.
Ich habe einen Traum, dass eines
35 Tages unten in Alabama mit seinen bösartigen Rassisten […] kleine schwarze Jungen und Mädchen kleinen weißen Jungen und Mädchen als Brüder und Schwestern
40 die Hände reichen können. […].
(In: E. Brüning [Hg.]: Anspruch und Wirklichkeit. Zweihundert Jahre Kampf um Demokratie in den USA, Berlin 1976, S. 629 f. Gekürzt)

B5 Rassentrennung in den USA. Foto ca. 1960

ARBEITSAUFTRÄGE

1. Erläutere mit T1 die Bevölkerungsentwicklung in den USA sowie die Unterschiede zwischen Nord- und Südstaaten.
2. Beschreibe B2 und bewerte das Geschehen (vgl. Q1, S. 98).
3. Analysiere K3. Stelle in einer Tabelle für die einzelnen Staaten zusammen: Kämpften sie im Bürgerkrieg auf Seiten der Nordstaaten (Union) oder der Südstaaten (Konföderierten)? Gab es dort Sklaven oder nicht? Wie war ihre Wirtschaft geprägt? Erläutere nun mögliche Gründe für den Bürgerkrieg.
4. Lies Q4 und schildere die Wirkung der Rede auf dich.
5. Beschreibe und bewerte die Darstellung in B5 (vgl. Q1, S. 98).

Teil II: Die Französische Revolution
1. Frankreich vor 1789 – die Krise des Ancien Régime

Im 18. Jahrhundert lebten die Menschen in Frankreich in drei durch Herkunft und Stellung getrennten **Ständen:** Geistlichkeit, Adel und Dritter Stand (Bauern und Bürger). Diese Ordnung galt seit dem Mittelalter als gottgegeben. Im Jahr 1774 wurde LUDWIG XVI. König von Frankreich. Wie seine Vorgänger regierte er mit absoluter Macht. Er traf die wichtigsten Entscheidungen in Justiz und Gesetzgebung und war der oberste Leiter der Verwaltung. Doch schon 1793 starb er als letzter Vertreter des **Ancien Régime** (frz.: alte Herrschaft) unter dem Fallbeil. Warum wurden die bestehende Ordnung und die Herrschaft des Königs von den Franzosen gestürzt?

Die Welt der Bauern – Etwa drei Viertel der Franzosen lebte von der Landwirtschaft. Doch auch in guten Erntejahren blieb vielen Bauern nur etwa ein Drittel der Ernte, um ihre Familien zu ernähren. Denn das von ihnen bestellte Ackerland gehörte meistens Adligen, Geistlichen oder reichen Bürgern. Diese besaßen als **Grundherren** des Bodens auch Herrschaftsrechte über die Bauern, die das Land bewirtschafteten, vor allem den Anspruch auf Abgaben und Dienste. Zusätzlich zu den Abgaben an die Grundherren mussten die Bauern einen Teil der Ernte, den **Zehnten,** an die Geistlichkeit sowie Steuern an den König zahlen.

Von etwa 1720 bis 1780 erhöhte sich die landwirtschaftliche Produktion in Frankreich. Durch die bessere Versorgung mit Getreide wuchs die Bevölkerung von 21,5 Mio. auf 28 Mio. Menschen. Dies führte zu weiter steigender Nachfrage und höheren Getreidepreisen. Doch von der gestiegenen Getreideproduktion profitierten allein die Grundherren. Den Bauern blieb nur der Teil für ihre Selbstversorgung.

Geistlichkeit und Adel – Die Adligen und Geistlichen lebten vor allem von den Erträgen der Bauern. Sie waren zudem von der Steuer des Königs befreit. Dieses **Privileg** (lat.: Vorrecht) unterschied die beiden ersten Stände von dem Dritten Stand, den Bauern und Bürgern.

Über das Vermögen der Kirche verfügten vor allem die adligen Bischöfe, Domher-

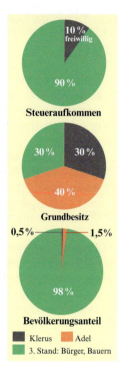

B3 Verteilung des Steueraufkommens, des Grundbesitzes und der Bevölkerung in Frankreich um 1789

B1 Die drei Stände in Frankreich. Karikatur, 1789

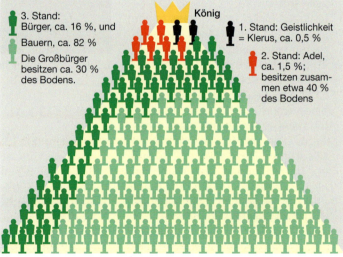

B2 Die Ständeordnung des Ancien Régime: Bevölkerungsanteil und Berufsgruppen innerhalb der Stände

ren und Äbte. Die Lage der einfachen Landpfarrer war dagegen kaum besser als die der Bauern: Sie erhielten nur ein geringes Gehalt aus dem Zehnten.

Der Adel besetzte die meisten Staatsämter. Die Offiziersstellen im Heer waren dem **Geburtsadel** vorbehalten. Der **Amtsadel** verfügte über riesige Einkünfte aus Ämtern, Privilegien und Grundbesitz. Sein prunkvoller Lebensstil war Vorbild für reiche Bürger, die zum **Amtsadel** aufsteigen konnten, indem sie sich ein Amt der königlichen Verwaltung kauften. Ein großer Teil des einfachen **Landadels** lebte dagegen bescheiden und war gezwungen, auf seinen Höfen selbst mitzuarbeiten.

Die Welt der Bürger – Mit der Bevölkerung wuchsen im 18. Jahrhundert auch die Städte, in denen große Teile des Bürgertums lebten: Handwerker, Lohnarbeiter, Beamte, Ärzte, Kaufleute, Bankiers, Manufakturbesitzer. Zwischen ihnen herrschten große Vermögensunterschiede. Eine kleine, wohlhabende Spitze des Bürgertums zog sich sogar aus der Erwerbstätigkeit zurück, um wie Adlige von Einkünften aus Grundbesitz zu leben. Aber auch diese Großbürger waren unzufrieden. Einerseits mussten sie die meisten Steuern zahlen. Andererseits blieben ihnen das Ansehen des Adels und die politische Mitsprache verwehrt. Die Masse der Stadtbevölkerung – die Gesellen, Heimarbeiter, Handwerker, Ladenbesitzer und Lohnarbeiter – lebte sehr arm.

Eine Krise bricht aus – 1787 und 1788 ließen Missernten das Getreide knapp werden, es kam zu Hungerunruhen in den Städten. Aber dem Staat fehlte Geld, um die Getreidepreise niedrig zu halten. Trotz günstiger Wirtschaftsentwicklung in den Jahren zuvor waren die Staatsfinanzen ruiniert. Schuld daran waren die hohen Kosten für ständige Kriege und die Prunksucht am Versailler Hof. Die Steuern zahlte allein der Dritte Stand.
In dieser Situation hatten einige Minister des Königs vorgeschlagen, dass auch Adlige und Geistliche Steuern zahlen sollten. Aber die adligen Gerichtshöfe, die Parlamente, weigerten sich, die Gesetze in Kraft treten zu lassen. Der König konnte sich in dieser Sache nicht gegen die Parlamente durchsetzen. Er beschloss daher die Versammlung der Generalstände einzuberufen und sie, erstmals seit Ludwig XI., wieder an der Steuerpolitik zu beteiligen. Im ganzen Land wurden Abgeordnete der drei Stände gewählt und Beschwerden zusammengetragen.

T 4 Einkommen eines Handwerkers 1789:

Ein Schreinergeselle verdiente pro Tag etwa 30 Sou (1 Livre/Pfund = 20 Sou). Davon gab er für den Unterhalt seiner Familie aus:

ca. 4 Pfund Brot	14,5 Sou
Miete	3 Sou
ca. 3/4 l Wein	5 Sou
ca 1/2 kg Fleisch	5 Sou
Gemüse, Öl, Kleidung u. a.	2,5 Sou

(In: Böhning, Peter; Helga Jung-Paarmann: Revolutionen, Paderborn 1992, S. 94)

B 6 Staatshaushalt Frankreichs 1788

Q 5 Die Bauern von Guyancourt forderten 1789 in einem Beschwerdebrief:

1. dass alle Steuern von den drei Ständen [...] gezahlt werden, von jedem Stand gemäß seinen Kräften;
2. gleiche Gesetze und Rechte im ganzen Königreich; [...]
4. die Abgabenfreiheit aller Messen und Märkte und die Abschaffung aller Wegegelder;
5. die völlige Beseitigung jeglicher Art von Zehnten; [...]
8. dass die Eigentumsrechte heilig und unverletzlich sind;
10. dass alle Frondienste (= Arbeiten für den Grundherrn) beseitigt werden; [...]
17. dass alle Pfarrer verpflichtet sind, alle ihre Amtspflichten zu erfüllen, ohne dafür Bezahlung zu fordern.

(In: Hartig, Irmgard; Paul Hartig [Hg.]: Die Französische Revolution, Stuttgart 1967, S.13. Gekürzt)

ARBEITSAUFTRÄGE

1. Beschreibe und interpretiere B 1. Wie beurteilt der Zeichner die Situation der drei Stände in Frankreich?
2. Erläutere mit B 2 und B 3 den Aufbau der französischen Gesellschaft. Vergleiche mit B 1.
3. Fasse die Beschwerden und Wünsche in Q 5 zusammen. Formuliere mithilfe von T 4 einen ähnlichen Brief für Handwerker.
4. Vergleiche mit B 6 die Höhe der Staatsausgaben und die der Einnahmen. Welche Schlussfolgerungen ziehst du?

2. Sommer 1789 – die Revolution der Bürger und Bauern

Am 5. Mai 1789 eröffnete der König die Versammlung der Generalstände in Versailles: Er und seine Berater wollten die Steuerreformen verhandeln. Doch die Finanzkrise war längst zur Staatskrise geworden. Im Juni 1789 begann die **Revolution,** die eine tiefgreifende, zum Teil gewaltsame Umwälzung der alten politischen und gesellschaftlichen Ordnung zur Folge hatte. Warum wurde aus der Krise eine Revolution?

Die Revolution der Abgeordneten – Der König hatte dem Dritten Stand 600 Abgeordnete in der Generalständeversammlung zugebilligt. Der Dritte Stand hatte nun, anders als früher, genauso viele Abgeordnete wie die beiden ersten Stände zusammen. Doch der König wollte, dass die Stände wie früher getrennt beraten und abstimmen sollten (eine Stimme pro Stand). Auf die Forderung des Dritten Standes, nach Köpfen abzustimmen (eine Stimme pro Abgeordneter), wollte der König nicht eingehen.

Doch die Abgeordneten des Dritten Standes weigerten sich, als Stand getrennt zu beraten. Anfang Juni luden sie Geistliche und Adlige ein, sich ihnen anzuschließen. Etwa 19 Pfarrer folgten ihrer Einladung. Am 17. Juni 1789 erklärten sich die Abgeordneten des Dritten Standes selbst zur **Nationalversammlung,** zur Versammlung der „einen und unteilbaren" französischen Nation. Sie verstanden sich als die rechtmäßige Vertretung der Gesamtheit der Franzosen.

Der König ließ daraufhin am 20. Juni 1789 ihren Versammlungsraum räumen. Doch die Abgeordneten begaben sich in einen nahe gelegenen Saal, das Ballhaus. Dort schworen sie, nicht auseinanderzugehen, bis Frankreich eine Verfassung hätte, in der die Rechte des Königs, der Regierung und des Parlaments festgeschrieben sein sollten.

Die Revolution der Pariser Bürger – Die Bürger von Paris hatten große Hoffnung auf die Nationalversammlung gesetzt.

PERSONENLEXIKON

Ludwig XVI., 1754 – 1793.
König von Frankreich: 1774 – 1792

Q2 Emmanuel-Joseph Sieyès, Denkschrift, Januar 1789:

1. Was ist der Dritte Stand? Alles.
2. Was ist er bis jetzt in der politischen Ordnung gewesen? Nichts.
3. Was verlangt er? Etwas zu sein. […]

5 Der Dritte Stand (leistet) in Kriegsdienst, Rechtspflege, Kirche, Staatsverwaltung neunzehn Zwanzigstel […]. Wer könnte also die Behauptung wagen, der Dritte Stand umfasse nicht alles, was zur Bildung einer vollständigen Nation nötig ist? Er ist der starke und kraftvolle Mann, der 10 an einem Arm noch angekettet ist.

(In: Geschichte in Quellen, Bd. III, München 1986, S. 163 f. Gekürzt)

B1 Der Schwur im Ballhaus von Versailles am 20. Juni 1789. Gemälde von Jacques-Louis David um 1790

Nach einigem Zögern erkannte der König die Nationalversammlung an. Dennoch ließ er Anfang Juli Soldaten um Versailles und Paris zusammenziehen.

Um die befürchteten Angriffe der königlichen Soldaten abwehren zu können, wurden in Paris Bürgerwehren aufgestellt, die **Nationalgarden.** Die Pariser Bürger setzten auch die königlichen Beamten ab und organisierten eine unabhängige Stadtverwaltung.

Die gespannte Atmosphäre wurde durch hohe Getreidepreise und Gerüchte über zurückgehaltene Getreidevorräte adliger Großgrundbesitzer zusätzlich aufgeladen. Am 14. Juli 1789 entlud sich der Volkszorn: Eine wütende Menge stürmte die BASTILLE, das alte königliche Gefängnis, um sich Waffen und Munition zu verschaffen. Etwa 100 Revolutionäre starben. Doch der auf Lanzen gesteckte Kopf des Kommandanten wurde jubelnd durch die Straßen getragen. Der König kündigte einen Tag später den Rückzug der Truppen an. Der Aufstand hatte die Revolution der Abgeordneten und die Nationalversammlung gesichert. 🌐/8

Die Revolution der Bauern – Auch auf dem Land war die Atmosphäre gespannt. Die Angst vor einem Militäreinsatz des Adels stieg. Die bevorstehende Ernte sowie Gerüchte über Ernteräuber steigerten die Nervosität. Die gesamte Landbevölkerung geriet in einen Zustand großer Furcht. Als sich die Nachricht von der Einnahme der Bastille auf dem Land verbreitete, brachen auch hier die Aufstände los: Bauern steckten die Schlösser der Grundherren in Brand; Archive mit Besitzurkunden, in denen Dienste und Abgaben verzeichnet waren, wurden zerstört.

Die Bauernaufstände beunruhigten nicht nur Adlige und Geistliche. Auch viele Bürger des Dritten Standes waren Grundherren. Sie sahen ihr Eigentum und die staatliche Ordnung insgesamt bedroht. Die Nationalversammlung beschloss daher, viele Forderungen der Bauern zu erfüllen.

> **Q 4** Im August 1789 beschloss die Nationalversammlung:
>
> 1 Die Nationalversammlung vernichtet das Feudalwesen völlig (d. h. Abschaffung der Leibeigenschaft; alle übrigen Dienste durch Geldzahlungen ablösbar). Ebenso wird das (Adels-)Privileg der Jagd abgeschafft. Jede grund-
> 5 herrschaftliche Rechtsprechung wird abgeschafft. Alle Zehnten (an die Kirche) werden abgeschafft. Die Käuflichkeit der Gerichts- und Magistratsämter ist sofort aufgehoben. Die Rechtsprechung soll kostenlos erfolgen. Alle Bürger sollen, ohne Unterschied ihrer Geburt, freien
> 10 Zugang zu allen kirchlichen, zivilen und militärischen Ämtern haben.
>
> (In: Grab, W. [Hg.]: Die Französische Revolution, München 1973, S. 33 f. Bearb.)

B 3 Der 14. Juli 1789. Französisches Bild von 1880 zum Gedenken an die Revolution

ARBEITSAUFTRÄGE

1. Beschreibe und interpretiere B 1. Achte auf Kleidung, Haltung, Gestik und Mimik der Personen. War der Zeichner ein Gegner oder Befürworter der Revolution?
2. Erarbeite mit Q 2, warum Sieyès den Dritten Stand als vollständige Nation ansieht. Beurteile seine Meinung.
3. 1880 wurde der 14. Juli 1789 zum französischen Nationalfeiertag erklärt. Erkläre mit B 3, welche Bedeutung die Erstürmung der Bastille für die Menschen in Frankreich hatte.
4. Überprüfe mit Q 4, ob die Forderungen der Bauern (vgl. Q 5, Seite 107) erfüllt wurden.

3. Frankreich wird konstitutionelle Monarchie

Die Abgeordneten der Nationalversammlung hatten die alte Ständeordnung beseitigt. Wie aber konnten die Schulden des Ancien Régime bezahlt werden? Und auf welche Weise sollte die Macht im Staat zwischen der Nationalversammlung und dem König aufgeteilt werden?

Der Staat braucht Geld – Infolge der Misswirtschaft des Königs und seiner Minister war die Staatskasse leer. Es gab aber noch kein neues Steuersystem. Im November 1789 hatte die Nationalversammlung beschlossen, den Besitz der Kirche zum Staatseigentum zu erklären. Die Kirchengüter sollten verkauft werden, um mit dem Erlös die Schulden zu bezahlen. Dem heftigen Protest der Bischöfe hatten die Abgeordneten entgegengehalten, dass der Staat nun Aufgaben der Kirche wie die Fürsorge und das Schulwesen selbst übernehme. Bis zum Verkauf erhielten die Gläubiger des Staates Schuldscheine über ihren Anteil an den Gütern, die **Assignaten.** Der Verkauf der Güter verzögerte sich aber, sodass die Assignaten wie Papiergeld neben der üblichen Münzwährung verwendet wurden und schon bald an Wert verloren.

Politische Ideen werden diskutiert – In der Nationalversammlung gab es noch keine Parteien wie heute. Aber in der Diskussion um die neue Verfassung bildeten sich rasch Gruppen. In Paris und anderen Städten entstanden Gesellschaften und Klubs, in denen Abgeordnete, Journalisten, adlige Damen und Bürger diskutierten. Es gab z. B. die „Aristokraten", die „Männer der Monarchie", die „Freundinnen des Gesetzes". Im Dezember 1789 wurde die „Gesellschaft der Verfassungsfreunde" gegründet, die im leer stehenden Kloster St. Jacob in Paris tagte. Ihre

> **Q1** Die Erklärung der Menschen- und Bürgerrechte (26.8.1789):
>
> 1. Die Menschen sind und bleiben von Geburt an frei und gleich an Rechten.
> 2. Das Ziel jeder politischen Vereinigung ist die Erhaltung der natürlichen und unveräußerlichen Menschenrechte [...] Freiheit, Eigentum, Sicherheit und Widerstand gegen jede Unterdrückung. [...]
> 4. Freiheit besteht darin, alles tun zu können, was Anderen nicht schadet. [...]
> 6. Das Gesetz soll für alle gleich sein, mag es beschützen, mag es bestrafen. [...]
> 7. Jeder kann nur in den durch das Gesetz bestimmten Fällen und [...] Formen angeklagt und verhaftet werden. [...]
> 10. Niemand darf wegen seiner Meinung, selbst religiöser Art, bedrängt werden. [...]
> 11. Die freie Mitteilung der Meinungen ist eines der kostbarsten Menschenrechte.
>
> (In: Grab, W. [Hg.]: Die Französische Revolution, München 1973, S. 37 f. Gekürzt)

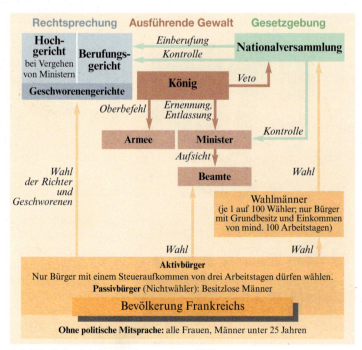

B2 Die französische Verfassung von 1791

Mitglieder wurden später JAKOBINER genannt. Einer ihrer führenden Abgeordneten war der Anwalt MAXIMILIEN ROBESPIERRE. Der Jakobinerklub hatte bereits 1791 über 400 Ableger in anderen französischen Städten.

Die neue Verfassung – Im 18. Jahrhundert hatten die Philosophen der Aufklärung erklärt, dass allen Menschen von Geburt an die gleichen Rechte zustehen. Sie forderten, dass die Menschen sich durch den Gebrauch ihres eigenen Verstandes von den alten Mächten der Kirche und des Staates lösen sollten. Diese Ideen der Aufklärung wollte die Nationalversammlung nun in einer neuen Staatsordnung verwirklichen.

Im Herbst 1791 einigte sich die Nationalversammlung über eine **Verfassung** für den Staat. Zum ersten Mal in Europa wurde eine politische Ordnung als Gesetz von einer Volksvertretung beschlossen. Der Verfassung vorangestellt war eine Erklärung der Menschen- und Bürgerrechte. Die oberste Gewalt im Staat, die **Souveränität,** hatte nicht mehr der König, sondern die Nation. Von der Gesamtheit aller Franzosen ging jetzt eine **Volkssouveränität** aus. Durch die Verfassung (lat.: *constitutio*) war die Macht des Königs eingeschränkt worden. Frankreich war nun eine **konstitutionelle Monarchie.** Durch ein **Zensuswahlrecht** wurde die politische Mitsprache allerdings auf die Bürger begrenzt, die eine bestimmte Steuersumme zahlen konnten. Das war nur gut die Hälfte der 28 Millionen Franzosen. Die Ausübung der staatlichen Gewalt wurde auf verschiedene Institutionen verteilt, um Missbrauch durch Einzelne oder Institutionen zu verhindern.

Doppeltes Spiel des Königs – Der König akzeptierte scheinbar die neue Verfassung. Jedoch hielt er geheime Kontakte zu den **Emigranten,** den seit 1789 aus Frankreich geflohenen Adligen. Im Juni 1791 scheiterte ein Fluchtversuch der königlichen Familie ins benachbarte Ausland. Der König hatte nun das Vertrauen der französischen Bevölkerung verloren.

Q 3 J.-J. Rousseau erklärte 1762, dass dem Staat ein Gesellschaftsvertrag zugrunde liegen müsse:

Jedes Mitglied (des Staates) verzichtet auf alle seine Rechte zugunsten der Gesamtheit. Denn wenn jeder sich vollkommen zur Verfügung stellt, sind die Bedingungen für alle gleich, und keiner hat ein Interesse daran, sie den
5 anderen zu erschweren. [...] Der Gesellschaftsvertrag stellt die Gleichheit unter den Staatsbürgern in der Weise her, dass sich alle auf die gleichen Bedingungen verpflichten und alle einen Anspruch auf dieselben Rechte haben. [...] Auch (bei dem Staat) unterscheidet man Wil-
10 len und Kraft, sie heißen hier gesetzgebende und ausführende Gewalt. Ohne ihr Zusammenwirken darf nichts geschehen. [...] Die gesetzgebende Gewalt (steht) dem Volk zu und nur ihm [...]. Dagegen kommt der Gesamtheit (dem Volk) als Gesetzgeberin und Trägerin der
15 Staatsgewalt nicht die ausführende Gewalt zu. [...] Ich nenne „Regierung" oder oberste Verwaltung die rechtmäßige Ausübung der ausführenden Gewalt und „Fürst" oder Behörde die mit dieser Tätigkeit betraute Person oder Körperschaft.

(In: Schulze, Hagen; Ina U. Paul: Europäische Geschichte, München 1994, S. 507. Gekürzt)

B 4 Der König und seine Familie nach dem Fluchtversuch. 1791

ARBEITSAUFTRÄGE

1. Lies Q 1 und vergleiche die französische Menschenrechtserklärung mit der amerikanischen Unabhängigkeitserklärung.
2. Analysiere und erläutere B 2. Was hat sich im Vergleich zum Absolutismus verändert? Können alle Französinnen und Franzosen mit der Verfassung zufrieden sein?
3. Lies Q 3 sowie Q 2 auf S. 108. Welche Ideen der Aufklärer findest du in der Französischen Verfassung von 1791 wieder?
4. Interpretiere B 4. Wie wird die Königsfamilie zurückgebracht?

4. Die Revolution gerät in Gefahr

Am 13. September 1791 beschloss die Nationalversammlung die neue Verfassung. Für die Mehrzahl der Abgeordneten war die Revolution damit abgeschlossen und hatte die angestrebten Ziele erreicht. War auch die Mehrheit der Franzosen mit dem Erreichten zufrieden?

Uneinigkeit der Bürger – Im Oktober 1791 trat eine neu gewählte Nationalversammlung zusammen. Unter den Abgeordneten gab es kaum noch Adlige und Geistliche. Die Mehrheit bildeten die Bürgern; sie gliederten sich jetzt immer mehr in verschiedene Gruppierungen mit unterschiedlichen Zielen auf. Viele Abgeordnete waren gewählt worden, weil sie sich stärker für die Interessen der kleinen Leute einsetzen und ihnen das Wahlrecht geben wollten. Sie standen dem König kritisch gegenüber und sammelten sich bei den **Jakobinern**. Aus dem Jakobinerclub ausgetreten waren die gemäßigten Abgeordneten, die mit der neuen konstitutionellen Monarchie zufrieden waren. Eine andere Gruppe, die **Girondisten**, wollte zwar mit dem König zusammenarbeiten, aber außerdem die Revolution ins Ausland tragen. Sie stellte die Wortführer in der Nationalversammlung.

Die Revolution macht sich Feinde – Im Juli 1790 hatte die Nationalversammlung beschlossen, dass Priester von nun an wie Staatsbeamte einen Treueeid auf die Verfassung ablegen sollten. Der Papst in Rom lehnte eine solche Einmischung in die Kirchenangelegenheiten ab.

Bisher hatte sich die Mehrheit der Geistlichen trotz Abschaffung des Zehnten und Verkauf des Kirchenguts für die Revolution entschieden. Doch nun verweigerten viele Geistliche den geforderten Eid. Ein großer Teil der tiefgläubigen katholischen Bauern stellte sich auf ihre Seite. Zusammen mit dem revolutionsfeindlichen Adel bildeten sie auf dem Land eine gefährliche Front der Gegner.

Krieg in Europa – Die Herrscher Europas hatten die Revolution mit Besorgnis beobachtet. Sie fürchteten, dass der revolutionäre Funke auch auf ihre Länder überspringen könnte. Der österreichische Kaiser und der preußische König erklärten im August 1791 in PILLNITZ, die Situation des französischen Königs sei von gemeinsamem Interesse für alle Könige Europas. Sie sagten ihm militärische Unterstützung zu.

B1 Die Geistlichkeit in der Nationalversammlung, links: eidleistende Geistliche, rechts: eidverweigernde Geistliche. Zeitgenössischer Stich

4. Die Revolution gerät in Gefahr 113

Wie reagierten darauf die Abgeordneten der Nationalversammlung? Die Girondisten befürworteten einen Krieg. Sie hofften, damit von der Wirtschaftskrise abzulenken und die Unzufriedenen zu einigen. Es gelang ihnen, die Mehrheit der Abgeordneten zu überzeugen. Der König trat ebenfalls für den Krieg ein, allerdings aus ganz anderen Motiven: Er hoffte, ein Sieg der europäischen Monarchen würde seine alte Macht wiederherstellen. Im April 1792 erklärte die Nationalversammlung Österreich den Krieg.

Neue Unruhen – Viele Freiwillige melden sich zunächst begeistert für den Kriegsdienst. Doch die Kämpfe begannen mit Niederlagen der französischen Armee. Die Versorgung der Soldaten verschärfte die Getreideknappheit im Land.
Auf dem Land wollten die Bauern ihr Korn nicht mehr für die Assignaten an die städtische Bevölkerung verkaufen. Denn das neue Papiergeld hatte fast die Hälfte des ursprünglichen Wertes verloren. In Paris und in einigen Provinzstädten führte die kritische Versorgungslage 1792 zu neuen Hungeraufständen. Wortführer dieser Aufstände waren die **Sansculotten**. Das waren städtische Kleinbürger, vor allem Händler, kleine Ladenbesitzer, Handwerksmeister und Gesellen. Durch den Geldwertverlust bedroht, forderten sie gesetzlich festgelegte Preise und Löhne.

Radikalisierung des Volkes – Am 10. Juni 1792 verjagten bewaffnete Sansculotten die Stadtverwaltung, die aus gemäßigten Bürgern bestand, und organisierten selbst eine revolutionäre Stadtverwaltung, die Pariser KOMMUNE. Damit hatten die Sansculotten maßgeblichen Einfluss auf die Pariser Sektionen (Stadt- und Wahl-

Die Kokarde, das Zeichen der Revolutionäre

Sansculottin und Sansculotte (frz.: ohne Kniehose). Im Gegensatz zu den Adligen mit ihren Kniehosen tragen die Sansculotten lange Hosen. Beide sind bewaffnet und tragen an der Kopfbedeckung die Kokarde in den Nationalfarben.

Q2 Jacques Brissot, Girondist, im Jakobinerklub am 16.12.1791:

1 Für ein Volk, das nach tausend Jahren Sklaverei die Freiheit erobert hat, [ist] der Krieg ein Bedürfnis. Der Krieg ist notwendig,
5 um die Freiheit zu festigen; er ist notwendig, um sich von den Lastern des Despotismus [Absolutismus] zu reinigen; er ist notwendig, um die Männer zu entfernen, wel-
10 che die Freiheit vergiften könnten. [...] In zwei Jahren hat Frankreich alle Mittel erschöpft, um die Rebellen [= die ins Ausland geflüchteten königstreuen Emigranten] in
15 seinen Schoß zurückzuführen; [...] sie beharrten auf der Rebellion; die fremden Fürsten beharren darauf, sie in derselben zu unterstützen: Kann man noch schwanken, ob
20 man sie angreifen soll? [...] Die Notwendigkeit, unsere Revolution moralisch zu machen und zu [befestigen] – all das macht es uns zum Gesetz.

(In: Wittmütz, O. [Hg.]: Die Französische Revolution, Frankfurt a. M. 1987, S. 40. Gekürzt)

Q3 Maximilien Robespierre im Jakobinerklub am 2. Januar 1792:

1 Sollen wir unsere Feinde angreifen oder sie in unseren Wohnungen erwarten? [...] Gewiss, ich liebe ebenso sehr wie Herr Brissot einen
5 Krieg, der unternommen wird, um die Herrschaft der Freiheit auszubreiten. [...] Die ausschweifendste Idee, die im Kopf eines Politikers entstehen kann, ist die, zu glau-
10 ben, dass es für ein Volk genüge, mit bewaffneter Hand bei einem fremden Volk einzubrechen, um es zu zwingen, seine Gesetze und seine Verfassung anzunehmen.
15 Niemand liebt die bewaffneten Missionare. [...] Bevor die Wirkungen unserer Revolution sich bei den auswärtigen Völkern fühlbar machen können, muss sie zuerst
20 befestigt sein. Ihnen die Freiheit zu geben, bevor wir sie selbst erobert haben, heißt nur unsere Sklaverei und zugleich die der ganzen Welt zu befestigen.

(In: Wittmütz, O. [Hg.]: Die Französische Revolution, Frankfurt a. M. 1987, S. 41 f. Gekürzt)

bezirke) gewonnen. Die Aufständischen erstürmten am gleichen Tag das königliche Stadtschloss. Sie forderten die Bestrafung des Königs. Unter diesem Druck wurde der König von der Nationalversammlung gefangen genommen.

Nachdem die feindlichen Heere Ende August 1792 die Grenzen Frankreichs überschritten hatten, kam es zu neuen Gewaltaktionen gegen mutmaßliche Verschwörer. Die Sansculotten stürmten die Gefängnisse und ermordeten etwa 1500 inhaftierte Revolutionsgegner, darunter viele Adlige und eidverweigernde Priester.

Das Ende der Monarchie – Im September 1792 wurde ein Parlament gewählt, das nun nicht mehr Nationalversammlung, sondern **Nationalkonvent** hieß. Bei den Wahlen wurden die radikalen Kräfte gestärkt. Der neue Konvent beschloss als Erstes die Abschaffung der Monarchie. Frankreich war **Republik** geworden.

Doch im Nationalkonvent verschärfte sich bald der Gegensatz zwischen den radikalen JAKOBINERN und den gemäßigten GIRONDISTEN. Unterstützt von den Sansculotten forderten die Jakobiner eine Republik gleicher Bürger und die direkte Volksherrschaft. Die Girondisten waren zwar auch für die Republik, aber gegen eine direkte Volksherrschaft.

Die radikalisierte Volksbewegung wollte einen Prozess gegen Ludwig XVI. Als man im November 1792 Geheimpapiere Ludwigs über seine Kontakte zum feindlichen Ausland fand, wurde ihm der Prozess gemacht. Am 20. Januar 1793 sprach der Konvent mit 361 zu 360 Stimmen das Todesurteil. Am 21. Januar 1793 wurde Ludwig XVI. mit dem Fallbeil, der **Guillotine,** hingerichtet.

Guillotine, das Fallbeil der Französischen Revolution. Benannt nach seinem Erfinder, dem Arzt J. J. Guillotin

Q4 Maximilien Robespierre, radikaler Jakobiner, im Nationalkonvent am 3. Dezember 1792:

1 Ludwig ist entthront durch seine Verbrechen […]. Wenn Ludwig unschuldig ist, werden alle Verteidiger der Freiheit zu Lügnern. [… Ich]
5 verabscheue die Todesstrafe, und für Ludwig habe ich weder Hass noch Liebe; nur seine Missetaten hasse ich […]. Aber ein entthronter König im Schoße einer Revolution,
10 die noch weit davon entfernt ist, durch gerechte Gesetze verankert zu sein, ein König, dessen Name allein schon die Geißel des Krieges auf die erregte Nation herabbe-
15 schwört: dessen Dasein kann weder durch Haft noch Verbannung für das öffentliche Wohl gleichgültig werden. […] Es ist besser, dass Ludwig stirbt, als dass 100 000
20 tugendhafte Bürger umkommen: Ludwig muss sterben, weil das Vaterland leben muss.

(In: Hartig, Irmgard; Paul Hartig [Hg.]: Die Französische Revolution, Stuttgart 1984, S. 81 f. Gekürzt)

Q5 Romain de Sèze, Girondist, im Nationalkonvent am 26. Dezember 1792:

1 Nehmt ihr Ludwig die [rechtliche] Unverletzlichkeit des Königs, so seid ihr […] ihm wenigstens die Rechte des Bürgers schuldig. Wo sind die schützenden Formen, die jeder Bürger kraft unveräußerlichen Rechts verlangen
5 kann? Wo ist jene Teilung der Gewalten, ohne die weder Verfassung noch Freiheit möglich ist? Wo sind die Geschworenen für Anklage und Urteil? Wo sind alle jene strengen Vorkehrungen, die das Gesetz bestimmt hat, damit der Bürger, selbst wenn er schuldig ist, nur durch
10 das Gesetz getroffen wird? […] Ihr wollt richten über Ludwig und habt euer Urteil schon ausgesprochen.

(In: Hartig, Irmgard; Paul Hartig [Hg.]: Die Französische Revolution, Stuttgart 1984, S. 83 f. Gekürzt)

ARBEITSAUFTRÄGE

1. Betrachte und interpretiere B 1. Beurteile, ob der Zeichner die beiden Geistlichen-Gruppen unparteiisch darstellt bzw. mit welchen Darstellungsmitteln er ggf. Partei bezieht.
2. Nenne die Argumente, die von Brissot für den Krieg (Q 2) und von Robespierre gegen den Krieg (Q 3) angeführt werden. Diskutiere die unterschiedlichen Meinungen.
3. Lies Q 4 und Q 5. Wie beurteilen die beiden Redner die beabsichtigte Hinrichtung Ludwigs XVI.? Wie lautet dein eigenes Urteil über den Prozess gegen den König?

Arbeit mit Rollenspielen

Kannst du dich in die Lage König Ludwigs XVI. hineinversetzen, der vor einem Gericht aus gewählten Vertretern des Volkes erscheinen muss? Er, der König, der immer nur befohlen hatte? Und wie mag es den Mitgliedern des Nationalkonvents zumute gewesen sein, über König Ludwig XVI. zu richten? Welches Strafmaß sollten sie wählen? Er war doch immerhin der König gewesen!

Ein Rollenspiel mit dem Thema „Der Prozess gegen den König" kann dir helfen, eine historische Situation besser nachzuempfinden. Es ist auch interessant, in eine Rolle zu schlüpfen und jemanden zu imitieren (= nachzumachen). Wie am Theater werden die „Rollen", d. h. die einzelnen „Figuren" des Spiels, vorbereitet. Am besten geschieht das in Gruppen. Auch wenn sich das Ereignis nicht ganz genau so abgespielt hat – es gibt keine exakten Aufzeichnungen –, müssen doch die wichtigsten Handlungen und Inhalte des Spiels mit den historischen Fakten übereinstimmen. Ihr müsst euch also vorher informieren.

Mögliche Rollen können sein:
- ein Regisseur (Spielleiter); er ist für das Drehbuch verantwortlich,
- ein Verhandlungsführer des Nationalkonvents
- der König und seine Verteidiger
- gemäßigte Bürger (Girondisten)
- radikale Bürger (Jakobiner)
- Zeitungsreporter, die den Prozess beobachten und darüber Artikel schreiben
- Requisiteure, die verantwortlich für die Kostüme und Requisiten sind.

Die Spielsituation wird vom Spielleiter festgelegt. Das lautet dann etwa so:
„Der König ist des Verrats am französischen Volk angeklagt. Nach mehreren Sitzungen geht es am 20. Januar 1793 im Nationalkonvent um das Urteil gegen den König. Der Verhandlungsführer fordert die einzelnen Parteien und Gruppierungen auf, nochmals ihre Positionen zur Anklage vorzutragen und ein Strafmaß zu beantragen. Dann wird über das Urteil abgestimmt. Das Ergebnis der Abstimmung wird mitgeteilt."

Plötzlich stellen sich euch ganz neue Fragen: Wie hat sich der König während des Prozesses verhalten? Benahm er sich angesichts des drohenden Todes noch herablassend und stolz? Welche Kleidung trug er? Auf alle Fragen findest du sicher keine Antwort, aber manche neue Information wirst du herausfinden. Dafür bekommst du von deiner Lehrerin oder deinem Lehrer eine Rollenkarte. Ein Beispiel:

Rollenkarte „Der König und sein Verteidiger"

Der König ist passiv. Er unterstützt durch seine Haltung, durch Mimik und Gestik die Ausführungen seiner Verteidiger.

Die Anzahl der Verteidiger bestimmt ihr. Sie stellen den König im besten Licht dar, betonen seine freiheitliche Haltung. Vor allem versuchen sie zu beeindrucken, indem sie den König selbst als gottesfürchtigen Mann darstellen. Sie leugnen die Vorwürfe, dass Ludwig XVI. mit dem Ausland zusammengearbeitet habe.

Grundlage ihrer Forderung nach Freispruch ist aber die Verfassung von 1791, die den König für unverletzlich erklärt. Sollte man ihm diesen Status nehmen, so stehen ihm, wie jedem anderen Bürger, die Rechtsgarantien nach der Verfassung zu: das doppelte Kollegium, Anhörung von Zeugen, Schriftsachverständige für belastendes Material.

WORAUF DU ACHTEN MUSST

1. Gruppen erarbeiten mit „Rollenkarten" die Argumentation einer konkreten historischen Person. Sie bestimmen einen Sprecher, der ihre Positionen wirkungsvoll vortragen kann.
2. Die für Requisiten verantwortliche Gruppe informiert sich über wichtige Ausstattungselemente. Wenn es nicht möglich ist, passende Gegenstände herbeizuschaffen oder zu improvisieren, können auch Namensschilder helfen.
3. Der Spielleiter erarbeitet einen Spielablauf, den er allen Gruppen zur Verfügung stellt.
4. Nach dem Spiel diskutiert ihr den Spielverlauf anhand der Artikel der Reporter, die den Prozess beobachtet haben.

5. Frauen in der Revolution – Kampf um Gleichstellung

Von Anfang an hatten sich die Frauen des Dritten Standes mit großem Engagement an der Revolution beteiligt. Zusammen mit den Männern hatten die Pariserinnen im Juli 1789 die Bastille erstürmt. Die Pariser Marktfrauen hatten im Oktober 1789 den König von Versailles nach Paris geholt, um ihn auf die schlechte Versorgungslage aufmerksam zu machen. Für viele Frauen war die Revolution in doppelter Hinsicht ein Aufbruch: Zum einen wollten sie die Missstände innerhalb der Stände beseitigen; zum anderen litten Frauen zu Hause und in der Öffentlichkeit unter der Vorherrschaft der Männer. Wie versuchten die Frauen während der französischen Revolution, ihre Stellung im Staat und in der Gesellschaft zu verbessern?

Frauen als Bürgerinnen – Bereits im Wahlkampf 1789 für die Besetzung der Generalstände hatten die Frauen eigene Beschwerdehefte geschrieben, in denen sie z. B. bessere Ausbildungs- und Berufsbedingungen forderten. Auch die Erklärung der Menschen- und Bürgerrechte im August 1789 hatte große Hoffnungen geweckt: Männer und Frauen konnten nun ihre Meinung frei äußern. Einige Frauen des Dritten Standes richteten eine Bittschrift an die Nationalversammlung: Sie forderten das Wahlrecht für Frauen und den Zugang zu den Ämtern.

Im Oktober 1789 wurden Frauen als Zuhörerinnen in der Nationalversammlung zugelassen; sie erhielten auch Rederecht. Aber sie erreichten keine Gleichstellung als Staatsbürgerinnen. Mit der Verfassung vom September 1791 verweigerten die Abgeordneten den Frauen das Wahlrecht. Als Antwort auf diese Diskriminierung formulierte OLYMPE DE GOUGES eine „Erklärung der Rechte der Frau und Bürgerin".

Frauen hatten durch die Verfassung zwar keine politischen Mitspracherechte bekommen, aber ihre Rechtsstellung verbesserte sich durch ein neues Gesetz vom September 1792: Die Ehe wurde nun zu einem Vertrag zwischen Mann und Frau erklärt. Beiden Eheleuten stand es gleichermaßen frei, diesen Vertrag zu schließen und aufzukündigen.

Frauen in der Öffentlichkeit – Frauen nutzten die neuen Klubs und Gesellschaften, um sich weiterhin engagiert für ihre politischen Ziele einzusetzen. Da sie

B1 Sitzung des Patriotischen Frauenklubs. Gemälde von 1791

B2 Frauenversammlung in einer Kirche. Zeitgenössisches Bild um 1790

nur in wenigen politischen Vereinigungen als Mitglieder zugelassen waren, gründeten sie selbst Frauenklubs und Zeitschriften: Im Januar 1790 gründete THÉROIGNE DE MÉRICOURT den „Klub der Freundinnen des Gesetzes"; von Februar bis Juli 1791 erschien der „Courrier de l'Hymen – Journal des Dames". Viele Frauen traten für eine verbesserte Erziehung, Krankenpflege und Fürsorge ein und organisierten die Versorgung der Armee.

Die Form politischer Aktivität hing allerdings auch von der sozialen Situation der Frauen ab. Die Frauen der wohlhabenden Bürger beteiligten sich vor allem in den Klubs. Die Frauen der Kleinbürger und Arbeiter wurden aktiv, wenn die Wirtschaftslage erneut die Versorgung ihrer Familie infrage stellte – wie beim Zug der Pariser Marktfrauen nach Versailles oder während der Brotunruhen der Sansculottenbewegung 1792/93.

Revolutionsende für die Frauen – Die männlichen Zeitgenossen blieben gegenüber den neuen Forderungen der Frauen misstrauisch. Der Philosoph Jean-Antoine de Condorcet, der das Bürgerrecht für Frauen forderte, blieb allein. Ob Besitzbürger oder Sansculotte – die große Mehrheit der Männer drängte auf den Rückzug der Frauen in den Haushalt.

Als es im Herbst 1793 in Paris zu Auseinandersetzungen zwischen zwei Frauenvereinigungen kam, wurden von der Pariser Bürgerverwaltung gleich sämtliche Frauenvereine verboten. Nach den erneuten Brotunruhen im Mai 1795 wurde ein Versammlungsverbot für Frauen verhängt. Damit waren sie erneut aus dem öffentlichen Leben ausgeschlossen.

PERSONENLEXIKON

OLYMPE DE GOUGES, 1748–1793. Sie schrieb politische Schriften und Theaterstücke. Da sie die Herrschaft der Jakobiner kritisierte, wurde sie am 3. November 1793 hingerichtet. 🔗/9

Q3 Olympe de Gouges, Vorrede zur „Erklärung der Rechte der Frau und Bürgerin", 1791:

1 Mann, bist du überhaupt imstande, gerecht zu sein? [...] Kannst du mir sagen, wer dir die unumschränkte Macht verliehen hat, die Angehöri-
5 gen meines Geschlechts zu unterdrücken? [...] Schau auf den Schöpfer in seiner Weisheit, [...] betrachte die Geschlechter in der Ordnung der Natur. [...] Allein der
10 Mann [...] will in diesem Jahrhundert der Aufklärung und des klaren Verstandes in durch nichts mehr zu rechtfertigender Unwissenheit despotisch über ein Ge-
15 schlecht herrschen, das über alle geistigen Fähigkeiten verfügt. Er nimmt für sich in Anspruch, die Revolution für sich allein zu nutzen und seine Rechte auf Gleichheit
20 einzufordern, um nur so viel zu sagen.

(Ute Gerhard: Menschenrechte – Frauenrechte 1789, in: Schmidt-Linsenhoff, Viktoria [Hg.]: Sklavin oder Bürgerin?, Frankfurt a. M. 1989. Gekürzt)

Q4 Antrag des Bürgers Chaumette in der Versammlung der Pariser Kommune vom 18. November 1793:

1 Seit wann ist es sittsam, wenn Frauen die fromme Sorge um ihren Haushalt, um die Wiege ihrer Kinder vernachlässigen und auf offener Straße, am Rednerpult, an den Schranken der Volksvertretung, in den Rängen un-
5 serer Armeen Aufgaben übernehmen, die allein den Männern vorbehalten sind? [...] Die Natur] hat zum Manne gesagt: „Sei Mann, dein Teil sind Unternehmung und Jagd, Feldbestellung, Politik, Kraftleistungen aller Art." Und sie hat zum Weibe gesagt: „Sei Weib, deine Arbeit
10 sind die Erziehung der Kinder, die Führung des Haushalts, die süßen Sorgen der Mutterschaft." [...] Ich beantrage, dass nur die Männer der Abordnung gehört werden und dass der Stadtrat in Zukunft keine Frauen mehr ohne ausdrücklichen vorherigen Beschluss emp-
15 fängt [...] [Der Antrag wurde angenommen]

(In: U. F. Müller [Hg.]: Lust an der Geschichte. Die Französische Revolution, München 1988, S. 250 ff. Gekürzt.)

ARBEITSAUFTRÄGE

1. Betrachte B1. Entwirf eine mögliche Themenliste sowie den möglichen Ablauf einer Frauenklubsitzung.
2. Vergleiche und interpretiere B1 mit B2. Beschreibe Unterschiede in der Darstellungsweise. Welche Haltungen gegenüber den Frauen werden in den beiden Bildern ausgedrückt?
3. Lest Q3 und Q4. Mit welchen Argumenten begründet der Bürger Chaumette in Q4 seinen Antrag? Formuliert eine Entgegnung aus der Sicht von Olympe de Gouges.

6. Der große Schrecken – die Diktatur der Jakobiner

Die Hinrichtung Ludwigs XVI. hatte zur Folge, dass neben Österreich und Preußen nun auch England, die Niederlande, Spanien und Portugal 1793 Frankreich den Krieg erklärten. Die Revolutionäre sahen sich einem Bündnis feindlicher Armeen gegenüber. Welche Auswirkungen hatte das auf die Revolution?

Nach Erfolgen im Jahre 1792 geriet die französische Armee 1793 in Bedrängnis. Als der Nationalkonvent daraufhin die Aushebung von 300 000 Rekruten beschloss, kam es in vielen Regionen zu Unruhen. Auch die Bauern der westfranzösischen Region VENDÉE erhoben sich im März 1793. Auf ihre Seite stellten sich königstreue Landadlige, eidverweigernde Priester und die Girondisten.

Eine Hungersnot, hervorgerufen durch eine schlechte Ernte und die Blockade Frankreichs durch die Gegner, brachte erneut die städtischen Volksmassen auf. Wie reagierte der Nationalkonvent?

Mit dem Volk oder gegen es regieren? – Die Pariser Kommune und die Sansculotten forderten Anfang 1793 erneut festgesetzte Preise und die Beschlagnahmung von Lebensmitteln. Sie gaben dem Nationalkonvent die Schuld für die Notlage. Denn die Girondisten widersetzten sich solchen staatlichen Eingriffen in die Wirtschaft und beharrten auf dem Schutz des Eigentums.

Die Sansculotten wollten hingegen erreichen, dass jeder nur so viel Eigentum haben solle, wie er für sich selbst brauche. Der rechtlichen Gleichstellung sollte nun auch eine soziale Gleichheit folgen. Die Unruhen im Frühjahr 1793 machten deutlich, dass die städtische Volksbewegung der Sansculotten ihre radikalen Forderungen auch mit Gewalt und gegen den Nationalkonvent durchsetzen würde.

In dieser Situation stellten sich die Jakobiner auf die Seite der Volksbewegung: Sie befürchteten, andernfalls die Kon-

> **Q 1** Denkschrift von Jacques Roux an den Konvent, 25. Juni 1793:
>
> Nur die Reichen haben […] aus der Revolution Nutzen gezogen. Die Händleraristokratie, die schrecklicher ist als die Adels- und Priesteraristokratie, hat […] sich der Privatvermögen und der Schätze der Republik bemächtigt. […] Die Preise für Waren steigen im Verlauf eines Tages auf erschreckende Weise. […] Erklärt das den Börsenspekulanten und Hamsterern deutlich: Entweder gehorchen sie in Zukunft Euren Dekreten oder sie gehorchen ihnen nicht. Im ersten Fall habt Ihr das Vaterland gerettet. Im zweiten Fall […] stehen wir bereit, die Blutsauger des Volkes niederzuschlagen.
>
> (In: Hartig, I.; P. Hartig [Hg.]: Die Französische Revolution, Stuttgart 1984, S. 91 f. Gekürzt)

Gefahren für die Revolution 1793

trolle über die Volksbewegung zu verlieren. Die Jakobiner wollten den Konflikt außerdem nutzen, um ihre politischen Gegner, die Girondisten, endgültig auszuschalten. Am 2. Juni 1793 belagerte die Nationalgarde, die unter dem Einfluss der Sansculotten stand, den Konvent. Zum ersten Mal hatten Bürger die Volksvertretung selbst bedroht. 29 Abgeordnete der Girondisten wurden verhaftet und später hingerichtet. Andere Girondisten konnten in Städte Südfrankreichs oder ins Ausland fliehen. Von dort organisierten sie in der Folgezeit den Widerstand gegen den Konvent.

Herrschaft der Jakobiner und Sansculotten – Nun konnten die Abgeordneten der Jakobiner im Konvent ungehindert die politische Führung übernehmen. Mit welchen Maßnahmen wollten sie die Volksbewegung auf ihre Seite bringen?

Im Mai 1793 wurden Höchstpreise für Getreide festgelegt. Für Händler, die Korn lagerten und überteuert verkauften, galt seit Juli 1793 die Todesstrafe. Im Juni 1793 wurde eine neue **republikanische Verfassung** beschlossen. Erstmals hatten jetzt alle männlichen Bürger ab 21 Jahren das Wahlrecht – ganz gleich, wie hoch ihre Steuerzahlung war. Im Juli wurde die letzte offene Forderung der Bauern erfüllt: Alle Herrenrechte auf dem Land wurden, gegen die Interessen der bürgerlichen Grundbesitzer, entschädigungslos aufgehoben.

Mit Unterstützung der Volksbewegung beschloss der Nationalkonvent im August 1793 ein Aufgebot der gesamten männlichen Bevölkerung zum Kriegsdienst. Mit dieser **Levée en masse** entstand zum ersten Mal ein **Volksheer** in Europa. Es sollte die Revolution nach innen und außen verteidigen. Fast eine Million Franzosen stand nun unter Waffen.

Die Jakobiner errichten eine Diktatur – Die neue Verfassung trat wegen des Krieges nie in Kraft. Auf die wachsenden Unruhen reagierten die Jakobiner mit Unterdrückung und Gewalt.

B 3 Plakat der Republik mit Sansculottenmütze, Liktorenbündel, Waage der Gerechtigkeit und Kranz. Der Text lautet: Freiheit, Gleichheit, die unteilbare Einheit der französischen Republik. Paris um 1792

Q 4 Wehrgesetz vom 23. August 1793:

1 Vom heutigen Tage [...] sind alle Franzosen dauernd zum Wehrdienst verpflichtet. Die jungen Männer ziehen in den Kampf; die Verheirateten schmieden Waffen und tragen Lebensmittel herbei; die Kinder zupfen altes Leinen [...] ;
5 die Greise lassen sich auf die öffentlichen Plätze tragen, um den Mut der Krieger anzuspornen, sie mit Hass gegen die Könige und Liebe zur Einheit der Republik zu erfüllen. [...] Die Aushebung wird allgemein sein.

(In: Hartig, Irmgard; Paul Hartig [Hg.]: Die Französische Revolution, Stuttgart 1984, S. 94 f. Gekürzt)

Q 5 Gesetz über das Große Maximum, 29. September 1793:

1 Die Waren [für die der Konvent einen Höchstpreis festsetzt], sind: Fleisch, Butter, Öl, Salzfisch, Wein, Kohle, Zucker, Honig, Papier, Leder, Eisen, Stoffe, Schuhe [für Mehl und Getreide galten seit Mai Höchstpreise]. [...] Alle
5 Personen, welche die Waren zu einem höheren Preis kaufen oder verkaufen, zahlen eine gemeinsam aufzubringende Geldbuße [...]. Sie werden als Verdächtige behandelt.

(In: Geschichte in Quellen, Bd. IV, Amerikanische und Französische Revolution, München 1987, S. 408. Gekürzt und bearbeitet)

Der Konvent hatte bereits im April 1793 aus seinen Abgeordneten einen **Wohlfahrtsausschuss** gewählt. Dieser Wohlfahrtsausschuss, der unter Ausschluss der Öffentlichkeit tagte, wurde seit dem Sommer 1793 von den Jakobinern beherrscht. An seiner Spitze stand der Anwalt MAXIMILIEN ROBESPIERRE. Der Ausschuss besaß uneingeschränkte Vollmachten über Wirtschaft, Verwaltung und Truppenaushebung. Alle Behörden, Beamten, Generäle und Minister unterstanden der Kontrolle des Ausschusses. Auch die Selbstverwaltung der Pariser Kommune wurde abgeschafft. Alle politischen Vereinigungen außer dem Jakobinerklub wurden verboten.

Die Jakobiner hatten eine **Diktatur** des Wohlfahrtsausschusses errichtet: Die in der Verfassung von 1789 festgeschriebene Gewaltenteilung, die den Missbrauch staatlicher Macht verhindern sollte, war wieder aufgehoben.

Terror als Herrschaftsmittel – Seit März 1793 gab es ein vom Konvent gewähltes **Revolutionstribunal,** einen Gerichtshof, dessen Aufgabe die Verurteilung von Revolutionsgegnern war. Eine Verteidigung mithilfe eines Rechtsanwalts oder ein Einspruch gegen ein Urteil waren ausgeschlossen. Wer als „verdächtig" galt, wurde per Gesetz bestimmt. Die Definition war aber so umfassend, dass immer mehr vermeintliche oder tatsächliche Revolutionsfeinde verurteilt und hingerichtet wurden. Am 20. September wurde bestimmt, dass Revolutionskomitees im ganzen Land Verdächtigenlisten bzw. „Staatsbürgerzeugnisse" ausstellen sollen. Mit diesen Maßnahmen setzten die Jakobiner den **Schrecken** (frz.: *terreur*) auf die Tagesordnung.

Nach Darstellung der Jakobiner wollte die Revolutionsregierung damit planlose Massaker an ihren Gegnern, wie das der Sansculotten vom September 1792, verhindern. An ihre Stelle sollte eine gesetzlich geregelte Strafverfolgung treten. Doch tatsächlich waren die Menschen nun erneut ohne staatlichen Schutz der Willkür von Gerichten ausgesetzt.

Zuerst richtete sich der Terror gegen die Anhänger der Königstreuen und Girondisten im Land, später auch gegen einfache Bürger, die ein falsches Wort gesagt oder sich nicht entschieden genug für die Revolution ausgesprochen hatten.

PERSONENLEXIKON

MAXIMILIEN ROBESPIERRE, 1758–1794. Als Waise aufgewachsen kam er 1789 als unbekannter Anwalt nach Paris. Sein Beiname „der Unbestechliche" zeigte seine Kompromisslosigkeit. ❶/10

B6 Revolutionstribunal: links ein angeklagter Adliger, rechts die Mitglieder des Gerichts. Gemälde um 1795

Auch in den Aufstandszentren außerhalb von Paris, in LYON und NANTES oder der Vendée, wurden Revolutionsgegner in großer Zahl grausam umgebracht. Schließlich richtete sich der Terror gegen die Jakobiner selbst. Als DANTON und DESMOULINS, frühere Weggefährten Robesspieres, ein Ende des Terreur befürworteten, sorgten Robespierre und die übrigen Jakobiner für ihre Hinrichtung.

Die meisten Franzosen empfanden angesichts der Schreckensherrschaft der Jakobiner Angst und Grauen. Die meisten Revolutionsgegner waren längst getötet. Die Revolutionstruppen hatten durch mehrere Siege gegen die Truppen der europäischen Fürsten im Krieg eine Wende zugunsten Frankreichs herbeigeführt. Ende Juli 1794 erhob sich eine Konventsmehrheit gegen Robespierre und seine Anhänger. Sie wurden verhaftet und später hingerichtet. Die städtische Volksbewegung begrüßte die Hinrichtungen.

Der „Große Schrecken" hatte das Bündnis zwischen Sansculotten und Jakobinern zerstört. Bis zum 27. Juli 1794 waren etwa 40 000 Menschen getötet worden.

Q7 Robespierre, Rede vor dem Konvent am 5. Februar 1794:

1 Der entscheidende Grundsatz der demokratischen Volksregierung ist die Tugend [...], die Liebe zum Vaterland und zu seinen Gesetzen.
5 Da aber das Wesen der Republik oder Demokratie die Gleichheit ist, so folgt daraus, dass die Liebe zum Vaterland notwendigerweise die Liebe zur Gleichheit in sich
10 schließt. [...] Wenn die Triebkraft der Volksregierung im Frieden die Tugend ist, so ist in revolutionärer Zeit diese Triebkraft zugleich die Tugend und der Schrecken; denn
15 ohne Tugend ist der Terror verderblich, und ohne Terror ist die Tugend machtlos. Der Schrecken ist nichts anderes als die rasche, strenge, unbeugsame Gerechtig-
20 keit; er ist also ein Ausfluss der Tugend; er ist [...] eine Folge des allgemeinen Prinzips der Demokratie in seiner Anwendung auf die dringendsten Bedürfnisse des Vater-
25 landes. [...]

(In: Hartig, Irmgard; Paul Hartig [Hg.]: Die Französische Revolution, Stuttgart 1984, S. 100. Gekürzt.)

Q8 Lucille Desmoulins, Jakobiner, forderte 1793:

1 Öffnet die Zuchthäuser für die 200 000 Bürger, die ihr Verdächtige nennt, denn in der Erklärung der (Menschen-)Rechte ist nirgends
5 die Rede von Verdachtshäusern. [...] Ihr wollt alle eure Feinde mit der Guillotine austilgen. Hat man je einen größeren Aberwitz gesehen? [...] Von euren Feinden sind euch
10 nur die Feiglinge und die Kranken geblieben. Die Starken, die Mutigen sind emigriert oder haben in Lyon oder in der Vendée den Tod gefunden. [...] Ich bin überzeugt,
15 dass die Freiheit gefestigt und Europa besiegt würde, wenn ihr einen Vergebungsausschuss hättet. [...] Denn auch das Vergeben ist eine revolutionäre Maßnahme. [...]

(In: Müller, U. F. [Hg.]: Lust an der Geschichte, Die Französische Revolution, München 1988, S. 258, S. 260. Gekürzt.)

B9 Die Opfer der Schreckensherrschaft

ARBEITSAUFTRÄGE

1. Fasse die Aussagen von Q1 zusammen. Erläutere, welche Bevölkerungsgruppe für diese Meinung steht.
2. Erläutere mit K2 die innen- und außenpolitische Lage Frankreichs im Frühjahr 1793.
3. Nenne mögliche Vor-/Nachteile des „Gesetzes über das Maximum" (Q5). Nutze dazu auch Q1.
4. Beschreibe und interpretiere B6. Beurteile anhand des Bildes und des Darstellungstextes, ob das Verfahren gerecht war.
5. Erkläre mit Q7, wie Robespierre den Zusammenhang von Tugend und Terror darstellt. Wie ist deine Meinung: Rechtfertigt das Ziel (die Tugend) die Mittel (Terreur: Schrecken)?
6. Beurteile mithilfe von Q8 und B9 die Folgen der Schreckensherrschaft für den Einzelnen und für die Franzosen insgesamt.

7. Das Direktorium – die Republik der gemäßigten Bürger

Nach dem Ende der Schreckensherrschaft übernahmen wieder die gemäßigten Abgeordneten der Girondisten die politische Führung im Nationalkonvent. Robespierre und etwa hundert seiner Anhänger waren hingerichtet worden. Die Instrumente des Terrors, die Revolutionstribunale und die Guillotine, wurden abgeschafft. Der Jakobinerklub wurde geschlossen. Welche politischen Veränderungen gab es noch?

Eine neue Verfassung – Mit den Girondisten waren wieder die gemäßigten Bürger und das Besitzbürgertum an die Macht gekommen. Noch einmal wurde eine neue Verfassung erarbeitet – die dritte seit Beginn der Revolution. Mit ihr sollte eine neue Diktatur verhindert werden. Das wieder eingeführte Zensuswahlrecht, mit dem das Wahlrecht von einem Mindesteinkommen abhängig gemacht wurde, sicherten den wohlhabenden Bürger die politische Mehrheit. Die staatliche Gewaltenteilung wurde erneuert: Fünf Direktoren übernahmen die Regierung, zwei Ratsversammlungen sollten die Gesetze geben, die lokalen Beamten und Richter wurden von den Bürgern gewählt.

Gefahren für die neue Republik – Im Dezember 1794 beschloss der Nationalkonvent die Aufhebung der festen Preise. Die Lebensmittelpreise stiegen daraufhin gewaltig und die wirtschaftliche Not der armen Bevölkerung wurde noch drückender. Im April 1795 kam es daher zum letzten Aufstand der Pariser Volksmassen, die „Brot und die Verfassung von 1793!" forderten. Aber dieser Aufstand wurde auf Befehl des Direktoriums von der Armee blutig niedergeschlagen.

Auch die Royalisten, die Anhänger einer Monarchie, wollten sich nicht mit der Republik des gemäßigten Bürgertums abfinden. Im Oktober 1795 belagerten ihre Truppen das Versammlungsgebäude des Konvents. Nur durch die Verbände der neuen Armee unter dem jungen und erfolgreichen General Napoleon Bonaparte konnte der Aufstand niedergeschlagen werden. Die bürgerliche Revolution Frankreichs hatte sich gegen die radikale Schreckensherrschaft der Jakobiner und gegen die Monarchie durchgesetzt.

> **Q 1** Bitte von Pariser Kleinbürgern an den Konvent, 31. März 1795:
>
> 1 Seit dem 27. Juli 1794 (Hinrichtung Robespierres) geht es uns immer schlechter. [...] Man hatte uns versprochen, dass es nach Auf-
> 5 hebung der Höchstpreise alles in Hülle und Fülle geben würde, doch die Hungersnot ist schlimmer denn je. Das Volk [...] weiß, dass, wenn es unterdrückt ist, gemäß
> 10 der Erklärung der Menschenrechte, der Aufstand eine seiner Pflichten ist.
>
> (In: Hartig, I.; P. Hartig [Hg.]: Die Französische Revolution, Stuttgart 1984, S. 107. Gekürzt)

Rückkehr eines Emigranten. Frankreich um 1795

B 2 „Wiederkehr der alten Ordnung". Karikatur um 1795

ARBEITSAUFTRÄGE

1. Erkläre mit Q 1, warum das Direktorium wenig Rückhalt in der Bevölkerung fand.
2. Beschreibe B 2. Was will der Zeichner ausdrücken? Schreibe einen Bericht über die Situation 1795 aus Sansculottensicht.

Teil III: Napoleon und die Auswirkungen der Revolution in Europa
1. Ende der Revolution! – Der Aufstieg Napoleons

Die Hinrichtung Maximilien Robespierres 1794 hatte die Schreckensherrschaft der Jakobiner in Frankreich beseitigt. Die neue Regierung, das Direktorium, war eine Regierung der wohlhabenden Bürger. Das Direktorium sicherte seine Macht, indem es die Armee gegen die feindlichen Länder Europas kämpfen ließ, sie aber auch gegen Aufstände im Inneren einsetzte. Besonders ein General tat sich hervor: NAPOLEON BONAPARTE. Wer war Napoleon und welche Ziele verfolgte er?

Karriere in den Revolutionskriegen – Napoleon Bonaparte wurde 1769 auf der Mittelmeerinsel Korsika geboren. Mit zehn Jahren kam er auf die königliche Militärschule in Brienne, wo er als mittelmäßiger Schüler galt. 1785 wurde er Offizier. Seine Interessen galten der Mathematik, der Artillerie und den großen Männern der alten Geschichte. Er war ein besessener Leser.

Die Veränderungen nach 1789 und die Revolutionskriege boten ihm Chancen, sich zu bewähren. 1793 kommandierte er einen Angriff auf die englisch besetzte Stadt TOULON an der Mittelmeerküste und eroberte sie zurück. Er wurde zum General befördert. Napoleon galt als ehrgeizig, fleißig und intelligent.

1795 schlug er im Auftrag des Direktoriums einen neuen Aufstand von Anhängern des Königtums in Paris nieder. Danach wurde er zum Oberbefehlshaber der französischen Armee in Italien ernannt.

Kriege als Mittel der Politik – Das Direktorium brauchte militärische und außenpolitische Erfolge, um seine Macht zu erhalten. Wie verhielt sich Napoleon in dieser Situation?

Gegner Frankreichs in Italien waren ÖSTERREICH und das mit ihm verbündete KÖNIGREICH PIEMONT. Napoleon gelang es durch klug geplante und rasche Kampfführung, die schlecht ausgerüstete und kampfesmüde französische Armee neu zu motivieren und die österreichischen Truppen zu besiegen. 1797 schloss er eigenmächtig für Frankreich den **Frieden von Campoformio:** Österreich verzichtete auf ein großes Gebiet in Norditalien. Hier richtete Napoleon Staaten nach dem Muster Frankreichs ein, zum Beispiel die CISALPINISCHE REPUBLIK.

PERSONENLEXIKON

NAPOLEON BONAPARTE, 1769–1821. Französischer General, Kaiser der Franzosen 1804–1814/15, korsischer Abstammung. Napoleon machte schnell Militärkarriere, war 1793 Brigadegeneral, 1795 Oberbefehlshaber der Armee im Inneren Frankreichs. 1799 stürzte er das Direktorium und übernahm als Erster Konsul die Macht in Frankreich. 1804 krönte er sich selbst zum Kaiser. ⓐ/11

B 1 Der Triumph der französischen Armeen, 1797. V.l.n.r.: Generäle Hoche (der einen Aufstand in Westfrankreich niederschlug), Moreau, Pichegru, Bonaparte

Aber auch auf Belgien und das linke Rheinufer musste Österreich zugunsten Frankreichs verzichten. Napoleon galt als Held. Wegen seiner Erfolge und Popularität wurde er vom Direktorium allerdings auch als Gefahr gesehen.

Nach der Kapitulation Österreichs blieb England als Gegner Frankreichs. Der Versuch einer Invasion der Britischen Inseln war 1796 gescheitert. Deshalb wollte Napoleon die britische Vorherrschaft im Mittelmeerraum schwächen. Er konnte 1798 das britisch beherrschte ÄGYPTEN und die Insel MALTA besetzen. Doch die englische Flotte im Mittelmeer unter Admiral HORATIO NELSON vernichtete darauf die französische Flotte. Als 1798 erneut Unruhen in Paris drohten, verließ Napoleon Ägypten; andere Generäle mussten dort die Kämpfe weiterführen.

> **Q2** Vertrauliche Erklärungen des Generals Bonaparte gegenüber dem französischen Gesandten in der Toskana, 1. Juli 1797:
>
> 1 […] Glauben Sie vielleicht, dass ich eine Republik begründen will? Welcher Gedanke […]. Das ist eine Wahnvorstellung, in die die Fran-
> 5 zosen vernarrt sind, die aber auch wie so manch anderes vergehen wird. Was sie brauchen, ist Ruhm, die Befriedigung ihrer Eitelkeit, aber von der Freiheit verstehen sie
> 10 nichts. Blicken Sie auf die Armee! Die Erfolge und Triumphe, die wir soeben davongetragen haben, die haben den wahren Charakter des französischen Soldaten wieder
> 15 hervortreten lassen. Für ihn bin ich alles. Das Direktorium soll sich nur einfallen lassen, mir das Kommando über die Armee wegzunehmen! Dann wird man sehen, wer der
> 20 Herr ist. Die Nation braucht einen Führer […], aber keine Theorien über Regierung, keine großen Worte. […]
>
> (In: Miot de Mélito: Mémoires, Paris 1858, Bd. 1, S. 163 f. Gekürzt)

Der Erste Konsul Frankreichs – Trotz wiederholter Unruhen und Aufstände gegen das Direktorium gab es keine Mehrheit für die alte Königsherrschaft. Das wohlhabende Bürgertum Frankreichs sehnte sich nach Ruhe und Ordnung.

Einer der Direktoren, ABBÉ DE SIEYÈS, wollte eine neue Verfassung mit einem starken Machthaber. Mit ihm zusammen setzte Napoleon am 9.11.1799 das Direktorium ab. Er führte einen **Staatsstreich** aus. Um nicht an alte Formen der Königsherrschaft anzuknüpfen, nannten sich die neuen Machthaber Frankreichs „**Konsuln**" wie die leitenden Beamten im Römischen Reich. Napoleon wurde als „Erster Konsul" Regierungschef.

Nach der neuen Verfassung wurden die Abgeordneten des Nationalkonvents durch Wahlmänner gewählt, die der Erste Konsul vorschlug. Napoleon besaß damit großen Einfluss auf dessen Zusammensetzung. Auch die Gesetze konnte nur der Erste Konsul vorschlagen. Alle Macht lag in seinen Händen. Napoleon erhielt durch ein **Plebiszit** (= Volksabstimmung) vom Volk die Zustimmung für diese Verfassung. 1802 ließ er sich durch Plebiszite als Konsul auf Lebenszeit bestätigen, 1804 als **Kaiser der Franzosen.**

PERSONENLEXIKON

HORATIO NELSON, 1758–1805. Kapitän englischer Kriegsschiffe. Ab 1797 Admiral der englischen Mittelmeerflotte. Besiegte die französische Flotte auf deren Feldzug nach Ägypten. Starb in der Schlacht bei Trafalgar zwischen der englisch-spanischen und der französischen Flotte 1805

B3 Napoleon als Erster Konsul zwischen seinen beiden Mitkonsuln Cambacérès und Lebrun. Auf den Zetteln steht (v. l. n. r.): Bezahlung der Steuern, Bedingungen für den Frieden, Liebe zu den Gesetzen.

Napoleon als Reformer – Napoleon stützte seine Macht auf die Armee und die Zustimmung des Volkes. Die Franzosen sollten seine Politik befürworten. Dazu musste er die inneren Probleme Frankreichs lösen. Welche Maßnahmen leitete er zu diesem Zweck nach 1799 ein?

Von Paris aus wurde das ganze Land einheitlich verwaltet. Die Leiter der Départements, die **Präfekten,** wurden von Napoleon ernannt und waren ihm verantwortlich. Ihnen waren Beamte untergeben, die die Gemeinden Frankreichs verwalteten. Dort gab es nur noch beratende Vertretungen der Bürger.

Die Kriegsbeute, hohe Tributzahlungen der besiegten Gegner sowie gezielte Fördermaßnahmen für die Wirtschaft leiteten einen wirtschaftlichen Aufschwung in Frankreich ein. Die BANK VON FRANKREICH wurde gegründet (1800), eine neue, stabile Währung wurde geschaffen: der FRANC (1803). Große Staatsaufträge zur Ausrüstung der Armee sowie im Straßenbau sicherten die wirtschaftliche Entwicklung und die Beschäftigung. 1801 gab es auch wieder einen regulären Staatshaushalt.

Eine grundlegende Umgestaltung des Rechtswesens wurde 1804 durch ein bürgerliches Gesetzbuch, den CODE CIVIL, erreicht. Dieses Gesetzbuch bestätigte die Rechte der Bürger und legte für die Wirtschaft allgemeine Rechtsgrundsätze fest. Der Code Civil wurde zum Vorbild für ganz Europa.

PERSONENLEXIKON

JOSÉPHINE DE BEAUHARNAIS, 1755 – 1814. Ehefrau Napoleons seit 1796. Napoleon krönte sich 1804 zum Kaiser und Joséphine zur Kaiserin. 1809 wurde die kinderlose Ehe geschieden.

B 5 Napoleon im Krönungsornat 1804. Ausschnitt aus einem Gemälde von J.-L. David, 1808

Q 4 Proklamation der drei Konsuln am 15. Dezember 1799:

„Franzosen, es wird euch eine Verfassung vorgelegt. Sie setzt den Ungewissheiten […] ein Ende. Sie überträgt die Leitung der Einrichtungen, die sie schafft, Ersten Beamten, deren Ergebenheit als für ihre Wirksamkeit notwendig erachtet wurde. Die Verfassung gründet sich auf die wahren Prinzipien der parlamentarischen Regierung und auf die geheiligten Rechte des Eigentums, der Gleichheit und der Freiheit. Die Gewalten, die sie einsetzt, werden stark und dauerhaft sein, wie sie es sein müssen, wenn sie die Rechte der Bürger und die Interessen des Staates schützen sollen. Bürger, die Revolution ist den Grundsätzen, von denen sie ihren Ausgang nahm, fest verbunden; sie ist beendet."

(In: Walter Markov: Revolution im Zeugenstand, Frankreich 1789–1799, Bd. 2, Leipzig 1986., S. 698 f. Gekürzt)

ARBEITSAUFTRÄGE

1. Erläutere und interpretiere B1: Warum halten die Generäle Landkarten in ihren Händen? Wie ist Napoleon dargestellt? Fasse die Aussage des Gemäldes in einem Satz zusammen.
2. Fasse die Aussage Napoleons in Q 2 über die Regierungsform in Frankreich zusammen. Kennst du Beispiele für ähnliche Vorstellungen von Politik in der Antike?
3. Beschreibe mit B 3 die Darstellung Napoleons und die seiner Mitkonsuln. Überlege, warum Napoleon die Tafel mit der Aufschrift „Conditions de paix" („Friedensbedingungen") zeigt.
4. Lies und analysiere den Text von Q 4. Welche Gefühle und Interessen werden von den drei Konsuln angesprochen? Welche gesellschaftlichen Gruppen waren damit besonders zufrieden?
5. Vergleiche die Darstellung Napoleons in B 5 mit der in B 3. Überlege, warum er einen Lorbeerkranz, keine Krone trägt.

2. Das Ende des Heiligen Römischen Reiches

Am 6. August 1806 legte Kaiser FRANZ II. die Krone des HEILIGEN RÖMISCHEN REICHES DEUTSCHER NATION nieder. Vorausgegangen waren Kriege Frankreichs gegen die anderen europäischen Mächte. PREUSSEN hatte 1795 einen Frieden mit Frankreich geschlossen. 1801 konnte ÖSTERREICH, die Vormacht des Heiligen Römischen Reiches, von Frankreich besiegt werden. Im **Frieden von Lunéville** musste es Frankreich nun große Veränderungen im Gebiet des Reiches zugestehen. Welche Ziele verfolgte Napoleon in Europa?

Die Neuordnung Deutschlands – Frankreich ließ sich im Frieden von Lunéville die Ausdehnung seines Gebiets bis an die Rheingrenze bestätigen. Die deutschen Fürsten, die dort Besitz hatten, sollten neuen Besitz auf Gebieten jenseits des Rheins erhalten. Wie konnte diese Entschädigung geleistet werden?

Deutschland war in viele Territorien zersplittert. Jetzt sollten zahlreiche kleinere Territorien einfach den größeren hinzugefügt werden, um diese zu entschädigen. Es handelte sich um die Gebiete der katholischen Kirche (Bistümer und Abteien) sowie um die meisten freien Reichsstädte. Die geistlichen Gebiete wurden **säkularisiert** (= kamen unter weltliche Herrschaft). Die Reichsstädte verloren ihre bisherige Selbstständigkeit. Sie unterstanden nun nicht mehr direkt dem Reich, sondern einem Landesherrn; sie wurden **mediatisiert**.

Diese Neuordnung hatte Frankreich zusammen mit dem verbündeten Russland geplant. Ein Ausschuss des Reichstags machte daraus bis 1803 einen Hauptschluss (= Beschluss), den **Reichsdeputationshauptschluss**. Etwa drei Millionen Deutsche bekamen dadurch einen neuen Landesherrn.

Staaten werden gebildet – 1805 brach erneut Krieg zwischen Frankreich und den europäischen Großmächten ENGLAND, RUSSLAND, ÖSTERREICH und SCHWEDEN aus. Die süddeutschen Staaten BAYERN, WÜRTTEMBERG und BADEN schlossen sich in diesem Krieg Frankreich an. Napoleons Truppen siegten bei AUSTERLITZ am 2.12.1805. Welchen Einfluss hatte dies für Deutschland?

PERSONENLEXIKON

KÖNIG FRIEDRICH AUGUST I. VON SACHSEN, 1750–1826. Vor seiner Erhebung zum König war er Kurfürst Friedrich August III.

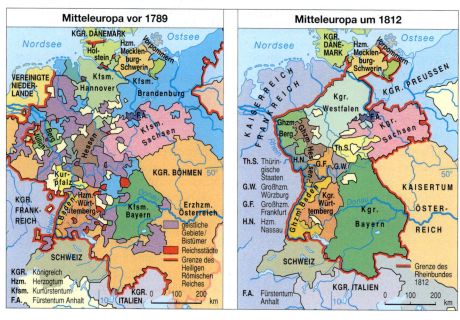

K1 Mitteleuropa vor 1789
K2 Mitteleuropa um 1812

2. Das Ende des Heiligen Römischen Reiches

Napoleon wollte neben die deutschen Großmächte Preußen und Österreich einen neuen Zusammenschluss deutscher Staaten stellen. Dieser Staatenbund sollte Frankreich als Verbündeter militärische Unterstützung leisten. Im Juli 1806 sagten sich unter der Schutzherrschaft Frankreichs 16 süd- und westdeutsche Staaten endgültig vom Reich los und bildeten den **Rheinbund.** Das alte deutsche Reich war damit nach fast tausendjährigem Bestehen endgültig zerfallen. Franz II. trat als deutscher Kaiser zurück.

Die Rheinbund-Fürsten BAYERNS und WÜRTTEMBERGS wurden von Napoleon zu Königen erhoben. SACHSEN schloss sich wie andere Staaten 1806 dem Rheinbund an. Dafür, dass Sachsen 20 000 Soldaten für das Heer des Rheinbundes aufbrachte, wurde auch der sächsische Kurfürst FRIEDRICH AUGUST von Napoleon zum König erhoben.

Diese Rheinbundländer wurden durch Reformen nach französischem Vorbild zu zentral regierten, souveränen Staaten. Ein **Modellstaat** mit einer Verfassung sollte das 1807 gegründete Königreich Westfalen werden. Es wurde aus etwa 20 früheren deutschen Territorien gebildet und von Napoleons Bruder JÉRÔME regiert. Anfangs stand ein Großteil der deutschen Bevölkerung Napoleons Reformpolitik aufgeschlossen gegenüber. Das änderte sich aber durch hohe Steuerlasten und die immer zahlreicheren Einberufungen zum Militärdienst.

Q3 Erklärung der 16 Rheinbundfürsten vom 1. August 1806:

Die Begebenheiten der […] letzten Kriege, welche Deutschland beinahe ununterbrochen beunruhigt haben, und die politischen Veränderungen, welche daraus entsprungen sind, haben die traurige Wahrheit in das grellste Licht gesetzt, dass das Band, welches bisher die verschiedenen Glieder des deutschen Staatskörpers miteinander vereinigen sollte, für diesen Zweck nicht mehr hinreiche oder vielmehr, dass es in der Tat schon aufgelöst sei […].
Die Frankreich zunächst gelegenen Fürsten […] sahen sich gezwungen, sich durch Separatfrieden von dem allgemeinen Verbande in der Tat zu trennen […]. Eine mächtige Garantie […] gewährt die Versicherung, dass seine Majestät der Kaiser von Frankreich […] die Aufrechterhaltung der neuen Ordnung […] in Deutschland und die Befestigung der inneren und äußeren Ruhe sich angelegen sein lassen werden.

(In: Chronik des 19. Jahrhunderts, hg. v. I. Geiss, Dortmund 1993, S. 65. Gekürzt.)

Q4 Napoleon an seinen Bruder Jérôme am 15.11.1807:

Mein Bruder, beiliegend finden Sie die Verfassung Ihres Königreiches […]. Was das deutsche Volk am sehnlichsten wünscht, ist, dass diejenigen, die nicht von Adel sind, durch ihre Fähigkeiten gleiche Rechte auf ihre Auszeichnungen und Anstellungen haben, dass jede Art Leibeigenschaft […] aufgehoben werde. Ihr Königtum wird sich durch die Wohltaten des Code Napoleon, durch das öffentliche Gerichtsverfahren und die Einführung des Geschworenengerichts auszeichnen. Und […] so rechne ich in Bezug auf die Ausdehnung und Befestigung Ihres Reiches mehr auf deren Wirkung als auf das Ergebnis der glänzendsten Siege. Ihr Volk muss sich einer Einheit, einer Gleichheit, eines Wohlstandes erfreuen, die den übrigen Völkern Deutschlands unbekannt sind! Eine solche liberale Politik […] wird Ihnen eine mächtigere Schranke gegen Preußen sein als die Elbe, als alle Festungen und der Schutz Frankreichs.

(In: E. Kleßmann: Deutschland unter Napoleon in Augenzeugenberichten, München 1997, S. 277 f. Gekürzt)

ARBEITSAUFTRÄGE

1. Vergleiche K 1 und K 2. Liste wesentliche Veränderungen der Territorien zwischen 1789 und 1807 auf.
2. Lies Q 3 und stelle die Argumente zusammen, warum sich die 16 Rheinbundfürsten vom Reich trennten.
3. Erläutere mit Q 4, welche Vorteile die Verfassung des Königreichs Westfalen seinen Bürgern bringen soll und welche Ziele Napoleon damit verbindet.

3. Französisches Vormachtstreben in Europa

Mit der Gründung des Rheinbundes und der Auflösung des deutschen Reiches hatte Frankreich seine Ostgrenze vorerst gesichert. Napoleon war zu der Auffassung gekommen, dass Frankreich nur als **Hegemonialmacht** (= vorherrschende Macht) Europas dauerhaft sicher war. Es sollte von abhängigen und von Frankreich kontrollierten Staaten umgeben sein. Wie versuchte Napoleon, dieses Ziel gegenüber England durchzusetzen?

Der Konflikt mit Großbritannien – Schon vor der Französischen Revolution hatten sich Frankreich und GROSSBRITANNIEN im Kampf um Kolonialgebiete gegenüber gestanden. In Europa strebte Groß-

Q1 Napoleons Ziele in Europa, Dezember 1811:

Ich brauche 800 000 Mann, und ich habe sie; ganz Europa werde ich hinter mir herschleifen! […] Ich habe meine Bestimmung noch nicht erfüllt; ich will beenden, was kaum begonnen. Wir brauchen ein europäisches Gesetz, einen europäischen Gerichtshof, eine einheitliche Münze, die gleichen Gewichte und Maße […]. Aus allen Völkern Europas muss ich ein Volk und Paris zur Hauptstadt der Welt machen.

(In: F. M. Kircheisen (Hg.): Gespräche Napoleons, Stuttgart 1912, Bd. 2, S. 163. Gekürzt)

Q3 Die gegen England gerichtete Kontinentalsperre von 1806:

Art. 1: Die britischen Inseln werden für blockiert erklärt.
Art. 2: Jedweder Handel und Verkehr mit den Britischen Inseln ist verboten.
Art. 3: Jede Person, die englischer Untertan ist und von Unseren Truppen angetroffen wird, soll, gleich welchen Standes oder Ranges sie ist, zum Kriegsgefangenen gemacht werden.
Art. 4: Der Handel mit englischen Waren ist verboten. Jede Ware aus England, seinen Fabriken oder Kolonien wird für gute Prise (= Beute) erklärt. […]
Art. 7: Kein aus England oder seinen Kolonien kommendes Schiff […] darf unsere Häfen anlaufen.

(In: Geschichte in Quellen, Bd. IV, München 1981, S. 590. Gekürzt)

B2 Öffentliche Verbrennung eingeschmuggelter englischer Waren 1810. Es wurde aber nur „Schund" verbrannt, das wertvolle Einfuhrgut wurde unter der Hand weiterverkauft.

britannien ein Gleichgewicht der Mächte an. Doch durch die Kriege und die daraus erwachsende Dominanz Frankreichs kam es auch in Europa zum neuerlichen Konflikt der beiden Mächte.

Napoleon plante 1804 eine Invasion in England, um einer neuen Koalition der europäischen Mächte zuvorzukommen. Doch die französische Seemacht wurde am 21.10.1805 bei TRAFALGAR durch die Flotte Admiral Nelsons vernichtet. Napoleon verkündete daraufhin im Oktober 1806 eine Wirtschaftsblockade gegen Großbritannien. Der europäische Kontinent sollte für englische Waren gesperrt und der englische Handel dadurch geschädigt werden. Großbritannien sollte durch wirtschaftlichen Schaden zu einem Frieden mit Frankreich gezwungen werden. Gleichzeitig verband Napoleon mit dieser **Kontinentalsperre** das Ziel, die Wirtschaft Frankreichs zu stärken. Großbritannien reagierte Ende 1807 mit einer Gegenblockade.

Auswirkungen des Wirtschaftskrieges – Zwischen Frankreich und England fand ein Wirtschaftskrieg statt. Welche Folgen hatte er für die beteiligten Staaten?

Der Verlust seiner Absatzmärkte auf dem Kontinent traf Großbritannien vorübergehend hart. Das Land war auch von Getreide- und Holzeinfuhren abhängig. Sein Handel ging um gut ein Drittel zurück. 1808 kam es durch den Anstieg der Getreidepreise sowie eine Überproduktion von Waren, für die es wegen der Kontinentalsperre keinen ausreichenden Absatz mehr gab, zu einer Wirtschaftskrise in Großbritannien. Doch durch verstärkte Lieferungen in außereuropäische Länder und einen erheblichen Schmuggel auf den europäischen Kontinent gelang es England, diese Krise zu überwinden.

Die französische Wirtschaft konnte von der Kontinentalsperre nicht profitieren. Frankreich versuchte weiterhin im Stile merkantilistischer Politik, durch Einfuhrzölle seinen Markt vor Konkurrenz zu schützen. Zugleich wollte es die eigenen Fertigwaren ins Ausland verkaufen. Doch die französische Wirtschaft wurde durch diese Politik nicht belebt. Vielmehr erlitten die Industriezweige, die Waren aus den englischen Kolonien verarbeiteten (Kaffee-, Zucker-, Tabak-, Leinenindustrie), durch die Blockade große Verluste; ebenso der französische Schiffbau.

Einige der von Frankreich abhängigen europäischen Staaten profitierten jedoch von der Kontinentalsperre. Wegen der fehlenden englischen Konkurrenz, zum Beispiel den preiswerten englischen Tuchprodukten, nahmen einige Wirtschaftszweige einen starken Aufschwung. Russland hielt sich seit 1810 nicht mehr an die Bestimmungen der Blockade, obwohl es mit Frankreich verbündet war. So wurde die Kontinentalsperre für Napoleon zu einem Fehlschlag.

Q4 Ein Historiker des 20. Jahrhunderts über die Wirkung der Kontinentalsperre in Sachsen:

1 Als die Sperre kam, als man in Leipzigs Warenhöfen die englischen Vorräte an Tüchern und jeglichen Webwaren verbrannte, da bot sich Sachsen eine rasch ausgenutzte Möglichkeit, den englischen Festlandsmarkt zu gewin-
5 nen. Soweit die kriegerischen Verwicklungen das irgend zuließen, hat man vor allem den Osten und Südosten Europas für die Textilien Sachsens gewonnen. Die Industriedörfer der Gebirgsbezirke und der Lausitz blühten auf, der Handel der Städte sah neue Möglichkeiten vor
10 sich [...].
(In: R. Kötzschke / H. Kretschmar: Sächsische Geschichte, Bd. 2, Dresden 1935, S. 174)

ARBEITSAUFTRÄGE

1. Lies Q1 und beurteile, auf welche Weise Napoleon sein „neues Europa" schaffen will. Nimm Stellung: Was werden die Betroffenen davon gehalten haben?
2. Beschreibe B2 und erläutere, warum die Verbrennung von englischen Importwaren durch das Militär geschützt wird.
3. Lies Q3 und schreibe einen Brief: Ein englischer Händler teilt einem Hamburger Kaufmann mit, dass bzw. warum er ihm keine Waren mehr liefern kann.
4. Lies Q4 und verfasse ein Gespräch: Ein sächsischer Textilfabrikant spricht mit einem Freund über die Folgen der Kontinentalsperre für seinen Betrieb.

4. Niederlage und Reformen in Preußen

1806 wurde die preußische Militärmacht durch Napoleons Truppen geschlagen. Napoleon konnte am 27. Oktober 1806 in BERLIN einziehen. Wo lagen die Ursachen für den preußischen Zusammenbruch? Welche Folgen hatte die Niederlage für die inneren Verhältnisse des preußischen Staates?

Der Zusammenbruch Preußens – Seit 1795 hatte Preußen an den Kriegen mit dem revolutionären Frankreich nicht mehr teilgenommen. Welche Ziele verfolgte der preußische König und welche dieser Ziele konnte er erreichen?

Preußen wollte neutral bleiben, um seine europäische Machtstellung zu erhalten und auszubauen. Seine vordringlichen Interessen richteten sich auch nicht gegen Frankreich, sondern lagen anderswo: Es teilte das Gebiet POLENS 1795 gemeinsam mit Russland und Österreich auf. Jetzt gab es keinen polnischen Staat mehr. Dennoch wurde Preußen abhängiger von Frankreich. 1805 musste König FRIEDRICH WILHELM III. mit Napoleon ein militärisches Bündnis schließen.

Doch in dem Krieg der europäischen Mächte gegen Frankreich kam es 1806 auch zum Konflikt zwischen Preußen und Frankreich. Napoleon hatte 1805 versucht, sich mit England zu einigen. Dazu bot er diesem das zuvor Preußen versprochene KURFÜRSTENTUM HANNOVER an. Der preußische König fühlte sich hintergangen, mobilisierte die Armee

B 2 Königin Louise bittet Napoleon in Tilsit (vergeblich) um milde Friedensbedingungen.
V.l.n.r.: Napoleon, Zar Alexander I., Königin Louise, König Friedrich Wilhelm III.
Gemälde 1810

B 1 Einzug Napoleons in Berlin 1806. Gemälde von Charles Meynier

4. Niederlage und Reformen in Preußen

und erklärte Frankreich den Krieg. Am 14. Oktober 1806 kam es in der Doppelschlacht bei JENA UND AUERSTEDT zur Entscheidung: Der preußische Militärstaat, die bis dahin militärisch erfolgreichste Macht im absolutistischen Europa, wurde durch Napoleons Truppen vernichtend geschlagen.

Der Frieden von Tilsit – Preußen war dem Sieger Frankreich ausgeliefert und musste im **Frieden von Tilsit** 1807 mehr als die Hälfte seines Gebiets abtreten: Alle Gebiete westlich der ELBE wurden den neuen von Frankreich abhängigen Staaten zugeschlagen, die polnischen Gebiete wurden zum HERZOGTUM WARSCHAU gemacht. Ferner musste Preußen eine sehr hohe Kriegsentschädigung leisten. Bis zur vollständigen Zahlung erhielt Preußen eine französische Besatzung von 150 000 Soldaten. Es musste sich, wie auch Russland, der Kontinentalsperre gegen England anschließen.

Reformen als Ausweg – Regierung und Armee Preußens hatten gegenüber dem modernen Nationalstaat Frankreich versagt. Wie reagierten König und Regierung auf diese bittere Erfahrung?

Schon während der Französischen Revolution hatte eine Gruppe preußischer Beamter versucht, den preußischen König Friedrich Wilhelm III. gegen den Widerstand vieler Adliger und Offiziere zu Reformen zu bewegen. Sie wollten damit einer revolutionären Entwicklung wie in Frankreich begegnen.

Aber erst nach der Katastrophe von 1806 war Friedrich Wilhelm III. davon überzeugt, dass die Zukunft Preußens nur durch eine Erneuerung von Staat und Gesellschaft gesichert werden konnte. Dabei sollten die Veränderungen in Frankreich und in den Rheinbundstaaten als Vorbilder gelten. Ein wichtiges Ziel der preußischen Reformen war auch, die Menschen, die bisher nur als Untertanen gesehen und behandelt wurden, für ihren Staat zu interessieren, ihren Einsatz für Preußen zu fördern.

Q3 Der preußische Staatskanzler K.A. von Hardenberg in einer Denkschrift vom 12. Sept. 1807:

1 Der Wahn, dass man der Revolution am sichersten durch Festhalten am Alten und durch strenge Verfolgung [ihrer ...] Grundsätze ent-
5 gegenstreben könne, hat besonders dazu beigetragen, die Revolution zu befördern und derselben eine stets wachsende Ausdehnung zu geben. Die Gewalt dieser
10 Grundsätze ist so groß, sie sind so allgemein anerkannt und verbreitet, dass der Staat, der sie nicht annimmt, entweder seinem Untergange oder der erzwungenen
15 Annahme derselben entgegensehen muss [...]. Also eine Revolution im guten Sinne [...], das ist unser Ziel, unser leitendes Prinzip. Demokratische Grundsätze in ei-
20 ner monarchischen Regierung; dieses scheint mir die angemessene Form für den gegenwärtigen Zeitgeist [...]: möglichste Freiheit und Gleichheit.

(In: Buchners Kolleg Geschichte: Von der Französischen Revolution bis zum Nationalsozialismus, 2. Aufl., Bamberg 1998, S. 77 f. Gekürzt)

B 4 Im Gespräch: von Scharnhorst (General, Leiter der Militärreform, Generalstabschef, 1755–1813); Freiherr von Hardenberg (zuerst Minister, ab 1808 Staatskanzler, 1750–1822); Reichsfreiherr vom und zum Stein (Minister, 1807–1808 leitender Minister, danach im Exil, 1757–1831). Holzstich 1808

Die Bauernbefreiung – Im Oktober 1807 hatte der preußische König auf Betreiben der Reformer das Gesetz über die Bauernbefreiung erlassen (**„Oktoberedikt"**). Darin wurde die Erbuntertänigkeit der Bauern aufgehoben. Verbesserte sich jetzt auch ihre wirtschaftliche Lage?

Die Bauern waren nun rechtlich freie Leute. Ihre wirtschaftlichen Möglichkeiten blieben jedoch noch eingeschränkt. Sie mussten weiterhin Fron- und Abgabedienste an ihre ehemaligen Herren entrichten, denn der Grund und Boden, den sie bewirtschafteten, blieb deren Eigentum. Um ihn zu erwerben, mussten die Bauern eine Entschädigung leisten. Im **„Regulierungsedikt"** von 1811 wurde festgelegt, dass die Bauern durch Abtretung jeweils eines Drittels bzw. der Hälfte des bewirtschafteten Landes oder durch Geldzahlung an ihre alten Herren Eigentümer des Bodens wurden. Eine Folge dieser Regelung war jedoch, dass viele kleine Bauern ihren Hof aufgeben mussten: Sie konnten weder Land abtreten noch das erforderliche Geld aufbringen. Andererseits wurden die bewirtschafteten Flächen und die Ernteerträge so größer.

Q 5 Bauern in Preußen vor 1807:

1 § 1 Unter dem Bauernstand sind die Bewohner des platten Landes begriffen, welche sich mit dem unmittelbaren Betriebe [...] der
5 Landwirtschaft beschäftigen, sofern sie nicht durch adlige Geburt [...] von diesem Stand ausgenommen sind.
§ 2 Wer zum Bauernstande gehört,
10 darf [...] weder selbst ein bürgerliches Gewerbe treiben noch seine Kinder. [...]
§ 150 Untertanen dürfen das Gut [...] ohne Bewilligung ihrer Grund-
15 herrschaft nicht verlassen. [...]
§ 154 Sie sind derselben zu Dienst und Abgaben verpflichtet.

Bürger in Preußen vor 1807:
20 § 2 Ein Bürger wird derjenige genannt, welcher in einer Stadt seinen Wohnsitz aufgeschlagen hat und daselbst das Bürgerrecht gewonnen hat. [...]
25 § 51 Personen bürgerlichen Standes können ohne besondere landesherrliche Erlaubnis keine adligen Güter besitzen. [...]
§ 181 Wo Zünfte sind, muss jeder
30 sich in diese aufnehmen lassen. [...] § 224 Der Zunftzwang besteht in dem Rechte, die Treibung eines [...] Gewerbes zu [...] untersagen.

(Allgemeines Landrecht für die Preußischen Staaten, 1794. Nach: Schmid, Heinz D.: Fragen an die Geschichte, Bd. 3, Berlin 1981, S. 180)

Q 6 Das Oktoberedikt König Friedrich Wilhelms III. zur rechtlichen Befreiung der Bauern, 9. Oktober 1807:

1 Wir haben [...] erwogen, dass es eben sowohl den unerlässlichen Forderungen der Gerechtigkeit als den Grundsätzen einer wohlgeordneten Staatswirtschaft gemäß sei, alles zu entfernen, was den einzelnen bisher hin-
5 derte, den Wohlstand zu erlangen, den er nach Maß seiner Kräfte zu erreichen fähig war. [...]
§ 1 Jeder Einwohner Unserer Staaten ist [...] zum eigentümlichen Besitz und Pfandbesitz unbeweglicher Grundstücke aller Art berechtigt; [...] der Bürger und Bauer zum
10 Besitz nicht bloß bürgerlicher, bäuerlicher und anderer unadliger, sondern auch adliger Grundstücke. [...]
§ 2 Jeder Edelmann ist [...] befugt, bürgerliche Gewerbe zu treiben; und jeder Bürger oder Bauer ist berechtigt, aus dem Bauern- in den Bürgerstand und aus dem Bür-
15 ger- in den Bauernstand zu treten. [...]
§ 12 Mit dem Martinitage 1810 hört alle Gutsuntertänigkeit in Unsern sämtlichen Staaten auf. [...]

(In: Geschichte in Quellen, Bd. IV, München 1986, S. 650 ff. Gekürzt)

Q 7 Die Einführung der Gewerbefreiheit am 28.10.1810:

1 [...] haben Wir Unsern getreuen Untertanen die Notwendigkeit eröffnet, in der Wir Uns befinden, auf eine Vermehrung der Staatseinnahmen zu denken. Unter den Mitteln zu diesem Zweck hat uns die Einführung einer all-
5 gemeinen Gewerbesteuer weniger [...] lästig geschienen, besonders da Wir damit die Befreiung der Gewerbe von ihren drückendsten Fesseln verbinden [und] Unseren Untertanen die [...] vollkommene Gewerbefreiheit gewähren. [...]

(In: Geschichte in Quellen, Bd. IV, München 1986, S. 653. Gekürzt)

4. Niederlage und Reformen in Preußen

Chancen für die Bürger – Die Bürger der Städte mussten für die Entwicklung Preußens erst gewonnen werden. Mit welchen Mitteln konnte dies geschehen?

Zuerst erließ der König im November 1808 eine neue **Städteordnung.** Alle preußischen Städte sollten von den Bürgern, die ein bestimmtes Mindesteinkommen hatten, selber verwaltet werden. Die Einführung der **Gewerbefreiheit** 1810 erleichterte die Gründung von Gewerbebetrieben und beförderte den wirtschaftlichen Aufschwung der Städte.

Das Edikt über die **Judenemanzipation** von 1812 stellte die bisher benachteiligte Bevölkerungsgruppe der Juden den anderen Bürgern rechtlich gleich. Sie hatten erst jetzt die Möglichkeit, ohne wirtschaftliche und politische Beschränkungen zu leben.

Mit einer Reform des Bildungswesens strebte der Minister WILHELM VON HUMBOLDT an, alle Staatsbürger gleichermaßen zu Selbstständigkeit und Leistung zu erziehen. Ein **staatliches Schulsystem** mit Grundschule, Realschule und Gymnasium wurde eingerichtet. In Berlin wurde 1810 eine neue **Universität** gegründet.

Staat und Armee – Preußen hatte seine frühere starke Stellung in Europa seiner Armee zu verdanken. Unter Leitung der Generäle SCHARNHORST und GNEISENAU wurde seit 1808 eine **Militärreform** mit dem Ziel einer schlagkräftigen Armee und allgemeiner Wehrpflicht durchgeführt. Die Adligen verloren ihre Vorrechte auf Offiziersstellen. Für alle Männer galt nun eine 3-jährige Dienstpflicht. Sie mussten bis zum Alter von 40 Jahren der Landwehr, der preußischen Reservearmee, zur Verfügung stehen.

Die **Verwaltung** des Staates wurde zeitgemäß eingerichtet, sodass die Regierung überall im Land auf die gleiche Weise herrschte. Doch ein Parlament oder eine Verfassung, mit der die Bürger an der Herrschaft des Königs und seiner Regierung beteiligt worden wären, wurde nicht eingerichtet. Dennoch wurde mit den Reformen eine Modernisierung Preußens eingeleitet. Die Wirtschaft des Landes wurden gefördert, die früheren Hemmnisse der wirtschaftlichen Betätigung von Bauern und Bürger beseitigt. Preußen war auf dem Weg, wieder eine wirtschaftlich und politisch bedeutende Macht in Europa zu werden. 🛈/12

B 8 Die Berliner Universität. Das Gebäude war zuvor Palais des Prinzen Heinrich. Gemälde um 1810

Q 9 Ein Gutsherr über die Reformen des Freiherrn vom Stein, um 1810:

1 Er fing nun mit ihnen […] die Revolutionierung des Vaterlandes an, den Krieg der Besitzlosen gegen das Eigentum, der Industrie gegen den Ackerbau, des Beweglichen gegen das Stabile, des krassen Materialismus 5 gegen die von Gott eingeführte Ordnung […], als ob dies die Ursachen unseres Falles gewesen wären! Und deswegen gab er [nun] das Land dem Feinde preis!

(F. A. L. von der Marwitz. In: Werner Conze: Die preußische Reform unter Stein und Hardenberg, Stuttgart 1979, S. 29. Gekürzt)

ARBEITSAUFTRÄGE

1. Beschreibe B 1. Nenne mögliche Gründe für die Begrüßung Napoleons und das Verhalten der dargestellten Personen.
2. Beschreibe und interpretiere B 2. Formuliere ein mögliches Gespräch zwischen Königin Louise und Napoleon.
3. Fasse die Kernaussagen von Q 3 zusammen. Wie begründet von Hardenberg die Notwendigkeit von Reformen?
4. Vergleiche Q 5 mit Q 6/Q 7. Stelle in einer Tabelle gegenüber, welche Rechte Bauern und Bürger bis 1807 und ab 1807 hatten und beurteile dann die angestrebten Ziele der Reformen.
5. Erläutere und beurteile die Argumente in Q 9.

5. Das Ende der napoleonischen Herrschaft in Europa

Im Jahr 1809 besiegten die napoleonischen Truppen Österreich. Napoleon war auf dem Höhepunkt der Macht in Europa. Doch zwischen 1813 und 1815 zerbrach sein Imperium. Warum konnte Frankreich seine Vormachtstellung in Europa nicht halten?

Der Russlandfeldzug – Im Frieden von Tilsit war 1807 ein Bündnis zwischen Frankreich und Russland geschlossen worden. Nach 1810 zerbrach das Bündnis. Russland hielt die von Napoleon verordnete Kontinentalsperre gegen England nicht mehr ein, denn es war auf den Handel mit England angewiesen.

Napoleon entschloss sich zum Krieg. Über 600 000 Soldaten aus 20 Ländern wurden am 24. Juni 1812 in Marsch gesetzt, unter ihnen auch 150 000 Deutsche aus Preußen und dem Rheinbund. Statt die Entscheidungsschlacht zu suchen, zogen sich die Russen unter MARSCHALL KUTUSOW immer weiter zurück. Als Napoleons **Große Armee** Moskau erreichte, fand sie eine verlassene, von den Russen in Brand gesetzte Stadt vor. Aus Mangel an Quartieren und Verpflegung befahl Napoleon den Rückzug. Dieser endete wegen des hereinbrechenden Winters und ständiger russischer Überfälle in einer Katastrophe. Nur etwa ein Fünftel der Großen Armee kehrte 1813 heim.

Die Befreiungskriege – Für viele Menschen in Europa schien mit der Niederlage der Großen Armee der Augenblick gekommen, die französische Herrschaft zu beseitigen. Angetrieben von einem überschwenglichen Nationalbewusstsein meldeten sich Tausende junger Deutscher freiwillig zum Kriegsdienst. In Preußen wurden Freiwilligenverbände gebildet, kurz darauf wurde die allgemeine Wehrpflicht eingeführt. Preußens König, der sich 1813 mit dem Zaren verbündet hatte, erklärte Frankreich den Krieg. Österreich und Großbritannien traten dem Bündnis bei. Im Oktober 1813 wurde bei LEIPZIG die so genannte **„Völkerschlacht"** geschlagen. Napoleon erlitt eine schwere Niederlage, konnte aber mit den Resten seiner Armee nach Frankreich fliehen. 1813 löste sich der Rheinbund auf. Napoleons Herrschaft in Deutschland war zusammengebrochen.

Auch andere europäische Länder wie die Niederlande und Spanien erhoben sich erfolgreich gegen die Franzosen. Unter der Last der französischen Herrschaft

B1 Französische Soldaten der Großen Armee 1812 auf dem Rückzug aus Russland. Gemälde um 1813

Q2 Aufruf König Friedrich Wilhelms III. von Preußen: „An mein Volk" vom 17. 3. 1813:

So wenig für Mein treues Volk als für Deutsche bedarf es einer Rechenschaft über die Ursachen des Krieges, welcher jetzt beginnt. [...] Große Opfer werden von allen Ständen gefordert werden: Denn unser Beginnen ist groß
5 und nicht geringe die Zahl und die Mittel der Feinde. Ihr werdet jene lieber bringen, für das Vaterland, für Euren angeborenen König, als für einen fremden Herrscher. [...] Aber, welche Opfer auch von den Einzelnen gefordert werden mögen, sie wiegen die heiligen Güter nicht auf,
10 für die wir sie hingeben, für die wir streiten und siegen müssen, wenn wir nicht aufhören wollen, Preußen und Deutsche zu sein.

(In: Chronik des 19. Jahrhunderts, Dortmund 1993, S. 121. Gekürzt)

war in vielen Ländern die Forderung nach einem unabhängigen Nationalstaat mit einer modernen Verfassung laut geworden. Auch in den deutschen Einzelstaaten hofften viele Menschen nach dem Kampf gegen die französische Herrschaft auf einen gemeinsamen deutschen Nationalstaat mit einem frei gewählten Parlament und einer freiheitlichen Verfassung; ganz wie er in Frankreich seit der Revolution von 1789 bestand.

Napoleons Sturz – Obwohl auch in Frankreich die Stimmung gegen den Kaiser umschlug, lehnte er die Friedensangebote der europäischen Mächte ab. Daraufhin marschierten österreichische, preußische, russische und englische Truppen in Frankreich ein. Sie erreichten am 31.3.1814 Paris. Napoleon dankte ab. Er wurde auf die Mittelmeerinsel ELBA ins Exil geschickt. LUDWIG XVIII., ein Bruder des während der Revolution hingerichteten Königs, bestieg den französischen Thron.

Im März 1815 versuchte Napoleon, die Macht wiederzuerlangen. 100 Tage dauerte seine neue Herrschaft, bevor sein Heer am 18. Juni 1815 bei WATERLOO von den verbündeten Preußen und Engländer vernichtend geschlagen wurde. Napoleon wurde verbannt und starb am 5. Mai 1821 auf der Insel ST. HELENA im Südatlantik. Seine Kriege haben mindestens drei Millionen Menschen das Leben gekostet, darunter eine Million Franzosen. Dennoch wurde er schon bald nach seinem Tod von den Franzosen nahezu göttlich verehrt. (↑ s. S. 136 f.)

Q3 Das Verfassungsversprechen des Königs von Preußen am 22.5.1815:

1 Damit [...] der Preußischen Nation ein Pfand Unsers Vertrauens gegeben und der Nachkommenschaft die Grundsätze [der Re-
5 gierung ...] treu überliefert und vermittelst einer schriftlichen Urkunde, als Verfassung des Preußischen Reiches, dauerhaft bewahrt werden, haben Wir Nachstehen-
10 des beschlossen.

§ 1 Es soll eine Repräsentation des Volks gebildet werden. [...]
§ 4 Die Wirksamkeit der Landes-
15 Repräsentanten erstreckt sich auf die Beratung über alle Gegenstände der Gesetzgebung, welche die persönlichen und Eigenthumsrechte der Staatsbürger, mit Einschluss
20 der Besteuerung, betreffen. [...]

(In: Geschichte in Quellen, Bd. IV, München 1986, S. 639 f. Gekürzt)

B4 Die Vergöttlichung Napoleons. Gemälde von J. A. D. Ingres, um 1850

ARBEITSAUFTRÄGE

1. Beschreibe die Szene in B1 und erläutere, was sie über das Schicksal der „Großen Armee" und Napoleons aussagt.
2. Lies Q2 und erkläre, welche Gefühle der preußische König beim preußischen Volk anspricht und was er erreichen will.
3. Erläutere die Aussagen von Q3. Welche politischen Zustände sollten in Preußen Wirklichkeit werden? Überlege, ob das „Versprechen" mit dem Sieg über Napoleon zu tun hatte.
4. Beschreibe und interpretiere B4. Überlege, warum dreißig Jahre nach Napoleons Tod ein solches Bild entstehen konnte.

6. Napoleon: General oder Staatsmann?

Napoleon Bonaparte war der Sohn eines verarmten Adligen. 1804 krönte er sich in Paris als NAPOLEON I. zum „Kaiser der Franzosen". Zwischen 1799 und 1813 war er der mächtigste Mann Europas. Doch er starb 1821 als Verbannter auf der Insel St. Helena im Atlantik. Was waren die Gründe für seinen Aufstieg und Fall?

T1 Der Aufstieg und Fall Napoleons:

1769	Geburt Napoleons als Sohn eines verarmten korsischen Adligen
ab 1779	Militärausbildung in Brienne
1793	Ein von Napoleon kommandiertes Kommando befreit die von Engländern besetzte Hafenstadt Toulon; Beförderung zum General
1795	Er schlägt im Auftrag des Direktoriums in Paris einen royalistischen Aufstand nieder.
1796/97	Siegreicher Feldzug Napoleons in Italien gegen Österreich
1798/99	Siegreicher Feldzug gegen Ägypten, aber Verlust der Flotte
1799	Napoleon stürzt in einem Staatsstreich das Direktorium, als Erster Konsul übernimmt er die Macht.
1799–1802	Sieg Frankreichs gegen eine Koalition aus England, Russland, Österreich, Portugal, Neapel, Türkei
1804	Napoleon krönt sich zum Kaiser.
1805	Sieg Frankreichs, Spaniens und der süddt. Bundesgenossen gegen eine Koalition aus England, Russland, Österreich, Schweden, aber Niederlage der franz. Flotte
1806	Errichtung des Rheinbunds
1806/07	Sieg Frankreichs gegen Preußen und Russland
1812	Feldzug Napoleons gegen Russland; große Verluste der Großen Armee und Rückzug Napoleons
1813/14	Befreiungskriege Preußens, Österreichs, Russlands; entscheidende Niederlage Napoleons bei Leipzig
1814/15	Einzug der Kriegsgegner in Paris. Napoleon wird (zweimal) verbannt.
1821	Tod Napoleons in der Verbannung

Sohn der Revolution oder des Militärs? – Napoleons Aufstieg ist eng mit der Französischen Revolution verbunden. Schon als junger Offizier beeindruckte er die führenden Politiker durch sein tatkräftiges militärisches Vorgehen gegen die äußeren und inneren Feinde der Republik. In vertraulichen Gesprächen (vgl. Q2, Seite 124) ließ er jedoch erkennen, dass er die Republik nicht als geeignete Staatsform ansah. Nach seinem Staatsstreich (1799), mit der er sich an die Spitze der Republik brachte, erklärte er: „*Bürger …, die Revolution ist beendet!*" Als Kaiser hatte er die Machtfülle eines Diktators.

B2 Napoleon überschreitet den großen St.-Bernhard-Pass. Gemälde von Jacques Louis David, 1799. Im unteren Teil des Bildes erscheinen die Namen „Bonaparte", „Hannibal" und „Karolus Magnus" (Karl der Große) wie „eingemeißelt".

Vertiefung

6. Napoleon: General oder Staatsmann?

Der Modernisierer – Napoleon lehnte die Demokratie ab. Dennoch war er viel zu klug, alle Ergebnisse der Französischen Revolution rückgängig zu machen. Sein persönlicher Ehrgeiz ließ es ohnehin nicht zu, den Bourbonen die Rückkehr auf den Thron zu ermöglichen. Obwohl Napoleon die demokratischen Bürgerrechte teilweise stark beschnitt, fand sein innenpolitisches Reformprogramm die Zustimmung der französischen Bürger und Bauern: Gleichheit vor dem Gesetz, die Sicherung des Eigentums, eine von Paris aus straff gelenkte Verwaltung, die Modernisierung des Bildungswesens sowie ein geordnetes Finanz- und Währungssystem. Auch die Verfolgung der katholischen Kirche wurde beendet.

Staatsmann oder Eroberer? – Frankreich, und mit ihm Napoleon, standen seit 1792 fast ununterbrochen im Kriege gegen die europäischen Großmächte. Die Republik hatte sich militärisch behauptet und ihre Grenzen bis an den Rhein vorgeschoben. Doch Napoleon wollte nicht nur die Gebietsgewinne sichern, sondern auch die gesamten europäischen Verhältnisse unter seiner Herrschaft neu ordnen. Ein Krieg zog den anderen nach sich: Von Spanien bis Russlands mussten Franzosen und die Soldaten der unterworfenen oder „verbündeten" Länder ihr Leben für dieses Ziel und den „Ruhm Frankreichs" lassen. Napoleons Politik der Zerstörung und Erniedrigung hinterließ in den eroberten Ländern eine tiefe Feindschaft; auch die „Verbündeten" wandten sich ab, als die militärischen Erfolge ausblieben. Nachdem die „Große Armee" 1812 in Russland zugrunde gegangen war, erhoben sich die Völker sowie Fürsten Europas und bereiteten Napoleon 1813 eine vernichtende Niederlage.

Die Legende – In Napoleons Kriegen starben mehr als 3 Mio. Menschen. Dennoch wurde er bald nach seinem Tod in Frankreich göttlich verehrt (vgl. B 4, S. 135). Napoleon selbst trug dazu bei, indem er sich als Vorkämpfer der Freiheit der Franzosen und der Völker Europas darstellte. Hält dieses Selbstbildnis stand?

T 3 Napoleons Herrschaft über Gegner und Verbündete

Länder	Einnahmen und Tribute aus besetzten Ländern (in Goldfranc)	bereitgestellte Soldaten für den Russlandfeldzug 1812
Baden u. Hessen	–	14 000
Bayern u. Württb.	–	45 000
Berg u. Westfalen	–	33 000
Dänen	–	10 000
Franzosen	–	241 000
Italien, Neapel	pro Jahr: 30 Mio.	28 000
Mecklenburg, Anhalt, Frankfurt/M.	–	8 000
Polen	–	70 000
Preußen	1806–1812: 500 Mio.	20 000
Portugal	1807: 6 Mio.	4 000
Österreich	1805–1809: 239 Mio.	34 000
Sachsen	–	26 000
Schweiz	–	7 000
Spanien	pro Jahr: 4 Mio.	4 000
Sonstige Länder	?	27 000

Vom Autor nach verschiedenen Quellen zusammengestellt.

gesamt: ca. 571 000
gefallen: ca. 450 000

Q 4 Aus einem Gespräch Napoleons mit Metternich (1813):

[Metternich:] Um den Frieden zu sichern, müssen Sie in die [alten] Machtgrenzen zurückkehren oder aber Sie werden in dem Kampfe unterliegen […].
[Napoleon: …] Ich werde zu sterben wissen, aber ich trete keinen Handbreit Bodens ab. Eure Herrscher, geboren auf dem Throne, können sich zwanzigmal schlagen lassen und doch immer wieder in ihre Residenzen zurückkehren. Das kann ich nicht […]! Meine Herrschaft überdauert den Tag nicht, an dem ich aufgehört habe, stark und folglich gefürchtet zu sein.
[Metternich:] Ich habe ihre Soldaten gesehen, es sind Kinder […]. [Napoleon:] Ein Mann wie ich schert sich wenig um das Leben einer Million Menschen.

(In: Fr. Sieburg [Hg]: Gespräche mit Napoleon, München 1962, S.205. Gekürzt)

ARBEITSAUFTRÄGE

1. Analysiere und erläutere mit T 1 den Aufstieg und Fall Napoleons. Sind mögliche Gründe zu erkennen?
2. B 2 zeigt unten drei Namen. Erläutere, was mit der Inschrift und dem ganzen Bild ausgedrückt werden sollte.
3. Analysiere und beurteile die Aussagen Napoleons in Q 4. Was erfährst du über seine Motive und Haltung? Nutze auch T 3.
4. Erkennst du Gründe für die Legendenbildung um Napoleon?

Bürgerliche Revolutionen / Napoleon – Zeitstrahl

	Politik	Kultur	Alltag
1820		In den USA: Rassentrennung bis ins 20. Jahrhundert hinein	19. Jh.: Abschaffung der Sklaverei in den USA
	1813/1814: Befreiungskriege/ Abdankung Napoleons	1813: Erstarken einer gesamtdeutschen Nationalbewegung	1861–1865: Sezessionskrieg der amerikanischen Südstaaten gegen die Nordstaaten
	1807–1811: Preußische Reformen	1809: Reform des Bildungswesens in Preußen	Erschließung Nordamerikas, die Indianer werden in Reservate zusammengedrängt
	1806: Niederlage Preußens		
	1804: Napoleon krönt sich selbst zum Kaiser		1806 f.: Aushebung von Rekruten für die Armeen Napoleons
1800	1799: Staatsstreich Napoleons		
	1795: Direktorialverfassung, Frankreich wird bürgerliche Republik		1806 f.: Kontinentalsperre
	1793: Jakobinerherrschaft, Hinrichtung Ludwigs XVI.		1793: Maximum (für Preise) in Frankreich, Bauernaufstand in der westfranzösischen Vendée
	1792: Absetzung des Königs, Frankreich wird Republik		
	1791: Konstitutionelle Monarchie in Frankreich	Entstehung politischer Gesellschaften und Klubs, freie Presse	
	1789: Beginn der französischen Revolution		
	1789: Verfassung der Vereinigten Staaten von Amerika; Menschenrechte		1788: Missernte, Wirtschaftskrise in Frankreich
	1776: Unabhängigkeitserklärung der britischen Kolonien	18. Jh.: Aufklärung in Europa; besonders in England, Frankreich und Deutschland	
	1773: Steuerstreit der britischen Kolonien mit England (Boston Tea Party)		
			Besonders in den Südstaaten Amerikas bis zu 60 % farbige Sklaven als Arbeitskräfte
1700		Tabakimporte aus Amerika	Beginn des Sklaven-/Dreieckhandels
	1689: Bill of Rights; Wilhelm von Oranien		1666: London wird bei einem Brand fast völlig zerstört; seit ca 1650: mehrere Auswanderungswellen nach Amerika
	1642: Oliver Cromwell, New Model Army	Strenge Moralgesetze in England unter Oliver Cromwell	
1600	Seit 1620: Handelsstützpunkte und erste Kolonien Englands in Amerika	1620: Pilgrim Fathers (Puritaner)	Wandel der englischen Landwirtschaft und Produktion (Einhegungen); Entstehung einer neuen, wirtschaftlichen Oberschicht (Gentry)
1500		1534: Anglikanische Kirche in England	

Zusammenfassung – Bürgerliche Revolutionen

Die englischen Könige waren mächtige, absolutistische Herrscher; seit der Reformation zugleich Oberhaupt der anglikanischen Kirche. Doch im 17. Jahrhundert kam es immer wieder zu Konflikten zwischen Parlament und König. Im Parlament saßen nun wirtschaftlich erstarkte Adlige und Bürger: die **Gentry.** 1649 wurde Karl I. hingerichtet. Nach der Herrschaft Cromwells setzte das Parlament 1689 selbst einen König ein, der jedoch zuvor weitgehende Mitbestimmungsrechte **(Bill of Rights)** zugestehen musste.

Englische Handelsgesellschaften gründeten zu Beginn des 17. Jahrhunderts zahlreiche Handelsstützpunkte. Europäische Auswanderer, die sich dort niederließen, gründeten die ersten **Kolonien in Nordamerika.** Die Kolonien lösten sich 1776 vom Mutterland. Als **Vereinigte Staaten von Amerika** einigten sie sich 1789 auf eine gemeinsame Verfassung.

Ende der 1780er-Jahre war der Französische Staat hoch verschuldet. Missernten lösten Unruhen aus. König Ludwig XVI. berief 1789 die Generalstände ein. Als sich die Abgeordneten des Dritten Standes zur **Nationalversammlung,** zur Vertretung des ganzen Volkes erklärten, begann die Französische Revolution. Eine neue Verfassung machte Frankreich 1791 zur **konstitutionellen Monarchie.**

Der französische König wurde verurteilt und 1793 hingerichtet. Es kam zum Krieg mit den Fürsten Europas und zu Aufständen in Frankreich. Die radikalen **Jakobiner** unter Robespierre errichteten eine **Schreckensherrschaft.** Das gemäßigte Bürgertum übernahm 1795 wieder die Macht. Mit der Niederschlagung eines Aufstandes gegen die bürgerliche Regierung Frankreichs 1797 begann der Aufstieg **Napoleon Bonapartes.** Von 1799 bis 1812 war er der mächtigste Mann Europas. Er führte zahlreiche Kriege. Innenpolitisch wirkte er als Modernisierer; sein Reformwerk strahlte auf ganz Europa aus.

ARBEITSAUFTRAG

Vergleiche die Bill of Rights (Q 3 auf S. 91), die amerikanische Verfassung (B 4 auf S. 99) und die französische Verfassung (B 2 auf S. 110). Nenne wichtige Gemeinsamkeiten und die wichtigsten Unterschiede.

ZUM WEITERLESEN

Cummings, Betty S.: Auf nach Amerika, dtv, München 1991
Hünermann, Wilhelm: Die Herrgottschanze. Heldentum im Schatten der Guillotine, Tyrolia, Insbruck 1989
Zitelmann, Arnulf: Keiner dreht sich um. Die Lebensgeschichte des Martin Luther King, Beltz, Weinheim/Basel 2003

- 1 http://de.wikipedia.org/wiki/Pilgrim_Fathers
- 2 http://de.wikipedia.org/wiki/Boston_tea_party
  http://www.zum.de/psm/USA/primaer.php
- 3 http://de.wikipedia.org/wiki/Amerikanische_Unabhängigkeitserklärung
- 4 http://www.law.ou.edu/hist/constitution
- 5 http://www.indianer-web.de/inhalt.htm
- 6 http://de.wikipedia.org/wiki/Sezessionskrieg
- 7 http://www.meinebibliothek.de/texte/html/king.html
- 8 http://www.zum.de/psm/frz_rev/primaer_php
- 9 http://de.wikipedia.org/wiki/Olymp_de_Gouges
- 10 http://de.wikipedia.org/wiki/maximilien_de_Robespierre
- 11 http://www.epoche-napoleon.de
- 12 http://de.wikipedia.org/wiki/Preußische_Reformen

Check-up

Standard-Check: Das solltest du können!

1. Wichtige Arbeitsbegriffe
Hier sind wichtige Arbeitsbegriffe des Kapitels aufgelistet. Übertrage sie in dein Heft und formuliere zu jedem Begriff eine kurze Erläuterung.

Frontier	Gewaltenteilung
Glorious Revolution	Jakobiner
Nationalkonvent	Rheinbund
Preußische Reformen	Sezessionskrieg

2. Analyse und Interpretation von Diagrammen
In den drei Kreisdiagrammen sind jeweils unterschiedliche Merkmale der französischen Gesellschaft um 1780 dargestellt.

2.1 Erläutere jeweils mit einem Satz, was die %-Werte über den Zustand der französischen Gesellschaft um 1780 aussagen.

2.2 Stelle mithilfe der drei Diagramme mögliche Gründe für den Ausbruch der Französischen Revolution zusammen.

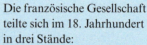

Die französische Gesellschaft teilte sich im 18. Jahrhundert in drei Stände:
– Der Erste Stand waren die Geistlichen (= Klerus)
– Der Zweite Stand wurde vom Adel gebildet.
– Der Dritte Stand umfasste die Bürger und Bauern

D1 Zusammensetzung der französischen Bevölkerung um 1780

D2 Verteilung des französischen Grundbesitzes um 1780

D3 Anteil am Steueraufkommen durch die Stände um 1780

3. Analyse und Interpretation eines Schaubilds

3.1 Fasse den Inhalt des Schaubilds in eigenen Worten zusammen.

3.2 Analysiere und beurteile das Wahlrecht der preußischen Städteordnung. Welche Konsequenzen hatte es für die Zusammensetzung des Magistrats?

3.3 Beurteile, ob die preußische Städteordnung den Städten eine volle Selbstverwaltung ermöglichte.

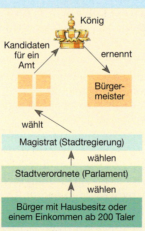

In der Zeit des Absolutismus hatten die Städte ihr Recht zur Selbstverwaltung verloren, das sie im Mittelalter vielfach besaßen. Mit der 1809 für Preußen verkündeten neuen Städteordnung, die Bestandteil der Preußischen Reformen von 1707 bis 1811 war, sollten die Städte dieses Recht zur Selbstverwaltung zurückbekommen.

B4 Die preußische Städteordnung nach den Reformen von 1807–1811

Die Lösungen zu diesen Standard-Checkaufgaben findest du auf Seite 275.

Aber: Erst selbst lösen, dann überprüfen. Dein Können kannst du bewerten (☺ ☺ ☹).

Deine Leistungsbewertung zeigt dir, was du noch einmal wiederholen solltest.

Das konnte ich
☺ = gut
☺ = mittel
☹ = noch nicht

Menschenrechte und Demokratie

Längsschnitt 141

Für uns scheint es eine beinahe selbstverständliche Forderung zu sein, dass alle Menschen das Recht auf ein Leben in Freiheit, rechtlicher Gleichheit und in Würde haben sollen. Doch für viele Menschen in anderen Teilen dieser Welt sind diese **allgemeinen Menschen- und Bürgerrechte** bis heute nicht gesichert. Auch in Europa mussten sie auf einem langen und mühsamen Weg erkämpft werden. Welches waren die Schritte, die zu den Menschen- und Bürgerrechten führten?

Frühe Rechtsgrundsätze – Seit jeher haben sich die Menschen Regeln für ihr Zusammenleben gegeben. Die ältesten Gesetze wie die Zehn Gebote der Bibel sollten Leben oder Besitz schützen. Aber eine rechtlich und sozial ungleiche Stellung von Menschen in der Gesellschaft galt bis in die Neuzeit hinein als gottgewollt. Ob sie Adliger oder Bauer, Kaufmann oder Bettler waren, hing davon ab, in welchen Stand sie hineingeboren wurden. Die Abhängigkeit der einfachen Menschen von der Herrschaft der Fürsten oder Grundherren war groß.

Erst seit dem 15. Jahrhundert vollzog sich ein tiefgreifender Wandel im Denken der Menschen. Die Philosophen der **Renaissance** und der **Aufklärung** forderten, dass der Mensch schon im Diesseits, also nicht erst in dem von der Kirche gepriesenen himmlischen Paradies, ein natürliches, angeborenes Recht auf ein erfülltes und von Freiheit bestimmtes Leben hätte. Nach dieser **Naturrechtslehre** der Aufklärung besitzt jeder Mensch von Geburt an dieselben Rechte: das Recht auf Unversehrtheit und Leben, das Recht, in Freiheit über sich selbst zu bestimmen, die rechtliche Gleichbehandlung der Menschen im Staat und vor den Gerichten.

Diese Menschenrechte mussten gegen mächtige Herrscher erkämpft und durch **Verfassungen** gesichert werden. In ihnen wurde festgeschrieben, dass nicht mehr der einzelne Herrscher, sondern die Gesamtheit der Bürger Träger der staatlichen Gewalt ist. Diese Forderungen waren wichtige Voraussetzungen für die Unabhängigkeitserklärung der Vereinigten Staaten von Amerika (1776) und für die

Forderungen der Französischen Revolution (1789). In den Verfassungen, die sich die Bürger beider Staaten gaben, wurden erstmals die Menschenrechte garantiert.

Menschenrechte: ein Privileg für wenige? – Die Verfassung der USA trat 1789 in Kraft, die Frankreichs 1791. Zum ersten Mal waren die Menschenrechte festgeschrieben. Doch wie wurden sie in der Folge umgesetzt?

In den Vereinigten Staaten wurden den **Schwarzen** und den **Indianern** die vollen Menschenrechte nicht zugestanden. Zu sehr waren die Weißen von ihrer eigenen Überlegenheit und der Andersartigkeit der Schwarzen und Indianer überzeugt. Selbst Väter der amerikanischen Verfassung wie GEORGE WASHINGTON oder THOMAS JEFFERSON hatten keine Bedenken, von der Arbeit ihrer **Sklaven** zu leben.

Auch die tatsächliche Gleichstellung von Frauen traf selbst bei fortschrittlichen Männern auf Vorbehalte. Das weibliche Geschlecht galt ihnen als ungeeignet für viele wissenschaftliche Berufe und für politische Mitsprache. Frauen wie OLYMPE DE GOUGES, die für die **Gleichberechtigung der Frauen** kämpften, hatten bis ins 20. Jahrhundert hinein kaum Erfolge. Oft wurden sie sogar wegen ihres Kampfes um Gleichberechtigung verfolgt. Frauen durften keinen eigenen Besitz haben. Vor Gericht konnten sie ihre Rechte nicht selbst vertreten und durften nicht wählen.

Menschenrechte im 19. Jahrhundert – Die Verwirklichung der Menschenrechte gelang nur langsam. Doch die Schriften der Aufklärer und die Signalwirkung der Französischen Revolution beschleunigten ihre Verwirklichung. In den Jahrzehnten nach 1789 hatten immer mehr Bürgerinnen und Bürger eine hohe Bildung genossen und ein waches Interesse für die Politik entwickelt. Für sie gehörten politische Diskussionen sowie Zeitungslektüre zum Selbstverständnis eines aufgeklärten Menschen. Als im Frühjahr 1848 eine Welle von Revolutionen durch Europa und auch durch viele deutsche Staaten

Q1 Olympe de Gouges: Erklärung der Rechte der Frau und Bürgerin (1791):

1 Das an Schönheit wie an Mut, die Beschwernisse der Mutterschaft betreffend, überlegene Geschlecht [...] erklärt die folgenden Rechte der Frau und Bürgerin:
Art. 1: Die Frau wird frei geboren und bleibt dem Manne
5 gleich in allen Rechten. Die gesellschaftlichen Unterschiede können nur im allgemeinen Nutzen begründet sein. [...]
Art. 4: Freiheit und Gerechtigkeit beruhen darauf, dass dem anderen abgegolten wird, was ihm zusteht. So
10 stößt die Frau bei der Wahrnehmung ihrer natürlichen Rechte nur an die ihr von der Tyrannei des Mannes gesetzten Grenzen; diese müssen durch die von der Natur und Vernunft diktierten Gesetze neu gezogen werden. [...] Art. 6: Das Gesetz soll Ausdruck des Willens aller
15 sein; alle Bürger und Bürgerinnen sollen persönlich oder über ihren Vertreter zu seiner Entstehung beitragen. [...]
Art. 10: Die Frau hat das Recht, das Schafott zu besteigen. Gleichermaßen muss ihr das Recht zugestanden werden, eine Rednertribüne zu besteigen. [...]
20 Art. 13: Zu Fron und lästigen Pflichten wird die Frau ohne Unterschied herangezogen und muss deshalb bei der Zuteilung von Stellungen und Würden, in niederen und höheren Ämtern sowie im Gewerbe berücksichtigt werden. [...]
25 Art. 16: Eine Verfassung aber, an deren Ausarbeitung nicht die Mehrheit der Bevölkerung [die Frauen] mitgewirkt hat, [...] wird null und nichtig.

(In: M. Diller u. a. [Hg.]: Olympe de Gouges: Schriften, Basel/Frankfurt a. Main 1980, S. 40ff.)

B2 Der Denker-Club. Karikatur auf die Unterdrückung der Rede- und Pressefreiheit in Deutschland, um 1820

rollte, trotzte das Bürgertum den Fürsten weitere Freiheitsrechte ab – auch das der politischen Mitsprache.

Das erste frei gewählte gesamtdeutsche Parlament – nur Männer waren wahlberechtigt – trat am 18. Mai 1848 in der Paulskirche in Frankfurt a. M. zusammen. In mühsamer Arbeit und nach langwieriger Diskussion beschlossen die Abgeordneten im Dezember 1848 einen Katalog der **„Grundrechte des deutschen Volkes"**. Hierzu gehörten die Meinungsfreiheit, die Presse- und Versammlungsfreiheit, die rechtliche Gleichstellung aller Menschen auf der Basis rechtsstaatlicher Gesetze und die Religionsfreiheit.

Doch während die gewählten Abgeordneten in Frankfurt tagten, sammelten die Fürsten in ganz Deutschland ihre Kräfte. In einer Art **Gegenrevolution** lösten sie zuerst die Parlamente in den einzelnen Ländern und dann 1849 das gesamtdeutsche Parlament gewaltsam auf. Die gerade erst von den Frankfurter Parlamentariern beschlossenen Grundrechte wurden aufgehoben. Dennoch: Diese Grundrechte von 1848 wurden ab 1919 in den späteren deutschen Verfassungen der **Weimarer Republik** und der **Bundesrepublik Deutschland** in annähernd gleichem Wortlaut aufgenommen.

Die Arbeiterschaft kämpft für Rechte – Seit dem Beginn der Industrialisierung hatten die Arbeiter erste **Arbeitervereine** gegründet, um gemeinsam für höhere Löhne und bessere Arbeitsbedingungen zu kämpfen. Mitte der 1860er-Jahre gründeten sie neue Organisationsformen: Sie schlossen sich zu politischen Vereinen und **Parteien** zusammen. Deren Ziel war es nun auch, einen anderen, gerechteren Staat zu schaffen. Darauf reagierten die konservative Mehrheit und der Staat mit Unterdrückung, z. B. mit dem **Sozialistengesetz** von 1878: Die Gewerkschaften und Parteien der Arbeiter wurden verboten, ihre Führer verhaftet, Streiks wurden oft blutig niedergeschlagen. Erst 1890 erhielten sie in Deutschland das Recht sich zusammenzuschließen.

Wie wird gewählt? – Das Wahlrecht war anfangs oft ein **„Klassenwahlrecht"**: Die Wähler wurden nach ihrer Steuerleistung in verschiedene „Klassen" unterteilt. Beim preußischen „Dreiklassenwahlrecht" hatten alle drei „Klassen" je ein Drittel der Stimmen, obwohl die erste Steuerklasse nur etwa fünf Prozent und die zweite nur 16 Prozent der Bevölkerung ausmachten. Das Dreiklassenwahlrecht galt in Preußen bis 1919.

Noch stärker als bei den Arbeitern war im 19. Jahrhundert das Wahlrecht der Frauen eingeschränkt. Sie blieben prinzipiell von Wahlen ausgeschlossen. Viele engagierte Frauenrechtlerinnen waren davon überzeugt, dass sich die Situation der Frauen nur dann grundlegend verbessern würde, wenn die Frauen mit ihrer Wahlstimme die Politik selbst mitbestimmen könnten. In England wurden diese Frauenrechtlerinnen **Suffragetten** genannt, weil sie das Stimmrecht (lat.: *suffragium*) forderten. In Deutschland erhielten Frauen das Wahlrecht erst 1918, in vielen anderen Ländern Europas und in den USA sogar noch später.

Die Menschenrechte seit 1945 – Nach der Katastrophe des Zweiten Weltkriegs hofften viele Menschen, dass nun endlich eine dauerhafte Friedensordnung auf der Grundlage der Menschenrechte entstehen würde. Inwieweit wurde diese Hoffnung erfüllt?

B4 Suffragetten. Englische Frauenrechtlerinnen, um 1900

B3 Plakat zum Zusammenschluss der Arbeiterschaft, 19. Jh.

Zusammen mit anderen Politikern schufen der Engländer WINSTON CHURCHILL und der Amerikaner FRANKLIN D. ROOSEVELT 1945 eine neue Weltorganisation, die **Vereinten Nationen** (UNO). Ihre Gründungsakte vom Juni 1945 enthielt Regeln, die Konflikte zwischen den Staaten in Zukunft vermeiden oder zumindest friedlich bereinigen sollten. Zu diesen Regeln gehörte, dass jede Nation ihre politische Ordnung selbst bestimmen sollte – das **Selbstbestimmungsrecht der Völker**. Zugleich sollten aber die Rechte der in einem Lande lebenden Minderheiten respektiert werden. Im Jahr 1948 verabschiedete die UNO dann die **„Allgemeine Erklärung der Menschenrechte"**, die fortan in allen Staaten der Welt gelten sollten.

Die Menschenrechte heute – Auch nach 1945 gab es zahlreiche Kriege oder Bürgerkriege. Und die weltweit aktive Menschenrechtsorganisation **Amnesty international** kann kaum ein Land benennen, in dem die Menschenrechte nicht verletzt wurden. Brutale Gewaltakte des Staates gegen Bürgerinnen und Bürger gehören dazu: 1989 wurden auf dem „Platz des Himmlischen Friedens" in Peking mehrere tausend Studenten niedergeschossen, weil sie für mehr Freiheitsrechte demonstrierten. In den Jahren 1994 bis 1999 wurden zehntausende Menschen nur wenige hundert Kilometer von uns entfernt wegen ihrer Volkszugehörigkeit oder Religion brutal vertrieben oder ermordet: in Bosnien, Kroatien, in der Herzegowina, im Kosovo und in Serbien.

In vielen Staaten Asiens, Afrikas oder der arabischen Welt stoßen die Menschenrechtsforderungen der UNO auf Unverständnis und auf Widerstand. Dort sind weder die Gleichstellung der Frau noch die Rechte der Kinder verwirklicht. Noch immer müssen Kinder in vielen Ländern von klein auf schwerste Arbeiten verrichten. Jahrhundertealte kulturelle Traditionen, Armut und andere soziale Probleme in den Entwicklungsländern stehen dort der Verwirklichung der Menschenrechte entgegen.

B 5 Platz des Himmlischen Friedens in Peking, 1989

Q 6 Allgemeine Erklärung der Menschenrechte der UNO vom 10. Dezember 1948:

1 Art. 1: Alle Menschen sind frei und gleich an Würde und Rechten geboren. Sie sind mit Vernunft und Gewissen begabt und sollen einander im Geiste der Brüderlichkeit begegnen.
5 Art. 2: Jeder Mensch hat Anspruch auf die in dieser Erklärung verkündeten Rechte und Freiheiten ohne irgendeine Unterscheidung wie etwa nach Rasse, Farbe, Geschlecht, Sprache, Religion, politischer oder sonstiger Überzeugung, nationaler oder sozialer Herkunft,
10 nach Eigentum, Geburt oder sonstigen Umständen.
Art. 3: Jeder Mensch hat das Recht auf Leben, Freiheit und Sicherheit der Person. [...]
Art. 9: Niemand darf willkürlich festgenommen, in Haft gelassen oder des Landes verwiesen werden. [...]
15 Art. 13.: Jeder [...] hat das Recht, jedes Land, einschließlich des eigenen, zu verlassen sowie [...] zurückzukehren.
Art. 19: Jeder [...] hat das Recht auf freie Meinungsäußerung.

(In: Wolfgang Heidelmeyer [Hg.]: Die Menschenrechte, Paderborn 1982, S. 271–274. Bearbeitet)

ARBEITSAUFTRÄGE

1. Lies Q 1. Wie werden die allgemeinen Rechte der Frauen begründet? Überlege, ob diese Rechte heute verwirklicht sind.
2. Betrachte B 2. Was wird kritisiert? Erläutere, warum Meinungs- und Pressefreiheit grundlegende Menschenrechte sind.
3. Betrachte B 3 und B 4. Überlege, warum das gleiche Wahlrecht ein Garant für die Verwirklichung der Menschenrechte ist.
4. Vergleiche die Allgemeinen Menschenrechte der UNO in Q 6 mit denen der Französischen Revolution von 1789. Überlege, warum in ihr andere Rechte im Vordergrund stehen.
5. Welche Gedanken/Gefühle mag der chinesische Student (B 5) gehabt haben? Schreibe einen Brief aus seiner Perspektive.

Die deutsche Revolution von 1848

Nach dem Sturz Napoleons 1814/15 vereinbarten die Fürsten Europas die Restauration (Wiederherstellung) der alten politischen Verhältnisse. Schon einige Jahre später ging eine Welle von demokratischen Revolutionen durch Europa. In Deutschland war sie 1848/49 mit den Zielen der nationalen Einheit und einer freiheitlichen Verfassung verbunden. Konnte das liberal-demokratische Bürgertum seine Vorstellungen von nationaler Einheit und einer freiheitlichen Verfassung verwirklichen?

Die deutsche Revolution von 1848

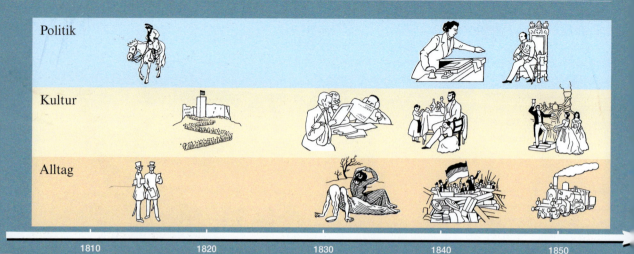

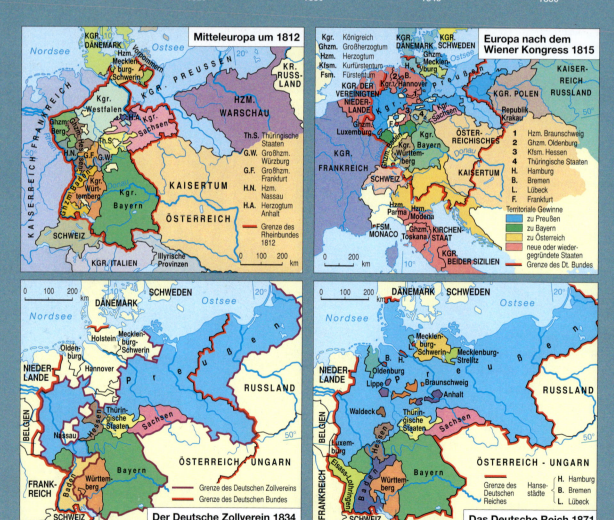

ARBEITSAUFTRAG

Vergleiche die Karten. Welche Grenzveränderungen fallen dir auf zwischen Karte 1 (Mitteleuropa um 1812), Karte 2 (Europa nach dem Wiener Kongress, 1815) und Karte 3 (Der Deutsche Zollverein, 1834)?

Die deutsche Revolution von 1848
1. Europa und Deutschland nach dem Sturz Napoleons

Im Jahr 1812 stand Napoleon auf dem Höhepunkt seiner Macht. Doch zwischen 1813 und 1815 zerbrach sein Herrschaftssystem. Wie wurde Europa jetzt neu geordnet?

Die Befreiungskriege – Da Russland die Kontinentalsperre gegen England nicht mehr einhielt, griff Napoleon 1812 Russland an. Dieser Feldzug endete jedoch im Winter 1812/13 mit einer Katastrophe für die Große Armee. Nun schlossen sich Preußen, Russland, Österreich, Großbritannien und zahlreiche andere Staaten gegen Napoleon zusammen. Ihre Truppen besiegten Napoleons Armee 1813 in der **Völkerschlacht bei Leipzig**, marschierten 1814 in Frankreich ein und besetzten Paris. Napoleon ging ins Exil.

Die Absichten der Fürsten, die Hoffnungen der Bürger – Die europäischen und deutschen Fürsten wollten so weit wie möglich die politischen und territorialen Verhältnisse vor der Französischen Revolution wiederherstellen, jedenfalls soweit ihre eigenen Interessen nicht betroffen waren. Die Mehrheit des deutschen Bürgertums hatte ganz andere Vorstellungen von der Zukunft Deutschlands. Sie strebte einen **einheitlichen deutschen Nationalstaat** an. Außerdem sollte die monarchische Gewalt durch gewählte Volksvertreter, durch ein **Parlament** mit verfassungsmäßigen Rechten, beschränkt werden.

Der Wiener Kongress – Die Delegationen der europäischen Fürsten trafen sich zwischen September 1814 und Juni 1815 in Wien zu einem Kongress. Die wichtigen Entscheidungen wurden aber nur von den Großmächten getroffen. ⊚/1

Die Politik der Großmächte beim Wiener Kongress wurde **Restauration** (Lat.: Wiederherstellung) genannt. Die Staatsgewalt sollte wieder von absolut regierenden Fürsten ausgehen. Nur die monarchische Herrschaft galt als legitim (lat.: rechtmäßig). Nationale Bewegungen und Forderungen nach mehr politischer Mitbestimmung sollten unterdrückt werden.

K 1 Mitteleuropa um 1812

K 2 Europa nach dem Wiener Kongress 1815

Die Neuordnung Europas durch die Fürsten – Das Ziel der Fürsten auf dem Wiener Kongress war eine stabile Ordnung für Europa. Die neuerliche **Hegemonie** (Lat.: Vorherrschaft) eines Staates sollte durch das Gleichgewicht der europäischen Großmächte ausgeschlossen werden. Es kam aber zu Konflikten. Russland beanspruchte ganz Polen für sich, das seit 1795 zwischen Russland, Preußen und Österreich aufgeteilt war. Preußen verlangte dafür Sachsen, das bis 1813 an der Seite Napoleons gekämpft hatte, als Entschädigung. Doch England und Österreich wollten einer so großen Ausdehnung Russlands und Preußens nicht zustimmen. Schließlich wurde ein Teil Polens mit Russland vereinigt, ein Teil ging an Preußen. Sachsen musste einen großen Teil seines Gebiets an Preußen abtreten. Auch Österreich vergrößerte sein Territorium auf Kosten des Königreiches Bayern. Frankreich wurde auf die Grenzen von 1792 beschränkt. Den Großmächten gelang es, ihre Gebietsgewinne während der napoleonischen Kriege auf Kosten der kleinen Staaten zu sichern. Diese kleinen Staaten beriefen sich vergeblich auf den vereinbarten Grundsatz der Restauration.

Die Neuordnung Deutschlands durch die Fürsten – Ein zentraler Verhandlungspunkt des Wiener Kongresses war die politische **Neugestaltung Deutschlands**. Welche Vereinbarungen wurden dort getroffen?
Sowohl die europäischen Großmächte als auch die deutschen Fürsten lehnten einen deutschen Nationalstaat ab. Während die einen die Macht eines starken Nationalstaates in Mitteleuropa fürchteten, wollten die anderen ihre gerade erst gewonnene Souveränität nicht wieder verlieren. Außerdem hätten weder Österreich noch Preußen die Vorherrschaft des jeweils anderen in einem geeinten deutschen Staat akzeptiert. ❓/2

PERSONENLEXIKON

KLEMENS FÜRST VON METTERNICH, 1773–1859. Österreichischer Staatskanzler 1809–1848, Präsident des Wiener Kongresses. Die Restauration in Europa wird mit seinem Namen verknüpft.

Q 3 Bundesakte vom 8. Juni 1815:

1 Art. 1. Die souveränen Fürsten und freien Städte Deutschlands […] vereinigen sich zu einem beständigen Bunde, welcher der
5 Deutsche Bund heißen soll.
Art. 2. Der Zweck desselben ist Erhaltung der äußeren und inneren Sicherheit Deutschlands und der Unabhängigkeit und Unver-
10 letzbarkeit der einzelnen deutschen Staaten. […]
Art. 11. Alle Mitglieder des Bundes versprechen, sowohl ganz Deutschland als jeden einzelnen
15 Bundesstaat gegen jeden Angriff in Schutz zu nehmen […]. Die Bundes-Glieder machen sich ebenfalls verbindlich, einander unter keinerlei Vorwand zu bekriegen, noch
20 ihre Streitigkeiten mit Gewalt zu verfolgen, sondern sie bei der Bundesversammlung anzubringen. […]
Art. 13. In allen Bundesstaaten wird eine Landständische Verfas-
25 sung stattfinden.

(In: E. R. Huber, Dokumente zur deutschen Verfassungsgeschichte, Bd. 1, Stuttgart 1978, S. 84 ff. Gekürzt)

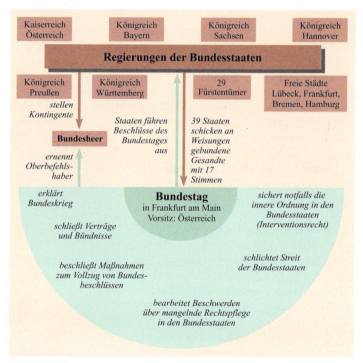

B 4 Organigramm des Deutschen Bundes von 1815 (Zusammensetzung, Ziele und Aufgabenbereiche)

Durch die Deutsche Bundesakte vom 8. Juni 1815 wurde ein **Deutscher Bund** als lockerer Zusammenschluss von 35 souveränen Staaten und vier freien Städten gegründet. Dieser Staatenbund sollte einerseits die Einheit und Sicherheit Deutschlands wahren, andererseits aber die Souveränität der Einzelstaaten möglichst wenig einschränken. Die einzige zentrale Einrichtung war der **Bundestag**, ein ständig in Frankfurt am Main tagender Kongress von Gesandten der Einzelstaaten. Verbindliche Beschlüsse konnten nur mit Zweidrittelmehrheit gefasst werden. Ein Oberhaupt oder eine gemeinsame Regierung waren nicht vorgesehen. 🔗/1

Diese territoriale und politische Neuordnung Deutschlands stimmte mit den Vorstellungen des Bürgertums nicht überein: Weder der angestrebte einheitliche Nationalstaat noch eine Verfassung mit verbrieften Mitbestimmungsrechten für das Bürgertum wurden verwirklicht.

B 6 „Deutscher Michel im Schlaf". Zeitgenössische Karikatur

Q 5 Ernst Moritz Arndt, 1813: Was ist des Deutschen Vaterland?

1 Was ist des Deutschen Vaterland?
Ist's Preußenland?
Ist's Schwabenland?
Ist's, wo am Rhein die Rebe blüht?
5 Ist's, wo am Belt die Möwe zieht?
Oh nein! nein! nein!
Sein Vaterland muss größer sein!

Was ist des Deutschen Vaterland?
So nenne mir das große Land!
10 Gewiss ist es das Österreich,
An Ehren und an Siegen reich?
Oh nein! nein! nein!
Sein Vaterland muss größer sein!

Was ist des Deutschen Vaterland?
15 So nenne mir das große Land!
So weit die deutsche Zunge klingt
Und Gott im Himmel Lieder singt!
Das soll es sein! –
Das ganze Deutschland soll es sein!

(In: U. Otto, Die historisch-politischen Lieder des Vormärz ..., 1982, S. 130. Gekürzt)

Q 7 Adolf Ludwig Heeren (Historiker) 1816 über Deutschland und Europa:

1 [...] Den fremden Mächten kann es nicht gleichgültig sein, wie der Zentralstaat von Europa geformt ist! Wäre dieser Staat eine große Monarchie mit strenger politischer Einheit, ausgerüstet mit allen den materiellen Staatskräften,
5 die Deutschland besitzt – welcher sichere Ruhestand wäre für sie möglich? [...] Ja! würde ein solcher Staat lange der Versuchung widerstehen können, die Vorherrschaft in Europa sich anzueignen, wozu seine Lage und seine Macht ihn zu berechtigen scheinen? [...] Die Entstehung einer
10 einzigen und unumschränkten Monarchie in Deutschland würde binnen kurzem das Grab der Freiheit von Europa.

(In: W. D. Gruner, Die deutsche Frage. Ein Problem der europäischen Geschichte seit 1800, München 1985, S. 63)

ARBEITSAUFTRÄGE

1. Erläutere mit K 1, K 2 und Q 3 die Ziele der Fürsten bei der Neugestaltung Europas 1815. Beurteile, ob es sich bei den territorialen Veränderungen tatsächlich nur um eine Restauration der vornapoleonischen Verhältnisse handelte.
2. Beschreibe anhand von B 4, wie im Deutschen Bund Entscheidungen zustande kamen und wer sie traf. Stelle dir vor, die Bundesrepublik wäre ein ebenso lockerer Staatenbund. Was wäre heute anders?
3. Erläutere, welche Forderung des deutschen Bürgertums in dem Gedicht Q 5 zum Ausdruck kommt. Nutze auch B 6.
4. Nimm Stellung zu den Aussagen von Q 7. Überlege, wessen Interessen darin unterstützt wurden und wessen nicht.
5. Wie wird ein deutscher Bürger und Patriot um 1815 die Ergebnisse des Wiener Kongresses vermutlich beurteilt haben?

2. Freiheit und Einheit: die Ziele des deutschen Bürgertums

Viele Deutsche hatten nach dem Sieg über Napoleon auf einen einheitlichen Nationalstaat mit einer freiheitlichen Verfassung gehofft. Gaben sie diese Hoffnung nun auf?

Nationale und liberale Opposition – Die Ergebnisse des Wiener Kongresses bedeuteten fürs Erste das Scheitern liberaler (= freiheitlicher) und nationaler Bestrebungen. Doch bald entwickelte sich eine **Opposition** (= Gegenbewegung) gegen das politische System der Restauration. Was wollten die Vertreter der Opposition erreichen?

In allen Schichten des Bürgertums, bei den Unternehmern, den Handwerkern, den Bildungsbürgern und Studenten, war die Forderung nach der deutschen Einheit groß. Es gab aber kaum konkrete Vorstellungen darüber, wie die **nationale Einheit** angesichts der vielen deutschen Einzelstaaten verwirklicht werden konnte.

Auch hinsichtlich der angestrebten freiheitlichen Verfassung gab es verschiedene Ziele. Den liberal gesinnten Bürgern schwebte als Verfassungsform eine **konstitutionelle Monarchie** nach dem Vorbild Englands vor: Die Monarchie sollte demnach zwar nicht abgeschafft, aber an eine Verfassung (= Konstitution) gebunden werden. Einem anderen Flügel der Liberalen, dessen Anhänger als „Demokraten" bezeichnet wurden, gingen diese Vorstellungen nicht weit genug. Sie wollten die Monarchie ganz abschaffen sowie die Herrschaft des Volkes und des Parlaments in einer **Republik** durchsetzen – wie im Frankreich der Revolutionszeit.

Einen ersten Schritt auf dem Weg zu einem freiheitlichen Deutschland sahen viele in der Durchsetzung von Verfassungen in den Einzelstaaten des Deutschen Bundes. Die in der Bundesakte versprochenen Verfassungen wurden von den deutschen Fürsten jedoch zunächst nur in Bayern, Baden, Sachsen-Weimar und Württemberg verwirklicht, nicht aber in Preußen und Österreich. Gerade das Scheitern der preußischen Verfassungspläne bedeutete einen schweren Rückschlag für die liberale Bewegung.

B2 „Feuergericht" auf dem Wartburgfest 1817. Studenten werfen als „undeutsche Schriften" bezeichnete Bücher sowie absolutistische Symbole ins Feuer. Kolorierter Holzstich, um 1880

2. Freiheit und Einheit: die Ziele des deutschen Bürgertums 151

Studenten und Obrigkeit – Die aktivsten Vertreter der deutschen Nationalbewegung kamen aus den Reihen der Studenten. Die 1815 in Jena gegründete Burschenschaft wählte als ihre Farben Schwarz-Rot-Gold. Diese Farben wurden für die Farben des alten deutschen Reiches gehalten. Sie wurden schnell zum Symbol der oppositionellen Bewegung. Die erste gemeinsame Kundgebung der Burschenschaften war das **Wartburgfest** am 18. Oktober 1817. Über 500 Delegierte zogen zur Burg hinauf und hörten dort patriotische Reden. 1818 schlossen sich die Studenten zur „Allgemeinen Deutschen Burschenschaft" zusammen. /4

Am 23. März 1819 ermordete der Burschenschafter KARL LUDWIG SAND den russischen Staatsrat und Dichter AUGUST VON KOTZEBUE. Dieser hatte die nationale und liberale Begeisterung der Studenten lächerlich gemacht. Der Mord an einem Dichter beunruhigte die Fürsten und die Regierungen. Wie würden sie darauf reagieren?

Die Reaktion der Obrigkeit – Der österreichische Staatskanzler METTERNICH sah in dem Mord eine willkommene Gelegenheit, die liberale Opposition niederzuwerfen. Im August 1819 vereinbarte der Deutsche Bund die **Karlsbader Beschlüsse.** Diese verboten die Burschenschaften und stellten die Universitäten unter strenge Überwachung. Politische Druckschriften wurden nun vor ihrem Erscheinen einer **Zensur** unterzogen.

In der Folgezeit rollte eine Welle von Verhaftungen und Hausdurchsuchungen über liberale und demokratisch gesinnte Professoren, Studenten, Dichter und Journalisten hinweg (sog.: „Demagogenverfolgung"). Ein Spitzelsystem überwachte auch das Privatleben der Bürger. Der Deutsche Bund wurde für zwei Jahrzehnte zum Instrument der Unterdrückung politisch Andersdenkender.

Die Burschenschaft wählte als ihre Farben Schwarz-Rot-Gold. Sie galten ihnen als die Farben des alten deutschen Reiches.

Q 3 Programm der „Allgemeinen deutschen Burschenschaft" (1818):

1 Der Wille des Fürsten ist nicht das Gesetz des Volkes, sondern das Gesetz des Volkes soll der Wille des Fürsten sein. Gegen das Ge-
5 setz kann der Fürst niemals etwas tun wollen. Freiheit und Gleichheit ist das Höchste, wonach wir zu streben haben. Das Recht, in freier Rede und Schrift seine Meinung
10 über öffentliche Angelegenheiten zu äußern, ist ein unveräußerliches Recht jedes Staatsbürgers [...]. Dieses Recht muss das Wahlrecht des Bürgers ergänzen, wenn er die
15 reelle Freiheit erhalten soll. Von dem Lande oder Ländchen, in welchem wir geboren sind, wollen wir niemals das Wort Vaterland gebrauchen. Deutschland ist unser
20 Vaterland.

(In: M. Hodann, W. Koch (Hg.): Die Urburschenschaft als Jugendbewegung, Jena 1917, S. 51 ff.)

B 4 Hinrichtung des Burschenschaftlers Karl Ludwig Sand, 1819

ARBEITSAUFTRÄGE

1. Erläutere mithilfe von K 1 die Verfassungssituation in den Staaten des Deutschen Bundes vor 1831 und 1848. Beurteile, ob die Mehrheit des deutschen Bürgertums ihre Vorstellungen von einer freiheitlichen Verfassung damals verwirklicht sah.
2. Erläutere mithilfe von Q 3 die Ziele der Studenten. Beschreibe ihre Sichtweise auf die Herrschaft der Fürsten.
3. Beschreibe B 2. Versetze dich dabei einmal in einen Teilnehmer und einmal in einen kritischen Betrachter der Szene.
4. Erläutere die Reaktion der Fürsten auf den Mord an Kotzebue und erkläre ihre Motive. Wie beurteilst du die Tat des Burschenschaftlers Karl Ludwig Sand?

3. Revolutionäre Vorboten in Deutschland und Europa

Im Jahre 1830 gab es in einigen Staaten Europas Unruhen und Aufstände. Welche Konflikte lagen diesen Aufständen zugrunde?

In Frankreich hatte König KARL X. versucht, die Verfassung von 1814 wieder einzuschränken. Der Unmut darüber entlud sich in der **Julirevolution** von 1830, die Karl nach blutigen Straßenkämpfen stürzte. Das Volk forderte die Gründung einer Republik. Schließlich wurden aber eine konstitutionelle Monarchie eingeführt und der neue König LOUIS PHILIPPE von der Volksvertretung gewählt.

Ein revolutionärer Flächenbrand – Die Revolution breitete sich von Frankreich in ganz Europa aus. Belgien rief die Unabhängigkeit von den Niederlanden aus. In Polen kam es 1831 zum Freiheitskampf gegen die russische Fremdherrschaft. Erst nach elf Monaten gelang es Russland mit militärischer Hilfe Preußens, den Aufstand niederzuschlagen.

Aufstände in Deutschland – Trotz Unterdrückung der Opposition kam es auch in einigen Staaten des Deutschen Bundes zu Unruhen. Welche Folgen hatte dies?

In Deutschland fanden revolutionäre Ereignisse vornehmlich in denjenigen Staaten statt, deren Herrscher bislang politische Reformen verweigert hatten: in Braunschweig, Kurhessen, Hannover und Sachsen. Diese Staaten erhielten in den folgenden Jahren Verfassungen.

In Preußen weigerte sich König FRIEDRICH WILHELM IV. weiterhin, das schon 1815 gegebene Verfassungsversprechen einzulösen. Erst 1847 berief der König einen „Vereinigten Landtag". Er sollte jedoch nur beratende Funktion haben und Steuern bewilligen dürfen. Der Landtag lehnte aber jede Geldbewilligung ab, solange ihm nicht das Recht einer regelmäßigen Tagung zugestanden würde. Der König war dazu nicht bereit und löste den Landtag bald wieder auf.

PERSONENLEXIKON

PHILIPP JACOB SIEBENPFEIFFER, 1789 – 1845. Journalist, Mitorganisator und einer der Wortführer des Hambacher Festes von 1832. Auf Initiative Metternichs und des bayerischen Königs sollte er 1833 zusammen mit JOHANN GEORG AUGUST WIRTH wegen revolutionärer Umtriebe verurteilt werden. Doch der Prozess endete wider Erwarten mit einem Freispruch. Wenig später wurden sie erneut wegen angeblicher Beamtenbeleidigung angeklagt und zur Höchststrafe von zwei Jahren Haft verurteilt.

B 1 Zug der demokratischen Oppositionsbewegung auf das Hambacher Schloss am 27. Mai 1832; Gemälde von J. Weber (aus dem Jahr 1848)

Aufschwung der Opposition, Verschärfung der Reaktion – Die Revolutionen von 1830 hatten den liberalen Kräften in Deutschland neuen Auftrieb gegeben. Wie machte sich das bemerkbar?

In den süddeutschen Staaten stärkte die französische Julirevolution die Liberalen in ihrem Kampf um die Verbesserung der bereits bestehenden Verfassungen. Überall bildeten sich politische Vereine. Erstmals wurde die Presse in Deutschland zu einer politischen Kraft, indem sie breite Volksschichten über das Geschehen in Europa informierte. Demokratisch gesonnene Dichter und Schriftsteller beklagten die politischen und sozialen Missstände in Zeitungen, auf Flugblättern und in ihren Schriften. 🌐/3

Ein Höhepunkt der liberalen und demokratischen Oppositionsbewegung war das **Hambacher Fest.** Etwa dreißigtausend Teilnehmer aus fast allen Staaten des Deutschen Bundes trafen sich 1832 auf der pfälzischen Schlossruine in Hambach. Gemeinsam demonstrierten sie unter schwarz-rot-goldenen Fahnen für Volkssouveränität und für einen deutschen Einheitsstaat. 🌐/5

Die Fürsten leiteten daraufhin eine neue Unterdrückungsphase ein. Die Zensur wurde verstärkt, die Rede-, Vereins- und Versammlungsfreiheit wurden aufgehoben. Hunderte Oppositionelle landeten in Gefängnissen, Tausende flohen ins Ausland. Großes Aufsehen erregte der Fall der **Göttinger Sieben.** Als der König von Hannover 1837 die erst 1833 gewährte Verfassung aufhob, protestierten sieben Göttinger Professoren dagegen, darunter die Gebrüder GRIMM. Der König antwortete mit der Amtsenthebung und Ausweisung der Protestierenden. Aus Angst vor Verfolgung zogen sich daraufhin viele liberal und demokratisch gesonnene Bürger ins Private zurück.

PERSONENLEXIKON

JACOB GRIMM, 1785–1863, und WILHELM GRIMM, 1786–1859. Germanisten. Sie bearbeiteten gemeinsam Märchen, Sagen und das Deutsche Wörterbuch.
Sie gehörten zu den „Göttinger Sieben", die 1837 wegen ihres Protestes amtsenthoben wurden.

Q 2 Philipp J. Siebenpfeiffer: Rede auf dem Hambacher Fest, 1832:

1 Ja, es wird kommen der Tag, wo ein gemeinsames deutsches Vaterland sich erhebt aus den Trümmern, worunter die Gewalt der
5 Zeit und der Verrat der Fürsten es begraben! [...] Ja, es wird kommen der Tag, wo ein gemeinsames deutsches Vaterland sich erhebt, das alle Söhne als Bürger begrüßt
10 und alle Bürger mit gleicher Liebe, mit gleichem Schutz umfasst; wo die erhabene Germania [...] streitenden Völkern das selbst erbetene Gesetz des Friedens spendet
15 [...]. Wir selbst wollen, wir selbst müssen vollenden das Werk, und ich ahne, bald, bald muss es geschehen, soll die deutsche, soll die europäische Freiheit nicht er-
20 mordet werden von den Mörderhänden der Aristokratie [...].

(In: M. Görtemaker, Deutschland im 19. Jahrhundert, 3. Aufl., Bonn 1989, S. 92 f. Gekürzt)

Q 3 Österreichs Staatskanzler Metternich in einem Brief an seinen Gesandten in Berlin, 10.06.1832:

1 Der 28ste Artikel der Wiener Schlussakte [= Wiener Kongress von 1814/1815] bestimmt Folgendes: Wenn die öffentliche Ruhe und gesetzliche Ordnung in mehreren Bundesstaaten durch gefährliche Verbindungen und An-
5 schläge bedroht sind und dagegen nur durch Zusammenwirken der Gesamtheit ausreichende Maßnahmen ergriffen werden können, ist der Bundestag [des Deutschen Bundes] befugt und berufen, nach vorgängiger Rücksprache mit den betroffenen Regierungen, solche
10 Maßnahmen zu beraten und zu beschließen.
Dieser [...] Fall liegt nun vor. [...] Ich rechne mit aller Zuversicht darauf, dass beide Höfe [in München und in Berlin] in demselben Geiste die Revolution fest in das Auge fassen, um ihren Untergang [...] herbeizuführen

(In: Veit Valentin, Das Hambacher Nationalfest, Berlin 1932, S. 142 f. Gekürzt)

ARBEITSAUFTRÄGE

1. Beschreibe B1 und erläutere mithilfe von Q2, wie nach Ansicht der Teilnehmer des Hambacher Festes das zukünftige Deutschland geschaffen werden sollte.
2. Lies Q3. Erläutere die Position, die Metternich darin gegenüber den Oppositionellen einnimmt. Interpretiere seine Empfehlung für ein gemeinsames Vorgehen der Regierungen.

4. Biedermeier – der Rückzug ins Private

Das Bürgertum bestand im 19. Jahrhundert vor allem aus Beamten, ersten Industriellen sowie aus Handwerkern und kleinen Händlern. In der Zeit der beginnenden Industrialisierung und ersten Reformen durch die deutschen Fürsten hatte das Bürgertum an Selbstbewusstsein gewonnen. Nach der Niederlage Napoleons waren die Forderungen nach größeren politischen Freiheiten in Deutschland immer lauter geworden. Doch wie reagierte das Bürgertum, als die Fürsten die liberale und demokratische Oppositionsbewegung unterdrücken wollten?

Rückzug ins Private – Die demokratische bürgerliche Opposition wurde durch die Karlsbader Beschlüsse von 1819 und durch die Verfolgungen nach 1832 mundtot gemacht. Ein großer Teil der politisch aktiven Bürger zog sich daraufhin aus Angst vor der Obrigkeit kleinlaut und gehorsam ins Private sowie in seine eigenen vier Wände zurück.

Es entstand als eigener Lebensstil das **Biedermeier.** Diesen Namen prägte der Dichter Ludwig Eichroth 1850, als er Spottgedichte auf einen typischen bürgerlichen Menschen, den Herrn „Biedermeier", schrieb. Der Biedermeier-Stil zeigt einen deutlichen Hang zum Verniedlichen und Idealisieren: Man liebte schlichte Möbel, ein Musikinstrument, persönliche Bilder als Wandschmuck und Porzellan- oder Schmuckgegenstände, den so genannten „Nippes", der in Vitrinen oder Schränken ausgestellt wurde. Das Bürgertum wurde konservativ (Lat.: bewahrend) und entwickelte „bürgerliche" Tugenden wie Schlichtheit, Bescheidenheit und Bürgertreue.

Dessertschale mit Blumendekor. Um 1825

B 1 Eine bürgerliche Familie. Gemälde von Eduard Gärtner, 1840

4. Biedermeier – der Rückzug ins Private

Die „gute Stube" – Die Bürger versuchten, im häuslichen Bereich idyllische und harmonische Zustände zu schaffen. Wie lebten Herr Biedermeier und seine Familie?

Das biedermeierliche Leben verlangte nach Ordnung. Sein Mittelpunkt war das Familienleben in der „guten Stube". Die Familie war streng patriarchalisch gegliedert. Der Ehemann war Oberhaupt, Ernährer und Repräsentant der Familie, die Ehefrau treue Gattin, Wirtschafterin und Erzieherin der Kinder. Die Kinder mussten sich vor allem brav und respektvoll verhalten, fromm und strebsam sein.

Die Wohnung war zum einen Zufluchtsstätte. In seiner Wohnung war man vor den Spitzeln des Staates sicher. Zum anderen diente sie als Stätte der bürgerlichen Geselligkeit. Hier trafen sich Bürger, die oft durch gegenseitige Geschenke oder Freundschaftsbeweise eine private und eben häusliche Gemeinschaft bildeten.

Geselligkeit und Vereine – Dass das Bürgertum von der Teilhabe an der Politik ausgeschlossen blieb, war von den Fürsten erwünscht und erzwungen. Nur in den Cafés und Lesegesellschaften, wo Zeitungen auslagen, konnten auch politische Meinungen ausgetauscht werden. Noch wichtiger waren Vereine, die jetzt in großer Zahl entstanden: Musik-, Theater- und Gesangsvereine, Turn- oder Kegelvereine. Auch sie schufen bürgerliche Geselligkeit und den Zusammenhalt einer neuen, aufstrebenden Schicht.

B 3 Geselligkeit der Freunde Franz Schuberts (am Klavier). Aquarell, 1821. Gestaltet wird ein „lebendes Bild", hier der Sündenfall.

B 4 Lesekabinett. Gemälde von J. P. Hasenclever, 1843

Q 2 Der Dichter Gottfried Kinkel über den „Biedermeier":

[…] Stets nur treu und stets loyal
und vor allem stets zufrieden.
So hat Gott es mir beschieden.
Folglich bleibt mir keine Wahl.
Ob des Staates alten Karren
Weise lenken oder Narren,
Dieses geht mich gar nichts an;
denn ich bin ein Untertan.

(In: U. Otto, Die historisch-politischen Lieder des Vormärz, Köln 1982)

ARBEITSAUFTRÄGE

1. Erläutere, was B 1 und B 3 über das Lebensgefühl der biedermeierlichen Menschen aussagen. Was war ihnen wichtig? Diskutiert, welche dieser Werte noch heute wichtig sind, welche an Bedeutung verloren haben.
2. Beschreibe B 4 und vergleiche mit der Familienidylle in B 1: Womit ergänzt das Lesecafé das Familienleben? Nimm Stellung: Würde dir dieser Ausgleich genügen?
3. Erläutere, was im Gedicht Gottfried Kinkels in Q 2 über den „Biedermeier" zum Ausdruck kommt. Diskutiert, ob das Gedicht auch heute noch aktuell ist.

5. Elend, Hunger und soziale Unruhen

Während sich große Teile des Bürgertums selbstzufrieden zurückzogen und bescheidenen Wohlstand genossen, lebten andere in bitterer Armut. Um die Mitte des 19. Jahrhunderts waren in Deutschland breite Schichten der Bevölkerung verelendet. Wie kam es dazu? Wie lebten diese Menschen?

Zunehmende Armut – Die Verelendung weiter Bevölkerungskreise hatte mehrere Ursachen. Die Bevölkerung des Deutschen Bundes war zwischen 1816 und 1864 sehr schnell von etwa 30 Millionen auf über 45 Millionen angewachsen. Doch die Landwirtschaft, das Verlagswesen der Textilunternehmer und die vielen Handwerksbetriebe waren nur bis zu Beginn der 1830er-Jahre in der Lage, diese gewachsene Bevölkerung auch zu beschäftigen. Danach gab es zu wenig Arbeit. Auch die Industrialisierung machte nur langsam Fortschritte und hatte erst wenige Fabriken entstehen lassen. Schätzungen veranschlagen die Zahl der Menschen ohne gesicherte Existenz wie Tagelöhner, Handwerksgesellen oder Arme in den großen Städten auf 60 bis 80 Prozent der Einwohner. Nach Missernten in ganz Europa in den Jahren 1845 und 1846 wurden die Lebensbedingungen der Menschen noch härter: Die meisten Menschen litten Hunger. Diese neue Massenarmut auf dem Lande und in den Städten wird als **Pauperismus** (lat.: *pauper* = arm) bezeichnet.

Zwischen 1830 und 1840 wanderten mehr als 500 000 Menschen aus Deutschland aus, z. B. nach Nordamerika. Andere zogen in der Hoffnung auf Arbeit vom Land in die Städte. Aber dort vergrößerten sie nur die Elendsviertel.

PERSONENLEXIKON

BETTINA VON ARNIM, 1785–1859. Die Schriftstellerin wendete sich auch sozialen und frauenrechtlichen Fragen zu.

T1 Entwicklung der Einkommen und Lebenshaltungskosten in Deutschland

Jahr	Arbeitslohn in %	Lebenshaltungskosten in %
1844	83	53
1845	77	57
1846	65	68
1847	57	79

Wert im Jahr 1900 = 100 %

(Nach: H. D. Schmid [Hg.], Fragen an die Geschichte, Bd. 3, Frankfurt 1980, S. 204., Bearbeitet)

T2 Entwicklung der Getreidepreise in %

Jahr	Roggen	Weizen
1844	66	80
1845	79	89
1846	102	108
1847	124	140
1848	62	87

Wert im Jahr 1913 = 100 %

(In: Hans-Ulrich Wehler, Deutsche Gesellschaftsgeschichte, zweiter Band, München 1987, S. 28)

Q3 Bettina von Arnim: Dies Buch gehört dem König

Vor dem Hamburger Tore (in Berlin) hat sich eine förmliche Armenkolonie gebildet. Das aber scheint gleichgültig zu sein, dass die Ärmsten in eine große Gesellschaft zusammengedrängt werden, sich immer mehr abgrenzen gegen die übrige Bevölkerung und zu einem furchtbaren Gegengewichte anwachsen. Am leichtesten übersieht man einen Teil der Armengesellschaft in den so genannten „Familienhäusern". Sie sind in viele kleine Stuben abgeteilt, von welchen jede einer Familie zum Erwerb, zum Schlafen und als Küche dient. In 400 Gemächern wohnen 2500 Menschen. [...] Dahlstöm hat früher als Seidenwirker gearbeitet und wöchentlich 3 bis 4 Taler verdient. Seit 5 Jahren leidet er an chronischem Katarrh und an Augenschwäche, sodass er völlig untauglich zur Arbeit ist. Die feuchte Kellerwohnung, die er wegen rückständiger Miete nicht vertauschen kann, wirkt sehr nachteilig auf seine Gesundheit. Der älteste Sohn, ein Strickmusterzeichner, hat ihn verlassen, als er eben die Miete bezahlen sollte. Der zweite wohnt bei den Eltern und gibt 25 Silbergroschen zu der Miete. Ein vierzehnjähriges Mädchen verdient wöchentlich 22,5 Silbergroschen in einer Kattunfabrik, wo es von 5 Uhr morgens bis 9 Uhr abends zur Arbeit angehalten wird. [...] Die Mutter sucht in der Stadt Knochen zusammen, von welchen ein Zentner mit 10 Silbergroschen bezahlt wird. [...] Dahlstöm war 15 Jahre lang Soldat und erhält daher monatlich einen Taler Unterstützung, obschon er erst 53 Jahre alt ist. [...]

(In: Bettina von Arnim, Werke und Briefe, hrsg. v. G. Konrad, 1963, S. 229 ff.)

5. Elend, Hunger und soziale Unruhen 157

Die verarmte Bevölkerung sah sich in ihrer Not allein gelassen. So kam es in ganz Deutschland zu sozial motivierten Protesten der einfachen Bevölkerungsschichten. Wie reagierten darauf die Fabrikanten und die Fürsten?

Der Weberaufstand in Schlesien – Die 1840er-Jahre begannen für die Tuchproduktion in der preußischen Provinz Schlesien mit einer Absatzkrise. Vor allem in England wurden Tuche mit neuen Maschinen viel billiger produziert, als dies mit den veralteten Handwebstühlen in Deutschland möglich war. Die Löhne der Weber, die meist für einzelne Tuchverleger arbeiteten, sanken um bis zu 75 Prozent. So auch in Langenbielau und Peterswaldau, wo mehr als zehntausend Einwohner für wenige Verleger arbeiteten. Diese versuchten ohne Rücksicht auf die Weber und deren Familien, durch Lohnkürzungen konkurrenzfähig zu bleiben.

Schließlich trieb die Not die Weber zu offenem Aufruhr. Am 4. Juni 1844 zogen sie in einem Protestmarsch zum Haus des Verlegers Zwanziger in Peterswaldau. Als dieser ihre Lohnforderungen ablehnte, stürmten sie das Privathaus und das Fabrikgebäude Zwanzigers. Sie zerstörten deren Einrichtung und die Maschinen und verbrannten ihre Schuldscheine. Am nächsten Tag wurde ihr Aufstand von Soldaten niedergeschlagen. Vor dem Haus des Verlegers Dierig in Langenbielau wurden elf Menschen erschossen und 30 schwer verletzt. Viele wurden zu jahrelangen Haftstrafen verurteilt.

Dieser erste größere Aufstand verzweifelter Arbeiter erlangte überregionale Beachtung. Er wurde in der Presse ausführlich behandelt und fand viel Sympathie.

B 5 Der Weberaufstand in Schlesien. Zeitgenössische Karikatur

Q 4 Georg Weerth: Hungerlied

1 Verehrter Herr und König!
Weißt du die schlimme Geschicht?
Am Montag aßen wir wenig,
Und am Dienstag aßen wir nicht.

5 Am Mittwoch mussten wir darben
Und am Donnerstag litten wir Not;
Und auch am Freitag starben
Wir fast den Hungertod!

Drum lasst am Sonnabend backen
10 Das Brot, fein säuberlich –
Sonst werden wir sonntags packen
Und fressen, o König, dich!

(In: U. Otto, Die historisch-politischen Lieder und Karikaturen des Vormärz und der Revolution von 1848/49, Köln 1982, S. 215)

ARBEITSAUFTRÄGE

1. Vergleiche in T 1 die Entwicklung der Löhne und der Lebenshaltungskosten sowie in T 2 die Erhöhungen der Getreidepreise gegenüber dem Vorjahr. Überlege, wie die Veränderungen sich auf das Leben der Menschen auswirkten.
2. Beschreibe mithilfe von Q 3 die Lebensumstände der Familie Dahlstöm. 1848 wurde als wöchentliches Existenzminimum einer vierköpfigen Familie errechnet: 3 Taler, 5 Groschen und 9 Pfennig (1 T = 30 Gr; 1 Gr = 12 Pf).
3. Erläutere, welche Wirkung das Lied in Q 4 haben sollte. Diskutiert, ob es sich zu Recht an den König wandte.
4. Beschreibe B 5. Welche Kritik wird geäußert? Diskutiert die Rolle der Weber, der Verleger und der Regierung.

6. Das Jahr 1848 – Revolutionen in Deutschland und Europa

Das politische Klima in Europa und in Deutschland verschlechterte sich in den 1840er-Jahren zunehmend. Das aufstrebende Bürgertum verlangte überall nach politischer Mitbestimmung. Die sozialen Gegensätze verschärften sich wegen der Hunger- und Wirtschaftskrise weiter. Wie würden sich diese Spannungen entladen?

Revolution in Frankreich – Wie schon 1830 brachen zuerst in Frankreich die Unruhen aus. Unter König LOUIS PHILIPPE war das wohlhabende Bürgertum, die Bourgeoisie, politisch gestärkt worden. Doch nur die 200 000 Männer mit dem höchsten Steuersatz waren auch wahlberechtigt. Zugleich nahmen Armut und Arbeitslosigkeit der Bevölkerung zu.

Arbeiter und Kleinbürger forderten Beschäftigung sowie politische Mitbestimmung durch eine Änderung des Wahlrechts. Am 22. Februar 1848 kam es in Paris zu Straßenkämpfen. König Louis Philippe floh und am 24. Februar wurde, wie schon 50 Jahre zuvor, die Republik ausgerufen. Das allgemeine Wahlrecht wurde eingeführt; es galt nur für Männer. Ende 1848 wählte das französische Volk erstmals einen Präsidenten der Republik. Durch ein staatliches Arbeitsbeschaffungsprogramm wurden „Nationalwerkstätten" errichtet. Doch schon im Juni 1848 wurden sie wieder geschlossen, weil sie nicht wirtschaftlich arbeiteten. Ein Aufstand der Arbeiter wurde vom Militär blutig niedergeschlagen.

Österreich im Strudel der Revolution – Der österreichische Kaiser und die Regierung unter Fürst METTERNICH zeigten sich unbeeindruckt von Bittschriften und Demonstrationen, mit denen die Bürger Reformen forderten. Daraufhin kam es am 13. März auch in Wien zu heftigen Straßenkämpfen. Der verhasste Staatskanzler Metternich, Symbolfigur der politischen Unterdrückung, musste zurücktreten. Der Kaiser erließ eine neue Verfassung mit Wahlrecht für die Besitzen-

Q1 Forderungen von Arbeitern aus Köln, damals in der Rheinprovinz Preußens gelegen, 3. März 1848:

1 Die Regierung, die Behörden sind die Diener des Volkes; der höchste Zweck ihres Strebens muss die Wohlfahrt des Volkes sein. Erfüllen sie das nicht, steht dem Volk das unzweifelhafte Recht zu, dieselben zu entfernen und
5 Bessere an ihre Stelle zu setzen. [Die Arbeiter forderten]:
1. Gesetzgebung und Verwaltung durch das Volk, da ein freies Volk […] sich nicht mehr im Interesse einzelner ausbeuten lassen will; allgemeines Wahlrecht und allgemeine Wählbarkeit.
10 2. Unbedingte Freiheit der Rede und der Presse.
3. Aufhebung des stehenden Heeres und Einführung einer allgemeinen Volksbewaffnung.
4. Freies Vereinigungsrecht.
5. Schutz der Arbeit und Sicherstellung der menschli-
15 chen Bedürfnisse für alle. […] Es ist Sache des Staates, die Produktion dem Interesse der Einzelnen zu entreißen und sie im Interesse aller zu leiten. Jeder Mensch hat ein Recht auf Arbeit sowie auf einen seinen Bedürfnissen angemessenen Lohn.
20 6. Erziehung aller Kinder auf öffentliche Kosten.

(In: K. Obermann, Flugblätter der Revolution, Berlin 1970, S. 65 f., S. 70 f.)

Q2 Forderungen von Bürgern aus Dresden, 7. März 1848:

1 Die Zeit der allgemeinen Versprechungen […] ist vorüber, bestimmte Forderungen, tatsächliche Zugeständnisse müssen an deren Stelle treten. […] Die Wünsche sind:
1. Freiheit der Presse.
5 2. Freiheit des religiösen Bekenntnisses.
3. Freiheit des Versammlungs- und Vereinsrechtes.
4. Gesetzliche Sicherstellung der Person gegen willkürliche Verhaftung.
5. Verbesserung des Wahlgesetzes durch Herabsetzung
10 des Zensus.
6. Öffentlichkeit […] der Rechtspflege mit Schwurgericht.
7. Vereidigung des Militärs auf die Verfassung.
8. Verminderung des stehenden Heeres.
9. Vertretung der deutschen Völker bei dem deutschen
15 Bunde.
10. Lossagung der sächsischen Regierung von den Karlsbader Beschlüssen.

Es lebe der König! Es lebe die Verfassung! Es lebe die
20 Eintracht zwischen Regierung und Volk!

(In: K. Obermann, Flugblätter der Revolution, Berlin 1970, S. 65 f., S. 70 f.)

den. Dennoch kam es zu weiteren Unruhen, die auch von nationalen Aufständen in den damals österreichischen Provinzen Italien, Ungarn, Tschechien überlagert wurden und die sogar den Fortbestand Österreichs als Vielvölkerstaat gefährdeten. Erst Ende Oktober 1848 konnten die kaiserlichen Truppen die Aufstände mit Gewalt niederschlagen.

Revolutionen in Deutschland – Die Februarrevolution in Frankreich war Auslöser einer Revolutionswelle, die mit Ausnahme Englands und Russlands viele europäische Staaten erfasste. Neben Österreich waren auch andere Staaten des Deutschen Bundes betroffen.

Im März 1848 erreichte die Welle der Revolutionen ganz Deutschland. Sie begannen als eine Bewegung von Versammlungen, Petitionen und Demonstrationen in den Städten. Die Fürsten vieler kleinerer Staaten versuchten ihre Herrschaft zu retten, indem sie den Forderungen nachgaben und liberale Minister beriefen. So wurde in Sachsen, wo demokratische Gruppen lautstark ihre Forderungen verkündeten, am 13. März ein neues Ministerium gebildet, in dem gemäßigte Liberale bestimmten. Die neuen Märzregierungen wirkten auch auf den Bundestag in Frankfurt ein. Er hob die Zensur auf und erklärte Schwarz-Rot-Gold zu den deutschen Bundesfarben.

Berliner Märzereignisse – In Preußen hatte sich König FRIEDRICH WILHELM IV. bisher allen Forderungen nach einer Verfassung und nach mehr politischer Mitbestimmung des Bürgertums verweigert. Konnte er diese Position beibehalten? ❷/6

Ab März 1848 fanden zuerst im preußischen Rheinland, dann auch in Berlin Versammlungen statt, bei denen Handwerker, Arbeiter und Studenten ihren Protest vorbrachten. Am 14. März kam es in Berlin zu ersten Zusammenstößen protestierender Bürger mit dem Militär. Nach schweren Straßenkämpfen musste der König am 18. März einlenken und den Abzug der Truppen aus Berlin anordnen.

B 3 Kampf um die Barrikade auf dem Alexanderplatz in Berlin, 18. März 1848. Gemälde von A. Klaus

Q 4 Varnhagen von Ense, Tagebuch vom März 1848:

1 18. März 1848:
Gegen 4 Uhr plötzlicher Lärm: in den Straßen der Ruf: „Waffen! Waffen! Man haut und schießt die Schutzbürger vor dem Schlosse zusammen!" [...] Auch in meiner
5 Gegend regte sich schnell der Eifer zum Barrikadenbau. [...] Einige wohl gekleidete junge Leute, dem Ansehen nach Studenten, gaben Anleitung und Befehl; eine gemischte Menge, Hausknechte, Bürger, Alt und Jung, die ehrbarsten Männer und Frauen waren eifrig am Werk;
10 Droschken und Wagen wurden angehalten und umgestürzt, die Rinnsteinbrücken und das Pflaster aufgerissen; [...] unterdessen war der Kampf anderwärts in vollem Gange. [...] Als der Abend eintrat und es dunkelte, wurde der allgemeine Kampf nur umso heftiger und
15 furchtbarer. Das Geschütz donnerte jetzt in geregelter Folge, immerfort das Krachen des Gewehrfeuers. [...]
19. März 1848:
Die „Staatszeitung" [...] brachte eine Proklamation des Königs, die alles bewilligt, deutsches Parlament, [...]
20 konstitutionelle Verfassung! [...] Gestern, gestern früh diese Proklamation! Da wär' es Zeit gewesen, sie kam acht Stunden zu spät! Es wurden [sechs bis sieben] Leichen nach dem Schloss angefahren, die blutigen Wunden aufgedeckt, bekränzt mit Blumen und Laub. Die
25 Volksmenge sang Lieder und schrie: *„Der König soll die Leichen sehen."* Auf den gebieterischen Ruf erschien der König auf dem Balkon. Alles hatte den Kopf entblößt, nur der König die Mütze auf; da hieß es gebieterisch: „Die Mütze herab!", und er nahm sie ab. [...]

(In: Geschichte in Quellen, Band IV, München 1981, S. 152 ff. Gekürzt)

Eine Verfassung für Preußen? – Der König widersetzte sich den Erwartungen der Konservativen und seines Militärs, die seinen Befehl zur gewaltsamen Niederschlagung des Aufstandes erwartet hatten. Unter dem Eindruck der aufgebrachten Volksmenge und der vor dem Schloss aufgebahrten Toten ritt Friedrich Wilhelm IV. am 21.3.1848 mit einer schwarz-rot-goldenen Binde am Arm durch Berlin, vorbei an den Bürgern der Stadt. ⓔ/8

Am 29. März wurde ein Märzministerium unter der Führung der liberalen rheinischen Politiker CAMPHAUSEN und HANSEMANN berufen. Nach den ersten **allgemeinen und gleichen Wahlen** in Preußen trat am 22. Mai eine Nationalversammlung in Berlin zusammen, um über eine **Verfassung für Preußen** zu beraten. Hatte die bürgerliche Revolution damit auch in Preußen gesiegt?

B 6 König Friedrich Wilhelm IV. reitet durch Berlin, 21. März 1848

> **Q 5** Friedrich Wilhelm IV.: Proklamation vom 21. März 1848
>
> 1 An Mein Volk und an die deutsche Nation!
> Ich übernehme heute die Leitung für die Tage der Gefahr. Mein Volk
> 5 wird Mich nicht verlassen und Deutschland wird sich Mir mit Vertrauen anschließen. Ich habe heute die alten deutschen Farben [= Schwarz-Rot-Gold] angenommen
> 10 und Mich und das Volk unter das ehrwürdige Banner des Deutschen Reiches gestellt. Preußen geht fortan in Deutschland auf.
> Gleichzeitig mit den Maßregeln
> 15 zur Abwendung der augenblicklichen Gefahr wird die deutsche Stände-Versammlung über die Wiedergeburt und Gründung eines neuen Deutschland beraten,
> 20 einer Einheit mit Freiheit. Allgemeine Einführung wahrer konstitutioneller Verfassungen [...wird] solch sichere und innere Einheit bewirken und befestigen.
>
> (In: M. Görtemaker, Deutschland im 19. Jahrhundert, 3. Aufl., Bonn 1989, S. 107 f. Gekürzt)

B 7 „Deutsche Nation, siehe hier Deinen König!". Karikatur von 1848

ARBEITSAUFTRÄGE

1. Erläutere, was die Arbeiter in Q 1 und was die Bürger in Q 2 fordern. Suche Gemeinsamkeiten und Unterschiede. Spielt eine Konferenz beider Gruppen. Versucht, euch auf die drei wichtigsten Forderungen zu einigen.
2. Halte mit B 3 und Q 4 den Verlauf der Berliner Revolution fest. Beschreibe dann das Verhalten des Königs. Wie sieht er seine Position, wie sehen ihn andere? Spielt eine Diskussion zwischen König und Revolutionären am 19. März 1848.
3. Erläutere, welche Versprechen der König in Q 5 dem Volk gibt. Wie sieht der preußische König die zukünftige Rolle Preußens im Deutschen Bund? Bewerte seine Aussage.
4. Beschreibe B 6 und ordne dieses Ereignis in den Ablauf der Revolution ein. Vergleiche mit B 7: Wie wird der Umritt hier dargestellt? Überlege, auf wessen Seite der Zeichner steht.

Eine Erkundung durchführen

Auch dein Heimatort, die Region, deine Familie und natürlich du selbst haben eine Geschichte. Im Unterricht stehen meistens besonders einprägsame oder wichtige Geschehnisse der Weltgeschichte im Mittelpunkt. Es macht aber auch großen Spaß, die eigene Geschichte und die „vor der Haustür" zu erkunden.

Viele interessante Themen ergeben sich aus dem Geschichtsunterricht. Im Unterricht über die demokratische Revolution von 1848/49 hast du dich gefragt, was deine Stadt oder dein Land mit dieser Revolution zu tun hatten. Im Geschichtsbuch wurde deine Stadt vielleicht nicht erwähnt. Aber vielleicht gab es auch hier revolutionäre Ereignisse. Diese Überlegung ist der erste Schritt für eine Erkundung: Du hast ein Thema grob abgesteckt.

In der Klasse formuliert ihr Schwerpunkte, die als Leitfragen dienen, z. B.: Gibt es Berichte über revolutionäre Ereignisse in eurer Stadt? Welche Personen taten sich hervor? Wie ging es ihnen nach der Niederlage? Hat sich etwas nach der Revolution im Ort verändert? Sicher formuliert ihr für euer Vorhaben auch noch ganz andere Fragen. Wichtig ist, dass ihr euch überschaubare Aufgaben stellt.

Tragt in einem Arbeitsplan zusammen, woher ihr Informationen bekommen könnt. Auf B1 seht ihr, wie im Dresdener Rathaus eine „Provisorische Regierung" gebildet wurde. Fragt doch einmal nach, was im Rathaus eurer Stadt geschehen ist. Vielleicht haben auch die Zeitungen aus der damaligen Zeit etwas über besondere Ereignisse berichtet. Oder gibt es in eurer Stadt ein Denkmal, Straßennamen, die an diese Zeit erinnern?
Meistens braucht ihr weitere Informationsquellen: Bibliotheken, Ortschroniken und das Stadtarchiv. Sprecht die Mitarbeiter(innen) im Stadtarchiv an, sie werden euch beim Suchen und Entschlüsseln alter Texte sicherlich helfen.

B1 Provisorische Regierung in Dresden 1848/49. Zeitgenössische Darstellung

B2 Schülerinnen und Schüler bei einer Erkundung im Stadtarchiv

WORAUF DU ACHTEN MUSST

1. Für die Erkundung formuliert ihr eine Leitfrage. Wollt ihr z. B. etwas über ein historisches Ereignis oder über das frühere Alltagsleben der Menschen in eurem Heimatort erfahren?
2. Überlegt, an welchen Orten eurer Stadt ihr Antworten auf eure Leitfrage bekommen könnt.
3. Besucht das Stadtarchiv, um euch in den überlieferten Akten, Zeitungen oder Bildern historische Quellen zu besorgen.
4. Wertet die Quellen aus. Orientiert euch an den Leitfragen.
5. Überprüft, welche Erkenntnisse die Erkundung gebracht hat. Welche Fragen konntet ihr nicht beantworten?

7. Die Frankfurter Nationalversammlung

Die Fürsten hatten den Revolutionären weitgehende Zugeständnisse machen müssen. Wurden die liberalen und demokratischen Forderungen dauerhaft erfüllt? Konnten Einheit und Freiheit in Deutschland nun verwirklicht werden?

Einberufung einer Nationalversammlung
Am 31. März 1848 kamen in Frankfurt am Main mehr als 500 Delegierte der einzelnen Landtage zusammen. Sie wurden von den deutschen Staaten als **Vorparlament** anerkannt. Welche Ziele hatten die Delegierten?

Im Vorparlament trafen verschiedene politische Gruppierungen aufeinander. Die **demokratische Minderheit** forderte die Abschaffung der Monarchie und die Errichtung einer deutschen **Republik** mit einem gewählten Präsidenten. Doch die **Mehrheit der Liberalen** wollte die monarchische Staatsform erhalten und mit einer Verfassung verbinden (= **konstitutionelle Monarchie**). Sie strebte ein neues deutsches Kaisertum an.

Es wurde die Wahl einer Nationalversammlung beschlossen. Dies waren die ersten freien Wahlen nach allgemeinem und gleichem Wahlrecht in ganz Deutschland. Wahlberechtigt waren jedoch nur Männer.

Die Abgeordneten – Da es noch keine Parteien mit festen Programmen gab, war die Wahl der Abgeordneten stark auf örtliche Persönlichkeiten ausgerichtet. Am 18. Mai 1848 zogen die Abgeordneten des ersten gesamtdeutschen Parlaments in die Frankfurter Paulskirche ein. Aus welchen sozialen Schichten setzten sie sich zusammen?

Das Parlament der Paulskirche bestand aus 585 gewählten Abgeordneten aus allen Ländern Deutschlands einschließlich Österreichs. Die überwiegende Mehrheit kam aus akademischen Berufen, z. B. Richter, Professoren oder Anwälte. Auch Kaufleute oder Schriftsteller waren darunter, aber nur vier Handwerker, ein Kleinbauer und kein einziger Arbeiter.

PERSONENLEXIKON

HEINRICH VON GAGERN, 1799–1880. Mitbegründer der Burschenschaften und erster Präsident der Nationalversammlung

PERSONENLEXIKON

FRIEDRICH HECKER (links), 1811–1881, GUSTAV VON STRUVE, 1805–1870. Anführer mehrerer republikanischer Aufstände. Beide emigrierten nach 1849 in die USA

B1 Sitzung der Nationalversammlung in der Paulskirche. Oben die 2000 Plätze fassende Galerie für die Zuhörer. Hinten die „Damenloge"

Fraktionen, die Vorläufer der Parteien – Damals gab es in Deutschland noch keine politischen Parteien. Die Abgeordneten der Nationalversammlung stimmten anfangs nur für sich selbst ab. Das hatte zur Folge, dass klare Abstimmungsergebnisse nur mühsam erreicht wurden. Doch nach einigen Wochen bildeten gleichgesinnte Abgeordnete **Fraktionen** (= Parlamentsparteien), um durch geschlossenes Abstimmungsverhalten ihre Ziele durchsetzen zu können.

Diese Fraktionen wurden nach der Sitzordnung in der Paulskirche benannt. Es gab eine demokratische „Linke", die eine Republik anstrebte, eine konservative „Rechte", die eine starke monarchische Herrschaft beibehalten wollte. Fast die Hälfte der Abgeordneten gehörte der „liberalen Mitte" an. Diese liberalen Abgeordneten strebten eine konstitutionelle Monarchie mit einer freiheitlichen Verfassung an. Die Fraktionen wurden die **Vorläufer der politischen Parteien** in Deutschland.

Zunächst einigte sich die Nationalversammlung darauf, an die Stelle des alten Bundesrates von 1815 eine **provisorische Zentralgewalt** zu setzen. Erzherzog JOHANN VON ÖSTERREICH wurde zum Reichsverweser (= vorläufiges Staatsoberhaupt) gewählt. Doch Preußen und Österreich wollten ihre Interessen dieser provisorischen gesamtdeutschen Zentralgewalt nicht unterordnen.

Grundrechte – Zu Beginn der Arbeit des Parlaments wurden Grundrechte beraten, die die Freiheitsrechte jedes Deutschen sichern sollen. Im Dezember 1848 wurden sie vom Parlament für ganz Deutschland beschlossen.

Fragen über Fragen – Aufgabe des Parlaments war die Ausarbeitung einer **Verfassung** für ein einiges Deutschland. Dies warf viele Fragen auf:
- Sollte Deutschland ein lockerer Zusammenschluss mehrerer Einzelstaaten, also ein Staatenbund, bleiben, wie es die konservative Rechte wollte, oder sollte ein einheitlicher Bundesstaat mit starker Zentralgewalt geschaffen werden, wie es die übrigen Fraktionen forderten?
- Wie sollte die Macht zwischen Regierung und Volksvertretung aufgeteilt werden?

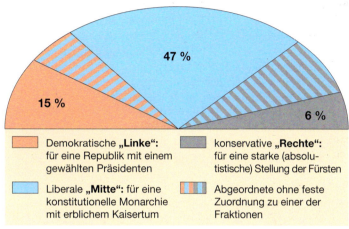

D 2 Die Fraktionen der Deutschen Nationalversammlung („Paulskirchenparlament") und ihre politischen Positionen

Q 3 Die Grundrechte des deutschen Volkes:

§ 137. Der Adel als Stand ist aufgehoben. Die Deutschen sind vor dem Gesetz gleich. Die öffentlichen Ämter sind für alle Befähigten gleich zugänglich.
§ 138. Die Freiheit der Person ist unverletzlich.
§ 139. Die Todesstrafe, der Pranger und die körperliche Züchtigung sind abgeschafft.
§ 140. Die Wohnung ist unverletzlich.
§ 142. Das Briefgeheimnis ist gewährleistet.
§ 143. Jeder Deutsche hat das Recht, seine Meinung frei zu äußern. Die Pressefreiheit darf in keiner Weise beschränkt werden.
§ 144. Jeder hat volle Glaubens- und Gewissensfreiheit.
§ 155. Für die Bildung der Jugend soll durch öffentliche Schulen überall genügend gesorgt werden.
§ 157. Unbemittelten soll auf allen öffentlichen Unterrichtsanstalten freier Unterricht gewährt werden.
§ 158. Es steht jedem frei, seinen Beruf zu wählen.
§ 161. Die Deutschen haben das Recht, sich friedlich zu versammeln.
§ 164. Das Eigentum ist unverletzlich.
§ 175. Die richterliche Gewalt wird selbstständig von den Gerichten ausgeübt.
§ 186. Jeder deutsche Staat soll eine Verfassung mit Volksvertretung haben. Die Minister sind der Volksvertretung verantwortlich.

(In: E. Huber, Dokumente zur deutschen Verfassungsgeschichte, Bd. 1, S. 389 ff.)

- Sollte die Staatsform eine konstitutionelle Monarchie mit parlamentarischer Kontrolle oder eine Republik sein?
- Schließlich stellte sich die Frage, wer dem deutschen Staat angehören sollte: alle deutschen Staaten ohne Österreich (= kleindeutsche Lösung) oder mit Österreich (= großdeutsche Lösung)? Da die österreichische Verfassung nur einen Gesamtstaat unter Einschluss aller verschiedenen Nationalitäten Österreichs vorsah, setzten sich in der Nationalversammlung die Befürworter eines kleindeutschen Staates durch. Ferner wurde beschlossen, einen Staat mit einer starken monarchischen Zentralregierung zu bilden. Am 28. März 1849 wurden die Reichsverfassung verabschiedet und Friedrich Wilhelm IV. von Preußen zum erblichen „Kaiser der Deutschen" gewählt. ❷/7

Die alten Mächte gewinnen die Oberhand
Im März 1848 hatten die Monarchen Zugeständnisse machen müssen. Doch sie waren nicht bereit, die Einschränkung ihrer Macht zu akzeptieren. Im Oktober 1848 wurde in Wien ein demokratischer Aufstand blutig niedergeschlagen. Robert Blum, Mitglied des Frankfurter Parlaments, am 9. November 1848 erschossen. Auch in Berlin hatte König Friedrich Wilhelm IV. sein Selbstbewusstsein wiedergewonnen. Im Dezember 1848 löste er die ebenfalls neu zusammengetretene preußische Nationalversammlung auf und ließ Berlin militärisch besetzen.

Die Reaktion siegt, die Nationalversammlung scheitert – Die Nationalversammlung war im Mai 1848 mit großen Hoffnungen und Erwartungen zusammengetreten – dennoch scheiterte sie letztlich. Welche Gründe hatte dies?

Bei der Entscheidung zwischen Monarchie und Republik hatte die Nationalversammlung schließlich den Ausgleich mit den Fürsten gesucht. Doch diese lehnten

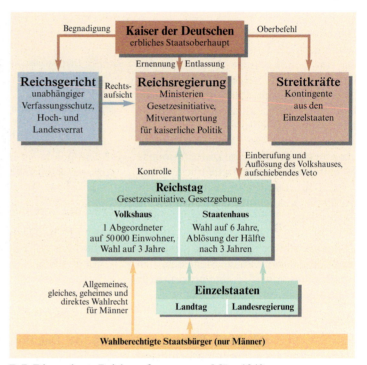

D 7 Die geplante Reichsverfassung vom März 1849

K 4–K 6 Die Nationalversammlung diskutierte 1848/49 drei Vorstellungen über die Zugehörigkeit zum geplanten Nationalstaat: „kleindeutsche Lösung" (links), „großdeutsche Lösung" (Mitte), „großösterreichische Lösung" (rechts)

7. Die Frankfurter Nationalversammlung

einen Ausgleich und konstitutionelle Verfassungen ab, die ihre Rechte einschränkten. Als der preußische König die ihm von der Nationalversammlung angetragene Kaiserkrone verweigerte, war die Revolution praktisch gescheitert. Die meisten Abgeordneten verließen Frankfurt. Mehrere Aufstände in Sachsen, Baden und in der Pfalz, die im Mai 1849 die Reichsverfassung doch noch durchsetzen wollten, wurden durch preußisches Militär blutig niedergeschlagen. Die Fürsten erzwangen nun in den einzelnen Bundesstaaten Verfassungen in ihrem Sinne. Sie stellten den alten Obrigkeitsstaat und den Bundestag von 1815 wieder her. Die von der Nationalversammlung beschlossenen Grundrechte wurden wieder aufgehoben. Es setzte eine neue Phase der Unterdrückung ein; unpolitisches Spießertum und ein blinder Staatsgehorsam breiteten sich in der Gesellschaft aus. ❶/8

B 9 Eine Gesandtschaft der Nationalversammlung trägt König Friedrich Wilhelm IV. die deutsche Kaiserkrone an. Holzstich, 1849

Q 8 Brief Friedrich Wilhelms IV. vom 13.12.1848 an den preußischen Diplomaten F. v. Bunsen:

1 Diese Krone [...] ist ernstlich keine Krone. Sie ist überschwänglich verunehrt mit ihrem Ludergeruch der Revolution von 1848 [...]. Ei-
5 nen solchen imaginären Reif, aus Dreck und Letten [= Tonerde] gebacken, soll ein legitimer König von Gottes Gnaden und nun gar der König von Preußen sich geben
10 lassen? [...] Sollte die tausendjährige Krone deutscher Nation wieder einmal vergeben werden, so bin ich es und meinesgleichen, die sie vergeben. Und wehe dem, der
15 sich anmaßt, was ihm nicht zukommt!

(In: L. v. Ranke: Aus dem Briefwechsel Friedrich Wilhelms IV. mit Bunsen, Leipzig 1873, S. 235)

ARBEITSAUFTRÄGE

1. Betrachte B 1. Beschreibe anhand des Bildes eine Debatte der Nationalversammlung. Überlege mithilfe von D 2, wo die einzelnen Fraktionen ihre Sitzplätze hatten.
2. Erläutere anhand von D 2 die unterschiedlichen Grundpositionen der Fraktionen. Welche politische Verfassung (Staatsform) strebten sie für einen zukünftigen deutschen Staat an?
3. Erläutere, welche Rechte den Deutschen in Q 3 zuerkannt werden. Vergleiche dazu Q 1 und Q 2 auf S. 158. Schreibe in eine Tabelle, welche Bedeutung (welchen Schutz) die aufgeführten Grundrechte für jeden Bürger oder für das Parlament hatten.
4. Erläutere mithilfe von K 4 bis K 6 die unterschiedlichen Vorstellungen über die Grenzen des angestrebten Nationalstaates. Zu welchen Problemen hätte die Variante K 6 geführt?
5. Beschreibe und beurteile mithilfe von D 7 die geplante Verfassung. Untersuche die Rolle des Kaisers, der Reichsregierung, des Parlaments (= Reichstag) und des Volkes. Vergleiche sie mit der Verfassung des Deutschen Bundes von 1815.
6. Erläutere und beurteile mit Q 8 und B 9 die Reaktion des preußischen Königs auf die Wahl zum Kaiser. Vergleiche sie mit seiner Haltung unmittelbar nach der Revolution (Q 5, S. 160).

8. Das Scheitern der Revolution – Gründe und Folgen

Nachdem preußisches Militär die letzten Widerstände der Revolutionäre blutig niedergeschlagen hatte, war die Revolution endgültig gescheitert. Was waren die Ursachen und welche Folgen hatte das Scheitern für Deutschland?

Fürstenclub oder Nationalstaat mit Verfassung? – Anders als in England oder Frankreich hatte der Absolutismus in Deutschland keinen Nationalstaat hervorgebracht. Nach den Befreiungskriegen der Jahre 1813/14 und dem Sturz Napoleons formierte sich daher im deutschen Bürgertum eine starke Nationalbewegung mit dem Ziel eines gemeinsamen deutschen Staates. Freilich waren das Bürgertum durch die Kontroverse um die „großdeutsche" oder „kleindeutsche" Lösung gespalten und die Nationalstaatsbewegung dadurch geschwächt.

Diese nationale Bewegung des Bürgertums verband sich mit dem Ziel einer parlamentarischen Kontrolle der Regierung. Der deutsche Nationalstaat sollte ein Rechts- und Verfassungsstaat sein, so wie er vom englischen Bürgertum bereits 1688/89 erkämpft worden war. Zu den verfassungsmäßigen Kontrollrechten des Parlaments sollten das Recht der Steuerbewilligung und der Bewilligung des Regierungsbudgets (= Haushalt der Regierung) gehören.

Beide Ziele des deutschen Bürgertums verschmolzen seit den 1830er-Jahren zu der Forderung nach **„Einheit und Freiheit"**. Anders als in England oder im revolutionären Frankreich scheute das deutsche Bürgertum jedoch vor einer wirklich revolutionären Auseinandersetzung mit den Fürsten zurück. Es strebte mehrheitlich eine konstitutionelle Verfassung an, in der ein starker Monarch als traditionelle Ordnungskraft wirken sollte.

Vor allem sorgten sich Teile des Bürgertums um eigene wirtschaftliche Interessen. Sie fürchteten die Auswüchse einer Revolution, in der die einfache Bevölkerung ihre sozialen und materiellen Forderungen durchsetzen könnte – zumal die Industrialisierung, Missernten sowie eine Wirtschaftskrise die Verelendung großer Bevölkerungsteile verschärft hatten.

B1 Gedenkblatt für das Jahr 1848. Kolorierte Zeichnung von 1849

Eine breite, gemeinsame Stoßkraft besaß die Revolution von 1848 daher nicht. Die deutschen Fürsten konnten – nach einer kurzen Phase der Zugeständnisse – ihre Herrschaft und die alten Verhältnisse mithilfe ihrer Militärmacht stabilisieren. Der Traum des deutschen Bürgertums von „Einheit *und* Freiheit" war für lange Zeit zerbrochen.

Frühjahr — Sommer — Herbst

B 3 Der deutsche Michel und seine Kappe im Jahre 1848. Karikatur

Q 2 Der Historiker H. von Treitschke (1834–1896) über die politische Lage in Deutschland, um 1863:

Die unzufriedenen Massen […] hegen mehr Vertrauen zu dem Königtum als zu dem Parlamente […]. Die Zustände der Gesellschaft sind
5 in Deutschland im Ganzen gesünder, die Klassengegensätze minder schroff als in Frankreich; niemand denkt bei uns an eine populare Tyrannis. […] Doch ein starkes
10 Königtum, das über den socialen Gegensätzen steht, ist uns unentbehrlich, um den Frieden in der Gesellschaft zu wahren […], die gewaltigen Probleme, welche die
15 rasch anwachsende Volkswirtschaft noch aufwerfen wird, unbefangen zu lösen. […] So scheint unverkennbar, dass unser Liberalismus einige seiner Lieblingswün-
20 sche ermäßigen muss, die mit einer lebendigen monarchischen Gewalt sich nicht vertragen. Dazu zählt vornehmlich das Verlangen nach einer Parteiregierung im eng-
25 lischen Sinne und nach dem Recht der unbeschränkten Steuerverweigerung. […] Eine solche monarchische Regierung besitzt unleugbar größere Stetigkeit als ein Partei-
30 regiment; dass sie den Fortschritt hemme, ist durch Erfahrung nicht bewiesen. […] Das Verlangen nach parlamentarischer Parteiregierung entstammt der urteilslosen Be-
35 wunderung englischer Zustände.

(In: Heinrich von Treitschke: Das constitutionelle Königthum in Deutschland, in: ders., Historische und politische Aufsätze, Leipzig 1903, S. 494 ff.)

Q 4 Der Historiker Heinrich A. Winkler (geb. 1938) über den „deutschen Sonderweg" zur parlamentarischen Demokratie, 1981:

Deutschland unterschied sich von Frankreich und England viel weniger als etwa Russland. Es gab eine Fülle von gesellschaftlichen und kulturellen Gemeinsamkeiten zwischen Deutschland und Westeuropa. […] Aber
5 gerade auf dem Hintergrund der Gemeinsamkeiten fallen die Unterschiede auf. Die Nähe zu Westeuropa berechtigt dazu, von einem deutschen Sonderweg zu sprechen. […] Das liberale Bürgertum Deutschlands erstrebte Einheit und Freiheit – und damit mehr als die
10 französischen Revolutionäre von 1789. Denn die fanden den Nationalstaat ja schon vor, in dessen Rahmen sie dem „Dritten Stand" zu seinem Recht verhelfen wollten. Die doppelte Aufgabe, die sich die liberale Bewegung in Deutschland setzte, erwies sich als historische Überfor-
15 derung. Die Einheit, wie sie die Paulskirche wollte, konnte Europa nicht verkraften; den liberalen Vorstellungen von Freiheit widersprach das Interesse der alten Führungsschichten. Deren Widerstand revolutionär zu brechen, war 1848 misslungen – und einen zweiten Ver-
20 such gab es nicht.

(Aus: Heinrich August Winkler: Der deutsche Sonderweg. Eine Nachlese, in: Merkur 35, 1981, S. 801 f. Gekürzt)

ARBEITSAUFTRÄGE

1. Analysiere B 1. Beschreibe die einzelnen Szenen und Bildmotive. Wer bzw. was wird dargestellt? Erläutere, welcher Zusammenhang zwischen den einzelnen Szenen/Motiven bestehen könnte. Welche Aussage wollte der Künstler vermitteln?
2. Lies Q 2 und gib die Aussagen von Treitschkes in eigenen Worten wieder. Wie urteilst du selbst über Monarchie, Parteienparlamentarismus und die „ideale" Verfassung?
3. Erläutere die Bildersequenz von B 3. Welche Kritik am deutschen Bürgertum kommt in der Karikatur zum Ausdruck?
4. Lies Q 4 und erläutere die Gründe, die H. A. Winkler für das Scheitern der Revolution nennt. Der Autor spricht von einem „deutschen Sonderweg". Überlege, was er damit meint.

Die deutsche Revolution von 1848 – Zeitstrahl

	Politik	Kultur	Alltag/Wirtschaft
1850	1851: Der Deutsche Bund von 1815 wird wieder hergestellt 1849: Gegenrevolution der Fürsten in Deutschland 1848: Erstes gesamtdeutsches Parlament in Frankfurt/M. (Paulskirchenparlament) 1848/49: Demokratische Revolution in Deutschland 1848: Märzrevolution in Berlin	seit 1849: Polizeiliches Spitzelwesen in Preußen 1848/49: Einschränkung der Pressefreiheit 1837: Protest der „Göttinger Sieben" führt zu deren Amtsenthebung	1850 ff.: Preußen wird wirtschaftliche Führungsmacht in Deutschland seit 1849: Polizeiliches Spitzelwesen in Preußen 1844: Weberaufstände in Schlesien. Reaktion auf die zunehmende Verelendung und die Massenarmut
1840			
1830	1830/31: Welle von Revolten in Europa, u. a. in mehreren Staaten Deutschlands	1832: Hambacher Fest. Forderungen der liberalen und demokratischen Opposition nach nationaler Einheit und bürgerlichen Freiheitsrechten 1820 ff.: Zeit des „Biedermeier"-Stils	ab 1830/35: Beginn der Industrialisierung in Deutschland 1830 ff.: Erste große Auswanderungswellen, vor allem nach Amerika
1820	1819: Ermordung des Schriftstellers A. v. Kotzebue Karlsbader Beschlüsse 1815: Gründung des Deutschen Bundes (35 souveräne Staaten und 4 freie Städte) 1814/15: Wiener Kongress 1814/15: Sturz Napoleons 1813/14: Befreiungskriege, u. a. Völkerschlacht bei Leipzig 1807–1811: Preußische Reformen 1806: Niederlage Preußens gegen Napoleons Truppen bei Jena und Auerstedt	1819: Zensur, Verbot der Burschenschaften 1818: Gründung der „Allgemeinen Deutschen Burschenschaften" 1817: Wartburgfest der deutschen Studenten 1813 ff.: Erstarken einer gesamtdeutschen Nationalbewegung	1820: Zunehmende Massenarmut (Pauperismus)
1810			
1805			

Zusammenfassung – Die deutsche Revolution von 1848

Napoleon hatte mit den von ihm zusammengeschlossenen Rheinbundstaaten eine Neuordnung Deutschlands begonnen und die territoriale Zerstückelung des alten Reiches reduziert. In den Rheinbundstaaten vollzog er eine Reihe innerer Reformen. Doch zeitgleich entstanden in Deutschland und Europa nationale Befreiungsbewegungen, die sich gegen die französische Fremdherrschaft richteten.

Nach dem Sturz Napoleons vereinbarten die Fürsten Europas auf dem Wiener Kongress von 1814/15 eine Restauration der alten Ordnung. Das „Heilige Römische Reich deutscher Nation", das 1806 mit der Gründung der Rheinbundstaaten untergegangen war, wurde jedoch nicht wiederhergestellt. An seine Stelle trat ein lockerer Bund der 39 deutschen Einzelstaaten: der „Deutsche Bund".

Als 1830/31 eine erste Welle von demokratischen Revolutionen durch Europa zog, wurden im deutschen Bürgertum die Forderung nach nationaler Einheit und bürgerlichen Freiheiten lauter. Die deutschen Fürsten versuchten, dieser Opposition durch ein System der Unterdrückung Herr zu werden.

In der Revolution von 1848/49 mussten die deutschen Fürsten dem Bürgertum zunächst weitreichende Zugeständnisse machen. In Frankfurt a. M. traten Abgeordnete aus allen deutschen Ländern zu einer Nationalversammlung zusammen. Sie sollten eine Verfassung für einen gemeinsamen deutschen Nationalstaat ausarbeiten. Doch die Nationalversammlung scheiterte an der Vielzahl der Probleme und am Widerstand der Fürsten. Bereits 1849 war die Revolution von den deutschen Fürsten besiegt. 🌐/8

Die Gründung eines deutschen Nationalstaates wurde danach von Preußen vorangetrieben, das wirtschaftlich und militärisch zur Führungsmacht im Deutschen Bund aufstieg. 🌐/9

Kampf um die Barrikade auf dem Alexanderplatz in Berlin, 18. März 1848. Gemälde von A. Klaus

ARBEITSAUFTRÄGE

1. Das deutsche Bürgertum wollte in der Revolution von 1848 die nationalstaatliche Einheit Deutschlands mit einer freiheitlichen Verfassung und politischer Mitbestimmung verbinden. Gab es zu dieser Zeit bereits andere Staaten in Europa, in denen diese Ziele verwirklicht waren? Nenne Beispiele.
2. Erkundigt euch nach Orten in Berlin, die Schauplätze der Revolution von 1848 waren. Ermittelt, was dort geschah.

ZUM WEITERLESEN

Kordon, Klaus: 1848 – Die Geschichte von Jette und Frieder. Beltz Verlag, Weinheim/Basel 1997

🌐/1 http://de.wikipedia.org/wiki/Wiener_Kongress
🌐/2 http://geschichtsverein-koengen.de/Restauration.htm
🌐/3 http://www.dhm.de/ausstellungen/bildzeug/20.html
🌐/4 http://de.wikipedia.org/wiki/Geschichte_der_Studentenverbindung
🌐/5 www.susas.de/mag/hambacher_fest/hambacher_fest_01.htm
🌐/6 www.prinz-albert-von-sachsen.de/inhalt/historie/friedrich_august2.htm
🌐/7 www.documentarchiv.de/nzjh/verfdr1848.htm
🌐/8 http://www.dhm.de/ausstellungen/bildzeug/21.html
🌐/9 www.wcurrlin.de/links/basiswissen/basiswissen_revolution_von_1848.htm

Check-up

Standard-Check: Das solltest du können!

1. Wichtige Arbeitsbegriffe
Hier sind wichtige Arbeitsbegriffe des Kapitels aufgelistet. Übertrage sie in dein Heft und formuliere zu jedem Begriff eine kurze Erläuterung.

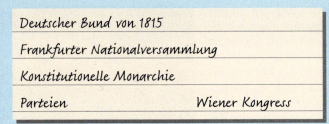

- Deutscher Bund von 1815
- Frankfurter Nationalversammlung
- Konstitutionelle Monarchie
- Parteien
- Wiener Kongress

2. Interpretation eines Verfassungsschemas

2.1 Erläutere die Rechte und Aufgaben des Kaisers, der Regierung und des Parlaments (Reichstag) in der geplanten Verfassung.

2.2 Beurteile die Machtverteilung zwischen Kaiser, Regierung und Reichstag. Achte besonders auf die Rechte des Reichstags.

2.3 Kann man die Verfassung als demokratisch bezeichnen? Begründe deine Meinung.

2.4 Erläutere die Bedeutung eines unabhängigen obersten Gerichts (Reichsgericht) für den Schutz der Verfassung.

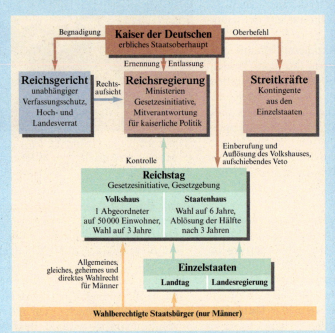

D 1 Die von der Frankfurter Nationalversammlung für den deutschen Nationalstaat geplante Reichsverfassung, März 1849

3. Interpretation eines Quellentextes

3.1 Kläre zuerst unbekannte Begriffe oder Namen.

3.2 Fasse die wesentlichen Aussagen des Textes zusammen.

3.3 Ordne den Text quellenkritisch ein: Wer ist der Autor? Wann hat er den Text verfasst? An wen richtet sich der Text? Wurde er von Interessen/Absichten geleitet?

3.4 Formuliere nun deine Meinung zum Text.

Q 2 Der konservative Staatswissenschaftler Carl Ludwig v. Haller über die Stellung der Fürsten, 1816:

1. Die Fürsten [...] herrschen nicht aus anvertrauten, sondern aus eigenen Rechten. Es ist ihnen keine Gewalt von dem Volke übertragen worden [...], sie besitzen diese Macht [...] von der Natur.
2. Sie sind also nicht von dem Volk gesetzt [...]. Das Volk kommt nicht vor dem Fürsten, sondern im Gegenteil der Fürst vor dem Volk, gleich wie der Vater vor seinen Kindern.
3. Die Fürsten sind nicht [...] bloß Oberhaupt des Staates [...], sondern [...] unabhängige Herren.

(In: C. L. von Haller: Restauration der Staatswissenschaften, Leipzig 1816, Bd. 1, S. 86. Gekürzt)

Die Lösungen zu diesen Standard-Checkaufgaben findest du auf Seite 276.

Aber: Erst selbst lösen, dann überprüfen. Dein Können kannst du bewerten (☺ ☺ ☹).

Deine Leistungsbewertung zeigt dir, was du noch einmal wiederholen solltest.

Das konnte ich
☺ = gut
☺ = mittel
☹ = noch nicht

Industrialisierung und soziale Frage

Die Menschen des 18. Jahrhunderts arbeiteten noch überwiegend in der Landwirtschaft, in Handwerksbetrieben oder als Heimarbeiter. Im Verlauf des 19. Jahrhunderts veränderte sich diese seit Jahrhunderten praktizierte Form der Arbeit jedoch geradezu „revolutionär" – und mit ihr änderten sich die Lebens- und Wohnverhältnisse vieler Menschen, ihr Denken und Handeln. Was waren die Ursachen für diesen tiefgreifenden Wandel?

Industrialisierung und soziale Frage

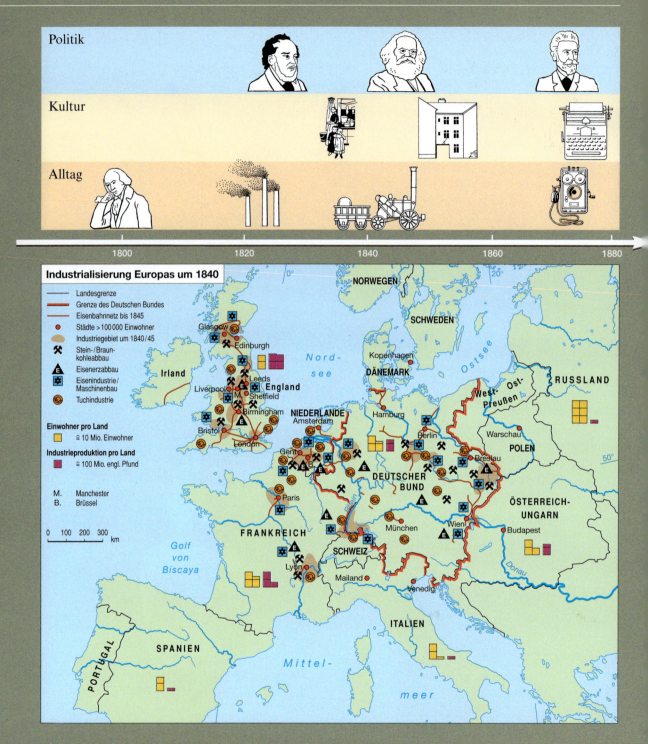

ARBEITSAUFTRAG

Erarbeite anhand der Karte, in welchen Ländern und Regionen Europas die industrielle Entwicklung um 1840 stark, mittel oder noch gar nicht ausgeprägt war.

Industrialisierung und soziale Frage
1. Produktions- und Wirtschaftsformen verändern sich

Im 18. Jahrhundert setzte in Europa eine Entwicklung ein, die zu tiefgreifenden Veränderungen der Arbeitsweise und Wirtschaftsformen führte: die Industrialisierung. An die Stelle der seit Jahrhunderten gewachsenen Produktionsweise in Handwerksbetrieben, Heimwerkstätten oder Manufakturen trat nun die maschinelle Produktion in Fabriken. Die damit verbundenen Änderungen betrafen nicht nur die Arbeit, sondern die gesamte Lebensweise der Menschen. Sie waren so groß, dass man von einer **industriellen Revolution** spricht. Was waren die Ursachen?

Fortschritte in der Landwirtschaft und Bevölkerungswachstum – Seit dem 17. Jahrhundert hatten neue Maschinen und Anbaumethoden eine kontinuierliche Steigerung der landwirtschaftlichen Erträge bewirkt. Zu den Neuerungen gehörten bessere Pflüge und Sämaschinen, die Züchtung widerstandsfähigerer Nutztiere und -pflanzen sowie die neue Anbaumethode des **Fruchtwechsels**. Anders als bei der Dreifelderwirtschaft, bei der stets ein Drittel der Anbaufläche brach lag, konnte beim Fruchtwechsel durchgehend das ganze Land bewirtschaftet werden. Durch Düngung und den Anbau von stickstoffreichen Grünpflanzen wie Klee wurden dem ausgelaugten Boden neue Nährstoffe zugeführt. Mit den getrockneten oberirdischen Teilen der Pflanzen konnte zudem die Viehfütterung im Winter verbessert werden. All dies verbesserte die Nahrungsmittelversorgung und führte im 18. und 19. Jahrhundert zu einem deutlichen **Bevölke-**

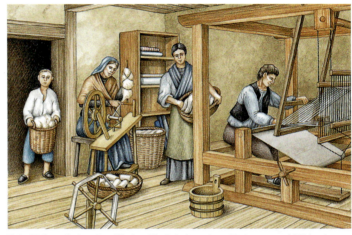

B 2 Heimarbeiterfamilie im 18. Jahrhundert (Spinner und Weber)

B 1 Handwerker (Tischler) im Mittelalter. Gemälde von Jean Bourdichon, 1480

Q 3 Handwerk und Heimarbeit vor der Erfindung von Dampf- und Elektromaschinen

<u>Der Handwerker</u> fertigt in der Regel das gesamte Produkt. Die dazu erforderlichen Werkzeuge und Rohstoffe sind sein Eigentum. Den Preis seines Produkts legt der Handwerker selbst fest. Die für seine Arbeit erforderliche Energie bezieht
5 er aus seiner Körperkraft oder von Nutztieren oder aus Wind- bzw. Wasserkraft. Arbeitsstätte und Wohnstätte der Handwerkerfamilie sind traditionell nicht getrennt.
<u>Der Heimarbeiter</u> fertigt im Auftrag des Verlegers* und gegen Stücklohn Waren an (z. B. Tuch). Das dafür erforderliche
10 Werkzeug ist in der Regel sein Eigentum, nicht aber die vom Verleger bereitgestellten Rohstoffe. Die für seine Arbeit erforderliche Energie bezieht der Heimarbeiter aus seiner Körperkraft. Arbeitsstätte und Wohnstätte der Heimarbeiterfamilie sind nicht getrennt.

* Unternehmer, der Warenproduktion durch Heimarbeiter organisiert

rungswachstum. Aber es stieg auch die Zahl der Menschen, die weder als Handwerker oder Heimarbeiter noch in der Landwirtschaft ihren Lebensunterhalt bestreiten konnten. So entstand ein großes Reservoir an billigen Arbeitskräften, das mit Beginn der Industrialisierung in die neu entstehenden Fabriken strömte.

Neue Maschinen und Antriebskräfte – Die dritte bedeutsame Voraussetzung für den Beginn der Industrialisierung waren zahlreiche Erfindungen und technische Neuerungen im 18. und 19. Jahrhundert. Die wichtigste davon war die **Dampfmaschine**. Sie war zugleich eine leistungsstarke Antriebskraft und die Grundlage für die Entwicklung weiterer neuer Maschinen – für die industrielle Massenproduktion, den Bergbau, die Verkehrstechnik u. a. m.

B 5 Handbetriebene, mechanische Spinnmaschine für 16 Fäden („Spinning Jenny"). Kupferstich um 1775

 Q 4 Manufaktur und Fabrik

1 <u>Manufaktur</u> (von Lat.: *manu factum* = mit der Hand gemacht): Seit der Antike bekannte, besonders im 17. und 18. Jahrhundert praktizierte
5 Form des Großbetriebs mit arbeitsteiliger Massenproduktion (z. B. Porzellanmanufaktur). Die Werkzeuge, Rohstoffe und das Manufakturgebäude, sind Eigentum
10 des Unternehmers. Er zahlt den Arbeitern einen Stück- oder Stundenlohn. Die benötigte Energie stammt von der Körperkraft der Arbeiter. Deren Arbeitsstätte ist von
15 ihrer Wohnung getrennt.
<u>Die Fabrik:</u> Ende des 18. Jahrhunderts zuerst in England entstandene Form des Großbetriebs mit arbeitsteiliger Massenproduk-
20 tion. Der entscheidende Unterschied zur Manufaktur besteht im Einsatz neuartiger Maschinen mit neuer Antriebskraft – anfangs Dampf, später Elektrizität. Mit den
25 Dampf- bzw. Elektromaschinen konnte die Warenproduktion vervielfacht werden. Die Fabrik ist die typische Produktionsstätte des Industriezeitalters.

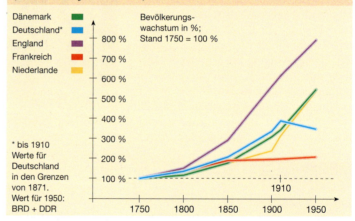

D 6 Bevölkerungsentwicklung einiger europäischer Länder zwischen 1750 und 1950, in prozentualen Steigerungsraten (1750 = Basisjahr = 100 %)

ARBEITSAUFTRÄGE

1. Analysiere B 1 und B 2. Was sagen die Bilder über die Arbeits- und Lebensbedingungen der Handwerker- bzw. Heimarbeiterfamilie aus? Berücksichtige auch Q 3.
2. Betrachte B 5. Handelt es sich beim Spinnvorgang mit der „Spinning Jenny" bereits um eine industrielle Produktionsweise? Berücksichtige auch Q 4 sowie B 3 auf Seite 175.
3. Erläutere D 6. Versuche, die Unterschiede zwischen den Ländern zu erklären. Kann man auf Unterschiede bei der industriellen Revolution schließen, z. B. hinsichtlich des Beginns? Nutze die Karte von S. 172 und das Diagramm auf S. 198.
4. Nenne Voraussetzungen für den Beginn der Industrialisierung.

2. England – Mutterland der Industrie

Die industrielle Revolution begann in England um 1780; etwa 50 Jahre, bevor sie auch auf dem europäischen Kontinent und in den USA einsetzte. England entwickelte sich zur industriellen Führungsmacht und behielt diese Position während des gesamten 19. Jahrhunderts. Warum waren die Voraussetzungen für den Beginn der industriellen Revolution gerade in England so günstig? @/1

Ein neuer Unternehmertyp tritt auf – Durch seine Kolonien war England zur führenden Handelsmacht aufgestiegen. Kaufleute und Adlige investierten die Gewinne aus dem Kolonialhandel im Verlagswesen, in Manufakturen, Bergwerken – und bald auch in **Fabriken**. Ein zusammenhängender, für den Handel **durchlässiger Inlandsmarkt** erleichterte die wirtschaftliche Entfaltung. Während auf dem Kontinent noch der alte Adel, der Merkantilismus sowie zahlreiche Zollschranken vorherrschten, erlebten Handel und Gewerbe in England einen gewaltigen Aufschwung. Er wurde vorangetrieben durch einen neuen, zukunftsorientierten Unternehmertyp.

Landgüter für die Produktion von Wolle – Die Neuerungen zur Steigerung der landwirtschaftlichen Erträge nahmen ihren Ursprung oft in England. Daher setzte hier auch früher als in anderen Ländern ein kräftiges **Bevölkerungswachstum** ein. Kennzeichnend für die Veränderungen in der englischen Landwirtschaft war noch ein weiterer Aspekt: Die Zusammenlegung vieler kleiner Äcker zu großen Weidegütern für Schafe [= **Einhegung**]. Denn der Verkauf von Wolle war zu einem einträglichen Geschäft geworden. Doch davon profitierten nur die großen Grundherren, denen das Land gehörte. Viele Kleinbauern und Pächter verloren dagegen ihre Existenzgrundlage. Beides, Bevölkerungswachstum und Umstrukturierung der Landwirtschaft, führte dazu, dass zahlreiche Menschen als billige Arbeitskräfte in die entstehenden englischen **Industriezentren** strömten.

Einhegungen in der englischen Landschaft

Q 2 Der britische Historiker Phyllis Dean schrieb 1977 über die Ursachen des Bevölkerungswachstums:

1 Der entscheidende Bruch gegenüber der Vergangenheit war die Tatsache, dass die Wachstumsrate [der Bevölkerung] sich in den 1850er-Jahren auf 7 Prozent erhöhte und […] diesen Durchschnitt hielt. Ein solcher Bevölke-
5 rungszuwachs hätte in einer vorindustriellen Wirtschaft normalerweise zu einem Absinken des Pro-Kopf-Einkommens geführt […]. In Wirklichkeit war es aber so […], dass jetzt das Sozialprodukt mit dem Bevölkerungszuwachs Schritt zu halten vermochte. Das verdankt man je-
10 doch nicht in erster Linie der Industrieproduktion. […] Das Vorhandensein eines Nahrungsmittelüberschusses […] bedeutete, dass die Bevölkerung wachsen konnte.

(Phyllis Dean, Die Industrielle Revolution in Großbritannien 1700–1880. In: Carlo M. Cipolla/Knut Borchardt [Hg.], Europäische Wirtschaftsgeschichte Bd. 4, hg. von Knut Borchardt, Stuttgart/New York 1977, S. 4 f. Gekürzt)

D 1 Bevölkerungsentwicklung in England und Wales im 18. und 19. Jh. (in Mio.):

B 3 Englische Baumwollspinnerei mit Dampfantrieb, um 1835

Die Textilproduktion wird revolutioniert – In der zweiten Hälfte des 18. Jahrhunderts nahm die Herstellung von Textilien in England einen ungeheuren Aufschwung. Trotz großer eigener Schafherden mussten große Mengen Wolle bzw. Baumwolle importiert werden. Nur durch Wollimporte konnte der Bedarf für den heimischen Markt und die rasant wachsende Exportwirtschaft gedeckt werden. Wie konnten diese Mengen Wolle verarbeitet werden?

Grundlage für die Steigerung der Textilproduktion waren mehrere Erfindungen, die zwischen 1767 und 1786 gelangen:
- 1767 entwickelte JAMES HARGREAVES eine mechanische Spinnmaschine, die acht, später bis zu 60 Fäden gleichzeitig spinnen konnte, die **„Spinning-Jenny"**. Sie wurde aber noch von Hand betrieben.
- 1769 erfand RICHARD ARKWRIGHT eine durch Wasserkraft angetriebene mechanische Spinnmaschine.
- 1769 konstruierte JAMES WATT die erste rationelle **Dampfmaschine,** die ab 1785 auch in der Textilindustrie als Antriebskraft genutzt wurde.
- 1786 entwickelte EDMUND CARTWRIGHT den ersten **mechanischen Webstuhl,** mit dem die mechanisch gesponnene Wolle sehr schnell und rationell zu Stoffbahnen weiterverarbeitet werden konnte.

Textilfabriken entstehen – Die technisch verbesserten, aufwendigen Maschinen konnten sich die einzelnen Heimarbeiter nicht leisten. Sie mussten in den neu entstehenden Textilfabriken arbeiten, wo sie sich dem Takt der Maschinen und einer strengen Fabrikdisziplin unterzuordnen hatten. Aus Heimarbeitern und verarmten Kleinbauern wurden Fabrikarbeiter. Die Textilindustrie markierte den Auftakt des Fabriksystems in England. Jahrzehntelang war die maschinell hergestellte Massenware konkurrenzlos billig. In den Jahren 1815 bis 1840 bestanden 50 Prozent des britischen Exports aus Woll- oder Baumwollerzeugnissen.

Q 5 Besuch in einer Baumwollspinnerei in Manchester. Reisebericht der Johanna Schopenhauer, um 1803:

Wir besuchten eine der großen Baumwollspinnereien. Uns schwindelte in diesen großen Sälen bei dem Anblicke des mechanischen Lebens ohne Ende. In jedem derselben sahen wir einige Weiber beschäftigt, die nur selten reißenden Fäden der unaufhörlich sich drehenden Spindeln wieder anzuknüpfen. […] Alles in der Fabrik, auch das Geringste, geschieht mit bewunderswerter Genauigkeit und Zierlichkeit, dabei in Blitzesschnelle. Am Ende schien es uns, als wären alle diese Räder das eigentlich Lebendige und die darum beschäftigten Menschen die Maschinen.

(Johanna Schopenhauer: Reise durch England und Schottland, Stuttgart 1965, S. 52 f. Gekürzt)

B 4 Modell der Watt'schen Dampfmaschine von 1769. Rekonstruktion

B 6 Mittelenglische Industrielandschaft im 18. Jahrhundert

2. England – Mutterland der Industrie

Die Dampfmaschine: Motor der Industrialisierung – Mit der Weiterentwicklung der Dampfmaschine durch James Watt kam die Industrialisierung erst richtig in Gang. Eine einzige Dampfmaschine leistete so viel Arbeit wie mehrere hundert Menschen zusammen. Dampfmaschinen wurden daher bald auch in anderen Industriezweigen eingesetzt.

Siamesische Zwillinge: Kohle und Eisen – Mit der Nachfrage nach Dampfmaschinen wuchs auch der Bedarf an Eisen und Kohle: Eisen für den Bau und Kohle für den Betrieb von Dampfmaschinen. Man suchte deshalb nach verbesserten Verfahren für die Eisenproduktion und Kohlegewinnung. Schon seit 1709 wurden **Kokshochöfen** für eine rationelle Erzeugung von Eisen genutzt. 1784 gelang dem Engländer HENRY CORT mit dem **Puddelverfahren** eine weitere Verbesserung: Dem geschmolzenen Roheisen wurde durch Umrühren (engl.: *to puddle*) und Zufuhr heißer Luft der Kohlenstoff entzogen. Dabei entstand der schmiedbare und besser haltbare **Stahl.** Diese Produktions- und Qualitätsverbesserungen machten Eisen und Stahl zu einem preiswerten sowie unentbehrlichen Baustoff im Maschinen- und im Bergbau, bei der Konstruktion von Gebäuden, für den Schiffs- und den Eisenbahnbau.

Der wachsende Bedarf an Kohle und Eisen wirkte sich wiederum stimulierend auf die Fördertechnik im Bergbau aus. England verfügte über reiche Kohle- und Eisenerzvorkommen. Doch um ausreichend davon fördern zu können, mussten die Bohrungen und Schächte bald tiefer angelegt werden. Dazu brauchte man noch bessere Dampfmaschinen, Pumpwerke und Fördermechanismen.

Volldampf voraus – Für die industrielle Produktion wurden große Mengen Rohstoffe benötigt. Und die produzierten Waren sollten schnell und preiswert zu den Verbrauchern im ganzen Land gelangen. Wie wurde das Transportproblem gelöst?

1814 hatte der Brite GEORGE STEPHENSON die erste funktionstüchtige **Dampflokomotive** gebaut. Er hatte auch Schienen hergestellt, die der Belastung mit beladenen Waggons standhielten. 1823 gründete er die erste Lokomotivenfabrik der Welt. Bereits zwei Jahre später nahm die erste Eisenbahnlinie mit Personenverkehr ihren Betrieb auf: Die Passagiere fuhren die 39 Kilometer von Stockton nach Darlington mit einer Höchstgeschwindigkeit von etwa 45 km/h.   /2

PERSONENLEXIKON

JAMES WATT, 1736–1819. Er konstruierte 1769 die erste funktionstüchtige Dampfmaschine, die er in den folgenden Jahren mehrfach selbst verbesserte.

B 8 „The Rocket". Von Stephenson etwa um 1830 gebaute Lokomotive (Modell)

T 7 Kohleförderung und Eisenausstoß in Großbritannien, Angaben in Mio. t			
Kohle		**Eisen**	
1780	6,2	1780	0,15
1816	16,0	1816	0,4
1840	42,0	1840	1,5
1850	50,0	1850	2,0
1856	60,0	1856	3,2
1870	112,2	1870	5,9

(Vom Autor zusammengestellt nach verschiedenen Quellen)

ARBEITSAUFTRÄGE

1. Erläutere mit D 1 den Anstieg der Bevölkerungszahl Englands zwischen 1700 und 1900 und nenne den Grund, den der Verfasser von Q 2 dafür angibt.
2. Vergleiche B 3 mit B 5 von S. 174. Was hat sich verändert?
3. Lies Q 5. Erläutere, wie die Fabrik auf die Besucherin wirkte. Wie sieht sie das Verhältnis der Menschen zu den Maschinen?
4. Betrachte B 6. Welche Folgen hatte die Industrialisierung für die Städte und für die Landschaft?
5. Erläutere mit T 7 den Zusammenhang von Kohle- und Eisenproduktion.
6. Betrachte B 4 und B 8. Erläutere die Bedeutung der Dampfmaschine und der Eisenbahn für die Industrialisierung.

3. Beginn der Industrialisierung in Deutschland

Während in England die Industrialisierung bereits in vollem Gange war, arbeiteten in Deutschland um 1800 noch etwa 75 Prozent der Bevölkerung in der Landwirtschaft. Auch Textilien wurden noch überwiegend von Heimarbeitern und mit den alten Spinnrädern sowie Webstühlen produziert. Was waren die Ursachen für den industriellen Rückstand Deutschlands?

Reformen sind erforderlich – Anders als in England oder Frankreich lebten die Menschen zu Beginn des 19. Jahrhunderts in weiten Teilen Deutschlands noch in einer starren Ständeordnung: Zunftzwang der Handwerker, das Gildenwesen der Kaufleute und die Abhängigkeit der bäuerlichen Bevölkerung von den adligen Grundherren prägten eine rückständige Gesellschaft. Auch der Merkantilismus, die Wirtschaftspolitik des Absolutismus, sollte nur die Kassen des Staates füllen, nicht aber den freien Wettbewerb von Handel, Gewerbe und industrieller Produktion fördern. Der Adel verteidigte seine alten Privilegien und verachtete jede kaufmännische sowie gewerbliche Tätigkeit als nicht standesgemäß. Erst mit den Agrar- und Gewerbereformen von 1807/1811 hatten Preußen und andere deutsche Länder die Voraussetzungen für den wirtschaftlichen Aufschwung geschaffen.

Mit Deutschland ist kein Staat zu machen – Deutschland war auch Anfang des 19. Jahrhunderts noch ein Flickenteppich aus 39 souveränen, meist kleinen sowie einigen größeren Ländern. Viele von ihnen hatten ein eigenes Münz-, Maß- und Gewichtssystem. Zahlreiche Zollschranken behinderten den Warenverkehr. Erst mit der Gründung des **Deutschen Zollvereins** 1833/34 wurde ein einheitlicher deutscher Binnenmarkt geschaffen; dem allerdings Österreich, der zweite große Staat des Deutschen Bundes, nicht angehörte.
Mitte der 1830er-Jahre war die industrielle Revolution auch in Deutschland nicht mehr zu bremsen.

Q1 Grenzen und Zölle behindern die Wirtschaft:

Der Tübinger Wirtschaftsprofessor Friedrich List schrieb 1834:
„38 Zolllinien in Deutschland lähmen den Verkehr im Inneren und bringen ungefähr dieselbe Wirkung hervor, wie wenn jedes Glied des menschlichen Körpers unterbunden wird, damit das Blut ja nicht in ein anderes überfließe. Um von Hamburg nach Österreich, von Berlin in die Schweiz zu handeln, hat man zehn Staaten zu durchschneiden, zehn Zollordnungen zu studieren, zehnmal Durchgangszoll zu bezahlen. Wer aber das Unglück hat, auf einer Grenze zu wohnen, wo drei oder vier Staaten zusammenstoßen, der verlebt sein ganzes Leben mitten unter feindlich gesinnten Zöllnern; der hat kein Vaterland. Trostlos ist dieser Zustand für Männer, welche wirken und handeln möchten […]."

(In: Manfred Görtemaker: Deutschland im 19. Jahrhundert, Opladen 1986, S. 142. Gekürzt.)

PERSONENLEXIKON

FRIEDRICH LIST, 1789–1846.
Deutscher Wirtschaftswissenschaftler, der für den Deutschen Zollverein und für die Förderung der deutschen Industrie eintrat

B2 Die Stadt Berlin um 1760

3. Beginn der Industrialisierung in Deutschland 179

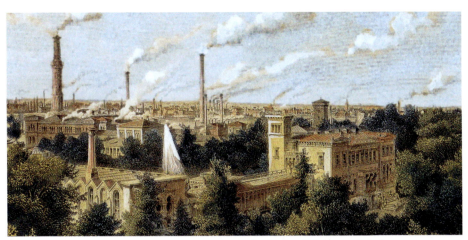

B 3 Berlin-Mitte um 1865 mit einem Teil der Borsig-Werke, Zeichnung J. Rabe

PERSONENLEXIKON

AUGUST BORSIG, 1804 – 1854. Gründer der „Borsig-Werke" in Berlin, die schon 1847 etwa 1200 Menschen beschäftigten

Die zweite Baureihe der Borsig-Lokomotiven, die „Beuth", wurde zwischen 1843 und 1847 gebaute. Sie steht als Nachbau im Deutschen Technikmuseum in Berlin.

Preußen wird industrielle Führungsmacht – Zu Beginn des 19. Jahrhunderts war Preußen noch ein reiner Agrarstaat, in den Städten existierten kaum Fabriken. Doch 1847 schrieb ein Berliner Kohlengroßhändler über die Maschinenfabrik des Berliner Unternehmers August Borsig: „Diese Fabrik ist das großartigste Institut in Deutschland, vielleicht Europas, und sehr sehenswert." Welche Ursachen hatte der industrielle Aufschwung in Preußen?

Das preußische Gesetz von 1807 über die **Bauernbefreiung** hatte zwar die Abhängigkeit von den Grundherren beseitigt. Aber viele Bauern konnten die Ablösesumme nicht aufbringen, die sie für die Äcker an die früheren Grundherren zahlen sollten. Eine Folge der Reformen war daher, dass zahlreiche Menschen in die Städte zogen und dort als billige **Lohnarbeiter** verfügbar waren. Für den Beginn der Industrialisierung Preußens war auch wichtig, dass die Regierung risikobereite Unternehmer mit Zuschüssen und Krediten unterstützte.

Selbstverständlich hatte man in Deutschland von den technischen Neuerungen und der maschinellen Produktion in England erfahren. Aber britische Ausfuhrverbote behinderten den Kauf der neuen Maschinen. Die preußische Regierung ließ daher **Industriespionage** betreiben, holte englische Fachleute ins Land und verbesserte im eigenen Land die **Berufsausbildung** von Technikern sowie Ingenieuren.

Lokomotiven aus Preußen – Im Dezember 1835 war die erste, nur 6,1 km lange deutsche Eisenbahnstrecke von Nürnberg nach Fürth fertiggestellt worden. Bei der Eröffnungsfeier musste eine englische Lokomotive die Wagen ziehen, da es in ganz Deutschland noch keine Lokomotivenfabrik gab. Doch schon bald erlangten preußische Lokomotiven Weltruhm.
AUGUST BORSIG arbeitete seit 1828 in einer Berliner Maschinenbaufirma. 1838 gründete er eine eigene Maschinenbaufabrik und begann mit der Produktion von Schrauben und Dampfmaschinen. Schon drei Jahre später baute er seine erste „Borsig"-Lokomotive, die für die Berlin – Potsdamer Eisenbahn angeschafft wurde. Tausende weitere sollten folgen. 🔗/4

T 4 Zahlen zum Stand der Maschinenbauindustrie um 1846/1847

	Einwohnerzahl in Mio.	Maschinenbaubetriebe	Arbeiter im Maschinenbau	Zahl der Dampfmaschinen
Preußen	8,59	131	7 644	1 130
Sachsen	2,05	232	2 250	600
Deutschland	33,00	416	12 556	2 200

(Vom Autor zusammengestellt nach verschiedenen Quellen)

ARBEITSAUFTRÄGE

1. Stelle die Gründe dar, warum sich in Deutschland die Industrialisierung verzögerte. Wie wurden die Hemmnisse beseitigt?
2. Betrachte B 2, B 3 und T 4. Wie machte sich die Industrialisierung einer Stadt/einer Region im 19. Jahrhundert bemerkbar?
3. Vergleiche mit T 4 den Grad der Industrialisierung Preußens um 1846 mit dem Sachsens bzw. dem von ganz Deutschland.

4. Schwerpunkte und Zentren der deutschen Industrialisierung

In Deutschland vollzog sich der industrielle Aufschwung erst ab den 1830er-Jahren. Das war deutlich später als in England, dem Mutterland der Industrialisierung. Doch am Ende des 19. Jahrhunderts hatte Deutschland diesen Rückstand aufgeholt. Welche Industriezweige führten die Entwicklung an und wie konnte Deutschland den Rückstand aufholen?

Mit Volldampf hinterher – Dampfmaschine und Eisenbahn waren auch in Deutschland die „industriellen Antriebskräfte". Ein Startzeichen war 1835 der Bau der ersten, nur 6,1 km langen Eisenbahnlinie von Nürnberg nach Fürth. Jetzt setzte in vielen deutschen Staaten ein stürmischer Eisenbahnbau ein; 1870 war das deutsche Eisenbahnnetz schon größer als das englische. Mit der Eisenbahn war ein völlig neues, für die Betreiber wie für die Benutzer wirtschaftlich sehr attraktives Transportmittel entstanden. Bedeutsamer als der Personenverkehr war anfangs der Gütertransport. Vor allem Kohle und Eisenerze konnten nun schnell und leicht von den Fördergebieten zu neu entstehenden Industriestandorten gebracht werden. Der Ausbau neuer industrieller Standorte wurde dadurch erheblich beschleunigt. In großen Fabrikanlagen wurden die neuen Zweige der industriellen Produktion – Eisen, Stahl und Maschinenbau – bald auch räumlich miteinander verbunden. Es entstanden Zentren der **Schwerindustrie.** Gemeinsam mit der Textilindustrie behielten diese Industriezweige bis weit in das 20. Jahrhundert große Bedeutung für Deutschland.

Fabrikanten brauchen Kapital – Die industriellen Pioniere der Gründerzeit hatten ihre Fabriken meist aus kleinen Anfängen und mit eigenem, erspartem Geld aufgebaut. Doch für den Bau von Eisenbahnlinien, Stahlwerken oder großen Maschinenbauanlagen benötigte man mehr Kapital, als ein einzelner Unternehmer aufbringen konnte. Wie wurde dieses Finanzierungsproblem gelöst?

PERSONENLEXIKON

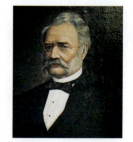

Werner von Siemens, 1816–1892. Begründer der Elektrotechnik, u. a.:
1847 Bau der ersten Telegrafenleitung
1866 Bau des ersten Elektromotors
1879 Bau der ersten Elektrolokomotive

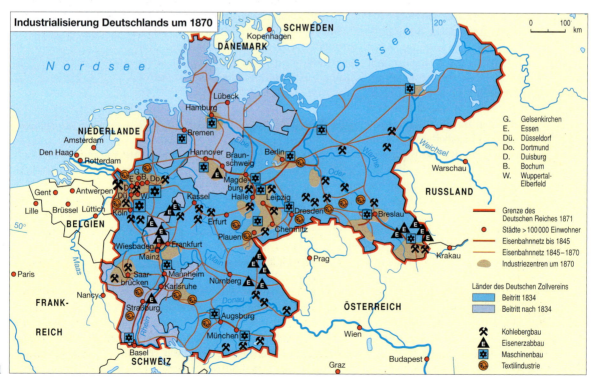

K 1 Industrialisierung Deutschlands um 1870

Seit der Mitte des 19. Jahrhunderts stieg in Deutschland die Zahl der **Aktiengesellschaften** sprunghaft an. Durch den Verkauf von **Aktien,** das sind Anteilsscheine am Vermögen eines Unternehmens, konnten die Aktiengesellschaften große Kapitalmengen aufbringen. Die Käufer der Aktien, die **Aktionäre,** waren ihrerseits am Gewinn oder Verlust des Unternehmens beteiligt. ⓔ/5

Die zweite Welle der Industrialisierung – Während Deutschland die erste Phase der Industrialisierung als Nachzügler begann, setzte es sich mit der Wende zum 20. Jahrhundert an die Spitze der **zweiten Industrialisierungswelle.** Was waren die Voraussetzungen für diesen Erfolg?

Im 19. Jahrhundert war englischen, deutschen und amerikanischen Forschern eine Reihe bahnbrechender Erfindungen auf dem Gebiet der Chemie und der elektrischen Stromerzeugung gelungen. Daraus entwickelten findige deutsche Unternehmer technologische Verfahren und Produkte, die zur Grundlage für drei neue Schlüsselindustrien wurden: die **chemische Industrie,** die **Elektroindustrie** und die **Automobilindustrie.** In diesen Industriezweigen erreichten deutsche Unternehmen Weltgeltung.

B5 Patent-Motorwagen von Carl Friedrich Benz, 1886

B7 Neue Produkte der Seifenindustrie verbesserten die hygienischen Verhältnisse. Plakat von 1907

T2 Steinkohleerzeugung in Mio. Tonnen				
	1840	1855	1877	1900
USA	2	10	38	160
England	42	65	137	200
Frankreich	3	7	20	50
Deutschland*	4	8	33	140
Russland	–	–	6	18

T3 Roheisenerzeugung in Mio. Tonnen				
	1840	1855	1877	1900
USA	0,60	0,80	3,30	21,7
England	1,50	3,00	6,50	9,5
Frankreich	0,35	0,60	1,18	2,9
Deutschland*	0,14	0,35	1,51	12,8
Russland	–	0,25	0,30	1,8

T4 Entwicklung des Eisenbahnnetzes in tausend Kilometern				
	1840	1855	1877	1900
USA	4,5	30	120	280
England	2,4	12	24	35
Frankreich	0,5	3,5	24	40
Deutschland*	0,5	9	30	50
Russland	–	1	20	40

* Deutschland in den Grenzen von 1871
(Zusammengestellt nach verschiedenen Quellen)

Q 6 Der deutsche Wirtschaftswissenschaftler Werner Sombart schreibt 1927 über die Rolle des Unternehmers:

1 Die treibende Kraft in der modernen kapitalistischen Wirtschaft ist der […] Unternehmer und nur er. Ohne ihn geschieht nichts. Er ist darum aber auch die einzige produktive, das heißt schaffende, schöpferische Kraft. […] Alle
5 übrigen Produktionsfaktoren: Arbeit und Kapital, befinden sich ihm gegenüber im Verhältnis der Abhängigkeit. […] Auch alle technischen Erfindungen werden erst durch ihn lebendig. Die hochkapitalistische Wirtschaft ist […] aus der schöpferischen Initiative der Wenigen hervorgewachsen.

(In: Werner Sombart, Der moderne Kapitalismus, Bd. 1, München 1927, S. 12 f. Gekürzt)

ARBEITSAUFTRÄGE

1. Betrachte K 1. In welchen Regionen Deutschlands hatten sich Mitte des 19. Jh. industrielle Zentren entwickelt? Kannst du Gründe dafür nennen, dass sie sich gerade dort bildeten?
2. Analysiere T 2 bis T 4. Was kannst du den Tabellen über den Verlauf der industriellen Entwicklung Deutschlands im Vergleich mit anderen Staaten entnehmen? Betrachte auch die Entwicklung des Eisenbahnnetzes. Sagt die Länge des Schienennetzes allein etwas über den Industrialisierungsgrad eines Landes aus? Begründe deine Antwort.
3. Lies Q6. Wie sieht der Verfasser die Rolle der Unternehmer bei der Industrialisierung? Wie begründet er seine Auffassung? Wie urteilst du selbst? Ersetze in Zeile 5 der Quelle das Wort „Arbeit" durch „Arbeiter" und überprüfe dein Urteil.
4. Betrachte B 5 und B 7. Erläutere, warum es sich um Produkte einer „Schlüsselindustrie" handelt.

5. Schattenseiten: Wohnungsnot und Umweltprobleme

Obwohl im 19. Jahrhundert etwa fünf Millionen Deutsche auswanderten, stieg die Bevölkerungszahl zwischen 1800 und 1900 von rund 23 auf ungefähr 60 Millionen Menschen. Landwirtschaft und Heimarbeit boten der wachsenden Bevölkerung keine ausreichenden Verdienstmöglichkeiten mehr. Die Menschen strömten in die Städte, um in den dort errichteten Fabriken Arbeit zu finden. Welche Auswirkungen hatte die massenhafte Landflucht?

Neue Städte entstehen und wachsen – Mit der fortschreitenden Industrialisierung begann eine gewaltige Wanderung in die Städte: die **Urbanisierung.** Es entstanden immer neue, oft sehr schnell wachsende Städte. Während um 1800 nur 9 % der deutschen Bevölkerung in Städten mit über 5000 Einwohnern gelebt hatten, waren es 1910 schon über 50 %. Im Jahre 1907 waren von den rund zwei Millionen Berlinern nur etwa 40 % dort geboren. Viele Zuwanderer stammten aus den Dörfern Ost- und Westpreußens, aus Posen oder Schlesien. Sie suchten in den industriellen Zentren Sachsens, im Ruhrgebiet oder in Berlin Arbeit. Es handelte sich um die größte Bevölkerungsbewegung der deutschen Geschichte. Wie wurden die Städte mit diesem Ansturm fertig?

Wohnen auf engstem Raum – Die Mehrzahl der Arbeiterfamilien lebte in den **Mietskasernen.** Sie waren um die historischen Stadtkerne als dicht gedrängter Gürtel großer, aber sehr einfach ausgestatteter Mietshäuser gewachsen. Viele Zuwanderer fanden anfangs keine Wohnung oder konnten sich keine eigene Wohnung leisten. Sie hausten in provisorisch errichteten „Barackenstädten".
Bei den Mietskasernen handelte sich meist um dunkle, feuchte Gebäude mit mehreren Hinterhöfen und schlechten sanitären Einrichtungen. Die Toiletten wa-

T3 Entwicklung der Säuglingssterblichkeit (= Tod im 1. Lebensjahr) in Deutschland:

1800	18,0 %
1850	21,5 %
1900	20,0 %
1930	9,0 %
1950	0,3 %
2000	0,05 %

T4 Bis ins 20. Jahrhundert in Europa verbreitete Infektionskrankheiten mit Seuchencharakter:

Pocken, Tuberkulose, Typhus, Cholera, Malaria, Fleckfieber, Pest, Grippe, Kindbettfieber

B1 Grundriss einer Mietskaserne

B2 Häuserblock mit Mietskasernen in einem Arbeiterviertel, um 1900

ren im Hof oder im Treppenhaus. Zu einer Wohnung gehörten gewöhnlich nur ein Raum, in dem auch geschlafen wurde, und die Küche, die als einzig beheizbarer Raum zugleich Wohnzimmer war.

In diesen Wohnungen lebten meist Familien mit 5 bis 10 Personen. In den Betten schliefen stets mehrere Personen. Trotzdem waren die Mieten dieser Wohnungen wegen der großen Wohnungsnot und der Gier vieler Hauseigentümer sehr hoch. Viele Arbeiterfamilien vermieteten daher eine Schlafmöglichkeit an einen oder mehrere so genannte **Schlafgänger.** Das waren alleinstehende Männer oder Frauen, die keine eigene Wohnung hatten.

Umwelt- und Hygieneprobleme – Neben der Wohnungsnot waren die **Umweltverschmutzung** und mangelnde Hygiene weitere Probleme, die das Leben in den Industriestädten belasteten. Aus den Schornsteinen der Fabriken wurden Rauch und Ruß ungefiltert in die Luft geblasen. Über den Industriestädten bildeten sich dichte „Dunstglocken" **[Smog],** deren Schadstoffe die Gesundheit der Menschen stark beeinträchtigten. Auch die oft giftigen Abfälle der Fabriken und die Abwässer der Haushalte wurden anfangs einfach in Kanäle und Flüsse geleitet. Berlin wurde zwischen 1831 und 1873 dreizehnmal von der Cholera heimgesucht. Ein wichtiger Schritt zur Bekämpfung von Seuchen war die strikte Trennung von Trink- und Abwasser. Der Bau von unterirdischen Kanalisationssystemen verbesserte die Hygiene in den Städten, belastete aber gleichzeitig die außerstädtische Umwelt.

T 6 Wachstum ausgewählter deutscher Städte zwischen 1800 und 1910 (Einwohnerzahl in tausend)

	1800	1875	1910
Berlin	172	967	2071
Breslau	60	239	512
Leipzig	30	127	590
Dresden	60	197	548
Dortmund	4	58	214
Duisburg	4	37	229
Hamburg	130	265	931
München	40	193	596
Frankfurt a. M.	48	103	415
Nürnberg	30	91	333
Hannover	18	107	302

B 7 „The Silent Highway-Man". Karikatur zur Umweltverschmutzung der Städte, aus der englischen Zeitschrift „Punch" 1858

D 5 Bevölkerungsentwicklung Deutschlands im 18. und 19. Jh. (in Mio.):

ARBEITSAUFTRÄGE

1. Analysiere D 5 und vergleiche das Diagramm mit D 1 auf Seite 175. Was sagt D 5 über die deutsche Bevölkerungsentwicklung aus? Gibt es Unterschiede zur Entwicklung in England?
2. T 6 zeigt das Wachstum einiger deutscher Städte zwischen 1800 und 1910. Nenne Ursachen für das schnelle Städtewachstum sowie mögliche Probleme, die damit verbunden waren.
3. Betrachte B 1 und B 2. Welche Informationen erhältst du über die Wohnsituation von Arbeiterfamilien in der Zeit der Industrialisierung? Lege auf einen der Wohnungsgrundrisse kleine Kärtchen für Betten, Schränke, Tische und Stühle. Beachte den Maßstab. Was stellst du fest?
4. Nenne mögliche Gründe für die in T 3 dargestellte hohe Säuglingssterblichkeit im 19. Jahrhundert. Nutze auch T 4 und B 7.

6. Industrialisierung und soziale Frage

Durch die industrielle Entwicklung änderten sich nicht nur die Produktionstechniken grundlegend, sondern auch die Arbeitsbedingungen und der Lebensalltag vieler Menschen. Traditionelle Sozial- und Familienstrukturen erlebten einen tiefgreifenden Wandel. Welche Veränderungen im Leben der Menschen hatte die Industrialisierung zur Folge? 🌐/1

Die Arbeitsbedingungen des Industrieproletariats – Viele Millionen Tagelöhner, ehemalige Kleinbauern und Heimarbeiter waren im 18. und 19. Jahrhundert als **Industrieproletarier** (im 19. Jahrhundert die Bezeichnung für die Lohnarbeiter der Fabriken) in die Städte geströmt. Hier suchten sie Arbeit und eine Wohnung für ihre Familie. Sie besaßen nichts außer ihrer Arbeitskraft, die sie den neuen Herren, den Fabrikbesitzern, gegen Lohn anbieten mussten. Dieser Lohn war wegen des Überangebots an Arbeitskräften sehr gering.

In den Fabriken und Bergwerken diktierten das vorgegebene Tempo der Maschinen und eine strenge Arbeitsdisziplin einen Arbeitstag, der zwischen 12 und 16 Stunden dauerte – auch am Samstag. Reguläre Arbeitspausen gab es nicht. Das Essen musste hastig zwischendurch in der Fabrikhalle verzehrt werden, meist beim dröhnenden Lärm der Maschinen.

Da Sicherheitsvorkehrungen fehlten, kam es oft zu Arbeitsunfällen mit schweren Verletzungen. Lärm, giftige Abgase und Staub führten zu typischen Berufskrankheiten wie der Staublunge.
Für die Arbeiter existierte bis in die 1880er-Jahre keine gesetzliche soziale Absicherung (Kranken-, Unfall-, Arbeitslosen- oder Rentenversicherung).

Q1 Der Politiker F. J. Ritter von Buß schreibt 1837 zur sozialen Lage der Arbeiter:

1 Die Tendenz [...] zur Überbevölkerung und der Mangel an anderweitiger Unterkunft führt zur anschwellenden Anzahl der Fa-
5 brikarbeiter und wegen deren ökonomischer Unsicherheit zu einer wahren Massenarmut, dem so genannten Pauperismus. [...] Eine Einsparung ist dem Arbeiter selbst
10 bei günstigen Verhältnissen nur in geringem Maße möglich. [...] Die ganze Lage des Fabrikarbeiters ist [selbst] bei großem Angebot der Arbeit eine stete Quelle der Armut:
15 Treten noch Gewerbestockungen hinzu, so wüten sie verheerend in den Reihen der Arbeiter.

(In: E. Schraepler [Hg.]: Quellen zur Geschichte der sozialen Frage in Deutschland. Bd. 1, 1964, S. 66 f. Gekürzt)

T2 Mittlere Lebenserwartung in Jahren

	Männer	Frauen
1840	30,5	33,5
1870	35,6	38,5
1900	40,6	44,0
1930	59,9	62,8
2005	76,2	80,4

(Nach: Statistisches Bundesamt, 2006)

T4 Entwicklung der wöchentlichen Arbeitszeit in Deutschland

1800:	72 Stunden
1820:	78 Stunden
1840:	84 Stunden
1860:	78 Stunden
1900:	68 Stunden
1920:	48 Stunden
2000:	38 Stunden

(Zusammengestellt nach J. Kocka: Arbeitsverhältnisse und Arbeiterexistenzen, Bonn 1990, S. 486 sowie: Statisches Bundesamt, 2005)

B3 Wohnküche einer Arbeiterfamilie, die auch als Schlaf- und Arbeitsraum diente. Foto um 1900

6. Industrialisierung und soziale Frage

Die Gesellschaft verändert sich – In der traditionellen Ständeordnung der Gesellschaft war die Zugehörigkeit eines Jeden zu einer sozialen Schicht durch seine Geburt unverrückbar festgelegt. Diese Ständeordnung verlor durch die Industrialisierung rasch ihre Gültigkeit. Nun entschieden das Vermögen, Bildung sowie die individuellen Leistungen über die Chancen des Einzelnen in der Gesellschaft.

Die Manufakturen, vor allem aber die zahlreichen neuen Fabriken, hatten auch einen tiefgreifenden **Wandel der traditionellen Familienstrukturen** zur Folge. Die bäuerliche Familie, die Handwerker- und die Heimarbeiterfamilie lebte und arbeitete noch gemeinsam unter einem Dach, oft in der Großfamilie. Für die Arbeiter und Angestellten der Fabriken war das wegen der räumlichen Trennung der Arbeitsstätte von der oft weit entfernten Wohnung nicht mehr möglich. Die Familie, die vorher eine Produktions- und Lebensgemeinschaft war, wurde zur Konsum- und Schlafgemeinschaft.

Q 5 Aus der Betriebsordnung des Alfred Krupp für die Arbeiter seiner Fabrik, 1838:

1 Jeder Arbeiter muss unbedingt treu und folgsam sein, sich in und außerhalb der Fabrik anständig betragen, pünktlich die Arbeits-
5 stunden halten und durch seinen Fleiß beweisen, dass er die Absicht hat, zum Nutzen der Fabrik zu arbeiten. Wer aus Nachlässigkeit oder bösem Willen sich ver-
10 geht, wird bestraft. Wer ein Stück Arbeit, ein Werkzeug und dergleichen verdirbt oder umkommen lässt, muss dasselbe vergüten. Wer fünf Minuten zu spät nach
15 dem Läuten zur Arbeit kommt, verliert 1/4 Tageslohn, wer 1/4 Tag eigenmächtig fortbleibt, verliert 1/2 Tageslohn.

(In: C. Jantke. Der vierte Stand, Freiburg 1955, S. 178. Gekürzt)

Q 6 Der Staatswissenschaftler Robert von Mohl schreibt über die Auswirkungen des Fabriksystems, 1835:

1 Nicht nur der Familienvater ist den ganzen Tag vom Haus entfernt, ohne sich der Erziehung und Beaufsichtigung seiner Kinder [...] widmen zu können, sondern häufig ist auch die Mutter ebenso lange täglich in [einer] Manu-
5 faktur beschäftigt. Sobald die Kinder irgend verwendbar sind [...], werden sie aus dem Hause gestoßen; bis zu diesem Zeitpunkt aber sind sie ohne alle Aufsicht [...]. Nicht einmal zu dem gemeinschaftlichen Mahl versammelt sich die Familie. [...] Häufig dient die armselige [...]
10 Hütte nur zum gemeinschaftlichen Ausschlafen.

(Zitiert nach W. Sombart: Das Proletariat, Frankfurt a. M. 1906, S. 23 f. Gekürzt)

T 7 Durchschnittliches Monatseinkommen eines Arbeiterhaushaltes

	1800 beide Eltern und 2 Kinder arbeiten	1890 beide Eltern und 2 Kinder arbeiten	2005 beide Eltern arbeiten
Nettolohn in Mark/€	81,00	139,00	3450,00
Ausgaben für:			
Miete, Heizung,	11,30	25,25	980,00
Strom	–	–	150,00
Nahrung, Getränke	58,30	76,75	734,00
Hausrat	2,40	5,60	270,00
Gesundheit/Hygiene	1,00	1,70	105,00
Kleidung, Schuhe etc.	5,00	7,70	235,00
Verkehr/Medien	–	–	421,00
Bildung/Unterhaltung	2,00	12,00	170,00
Versicherungen	–	6,80	150,00
Kosten gesamt	80,00	135,80	3110,00
Sparen/Taschengeld	1,00	3,20	340,00

(Zusammengestellt nach: W. Abel: Massenarmut und Hungerkrisen im vorindustriellen Deutschland, Göttingen 1972; sowie nach: Statistisches Bundesamt 2006)

B 8 Wohnzimmer einer wohlhabenden Bürgerfamilie, um 1900

Kinder- und Frauenarbeit – Auch die Kinder der Arbeiterfamilien mussten schon von klein auf in Bergwerken und Fabriken arbeiten. Ihre Arbeitszeit betrug oft 12 bis 15 Stunden täglich. Die Arbeitsbedingungen waren so hart, dass viele Kinder erkrankten und früh starben. Für die Fabrikbesitzer waren sie aufgrund ihrer Not willige und billige Arbeitskräfte: Sie verdienten viel weniger als ein Erwachsener. Doch die Arbeiterfamilien waren auf jeden Groschen angewiesen. Die Arbeiterfrauen hatten ein besonders schweres Los: Um das geringe Einkommen ihrer Männer aufzubessern, arbeiteten sie in Heimarbeit oder als Fabrikarbeiterin. Zusätzlich mussten sie den Haushalt und die Kinder versorgen. Durch die Mehrfachbelastung betrug der Arbeitstag einer verheirateten Arbeiterin 16 bis 18 Stunden.

B 11 Kinderarbeit in einem Bergwerk. Holzstich um 1844

T 9 Löhne von Arbeitern und Arbeiterinnen 1885 pro Woche in Mark

	Männer	Frauen
Leinen-/Juteweberei	12 – 27	5 – 10
Wollkämmerei	15 – 27	7 – 10
Lederwarenfabrik	12 – 28	7 – 18

(In: August Bebel, Die Frau und der Sozialismus, Stuttgart 1891)

Q 10 Bericht des Regierungsrates Keller zur Kinderarbeit, 1834:

1 Die Kinder sind täglich 12–15 Stunden (von 5 Uhr morgens bis […] zum späten Abend) beschäftigt. Schulunterricht genießen sie
5 gar nicht, weder in frühen Jahren noch während der Zeit, in der sie hier Arbeit finden. […] Die Kinder armer Leute gingen ohnedies nicht in die Schule, sie möchten in Fa-
10 briken arbeiten oder nicht. Die in den Fabriken arbeitenden seien immer noch die sittsamsten und anständigsten. […] Dabei werde doch das tägliche Brot regelmäßig
15 verdient und die notdürftigste Disziplin gehandhabt.

(In: Jürgen Kuczynski, Geschichte der Kinderarbeit in Deutschland, Berlin 1958, S. 75 f. Gek.)

Q 12 Gesetze zur Einschränkung der Kinderarbeit:

1 1839: In Preußen wird Kinderarbeit vor dem 9. Lebensjahr verboten. Die Arbeitszeit von Kindern über 9 Jahren wird auf täglich 10 Stunden begrenzt.
1840: In Bayern werden ähnliche Bestimmungen einge-
5 führt, wie sie in Preußen seit 1839 gelten.
1853: In Preußen wird Kinderarbeit vor dem 12. Lebensjahr verboten. Die tägliche Arbeitszeit von schulpflichtigen Kindern wird auf 6 Stunden begrenzt.
1861: In Sachsen treten ähnliche Bestimmungen zur Ein-
10 schränkung der Kinderarbeit in Kraft wie in Preußen. In den meisten anderen Ländern des Deutschen Bundes existieren bis 1871 keine gesetzlichen Regelungen.
1891: Die Arbeitsschutzbestimmungen des Deutschen
15 Reiches regeln, dass die Beschäftigung von Kindern unter 13 Jahren in Fabriken verboten ist.
1903: Das für Fabriken geltende Verbot der Kinderarbeit wird auf das Handwerk und andere Gewerbe ausgedehnt. Ausgenommen bleibt die Landwirtschaft.

(Vom Autor nach verschiedenen Quellen zusammengestellt)

ARBEITSAUFTRÄGE

1. Welche Ursachen sieht der Verfasser von Q 1 für die schlechte soziale Lage der Arbeiter? Kannst du weitere Gründe nennen?
2. Analysiere T 2, T 4, T 7 und betrachte B 3. Schreibe einen Bericht über die soziale Lage der Arbeiter im 19. Jahrhundert.
3. Vergleiche mithilfe von T 7, wie sich die Einkommens- und Lebenssituation einer Arbeiterfamilie zwischen 1800 und 2005 verändert hat. Was bedeutet es für die Familien, wenn ein Einkommen ausfällt?
4. Lies und beurteile die Betriebsordnung (Q 5) des A. Krupp.
5. Erläutere mit Q 6, welche Folgen das Fabriksystem nach Meinung v. Mohls für das Zusammenleben der Familien hatte.
6. Analysiere T 9. Nenne mögliche Gründe für die Unterschiede.
7. Lies Q 10 und Q 12. Wie war die Arbeitszeit für Kinder *vor* 1839 geregelt? Beurteile die Auswirkungen der Arbeitszeiten und der körperlichen Belastung auf die Gesundheit der Kinder.

Arbeit mit Wandzeitungen

Eine Wandzeitung im Klassenraum oder im Schulgebäude kann gut auf historische Themen aufmerksam machen. So können die Ergebnisse von Gruppenarbeit, aber auch von Erkundungen oder Museumsbesuchen präsentiert werden.

1. Schritt: Ein Thema festlegen
Euer Thema wählt ihr in der Klasse aus. Am besten formuliert ihr eine Frage. Wenn ihr z. B. schon etwas über die Industrialisierung gelernt habt, könnt ihr fragen: Wie lebten Kinder zur Zeit der Industrialisierung? Jetzt schreibt ihr diese Frage als Überschrift auf einen großen Bogen Papier, z. B. auf die Rückseite einer Tapete. Vielleicht fällt euch eine pfiffigere Formulierung ein, denn ihr wollt ja Aufmerksamkeit bei euren Mitschülerinnen und -schülern erreichen; etwa: „Kindsein zur Zeit der Industrialisierung – Last oder Freude?"

2. Schritt: Informationen beschaffen
In jedem Ort hat die Industrialisierung im 19. Jahrhundert zu Veränderungen im Leben der Menschen geführt. Ihr beschafft nun – einzeln oder in Gruppen – möglichst viele und unterschiedliche Quellen. Vielleicht findet ihr Material in eurer Stadt- oder Schulbücherei, das ihr kopieren könnt, vielleicht macht ihr selbst Fotos oder befragt eure Familie über die Industrialisierung.

3. Schritt: Sichten, Ordnen, Auswerten
Ihr habt Fotos, Texte, vielleicht Zeichnungen und Mitschriften von Befragungen zusammengetragen. Ihr prüft nun das Material, ob es wichtige und sichere Informationen enthält, und ordnet es nach Stichwörtern, z. B. Arbeiten, Arbeitslosigkeit, Schule, Wohnen, Einkommen, Ausbildung. Dabei findet ihr vielleicht auch zwei große Themenbereiche, die ihr gegenüberstellen könnt, z. B. den Alltag von Kindern armer Familien und die Lebenswelt von Kindern reicher Eltern. Zuletzt schreibt ihr eure Meinungen zu den Materialien auf.

4. Schritt: Gestaltung der Ergebnisse
Die Wandzeitung gestaltet ihr grafisch auffällig (große Schrift, farbige Stifte), damit sie gut gesehen und gelesen werden kann. Ihr könnt die Wandzeitung in Themenbereiche unterteilen und die Materialien entsprechend einordnen.
Probiert mit den Materialien aus, wie die beste Wirkung erzielt wird – immer so, dass man alles ohne Mühe erkennen kann. Teilüberschriften können die Wirkung verstärken, z. B. „Leben in einer Kate" oder „Leben in einem Herrenhaus". Diskutiert, ob euch die Anordnung anspricht und ob ihr eure Ausgangsfrage damit beantwortet habt.
Nun sucht ihr noch einen geeigneten Platz für die Wandzeitung, damit sie von möglichst vielen Schülerinnen und Schülern gefunden und gelesen wird.

B1 Beispiel für eine Wandzeitung

WORAUF DU ACHTEN MUSST

1. Eine Wandzeitung zu einem Thema enthält die Antworten auf eure Ausgangsfrage.
2. Die Materialien müssen geordnet und übersichtlich zusammengestellt werden. Sie sollen anderen verständlich sein.
3. Treffende oder provozierende Überschriften können helfen, auf eure Informationen aufmerksam zu machen.
4. Ihr könnt eure Erläuterungen, aber auch eure Meinung zum Thema der Wandzeitung aufschreiben.

7. Lösungsversuche der sozialen Frage

Die Not der Arbeiterfamilien war unverkennbar. Einzelne verantwortungsbewusste Unternehmer, die Kirchen und vor allem die Arbeiterschaft selbst suchten nach Lösungen der **sozialen Frage**. Wie sahen diese verschiedenen Lösungsansätze aus?

Erste Arbeitervereine entstehen – Die Arbeiter hatten schon bald erkannt, dass sie ihre Lage nur verbessern konnten, wenn sie sich zusammenschlossen. Anfangs waren es die Arbeiter einer Fabrik, die gemeinsam gegen zu lange Arbeitszeiten, schlechte Arbeitsbedingungen und für höhere Löhne kämpften. Seit dem Revolutionsjahr 1848 bildeten sich die ersten **Arbeitervereine,** aus denen später die **Gewerkschaften** und auch die Arbeiterparteien hervorgingen. So schlossen sich 1848 in Leipzig mehr als 2500 Arbeiter und Handwerksgesellen zur „Allgemeinen Deutschen Arbeiterverbrüderung" zusammen. Diese Arbeitervereine bildeten **gemeinsame Kassen** zur Hilfeleistung bei Krankheit, Individualität oder um die Schulbildung der Arbeiterkinder zu bezahlen. Vor allem aber dienten sie dazu, Arbeiter und ihre Familien bei **Streiks** [= Arbeitskämpfe] zu unterstützen.

„Proletarier aller Länder, vereinigt euch!" 1848 veröffentlichten Karl Marx und Friedrich Engels ihre Schrift „Das Kommunistische Manifest". Sie schrieben darin, dass die ganze bisherige Geschichte der Menschheit vom Gegensatz und Kampf verschiedener **Klassen** geprägt worden sei. In diesem **Klassenkampf** hätte sich die ausgebeutete Klasse stets gegen die der Ausbeuter aufgelehnt und deren Herrschaft schließlich überwunden.

Nach Marx und Engels herrschte ein solcher Klassenkampf zwischen den besitzlosen Industriearbeitern **(Proletariern)**

> **Q 1** Karl Marx und Friedrich Engels schreiben 1848:
>
> 1 Die Geschichte aller bisherigen Gesellschaften ist die Geschichte von Klassenkämpfen. […] Die ganze Gesellschaft spaltet sich
> 5 mehr und mehr in zwei große feindliche Lager, in zwei einander direkt gegenüberstehende Klassen: Bourgeoisie und Proletariat. […] Die Arbeiter beginnen damit,
> 10 Koalitionen gegen die Bourgeoisie zu bilden; sie treten zusammen zur Behauptung ihres Arbeitslohnes. [… Der] erste Schritt in der Arbeiterrevolution ist die Erhebung des
> 15 Proletariats zur herrschenden Klasse, die Erkämpfung der Demokratie. […] Das Proletariat wird seine Herrschaft dazu nutzen, der Bourgeoisie nach und nach alles
> 20 Kapital zu entreißen. Mögen die herrschenden Klassen vor einer kommunistischen Revolution zittern. […] Die Proletarier haben nichts zu verlieren als ihre Ketten.
> 25 […] Proletarier aller Länder, vereinigt euch!
>
> (Marx, K. und F. Engels: Manifest der Kommunistischen Partei, in: MEW Bd. 4, Berlin 1974, S. 461 ff. Gekürzt)

PERSONENLEXIKON

Karl Marx, 1818–1883. Er arbeitete zunächst als Journalist in Köln. Nach dem Scheitern der Revolution von 1848 floh Marx ins Exil nach London, wo er zusammen mit Friedrich Engels zahlreiche Schriften zur Arbeiterbewegung und zur Analyse des Kapitalismus verfasste. Ihre gemeinsamen Schriften hatten großen Einfluss auf die Arbeiterbewegung. @/7

B 2 Arbeiter stellen ihre Forderungen. Gemälde von S. Lenz, 1895

und dem Besitzbürgertum **(Bourgeoisie)**. Nur durch den Zusammenschluss aller Arbeiter und ihren organisierten Kampf könne sich das Proletariat von der Unterdrückung und Ausbeutung befreien. Dieser Kampf führe mit geschichtlicher Notwendigkeit zu einer umfassenden Revolution der Gesellschaft. In der neuen, **kommunistischen Gesellschaft** besäße das Proletariat alle Macht. Das Privateigentum an Produktionsmitteln (z. B. Grundeigentum, Fabriken) werde abgeschafft.

Arbeiter organisieren sich in eigenen Parteien – Die Arbeitervereine und Gewerkschaften kämpften vor allem für höhere Löhne und bessere Arbeitsbedingungen. Der Journalist FERDINAND LASSALLE vertrat jedoch die Auffassung, dass dies nicht genug sei. Die Lage der Arbeiter würde sich nur dann grundlegend verbessern, wenn die Arbeiterschaft politisch gleichberechtigt sei und in den Parlamenten ihre Interessen vertreten könne. Daher gründete Lassalle 1863 in Leipzig die erste Arbeiterpartei, den **Allgemeinen Deutschen Arbeiterverein (ADAV)**. Als politische Partei sollte die Arbeiterschaft so viel Macht im bestehenden Staat gewinnen, dass sie die soziale Frage durch staatliche Gesetze und Arbeitsschutzbestimmungen lösen könnte. Das Jahr 1863 gilt als „Geburtsstunde" der Sozialdemokratischen Partei.

Der Drechslermeister AUGUST BEBEL und der Journalist WILHELM LIEBKNECHT hatten 1869 in Eisenach eine zweite, die **Sozialistische Arbeiterpartei,** gegründet. Beide Arbeiterparteien schlossen sich 1875 in Gotha zusammen.

PERSONENLEXIKON

FERDINAND LASSALLE, 1825–1864. Er gründete 1863 den Allgemeinen Deutschen Arbeiterverein. Lithographie: „Der Kämpfer gegen die Kapitalmacht", Ende 19. Jahrhundert 🌐/8

Q 3 Der Gründer des Allgemeinen Deutschen Arbeitervereins, Ferdinand Lassalle, schreibt 1863:

1 Der Arbeiterstand muss sich als selbstständige politische Partei konstituieren und das allgemeine, gleiche und direkte Wahlrecht zu
5 dem prinzipiellen Losungswort und Banner dieser Partei machen. Die Vertretung des Arbeiterstandes in den gesetzgebenden Körpern [= Parlamenten] Deutsch-
10 lands – eine friedliche und gesetzliche Agitation hierfür mit allen gesetzlichen Mitteln zu eröffnen –, das ist und muss in politischer Hinsicht das Programm der Arbeiter-
15 partei sein. [...]
Den Arbeiterstand zu seinem eigenen Unternehmer machen, das ist das Mittel, durch welches jenes eherne und grausame Gesetz be-
20 seitigt würde, das den Arbeitslohn bestimmt. Die Aufhebung des Unternehmergewinns in der friedlichsten, legalsten und einfachsten Weise, indem sich der Arbeiter-
25 stand [...] als sein eigener Unternehmer organisiert. [...] Es ist deshalb Aufgabe des Staates, die Assoziation [= Zusammenschließung] fördernd in die Hand zu nehmen.
30 Wie aber den Staat zu dieser Intervention bewegen? Das wird nur durch das allgemeine und direkte Wahlrecht möglich sein.

In: (Ferdinand Lassalle, Reden und Schriften, Bd. 3, hg. von E. Bernstein, Berlin 1919, S. 47 ff.)

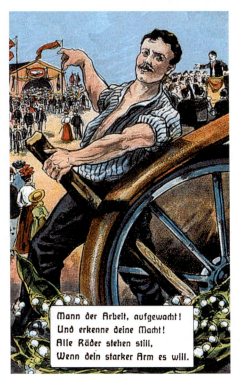

B 4 Postkarte der deutschen Gewerkschaften, um 1910.

Bis ins 20. Jahrhundert gab es in der SPD unterschiedliche Auffassungen darüber, wie die soziale Frage gelöst werden sollte: Konnte dies auf friedlichem Weg, mit Reformen und politischer Mitbestimmung in den Parlamenten geschehen, wie Ferdinand Lassalle es gefordert hatte? Oder war eine grundlegende Verbesserung der Lage der Arbeiter nur durch den Klassenkampf und eine gewaltsame Revolution möglich, wie Marx und Engels es forderten (↑ Vertiefungsseiten 194 f.)?

Die Kirche reagiert auf die soziale Frage
Die katholische und die protestantische Kirche verstanden die Fürsorge für arme und notleidende Menschen stets als ihren Auftrag und als Gebot der christlichen Nächstenliebe. Priester und hohe Kirchenfürsten, selbst Papst LEO XIII., beklagten daher die menschenunwürdigen Lebens- und Arbeitsbedingungen der Arbeiter und setzten sich für soziale Reformen ein. Als Ursache der Missstände sah die Kirche jedoch eher die Maßlosigkeit einzelner Unternehmer als die politische Rechtlosigkeit und die totale wirtschaftliche Abhängigkeit der Arbeiter. Für die politischen Forderungen der Arbeiterschaft zeigte die Kirche daher wenig Verständnis. Eine Ausnahme war der Mainzer Bischof EMANUEL VON KETTELER, der unchristliche Auswüchse des Kapitalismus verurteilte sowie die Gründung katholischer Arbeitervereine förderte.

PERSONENLEXIKON

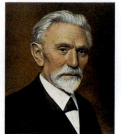

AUGUST BEBEL, 1840–1913. Seit 1860 Drechslermeister in Leipzig. Gründet zusammen mit Wilhelm Liebknecht die sächsische Volkspartei und 1869 in Eisenach die Sozialistische Arbeiterpartei. 1875 betreibt Bebel die Vereinigung der beiden Arbeiterparteien in Gotha.

B5 Die Anfänge der deutschen Arbeiterbewegung

- seit 1890 unter dem Namen „Sozialdemokratische Partei Deutschland" (SPD)
- seit 1875 in Gotha vereinigt zur Sozialistischen Arbeiterpartei Deutschland (SAPD)
- 1863: Allgemeiner Deutscher Arbeiterverein (ADAV)
- 1869: Sozialdemokratische Arbeiterpartei (SDAP)
- seit 1848: lokale Arbeiter(bildungs)vereine

Q6 Aus dem Gothaer Programm der Sozialdemokraten, 1875:

1 Die sozialistische Arbeiterpartei [erstrebt] mit allen gesetzlichen Mitteln den freien Staat und die sozialistische Gesellschaft, die Zer-
5 brechung des ehernen Lohngesetzes durch Abschaffung der Lohnarbeit, die Aufhebung der Ausbeutung in jeder Gestalt, die Beseitigung aller sozialen und politischen
10 Ungleichheit.
[Außerdem forderte die Partei:]
1. Allgemeines, gleiches direktes Wahlrecht, mit geheimer Stimmabgabe aller Staatsangehörigen vom
15 20. Lebensjahr an.
2. Direkte Gesetzgebung durch das Volk. [...]
6. Allgemeine und gleiche Volkserziehung durch den Staat. [...] Un-
20 entgeltlicher Unterricht in allen Bildungsanstalten.
(In: W. Treue, Deutsche Parteipogramme, Göttingen 1956, S. 67 ff. Gekürzt)

Q7 Papst Leo XIII. in der Enzyklika (= päpstliches Rundschreiben) „Geist der Erneuerung", 1891:

1 Von diesen Pflichten berühren folgende den Arbeiterstand: vollständig und treu die Arbeitsleistungen zu verrichten, zu welcher sie sich
5 frei und mit gerechtem Vertrage verbunden haben; den Arbeitgebern [... keinen] Schaden zufügen; in der Wahrung ihrer Interessen sich der Gewalttätigkeit zu enthal-
10 ten und keine Auflehnung zu stiften.
Die Pflichten der Besitzenden und Arbeitgeber sind die nachstehenden: Die Arbeiter dürfen nicht wie
15 Sklaven angesehen und behandelt werden; ihre persönliche Würde [...] werde stets heilig gehalten. [...] Im allgemeinen ist in Bezug auf den Lohn wohl zu beachten, dass es
20 wider göttliches und menschliches Gesetz geht, Notleidende zu drücken und auszubeuten um des eigenen Vorteils willen.
(In: H. Pönicke, Die sozialen Theorien im 19. Jahrhundert in Deutschland, Paderborn 1954, S. 86 f. Gekürzt)

PERSONENLEXIKON

EMANUEL FREIHERR VON KETTELER. 1821–1877. Bischof von Mainz. In seiner Schrift „Die Arbeiterfrage und das Christentum" fordert er die Arbeiter zur Gründung von Arbeitervereinen auf.

Sozial engagierte Unternehmer – Auch unter den Unternehmern gab es viele, die sich um das Schicksal und die Nöte ihrer Arbeiter persönlich kümmerten. Zu ihnen gehörten beispielsweise ERNST ABBE von den Zeiss-Werken in Jena, AUGUST BORSIG in Berlin oder WERNER VON SIEMENS in Berlin. Sie verstanden sich als fürsorglicher Vormund ihrer Arbeiter und sorgten für ordentliche Werkswohnungen, für die Ausbildung der Arbeiterkinder und für betriebliche Unterstützungskassen bei Krankheit oder Invalidität. Freilich war ihr Motiv nicht nur die christliche Nächstenliebe. Sie erkannten auch die Vorteile freiwilliger Sozialleistungen: Qualifizierte Arbeiter wurden an das Unternehmen gebunden und die Produktionsleistung stieg insgesamt.

Die Sozialgesetzgebung des Staates – Die Wirtschaftskrisen, die in den 1850er-Jahren sowie ab 1873 in Deutschland herrschten, hatten die Massenarbeitslosigkeit vieler Fabrikarbeiter und Angestellter zur Folge. Die materielle Not der betroffenen Familien stieg ins Unerträgliche. Nun erkannten auch viele konservative Politiker, dass ein Wirtschaftsliberalismus nach dem **„Laisser-faire"-Prinzip,** bei dem der Staat auf regulierende Eingriffe verzichtet, die brennenden sozialen Fragen nicht lösen konnte.
Kaiser Wilhelm I. und die konservative Regierung Bismarcks leiteten daher ab 1883 eine neue **Sozialgesetzgebung** ein. Dazu gehörten eine Krankenversicherung der Arbeiter (1883), eine Unfallversicherung (1884) sowie die Invaliditäts- und Rentenversicherung (1889).

B9 Wohnsiedlung der Firma Krupp in Essen, erbaut 1872. Zeitgenössischer Stich

Q8 Der Berliner Erfinder und Industrielle Werner von Siemens in seinen Lebenserinnerungen, um 1890:

Es ist mir schon früh klargeworden, dass eine befriedigende Weiterentwicklung der […] Firma nur herbeizuführen sei, wenn ein freudiges,
5 selbstständiges Zusammenwirken aller Mitarbeiter […] erwirkt werden könnte. Um dieses zu erreichen, schien es mir erforderlich, alle Angehörigen der Firma nach Maßga-
10 be ihrer Leistung am Gewinn zu beteiligen. […] Ferner schenkten wir den Mitarbeitern der Firma ein Kapital von 60 000 Talern als Grundstock für eine Alters- und In-
15 validitäts-Pensionskasse. […] Freilich, die Freiheit zu streiken wird den Arbeitern durch die Pensionsbestimmung wesentlich beschränkt.
20 (In: H. Pönicke, Die sozialen Theorien im 19. Jahrhundert in Deutschland, Paderborn 1954, S. 87 f. Gekürzt)

ARBEITSAUFTRÄGE

1. Lies Q1. Wie sollte die soziale Frage nach Karl Marx und Friedrich Engels gelöst werden? Wie begründen sie ihre Auffassung?
2. Beschreibe B2. Wie wollen die Arbeiter ihre Lage verbessern? Vergleiche mit B4. Erkennst du einen Unterschied zu B2?
3. Lies Q3. Wie sollte die soziale Frage nach Ferdinand Lassalle gelöst werden? Vergleiche mit Q1 und nenne die Unterschiede.
4. Betrachte B5 und lies im Text nach: Wer waren die Gründer der ersten deutschen Arbeiterpartei(en)?
5. Analysiere Q6. Was sind die Forderungen der Arbeiterpartei? Wodurch unterscheiden sie sich von der Position in Q1?
6. Lies Q7. Welche Pflichen haben nach Auffassung des Papstes die Arbeiter, welche die Unternehmer? Wie ist deine Meinung?
7. Nenne und beurteile die Motive für freiwillige Sozialleistungen an die Arbeiter, die Werner von Siemens in Q8 anführt.

8. Die Anfänge der deutschen Frauenbewegung

In der Französischen Revolution hatten Frauen aus dem Dritten Stand gleiche Rechte für Mann und Frau gefordert. Doch die französischen Republikaner hatten die Frauen wieder aus dem öffentlichen Leben ausgeschlossen. In Deutschland, wo es keine Revolution gegeben hatte, waren die gesellschaftliche, die rechtliche und die politische Lage der Frauen noch ungünstiger. Wie versuchten die Frauen, ihre Situation zu verbessern?

Frauen erheben ihre Stimmen – Bereits vor der demokratischen Revolution von 1848 hatten sich einzelne Frauen zu Wort gemeldet. Dazu gehörte beispielsweise die Schriftstellerin LOUISE OTTO-PETERS, die eine Beteiligung der Frauen an der Politik forderte und während der Revolution die erste „Frauenzeitung" herausgab. Doch die Niederlage der Revolution bedeutete das vorläufige Ende dieser Anfänge: Zeitungen wurden verboten, die Gründung von Frauenvereinen wurde untersagt.

Frauen organisieren sich – Das Entstehen einer **Frauenbewegung** ließ sich jedoch nicht lange unterdrücken. So, wie sich liberale Bürger und sozialistische Arbeiter in Parteien, Vereinen und Gewerkschaften zusammenschlossen, so schuf sich auch die politische Frauenbewegung eigene Organisationen. Im Jahre 1865 gründete Louise Otto-Peters in Leipzig den **Allgemeinen Deutschen Frauenverein**. Im Vordergrund standen die Forderung nach besserer Bildung und die Unterstützung sowie Ausweitung der Berufstätigkeit von Frauen. Allein in Preußen waren zu dieser Zeit bereits ca. 1,8 Millionen Frauen berufstätig.

Bürgerliche und proletarische Frauenbewegung – Mit fortschreitender Industrialisierung verschärfte sich der Gegensatz zwischen Besitzbürgertum und Arbeiterschaft. Das beeinflusste auch die Frauenbewegung. Es bildeten sich unterschiedliche politische Richtungen heraus.

PERSONENLEXIKON

LOUISE OTTO-PETERS, 1819–1895. Tochter eines Justizrates, Schriftstellerin und Journalistin, Begründerin der bürgerlichen Frauenbewegung /10

Q1 Helene Lange, führende Vertreterin der bürgerlichen Frauenbewegung, schreibt 1905:

> Die Frauenbewegung betrachtet für die verheiratete Frau den in der Ehe und Mutterschaft geschlossenen Pflichtenkreis als ersten und
> 5 nächstliegenden Beruf. Die Arbeit der Frau in der Erfüllung dieses Berufs [als Ehefrau, Hausfrau und Mutter] ist wirtschaftlich und rechtlich als vollgültige Kulturleistung zu
> 10 bewerten. [...]
> Die Frauenbewegung betrachtet auch die [gewerbliche] berufliche Frauenarbeit als Kulturwert. [...] [Die Frau] kann bei freier Entfaltung
> 15 ihrer Fähigkeiten auf vielen Gebieten [mehr leisten] als der Mann. In Bezug auf die wirtschaftliche Bewertung der beruflichen Frauenarbeit [...] vertritt die Frauenbewe-
> 20 gung den Grundsatz: Gleicher Lohn für gleiche Leistung.

(In: Helene Lange, Die Frauenbewegung, Leipzig 1914, S. 134 ff. Gekürzt)

B2 Versammlung sozialdemokratischer Arbeiterinnen in Hamburg. Illustrierte Zeitung, Leipzig. Holzstich von Carl Koch, 1890

8. Die Anfänge der deutschen Frauenbewegung

Die Vertreterinnen der **bürgerlichen Frauenbewegung** stammten meist aus gebildeten bürgerlichen Familien. Sie wollten die ihnen zugewiesene traditionelle Rolle, eine „standesgemäße" Heirat und Führung des Haushalts, nicht bedingungslos akzeptieren. Zwar lehnten sie Ehe und Mutterschaft nicht grundsätzlich ab. Sie forderten aber, dass Frauen Zugang zu allen Bildungswegen und zu den meisten Berufen haben sollten. Weitere Ziele waren die rechtliche Gleichstellung mit den Männern und das Frauenwahlrecht.

In vielen Fragen stimmte die **proletarische Frauenbewegung** mit diesen Forderungen überein, z. B. der nach Recht auf Arbeit oder der des Frauenwahlrechts. Im Gegensatz zur bürgerlichen lehnte die proletarische Frauenbewegung aber die bestehende Gesellschaftsordnung ab und wollte auf revolutionärem Weg eine neue, sozialistische Gesellschaft erkämpfen.

Nach 1900 nahm die Frauenbewegung einen beachtlichen Aufschwung: Die Mitgliederzahl der bürgerlichen Frauenvereine stieg bis 1914 auf 250 000; in der SPD waren 1910 ca. 82 000 Frauen organisiert. Dennoch dauerte es noch lange, bis die Ziele der Frauenbewegung verwirklicht waren. Erst in der zweiten Hälfte des 20. Jahrhunderts wurden in den beiden deutschen Staaten die gesetzlichen Grundlagen für eine völlige Gleichberechtigung der Frauen geschaffen.

B 4 Aufruf zum 4. Internationalen Frauentag. Plakat von 1914

PERSONENLEXIKON

CLARA ZETKIN, 1857–1933. Tochter eines Dorfschullehrers, Lehrerin und Erzieherin in Leipzig, Vorkämpferin der proletarischen Frauenbewegung. 1878 Sozialdemokratin, 1919 Beitritt zur KPD, im Moskauer Exil gestorben

Q 5 Clara Zetkin, führende Vertreterin der proletarischen Frauenbewegung, über Kindererziehung, 1889:

Die Kindererziehung wird und muss aus der Familie in die Gesellschaft verlegt werden, sie wird und muss aus den Händen der Mutter in die von Pädagogen im weitesten Sinne des Wortes übergehen. Die Frau wird nicht nur als
5 Hauswirtin, sie wird auch als Mutter frei zur Ausübung [...] gesellschaftlicher Bedürfnisse. Ihre Stellung wird auch hierin mehr und mehr der des Mannes ähnlich werden. Alle sentimentale Heulmeierei kann an dieser notwendigen Tatsache kein Jota ändern.

(In: Die Frauenfrage in Deutschland 1865–1915. Texte und Dokumente. Hrsg. von E. Frederiksen. Stuttgart 1981, S. 179. Gekürzt)

T 3 Erfolge und Etappen der deutschen Frauenbewegung, 1848–1919

1848/52	Die erste „Frauenzeitung" erscheint.
1865	Gründung des Allgemeinen Deutschen Frauenvereins in Leipzig
ab 1872	Erweiterung der Berufsmöglichkeiten für Frauen (Kindergärtnerinnen, Bahn- und Postdienst)
1891	erste Schutzbestimmungen für Fabrikarbeiterinnen
1892	Zulassung von Mädchen zum Abitur (zuerst in Preußen)
1894	Gründung des Bundes Deutscher Frauenvereine
ab 1900	Zulassung von Frauen zum Universitätsstudium
1908	Vereinsfreiheit für Frauen (Mitgliedschaft in Parteien)
1911	erster Internationaler Frauentag
1918	Einführung des Frauenwahlrechts
1919	Verankerung der Gleichberechtigung von Mann und Frau in der Weimarer Verfassung

ARBEITSAUFTRÄGE

1. Vergleiche die Texte Q 1 und Q 5. Nenne Gemeinsamkeiten und Unterschiede in den Positionen der beiden Verfasserinnen.
2. Gib den Eindruck wieder, den B 2 vermittelt. Lässt die Art der Darstellung einen Schluss auf die Position des Zeichners zu?
3. Betrachte B 4. Informiere dich, wann in Deutschland das Frauenwahlrecht eingeführt wurde. Nutze auch T 3.

9. Marx, Engels und die deutsche Arbeiterbewegung

Seit ihren Anfängen im Jahre 1848 wurde die Arbeiterbewegung stark von KARL MARX und FRIEDRICH ENGELS beeinflusst. Durch Bücher, Zeitungsartikel, Programmentwürfe und Briefe haben sie die Entwicklung der deutschen Arbeiterbewegung zeitlebens kritisch begleitet und über ihren Tod hinaus mitgeprägt. Welche Positionen haben Marx und Engels vertreten? Wie standen die Organisationen der Arbeiterbewegung dazu?

Marx und Engels gehörten dem Bund der Kommunisten an, einem 1847 gegründeten revolutionären Geheimbund. Ihre Schrift **„Das Manifest der Kommunistischen Partei"** (1848) gewann große Bedeutung für die internationale Arbeiterbewegung. Der **Arbeiterverbrüderung,** die 1848 STEPHAN BORN in Leipzig gegründet hatte und die mit Unterstützungskassen für die Verbesserung der wirtschaftlichen Lage der Arbeiter eintrat, standen Marx und Engels kritisch gegenüber. Sie waren der Auffassung, dass sich eine Verbesserung der sozialen Lage der Arbeiterschaft nicht durch Einzelmaßnahmen, sondern nur durch eine grundlegende Revolution erreichen lasse.

Nach dem Scheitern der Revolution von 1848 und der Auflösung der Arbeiterorganisationen dauerte es mehr als zehn Jahre, bis in Deutschland die erste Arbeiterpartei entstand, der von FERDINAND LASSALLE gegründete **Allgemeine Deutsche Arbeiterverein** (1863). Der Gegensatz zwischen Lassalles Ansichten und denen von Marx und Engels war groß: Lassalle wollte mithilfe des allgemeinen Wahlrechts die politische Macht erobern und mit staatlicher Hilfe die Arbeiter in sog. „Produktivgenossenschaften" selbst zu Unternehmern machen. Marx und Engels setzten hingegen auf die „proletarische Revolution", die Abschaffung des Eigentums an den Produktionsmitteln und die Entstehung einer klassenlosen Gesellschaft. Sie unterstützten die von AUGUST BEBEL und WILHELM LIEBKNECHT 1869 in Eisenach gegründete **Sozialdemokratische Arbeiterpartei.** Als sich beide Parteien 1875 in Gotha vereinigten, begrüßten Marx und Engels den Zusammenschluss. Sie kritisierten aber, dass die Ansichten Lassalles noch nicht ganz überwunden seien. Als die Partei 1891 ein neues Programm beschloss, schienen sich die Lehren von Marx und Engels als theoretische Grundlage der Sozialdemokraten durchgesetzt zu haben.

PERSONENLEXIKON

KARL MARX, s. S. 188

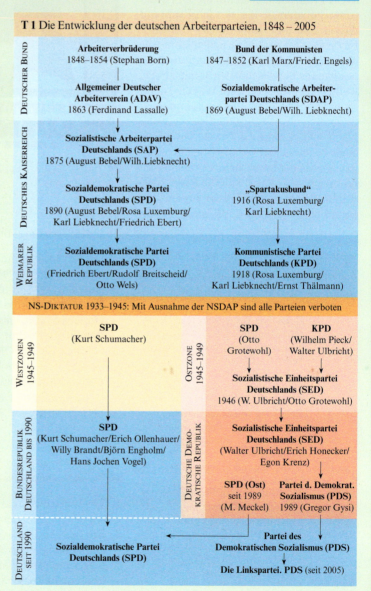

T 1 Die Entwicklung der deutschen Arbeiterparteien, 1848 – 2005

9. Marx, Engels und die deutsche Arbeiterbewegung

Die Arbeiterbewegung und der „Marxismus" – Auch nach dem Tode von Marx (1883) und Engels (1895) wurde der Streit um den richtigen Weg zur Verbesserung der sozialen und politischen Lage weitergeführt. Welche Richtungen bildeten sich heraus?

Die „Revolutionäre" in der SPD wollten die soziale Frage auf revolutionärem Wege lösen, falls notwendig auch gewaltsam. ROSA LUXEMBURG und KARL LIEBKNECHT waren die führenden Vertreter dieser Richtung. Sie gründeten 1916 den „Spartakusbund".
Die „Reformisten" in der SPD um den Politiker EDUARD BERNSTEIN wollten dagegen durch Mitarbeit in den Parlamenten und auf friedlichem Wege soziale und politische Reformen durchsetzen.

Im Revolutionsjahr 1918 vereinigten sich die radikalen Anhänger der Revolution und die Spartakusgruppe zur **Kommunistischen Partei Deutschlands** (KPD). Sie trat nach dem Vorbild der russischen Kommunisten und ihres Führers LENIN für die „Diktatur des Proletariats" ein. So gab es in der Weimarer Republik (1918–1933) zwei Parteien, die sich auf Marx und Engels beriefen. Während die SPD sich aktiv an der Gestaltung der Weimarer Republik beteiligte und für die Demokratisierung der Gesellschaft eintrat, kämpfte die KPD für eine Revolution nach sowjetischem Vorbild und die Überwindung der bestehenden Gesellschaft.

Nach dem Zweiten Weltkrieg setzte sich die Spaltung der Arbeiterbewegung im geteilten Deutschlands fort: Im Westen nahm die SPD die erfolgreiche Reformpolitik wieder auf und strich die von der Geschichte widerlegte Theorie von Marx und Engels 1959 aus ihrem Programm.
Im Osten wurden 1946 die KPD und die SPD gegen den Willen der meisten Sozialdemokraten zur Sozialistischen Einheitspartei Deutschlands (SED) zusammengeschlossen. Die SED nannte sich „marxistisch-leninistisch" und knüpfte ausdrücklich an Marx und Engels sowie an das sowjetrussische Vorbild an.

PERSONENLEXIKON

FRIEDRICH ENGELS, 1820–1895. Kaufmann und Schriftsteller. Zusammen mit Karl Marx verfasste er mehrere Schriften zur Arbeiterbewegung und zur Philosophiegeschichte.

Q 3 Der sozialdemokratische Politiker Eduard Bernstein schreibt 1899 zu den Theorien von Marx und Engels:

1 Die Zuspitzung der gesellschaftlichen Verhältnisse hat sich nicht in der Weise vollzogen, wie das [Kommunistische] „Manifest" schildert. [Die Bourgeoisie] weicht in allen [industriell] vorangeschrittenen Ländern Schritt für
5 Schritt demokratischen Einrichtungen. [...] Fabrikgesetzgebung, die Demokratisierung der Gemeindeverwaltungen, die Befreiung der Gewerkschaften und Genossenschaften von allen gesetzlichen Hemmungen [...] kennzeichnet diese Stufe der Entwicklung. Je mehr aber die
10 politischen Einrichtungen [...] demokratisiert werden, umso mehr verringern sich die Notwendigkeiten und Gelegenheiten großer politischer Katastrophen.

(In: Eduard Bernstein, Die Voraussetzungen des Sozialismus und die Aufgaben der Sozialdemokratie (1899), Nachdr. 1921, Berlin 1973, S. 6 ff. Gekürzt)

B 2 Plakat der SED, DDR 1954

ARBEITSAUFTRÄGE

1. Vergleiche Q1 und Q3 der Seiten 188/189 mit Q3 dieser Seite. Welcher der beiden Positionen steht E. Bernstein näher? Wie begründet er seine Auffassung?
2. Betrachte B 2. Welche Schlussfolgerung lässt das Plakat über die Inhalte des SED-Parteiprogramms von 1954 zu?
3. Analysiere mit T 1 die Entwicklungslinie der sozialdemokratischen und die der kommunistischen Partei Deutschlands.

	Politik	Kultur	Alltag/Wirtschaft
1880	1875: Vereinigung der deutschen Arbeiterparteien in Gotha 1871: Gründung des Deutschen Reiches in Versailles 1869: Bebel und Liebknecht gründen die Sozialdemokratische Arbeiterpartei 1863: Lassalle gründet den Allgemeinen Deutschen Arbeiterverein; „Geburtsstunde" der Sozialdemokratie 1848: Marx und Engels veröffentlichen das „Kommunistische Manifest" 1839–1861: In Preußen, Bayern und Sachsen schafft der Staat Gesetze zur Einschränkung der Kinderarbeit. 1835 ff.: Die deutschen Staaten fördern die Gründung von Eisenbahngesellschaften. 1833/34: Gründung des Deutschen Zollvereins	1891: Enzyklika „Geist der Erneuerung" von Papst Leo XIII. 1865: Gründung des Allgemeinen Deutschen Frauenvereins Die Verbreitung der Eisenbahn erhöht die Mobilität der Menschen seit 1848: Die Arbeiterschaft gründet eigene Vereine, auch zur eigenen Bildung und zur Förderung der Ausbildung von Arbeiterkindern seit 1840: Die Kirchen gründen erste Arbeiterbildungsvereine Die Massenproduktion in der Textilindustrie schafft neue Bekleidungsangebote Viele einfache Menschen können kaum lesen, wenige rechnen und noch weniger schreiben bis ca. 1860: keine oder nur unzureichende Schulbildung für Arbeiterkinder seit 1830: Kulturelle und soziale Entwurzelung großer Bevölkerungsteile durch Übersiedlung in industrielle Ballungsräume mit veränderten Lebens- und Arbeitsbedingungen	ab 1870: Zweite Phase der Industrialisierung (Elektro-, Chemie- und Automobilindustrie) seit 1850: In Deutschland entstehen Aktiengesellschaften seit 1848: Lösungsversuche der sozialen Frage seit 1848: Erste Arbeitervereine als Vorformen der Gewerkschaften um 1840: Erste Gesetze zur Einschränkung der Kinderarbeit um 1840: Die wöchentliche Arbeitszeit für Industriearbeiter oder Dienstpersonal beträgt bis zu 84 Stunden 1835: Bau der ersten Eisenbahnlinie in Deutschland 1825: Erste Eisenbahnlinie in England ab 1830: Schlechte Arbeits-, Wohn- und Lebenssituation der Arbeiter (in England bereits früher); Pauperismus ab 1830: Billige Arbeitskräfte ziehen in die neu entstehenden Städte; das „Industrieproletariat" entsteht 1807/11: Ende des Zunftzwangs und Gildewesens in Preußen seit 1780: Kohle- und Eisenerzförderung werden verbessert. seit 1770: In England entstehen erste Fabriken 1767–1786: In England werden u. a. die mechanische Spinn- und Webmaschine und die Dampfmaschine erfunden seit 1750: Bevölkerungswachstum in der Mehrzahl der Staaten Europas
1860			
1840			
1820			
1800	1807/1811: Preußen schafft mit Agrar- und Gewerbereformen wichtige Voraussetzungen für den Beginn der Industrialisierung in Deutschland.		
1780			
1760			

Zusammenfassung – Industrialisierung und soziale Frage

Das Mutterland der Industrialisierung war England. Technische Erfindungen leiteten seit 1770 einen Wandel in der englischen Textilproduktion ein. Mit der Entwicklung einer funktionstüchtigen Dampfmaschine nahm die Industrialisierung geradezu revolutionäre Ausmaße an und veränderte die Produktionsweise und das Leben der Menschen.

In Deutschland setzte die Industrialisierung um 1830 ein. Die Zersplitterung in 39 Kleinstaaten, zahlreiche Zollgrenzen, verschiedene Währungen, Maße und Gewichte sowie das Fehlen staatlicher Fördermaßnahmen verzögerten den industriellen Aufschwung. Erst mit Gründung des Deutschen Zollvereins 1833/34 wurden diese Rahmenbedingungen verbessert. Gegen Ende des 19. Jahrhunderts hatte Deutschland den Rückstand bei der Industrialisierung aufgeholt.

Wesentliche Voraussetzungen für den Beginn der Industrialisierung waren ein Bevölkerungswachstum und die Bauernbefreiung (in Preußen 1807). Dadurch standen genügend Arbeitskräfte für die Fabriken bereit. In den Städten bildete sich die Arbeiterklasse, das Proletariat.

Die Arbeitsbedingungen in den Fabriken und Bergwerken waren anfangs sehr schlecht. Bei Arbeitszeiten von 14 bis 16 Stunden täglich lebten die Arbeiterfamilien in bitterer Armut und in erbärmlichen Wohnverhältnissen. Die Belastung der Frauen war besonders groß. Auch viele Kinder mussten von klein auf täglich schwer arbeiten.

Die bedrückende Arbeits- und Lebenssituation der Arbeiter warf die soziale Frage auf. Arbeitervereine, verantwortungsbewusste Unternehmer und die Kirchen setzten sich für sie ein. Der Staat schuf eine neue Sozialgesetzgebung. Die Lösung der sozialen Frage musste die Arbeiterschaft mit politischen Mitteln aber selbst erkämpfen.

ARBEITSAUFTRÄGE

1. Schreibe einen Zeitungsartikel über die Lage der deutschen Arbeiterkinder im 19. Jahrhundert.
2. Erkundige dich: In welchen Ländern gibt es noch heute Kinderarbeit? Präsentiere deine Ergebnisse.
3. Man spricht heute vom „Computerzeitalter". Haben Computer die Arbeits- und Lebensbedingungen der Menschen ähnlich revolutionär verändert wie die Dampfmaschinen im 18. und 19. Jahrhundert? Schreibe Pro- und Kontra-Argumente auf und bilde dir ein eigenes Urteil.

ZUM WEITERLESEN

Grütter, K. / Ryter, A.: Stärker als ihr denkt, Aarau 1989
Pierre, M.: Die Industrialisierung. Union Verlag, Stuttgart 1995
Schneider, G.: Fanny Lewald, Reinbek bei Hamburg 1996
Wölfel, Ursula: Leineweberson, geb. 1821, München dtv

@/1 Basiswissen zum Thema Industrialisierung mit vielen Links: http://www.wcurlin.de/links/basiswissen/basiswissen_industrialisierung.htm
@/2 http://de.wikipedia.org/wiki/George_Stephenson
@/3 http://de.wikipedia.org/wiki/Preußische Reformen
@/4 http://de.wikipedia.org/wiki/August_Borsig
@/5 http://www.sammleraktien-online.de/html/2/gid/_Informationen90Geschichte+der+Aktien90/view/_doc/content.html
@/6 http://www.thur.de/philo/klo/klo/Das_Klo.htm
@/7 http://gutenberg.spiegel.de/autoren/marx.htm
@/8 http://berlin.spd.de/serviet/PB/menu/1006692/index.html
@/9 http://berlin.spd.de/serviet/PB/menu/1006732/index.html
@/10 http://de.wikipedia.org/wiki/Louise-Otto-Peters
@/11 http://berlin.spd.de/serviet/PB/menu/1020125/index.html

Check-up

Standard-Check: Das solltest du können!

1. Wichtige Arbeitsbegriffe
Hier sind wichtige Arbeitsbegriffe des Kapitels aufgelistet. Übertrage sie in dein Heft und formuliere zu jedem Begriff eine kurze Erläuterung.

Aktiengesellschaft	Dampfmaschine
Fabrik	Klassenkampf
Manufaktur	Proletarier
Schlüsselindustrie	soziale Frage

2. Interpretation von Statistiken und Diagrammen

2.1 Dargestellt sind die Werte der Industrieproduktion zwischen 1780 und 1888 in zwei Weisen. Nenne Vor- und Nachteile beider Darstellungsformen.

2.2 Analysiere die Entwicklung der Industrieproduktion der einzelnen Staaten. In welchen Staaten begann sie früh, in welchen erst später? In welchen Staaten war sie besonders kräftig?

2.3 Versuche Gründe für die unterschiedliche Entwicklung der Länder zu nennen.

Die Industrieproduktion ausgewählter Staaten zwischen 1780 und 1888 (in Mio. engl. Pfund); zwei Darstellungsformen

	1780	1800	1820	1840	1860	1888
Großbritannien	177	230	290	387	577	820
Frankreich	147	190	220	264	380	485
Deutschland	50	60	85	150	310	583
Russland	10	15	20	40	155	363
Österreich	30	50	80	142	200	253
USA	15	25	55	96	392	1443

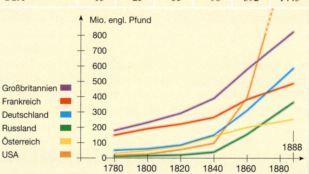

3. Interpretation einer Karikatur

3.1 Erläutere in deinem Heft, was der Zeichner mit der Karikatur zum Ausdruck bringen will.

3.2 Welcher Stilmittel bedient er sich dabei?

3.3 Kannst du erkennen oder vermuten, welche Position/Meinung der Zeichner selbst vertritt?

3.4 Stimmst du der Aussage der Karikatur zu? Begründe deine Antwort im Heft.

„Industriearbeit". Französische Karikatur um 1910

Die Lösungen zu diesen Standard-Checkaufgaben findest du auf Seite 277.

Aber: Erst selbst lösen, dann überprüfen. Dein Können kannst du bewerten (☺ ☺ ☹).

Deine Leistungsbewertung zeigt dir, was du noch einmal wiederholen solltest.

Das konnte ich
☺ = gut
☺ = mittel
☹ = noch nicht

Industrialisierung und Kinderarbeit

Längsschnitt

Kinderarbeit gab es schon in der Antike, vor allem in der Landwirtschaft. Während der Industrialisierungphase des 18. und 19. Jahrhunderts war sie in den Fabriken Europas und der USA weit verbreitet. Auch heute noch müssen weltweit etwa 250 Millionen Kinder täglich schwere körperliche Arbeiten leisten, besonders in Entwicklungsländern. Was waren, was sind die Ursachen für Kinderarbeit?

Q1 Aus einem Bericht der preußischen Regierung zur Kinderarbeit, 1827:

1 Dass die Kinder überhaupt in Fabriken beschäftigt werden, ist an sich nicht zu missbilligen, und ein allgemeines unbedingtes Verbot
5 dieser Arbeit würde eine ebenso nachteilige Maßregel für die Fabrikherren als für die Eltern und die Kinder selbst sein, von denen die ersteren diese wohlfeilen [= bil-
10 ligen] Arbeiter, die anderen den Arbeitslohn ihrer Kinder nicht entbehren können, die letzteren sich aber früh an Tätigkeit und Ausdauer gewöhnen lernen.

(Nach: Wilfried Feldkirchen, Kinderarbeit im 19. Jahrhundert, in: Zeitschrift für Unternehmensgeschichte, 26. Jg. (1981), S. 1)

Q2 Aus dem Bericht einer Journalistin über die Ursachen von Kinderarbeit in Südasien, 2002:

1 Oft geht es um das blanke Überleben. Statt zu lernen und eine Ausbildung zu bekommen, müssen viele Kinder von klein auf arbeiten. Oft geht es auch darum, die Schulden der Eltern abzuarbeiten […]. Arbeitgeber leihen ihren An-
5 gestellten zu Wucherzinsen Geld […].
Wegen der Hungerlöhne hat kaum ein Arbeiter die Chance, das Geld mitsamt den Zinsen aufzubringen. Die Schulden werden weitergegeben an die nächste Generation […], auch die Kinder werden [so] zu Sklaven des
10 Unternehmers.

(Ulla Rehbein: www.planet-wissen.de/ [→ Länder und Kulturen → Kinderarbeit])

ARBEITSAUFTRAG

1. Lies und vergleiche Q1 und Q2. Gibt es gemeinsame Ursachen für die Kinderarbeit früher und heute?

1. Kinderarbeit während der Industrialisierung

In Deutschland ist die Arbeit von Kindern unter 15 Jahren verboten. Das war nicht immer so. Während der Industrialisierung mussten viele Kinder in Fabriken und Bergwerken hart arbeiten. Was waren die Ursachen und wie sah der Arbeitsalltag der Kinder aus?

Von der Wollspinnerei ins Bergwerk – Veränderungen in der Landwirtschaft hatten zur Verarmung der Landbevölkerung geführt. Sie suchte neue Arbeit in den Wollspinnereien und Fabriken; viele Eltern brachten auch ihre Kinder zur Arbeit, denn Kinder wurden bevorzugt beschäftigt. Wegen ihrer Fingerfertigkeit waren sie geschätzt, gleichzeitig kosteten sie die Unternehmer nur geringe Löhne.

Im Verlauf der Industrialisierung wurde der Bedarf an Fabrik- und Grubenarbeitern immer größer. Kinder stellten dafür ein billiges Heer von Arbeitskräften dar. Bedenkenlos wurden sie schwerster Arbeit ausgesetzt. Vielen Eltern blieb nichts anderes übrig, als ihre Kinder in die Fabriken zu schicken: ohne deren geringen Zuverdienst konnten sie den Lebensunterhalt der Familie nicht decken.

Schutzgesetze – Die Kinderarbeit nahm ungeheure ausbeuterische Ausmaße an. Die Folgen waren Krankheit und Erschöpfung bis zum Tod, schwere Unfälle sowie die Tatsache, dass die Kinder kaum lesen und schreiben lernten. Erst als die Armee zunehmend Probleme hatte, gesunde Rekruten zu finden, verfügte Preußen 1839 erstmals das Verbot der Fabrikarbeit von Kindern unter neun Jahren.

Q 2 Der Pädagoge Friedrich A. Diesterweg (1790–1866) schreibt 1827 über den Alltag von Kindern in Fabriken:

1 Im Sommer um 5, im Winter um 6 Uhr [...] ruft die Glocke das Kind in die Fabrik. An den meisten Fabrikaten kann das Kind schon vom 8. oder 9. Jahr an gebraucht werden [...]. Nach kurzer Zeit spinnt und spult, klopft und
5 hämmert es maschinenmäßig fort, von Minute zu Minute, von Stunde zu Stunde [...] und setzt seine Tätigkeit fort bis 7 oder 8 Uhr am Abend. [...] Das Fabrikkind hat [dann] noch nicht Feierabend. Es muss zur Schule. In der Hast wird der Hunger mit Brot oder Kartoffeln gestillt. [...]
10 Und nun geht es nach der fern liegenden Abendschule. [...] So erlebt das Kind noch im Dunste der Kerzen und sich plagend mit den schweren Elementen der Lese-, Schreib- und Rechenkunst und mit dem Behalten des Katechismus 1½ oder 2 Stunden, bis die Zehn-Uhr-
15 Glocke endlich nach Hause geleitet.

(In: Friedrich Adolph Wilhelm Diesterweg, Über den Gebrauch der Kinder zur Fabrikarbeit, Frankfurt 1977. Gekürzt)

T 1 Schutzgesetze gegen Kinderarbeit	
1839, Preußen	Verbot von Fabrikarbeit unter 9 Jahren; ab 9 Jahren: 10 Std.; keine Einschränkung für Heim- und Landarbeit
1853, Preußen	Verbot von Fabrikarbeit unter 12 Jahren; ab 12 Jahren: 6 Std.; keine Einschränkung für Heim- und Landarbeit
1903, Dt. Reich	Verbot von Fabrikarbeit unter 13 Jahren; ab 13 Jahren: 6 Std.; Verbot von Heimarbeit unter 10 Jahren; ab 10 Jahre: 3 Std.; keine Einschränkung für Landarbeit
1960, BRD	Verbot von Fabrikarbeit unter 14 Jahren; ab 14 Jahren: 8 Std.; Verbot von Heimarbeit unter 14 Jahren; Verbot von Landarbeit unter 12 Jahren; ab 12 Jahren: gelegentlich

B 3 Jungen in einer amerikanischen Baumwollspinnerei. Foto 1910

2. Kinderarbeit in unserer Zeit

Die UNO, das ist die gemeinsame Organisation aller Staaten in New York, hat 1989 eine Konvention [= Vereinbarung] zum Schutz von Kindern verabschiedet. Darin werden die Arbeit und Ausbeutung von Kindern generell verboten. Dennoch müssen weltweit schätzungsweise 250 Millionen Kinder hart arbeiten. Was sind die Ursachen und wie sieht der Arbeitsalltag der Kinderarbeiter aus?

Ursachen heutiger Kinderarbeit – Etwa 1,2 Milliarden Menschen, das ist ein Fünftel der Weltbevölkerung, verfügt über umgerechnet weniger als einen US-Dollar pro Tag zum Leben. Das reicht nicht, um eine Familie zu ernähren. Die Kinder müssen daher aus reinen Überlebensgründen mitarbeiten. Den Schulbesuch ihrer Kinder können sich die Eltern meist nicht leisten; oft sehen sie auch nicht die Notwendigkeit dafür. Doch ohne Ausbildung haben die Kinder nie die Chance, dem Teufelskreis von Armut und fehlender Ausbildung zu entrinnen.

Auch das unbedachte Konsumverhalten vieler Menschen in den reichen Industrieländern trägt zur Ausbeutung von Kinderarbeitern in Entwicklungsländern bei. Wir kaufen importierte, preiswerte Kleider, Turnschuhe, Fußbälle, Teppiche, Kaffee, Tee, Schokolade etc. Aber wir denken nicht darüber nach, ob bzw. wie viel Kinderarbeit in diesen Waren steckt.

B 5 Mädchen in der mexikanischen Landwirtschaft. Foto 2002

B 6 In Indien arbeiten etwa 70 Millionen Kinder in Seidenspinnereien oder in Teppichfabriken. Foto 2002

T 4 Verbreitung von Kinderarbeit in der Gegenwart, nach Regionen (in Mio. Kinder)

Industrieländer	2,5
Schwellenländer	2,4
Asien/Pazifik	127,3
Lateinamerika und Karibik	17,4
Mittlerer Osten und Nordafrika	13,4
Zentral- und Südafrika	? (ca. jedes 3. Kind)

(Nach: terre des hommes: http://www.tdh.de/content/themen/schwerpunkte/kinderarbeit)

Q 7 Der 13-Jährige Razia Kubra aus Pakistan erzählt:

Vor drei Jahren starb mein Vater. Seit zwei Jahren nähe ich Fußbälle. [...] Wir müssen 32 Teilstücke mit einem Kunststofffaden zusammennähen [...], 690 Stiche sind zu machen – dann ist der Ball fertig. [...] Wenn ich schnell arbeite, nähe ich drei Bälle in sieben Stunden und verdiene für jeden Ball 15 PKR [= Pakistanische Ruphia; ein kg Reis kostet 15 PKR]. Jeden Tag gehe ich von der Schule sofort nach Hause und fange mit dem Nähen an. Oft tun mir Rücken und Knie weh [...]. Es ist hart, nach Hause zu gehen und gleich zu nähen, aber wir sind arm.

(In: http://www.global-lernen.de/service/zips/g_lernen/gl98_2.pdf)

3. Maßnahmen gegen die Ausbeutung von Kinderarbeitern

Das generelle Verbot jeglicher Kinderarbeit sowie Strafen für deren Eltern oder die beteiligten Unternehmen hilft den betroffenen Kindern meistens nicht. Sie werden vielmehr in die Illegalität gedrängt, landen im Gefängnis oder auf der Straße – was oft noch schlimmere Ausbeutungsverhältnisse oder gar Kinderprostitution nach sich zieht. Welche Möglichkeiten gibt es dann, den Kinderarbeitern zu helfen?

Auch die Kinderarbeiter selbst beginnen, sich zu organisieren und formulieren ihre Forderungen. Inzwischen gibt es in Indien, Lateinamerika und Afrika gewerkschaftliche Organisationen der Kinderarbeiter. Ihr Ziel ist nicht die generelle Abschaffung der Kinderarbeit, sondern es sind menschenwürdige Bedingungen durch Beschränkung der Arbeitszeiten, Gesundheitsschutz, eine Schulbildung sowie höhere Löhne.

Gütesiegel gegen die Ausbeutung – Kinderhilfsorganisationen wie UNICEF oder TERRE DES HOMMES empfehlen, nicht generell alle Produkte zu boykottieren, in denen Kinderarbeit steckt. Die Kindern verlieren dann jegliche Existenzgrundlage. Um deren Ausbeutung dennoch zu bekämpfen, haben sie zusammen mit problembewussten Konsumenten **Gütesiegel gegen Kinderarbeit** geschaffen. Ziel dieser Siegelkampagnen ist es, die Ausbeutung von Kindern bei der Herstellung von Teppichen oder anderen Waren zu verhindern und ihnen eine Schulausbildung zu ermöglichen.

Das **TransFair-Siegel** kennzeichnet solche Produkte, die nach den Grundsätzen des fairen Handels hergestellt wurden, meist Lebensmittel. Die Unternehmer und Importeure zahlen den Bauern faire Preise, die über dem Weltmarktpreis liegen und vor der Ernte festgelegt werden. So erzielen die Bauern ein Einkommen, mit dem sie ihre Familien ernähren und ihre Kinder zur Schule schicken können.

Rugmark ist ein Warenzeichen für Teppiche ohne illegale Kinderarbeit aus Indien, Nepal und Pakistan. Die Teppichhersteller verpflichten sich, keine Kinder unter 14 Jahren zu beschäftigen, gesetzliche Mindestlöhne zu bezahlen und unangekündigte Kontrollen zuzulassen.

B9 Gütesiegel für Waren, die ohne die Ausbeutung von Kindern produziert wurden

Q8 Die Kinderhilfsorganisation UNICEF hat Kriterien benannt, wann Kinderarbeit schädliche Ausbeutung ist:

1. • wenn Kinder vollbeschäftigt werden,
   • wenn sie zu viel Verantwortung tragen, unter langer Arbeitszeit
5 und schlechter Bezahlung leiden,
   • wenn die Arbeit langweilig und monoton ist,
   • wenn das Arbeitsumfeld gefährlich ist,
10 • wenn die Arbeit sie körperlich oder seelisch zu stark belastet,
   • wenn keine Zeit und Kraft mehr für die Schule und zum Lernen bleibt.

(In: http://www.planet-wissen.de/pw/Artikel/Kinderarbeit)

ARBEITSAUFTRÄGE

1. Gib mithilfe von Q 2, S. 200, den Arbeitstag von Arbeiterkindern in Fabriken des 19. Jahrhunderts wieder. Nutze auch T 1 von Seite 200. Vergleiche mit deinem eigenen Tagesablauf sowie mit dem Tagesablauf der beiden Mädchen von B 5, B 6.
2. Analysiere T 4. In welchen Regionen der Erde ist Kinderarbeit heute noch weit verbreitet? Nenne mögliche Ursachen.
3. Lies Q 7. Erkundige dich im Sportgeschäft und beim örtlichen Fußballclub, wo diese ihre Fußbälle einkaufen.
4. Analysiere Q 8. Wie beurteilst du die Kriterien von UNICEF? Nenne mögliche Gründe, warum UNICEF oder TERRE DES HOMMES nicht generell gegen Kinderarbeit auftreten.
5. Erkläre den Sinn der Siegel „Transfair" bzw. „Rugmark" (B 9).

Berlin – von der Gründung bis zur Industrialisierung

1 Nikolaikirche
2 Petrikirche
3 Marienkirche
4 Franziskanerkloster
5 Dominikanerkloster
6 Heiliggeistspital
7 Georgenspital
8 Gertraudenspital
9 Berliner Rathaus
10 Cöllner Rathaus
11 Kramhaus
12 Kalandshof
13 Alter Hof
14 Mühlenhof
15 Jüdenhof
16 Hof des Klosters Zinna
17 Hof des Klosters Lehnin
18 Hof des Bischofs von Brandenburg
19 Spandauer Tor
20 Oderberger Tor (Georgentor)
21 Stralauer Tor
22 Köpenicker Tor
23 Teltower Tor (Gertraudentor)
24 Mühlendamm
25 Neue (Lange) Brücke (mit gemeinsamem Rathaus)

BERLIN-CÖLLN um 1400

Das Stadtsiegel von Berlin, um 1338

Das Stadtsiegel von Cölln, um 1383

Seit 1871 war Berlin die Hauptstadt des Deutschen Reiches. In der Zeit der deutschen Teilung (1949–1990) war Bonn am Rhein die Hauptstadt der Bundesrepublik Deutschland. Den Ostteil Berlins hatte die Regierung der Deutschen Demokratischen Republik zu ihrer Hauptstadt erklärt. Aber die Stadt hat eine viel längere Geschichte. Wie entwickelte sie sich seit ihren Anfängen?

Aus zwei Marktorten entsteht eine Handelsstadt – Zwischen Elbe und Oder hatten sich Ende der Völkerwanderung slawische Stämme angesiedelt. Gefördert von den Markgrafen von Brandenburg, den Landesherren, ließen sich im Mittelalter auch deutsche Kaufleute und Handwerker an einem Übergang über die Spree nieder. Zwei **wichtige Handelswege** kreuzten sich hier: die West-Ost-Straße von Magdeburg zur Oder und die Nord-Süd-Straße von der Ostsee nach Mitteldeutschland. Beiderseits der Spree entstanden zwei Marktorte: Cölln und Berlin, die 1237 bzw. 1244 zum ersten Mal in Urkunden genannt werden. Die Landesherren befreiten die Kaufleute von Zöllen und Steuern, Berlin und Cölln durften sich weitgehend selbst verwalten. Seit 1307 regierte ein gemeinsamer Rat die **Doppelstadt Berlin-Cölln**.

T2 Die Bevölkerungsentwicklung Berlins von ca. 1360 bis 2000 und ihre konfessionelle Zusammensetzung

Jahr	Einwohner gesamt	davon Protestanten (incl. Hugenotten)	davon Katholiken	davon Juden
um 1360	ca. 6 000			
um 1450	ca. 6 000	1539 Einführung der Reformation		
um 1550	ca. 6 500			
1600	ca. 9 000			
1648	ca. 6 000			
um 1700	ca. 29 000	ca. 28 000 [1]	ca. 400	ca. 600
1770	133 520	ca. 120 000	ca. 10 000 [2]	3 386
1843	353 070	328 253	16 453	8 364 [3]
1890	1 578 794	1 352 559	135 407	79 286
2000 [4]	3 382 169	806 564	307 407	12 175

1) incl. ca. 6000 Hugenotten; 2) darunter zahlreiche Soldaten der Berliner Garnison;
3) Die Zahlenangabe 8364 gilt für das Jahr 1780.
4) sowie ca. 89 500 Angehörige weiterer christlicher Kirchen, 203 484 Muslime, 6656 Buddhisten.

(Vom Autor nach verschiedenen Quellen zusammengestellt)

In der Mitte des 14. Jahrhunderts lebten schätzungsweise 6000 Menschen in Berlin-Cölln, eine in der damaligen Zeit ansehnliche Einwohnerzahl. Berlin-Cölln gehörte auch eine Zeit lang dem mächtigen Städtebund der Hanse an.

Der Einfluss der Kirche – Für die Entwicklung der mittelalterlichen Stadt spielte die Kirche eine wichtige Rolle. So war es auch in Berlin-Cölln, obwohl Berlin-Cölln kein Bischofssitz war. Beide Marktorte besaßen eine eigene Kirche. Priester oder Mönche leiteten die Spitäler, in denen Kranke und alte Menschen gepflegt wurden, sowie die mittelalterlichen Klosterschulen. Die so genannten „Bettelorden", die Franziskaner und die Dominikaner, hatten in Berlin Klöster gegründet, die am Rand der Stadt lagen. Die Wirtschaftshöfe auswärtiger Klöster versorgten die Stadt mit landwirtschaftlichen Produkten. Das Verhältnis zwischen den Bürgern und der Geistlichkeit war nicht immer konfliktfrei. Im Jahre 1324 ermordete eine aufgebrachte Volksmenge den Propst [= Dom- oder Kirchenvorsteher] Nikolaus von Bernau, der verdächtigt wurde, mit auswärtigen Feinden der Stadt im Bunde zu sein. Der Papst verhängte den Bann über die Stadt: Die Einwohner wurden vom Empfang der Sakramente (z. B. dem Abendmahl) ausgeschlossen; Gottesdienste waren untersagt. Erst 1347 konnte sich die Stadt von dem Kirchenbann endgültig lösen.

> **Q3** Aus einem zeitgenössischen Bericht über die Ermordung des Propstes Nikolaus von Bernau am im August 1324:
>
> 1 Die Städte Berlin und Cölln hatten in großem Unfrieden und Zwietracht mit verschiedenen Fürsten und Adligen gestanden, als der
> 5 Propst Nikolaus von Bernau in die Wohnung des Propstes von Berlin gekommen war. Viele Bewohner beider Städte und mehrere Freunde, die wegen des Markttages da-
> 10 hin gekommen waren, hegten den Verdacht, dass er ihre Feinde begünstige. Sie stürmten, von teuflischem Geist besessen, mit Waffengewalt die Propstei, zerrten
> 15 Nikolaus heraus und verbrannten ihn mit dem Ungestüm der Wut öffentlich auf dem Scheiterhaufen, nachdem sie ihn vorher niedergeschlagen und getötet hatten.
>
> (In: G. Holmsten: Die Berlin-Chronik. Düsseldorf 1984. S. 42. Bearbeitet)

B4 Das Sühnekreuz vor der St.-Marien-Kirche zu Berlin. Der Papst hatte die Stadt Berlin wegen des Mordes an dem Propst Nikolaus von Bernau mit dem Kirchenbann belegt. Um die Freveltat abzugelten, musste die Stadt mehrere Bußen erbringen. Dazu gehörte auch die Errichtung eines Sühnekreuzes an der Mordstelle. 1726 wurde das Kreuz an seinen jetzigen Platz versetzt.

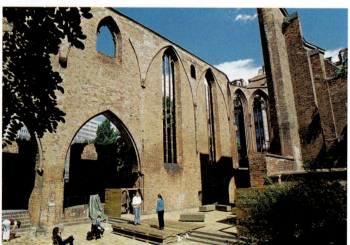

B5 Ruine des Franziskanerklosters in Berlin, Klosterstraße

Berlin wird Fürstenresidenz – Im Jahre 1415 wurde die Herrschaft über Brandenburg und das Kurfürstenamt durch Kaiser Friedrich III. an das fränkische Adelsgeschlecht der **Hohenzollern** übertragen. Welche Auswirkungen hatte dies für die Entwicklung von Berlin-Cölln?

Der neue Kurfürst Friedrich II. ließ Berlin-Cölln militärisch besetzen und begann mit dem Bau eines Stadtschlosses in Cölln am Spreeufer (1443). Die Bürger unterwarfen sich dem Kurfürsten. Berlin und Cölln verloren ihre Stadtfreiheit. Die Landesherren bestimmten von nun an immer stärker die innere Ordnung der Stadt. Sie förderten aber auch ihre wirtschaftliche Entwicklung, besonders nach den schweren Zeiten des Dreißigjährigen Krieges (1618–1648), als die Einwohnerzahl wieder auf 6000 abgesunken war. Berlin, Cölln und eine Reihe neu gegründeter Vorstädte wurden 1709 endgültig zu einer Gemeinde zusammengeschlossen (vgl. K 10, Seite 207). Doch die städtische Selbstverwaltung wurde durch König Friedrich II. – seit 1701 waren die Kurfürsten auch „Könige in Preußen" – vollends abgeschafft.
Der Ausbau der Stadt zu einer repräsentativen Residenz wurde weitergeführt.

Berlin – eine Stätte der Toleranz? – Im Jahre 1539 führte KURFÜRST JOACHIM II. in Brandenburg und in seiner Residenzstadt Berlin die **Reformation** ein. Fortan sollte die christliche Religion allein entsprechend den Lehren Martin Luthers verkündigt werden. Doch Anfang des 17. Jahrhunderts traten die Brandenburger Kurfürsten zum **Calvinismus** über, einer von Jean Calvin in Genf begründeten protestantischen Glaubensrichtung. Die Untertanen wurden aber nicht gezwungen, den Glaubenswechsel nachzuvollziehen; eine damals in Deutschland nicht übliche Praxis religiöser Toleranz.

FRIEDRICH WILHELM, der „Große Kurfürst" (1620–1688), missbilligte die ständigen Konflikte zwischen den Anhängern Luthers und den Anhängern Calvins und ging hart gegen die streitenden Geistlichen vor. Mit dem **Edikt von Potsdam** (1685) öffnete er sein Land den Hugenotten, den in Frankreich verfolgten Anhängern Calvins. Mehr als 5000 Hugenotten ließen sich in Berlin nieder. Die Migranten waren für die wirtschaftliche und kulturelle Entwicklung Berlins von großer Bedeutung, z. B. für das Feinhandwerk und das entstehende Manufakturwesen.

Q6 Kurfürst Friedrich Wilhelm gewährt den in Frankreich verfolgten Hugenotten (= französische Protestanten) Aufnahme, 1685:

1 Nach den harten Verfolgungen und rigorosen Maßnahmen, mit denen man bisher in dem Königreich Frankreich wider Unsere der evan-
5 gelisch-reformierten Religion zugetanen Glaubensgenossen vorgegangen ist [...], halten wir es aus gerechtem Mitleid, welches wir mit den bedrängten Glaubensgenos-
10 sen haben müssen, für billig, [...] denselben eine sichere und freie Zufluchtstätte in allen Unseren Ländern und Provinzen in Gnaden anzubieten [...].

(In: H. Schulz und Ina U. Paul [Hrsg.], Europäische Geschichte. Quellen und Materialien, München 1994, S. 847. Gekürzt und bearbeitet)

PERSONENLEXIKON

KURFÜRST JOACHIM II., 1506–1571.
Kurfürst von Brandenburg seit 1535. Er führte im Jahre 1539 in Brandenburg und Berlin die Reformation ein. 1540 gründete er das Kammergericht als oberstes Landgericht.

B7 Kurfürst Friedrich Wilhelm (der „Große Kurfürst") empfängt 1685 eine Abordnung der Hugenotten. Gemälde von Hugo Vogel, 1885

Jüdische Bürger in Berlin – Bereits 1295 ist die Anwesenheit von Juden in Berlin bezeugt. Sie standen jedoch außerhalb der städtischen Rechtsordnung, ihr Schutzherr war der Landesherr. Für die Entwicklung des wirtschaftlichen und kulturellen Lebens der Städte waren die Juden von großer Bedeutung. Im Gegensatz zu den meisten Menschen des Mittelalters und der frühen Neuzeit konnten sie lesen und schreiben. Und infolge der damaligen Geldknappheit waren ihre Handels- und Geldgeschäfte für den Landesherrn und die Städte unentbehrlich: Die jüdischen Bürger beschafften das für den Landesausbau und die Stadtentwicklung notwendige Kapital. Doch auf Zeiten der Wertschätzung oder Duldung folgten Phasen der Verfolgung sowie Vertreibung. Das Leben der Juden und ihre wirtschaftliche Existenz waren immer wieder bedroht.

Ein Jahrhundert nach der letzten vollständigen Austreibung der Juden gestattete Kurfürst Friedrich Wilhelm 50 aus Wien vertriebenen jüdischen Familien den Aufenthalt in Berlin (1671). Seine Beweggründe waren weniger humanitärer Art. Ausschlaggebend waren wohl die reichlichen Schutzgeldzahlungen, die Juden an den Landesherren zahlen mussten, sowie die wirtschaftlichen Fähigkeiten der kleinen Minderheit. Immerhin wuchs die Zahl der jüdischen Bürger im Laufe des 18. Jahrhunderts weiter an, obwohl König Friedrich II. (1712–1786) die diskriminierenden Aufenthaltsbedingungen eher noch verschärfte. Erst gegen Ende des Jahrhunderts, im „Zeitalter der Aufklärung", verbesserten sich ihre Stellung und ihr Ansehen in der Berliner Gesellschaft. Bedeutende jüdische Persönlichkeiten wie der Philosoph MOSES MENDELSSOHN prägen das geistige Leben der Stadt.

Q8 Das preußische Emanzipationsedikt von 1812 zur rechtlichen Stellung der Juden (Auszug):

1 § 1. Die in Unseren Staaten jetzt wohnhaften, mit General-Privilegien, Naturalisations-Patenten, Schutzbriefen und Konzessionen
5 versehenen Juden und deren Familien sind für Einländer und Preußische Staatsbürger zu achten. [...]
§ 7. Die für Einländer zu achtenden
10 Juden hingegen sollen, in sofern diese Verordnung nichts Abweichendes enthält, gleiche bürgerliche Rechte und Freiheiten mit den Christen genießen.
15 § 8. Sie können daher akademische Lehr- und Schul- auch Gemeinde-Aemter, zu welchen sie sich geschickt gemacht haben, verwalten.
20 § 9. Inwiefern die Juden zu anderen öffentlichen Bedienungen und Staatsämtern zugelassen werden können, behalten Wir Uns vor in der Folge der Zeit gesetzlich zu be-
25 stimmen.
§ 10. Es steht ihnen frei in Städten sowohl als auf dem platten Lande sich niederzulassen.

(Zitiert nach: Dokumente zur deutschen Verfassungsgeschichte, hg. von E. R. Huber, Bd. 1, Stuttgart 1978, 3. Aufl., S. 49 ff. Gekürzt)

PERSONENLEXIKON

MOSES MENDELSSOHN, 1729–1786. Jüdischer Philosoph und Sprachwissenschaftler. Geboren in Dessau, lebte er seit seinem 14. Lebensjahr in Berlin. Er verstand sich als Vermittler zwischen jüdischer Tradition und deutscher Kultur.

B9 Lavater (rechts) und Lessing (Mitte) zu Besuch bei Mendelssohn (links). Stich von Moritz Oppenheim, 1856

Berlin im 19. Jahrhundert – Erst mit den Reformen des FREIHERRN VOM STEIN nach der Niederlage Preußens gegen Napoleon (1806) entstand wieder eine von den Bürgern Berlins getragene Stadtverwaltung. Allerdings hatten nur knapp 13 000 Bürger (von ca. 145 000 Einwohnern) das Wahlrecht zur Stadtverordnetenversammlung, das an Hausbesitz oder ein Jahreseinkommen von 200 Talern gebunden war.

In der gescheiterten Revolution von 1848/49 spielten die Ereignisse in Berlin eine wichtige Rolle für ganz Deutschland. Das preußische Dreiklassenwahlrecht, welches die Stimme des einzelnen Bürgers nach der Höhe der Steuerleistung gewichtete, verhinderte bis 1918 auch in Berlin eine wirkliche demokratische Mitbestimmung. Das Anwachsen der Sozialdemokratie bei den Wahlen zur Stadtverordnetenversammlung ließ sich dadurch nicht verhindern.

B 11 „Aufbahrung der Märzgefallenen". Gemälde Adolf v. Menzels aus dem Jahr 1848. Am 18./19. März 1848 wurden ca. 270 bis 300 Aufständische bei Barrikadenkämpfen von Soldaten des Königs erschossen. Am 22. März wurden die Toten auf dem Gendarmenmarkt aufgebahrt.

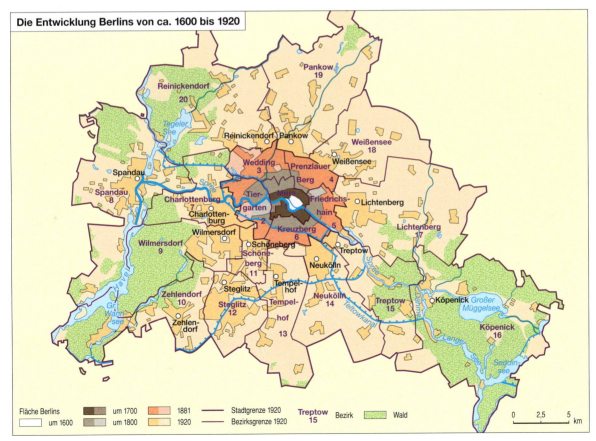

K 10

Auf dem Wege zur Industriestadt – Der Aufstieg Berlins zur Hauptstadt des deutschen Kaiserreichs wurde durch die einsetzende Industrialisierung forciert. In wichtigen Industriezweigen, z. B. im Maschinenbau, der Bekleidungsindustrie, der chemischen Industrie und – seit den 1870er-Jahren – in der Elektroindustrie, errang Berlin eine führende Stellung unter den deutschen Industriestädten. Zehntausende Arbeiter zog es nach Berlin. Sie erhofften sich von der neuen Metropole Arbeit und ein besseres Leben.

Berlin – Hauptstadt der Wissenschaften – 1810 gründete WILHELM V. HUMBOLDT (1767–1835) die Berliner Friedrich-Wilhelms-Universität. Sie trägt heute seinen Namen und den seines Bruders ALEXANDERS. Doch die neue Universität hob die traditionelle Trennung zwischen „reiner" Wissenschaft und anwendungsbezogener wirtschaftlicher Verwertbarkeit zunächst nicht auf. Erst in der zweiten Hälfte des 19. Jahrhunderts, mit wachsendem Bedarf an industriellen Fertigungstechniken, erlangten die Naturwissenschaften und die Medizin eine bedeutende Stellung.
Weitere Einrichtungen folgten: Aus der 1821 gegründeten technischen Lehranstalt, dem „Königlichen Gewerbe-Institut", und der „Bauakademie" entstand die TECHNISCHE HOCHSCHULE (1879).
Eine andere bedeutende Forschungseinrichtung für Naturwissenschaften und Medizin wurde die 1911 gegründete KAISER-WILHELM-GESELLSCHAFT (heute Max Planck-Gesellschaft).
In all diesen Instituten gelangen um die Jahrhundertwende bahnbrechende wissenschaftliche, medizinische und verfahrenstechnische Innovationen. Doch auch bedeutende Berliner Industrieunternehmen wie Siemens, AEG und Schering betrieben eigene Forschungen.

ZUM WEITERLESEN

🌐/1 http://www.diegeschichteberlins.de
🌐/2 http://www.luise-berlin.de
Geschichte Berlins. Band 1: Von der Frühgeschichte bis zur Industrialisierung, hg. von W. Ribbe, Berlin 2002

T 12 Zahlen der Beschäftigten in ausgewählten Gewerbezweigen Berlins

Gewerbezweig	1800	1837	1849	1875
Eisen, Stahl, Metall	2 500	1 800	4 180	10 240
Maschinen, Werkzeuge, Feinmechanik	780	2 700	7 000	30 570
chemische Industrie	340	130	1 150	4 210
Elektroindustrie	–	–	30	820
Textilproduktion	20 580	8 060	19 160	11 790
Bekleidungsindustrie	6 270	9 970	21 540	48 650
Baugewerbe	2 820	3 800	14 560	19 350

(Nach: Zur Wirtschafts- und Sozialgeschichte Berlins vom 17. Jahrhundert bis zur Gegenwart. Jahrbuch für Wirtschaftsgeschichte. Sonderband, Berlin 1986)

B 13 Erstes Telegrafenamt Berlins (Französische Straße), 1881. Bei der Inbetriebnahme waren 48 Teilnehmer mit einem Telefon angeschlossen.

ARBEITSAUFTRÄGE

1. Analysiere und erkläre mit T 2 und dem Darstellungstext die konfessionelle Zusammensetzung der Berliner Bevölkerung.
2. Erläutere mit K 1, S. 203, und K 10, S. 207, die Entwicklung Berlins und seiner Stadtteile zwischen 1400 und 1920.
3. Beurteile mit Q 6 und B 7 das Verhalten von Kurfürst Friedrich Wilhelm gegenüber anderen Religionsgemeinschaften.
4. Beurteile mit Q 8, inwieweit sich die Situation der jüdischen Bürger Berlins gegenüber dem 17./18. Jahrhundert veränderte.
5. Recherchiere die Vorgeschichte des März 1848 (B 11 „Aufbahrung der Märzgefallenen") in der Bibliothek oder im Internet.
6. Analysiere und interpretiere die Daten der Tabelle T 12.

Geschichte der Arbeit

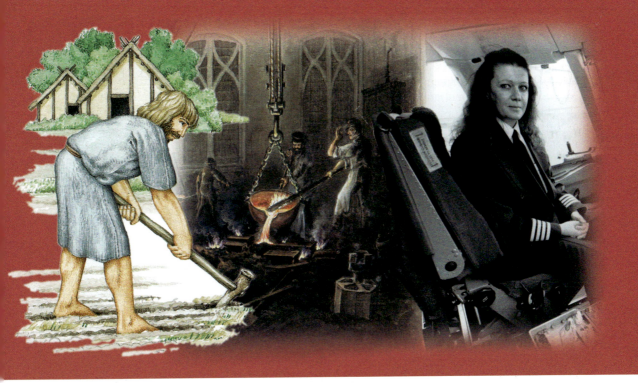

Unter **Arbeit** versteht man die planmäßige Tätigkeit des Menschen, mit der er materielle Güter produziert, geistige Erzeugnisse schafft oder Dienstleistungen für andere Menschen erbringt. Sie dient der Sicherung des Lebensunterhalts.

Diese allgemeine Definition von Arbeit gilt für den Menschen der Steinzeit ebenso wie für den im 21. Jahrhundert. Dennoch war und ist die Arbeit des Menschen einem beständigen Wandlungsprozess unterworfen. Worin bestand diese Veränderung und welche Auswirkungen hatte sie für das Leben der Menschen?

Q 1 Der Philosoph Friedrich Engels über die Bedeutung der Arbeit, 1875:

1 Hunderttausende von Jahren sind sicher vergangen, ehe aus dem Rudel baumkletternder Affen eine Gesellschaft von Menschen hervor-
5 gegangen ist. Aber schließlich war sie da. Und was finden wir wieder als bezeichnenden Unterschied zwischen Affenrudel und Menschengesellschaft? Die Ar-
10 beit! [...] Die Arbeit fängt an mit der Verfertigung von Werkzeugen. [...] Durch das Zusammenwirken von Hand, Sprachorgan und Gehirn wurden die Menschen befähigt,
15 immer verwickeltere Verrichtungen auszuführen, immer höhere Ziele sich zu stellen und zu erreichen.

(Friedrich Engels: Anteil der Arbeit an der Menschwerdung des Affen. In: MEW Band 20, Berlin 1962, S. 448 ff.)

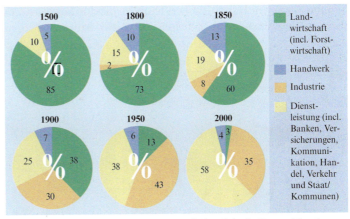

B 2 Entwicklung verschiedener Erwerbsbereiche in Deutschland

Ackerbau und Viehzucht entstehen – Ursprünglich, und mehr als zwei Millionen Jahre lang, lebten die Menschen in umherziehenden Horden. Sie sicherten ihren Lebensunterhalt durch Sammeln und Jagen. Erst vor etwa 10 000 Jahren lernten sie, Wildgetreide zu kultivieren und aus Wildtieren Nutztiere zu züchten. Allmählich vollzog sich der Übergang zur sesshaften Lebensweise der Ackerbauern und Viehzüchter. Diese beiden Fertigkeiten markieren zugleich die erste uns bekannte Form der **Arbeitsteilung**. Wie haben sich Ackerbau und Viehzucht seither verändert?

Bauern ernähren sich und andere – Die ersten Bauern bearbeiteten ihre Ackerflächen mit hölzernen Grabstöcken oder Spaten. Ab dem frühen 3. Jahrtausend v. Chr. eröffnen dann die Erfindungen des Pflugs und von Bewässerungssystemen in Mesopotamien und Ägypten die Möglichkeit, größere Ackerflächen zu bewirtschaften und den Ernteertrag zu steigern.

Einen großen Teil der Ernteerträge mussten die Bauern als Pacht an die Herren abgeben. Das war so in den frühen Hochkulturen des Vorderen Orients wie auch im mittelalterlichen Europa und in Deutschland bis Anfang des 19. Jahrhunderts. Nur was die Bauern nicht abgeben mussten, selbst verbrauchten oder für die nächste Aussaat zurückhielten, konnten sie gegen Produkte der ersten **Handwerker** – Töpfer, Tischler, Schmiede, Weber – tauschen. Diese bäuerliche Überschussproduktion war sogar die Voraussetzung für die Ausbildung der ersten Handwerksberufe und für die fortschreitende Arbeitsteilung.

Vom Ochsenpflug zur industriellen Landwirtschaft – Zwar konnten die Ernteerträge im Mittelalter und in der frühen Neuzeit kontinuierlich gesteigert werden. Doch da die Produktionsmethoden sich kaum änderten, mussten noch Ende des 18. Jahrhunderts drei von vier Erwerbstätigen in der Landwirtschaft arbeiten. Ein grundlegender Wandel vollzog sich erst im 19. und 20. Jahrhundert. Was waren die Gründe?

Angesteller in einem Kaufmannskontor um 1500

Die Befreiung der Bauern aus der Grundherrschaft zu Beginn des 19. Jahrhunderts machte den Weg frei für eine technische Revolutionierung der Landwirtschaft. Mit dem Einsatz neuer Mineral- und Stickstoffdünger konnten die Ernteerträge um ein Vielfaches gesteigert werden. Neuartige Maschinen halfen, die Arbeit leichter, schneller und mit viel weniger Menschen zu erledigen. Die Folge war, dass mehr und mehr Menschen aus der Landwirtschaft in andere Erwerbszweige wechseln mussten.

B4 Bauern in der mittelalterlichen Landwirtschaft, um 1480

B3 Bauern in Ägypten, um 1425 v. Chr.

B5 Etwa seit 1868 wurde der Dampfpflug in Deutschland eingesetzt.

Vom Handwerker zum Industrietechniker – Mit der Überschussproduktion der Ackerbauern und Viehzüchter begann die Teilung der Arbeit in immer speziellere Berufe. Am Ende des 20. Jahrhunderts konnte man in Deutschland etwa 18 500 verschiedene Berufe zählen; darunter jedoch viele ältere, die nicht mehr oder kaum noch ausgeübt werden. Das **Handwerk** oder die **Manufaktur** (= Großbetrieb, in dem arbeitsteilig, aber von Hand produziert wird) erreichten zwar niemals die Bedeutung der Landwirtschaft. Aber für Jahrhunderte blieben sie die einzigen Formen der nichtlandwirtschaftlichen gewerblichen Produktion. Das änderte sich mit dem Beginn der **industriellen Revolution** und dem Einsatz neuartiger Maschinen. Wie veränderten Maschinen die Arbeit der Menschen?

Wie in den Manufakturen wurde die Arbeit in den neuen Produktionsanlagen auf engem Raum zentralisiert: Es entstanden Fabriken. Doch anders als in Manufakturen wurde die Arbeit nun nicht mehr von Hand, sondern mittels dampf- oder elektrisch betriebener Maschinen verrichtet. Um die Produktivität der Maschinen zu steigern, wurden ihre Leistungsfähigkeit und Spezialisierung immer weiter verbessert. Für die Fabrikarbeiterinnen und -arbeiter hatte dies jedoch zur Folge, dass die Arbeitsabläufe immer kleinschrittiger und vom Takt der Maschinen vorgegeben wurden. Den kompletten Herstellungsweg eines Produkts konnten sie nicht mehr überschauen; ihre monotone Tätigkeit war von wachsender **Entfremdung** gekennzeichnet; das heißt, die Befriedigung aus der eigenen Arbeit ging verloren.

Ausdruck von extremer Arbeitsteilung in der Industriegesellschaft ist die **Fließbandarbeit.** Sie ist zwar sehr effektiv, treibt aber die Monotonie und die Entfremdung der Arbeit auf die Spitze. Die einförmige und immer gleiche Beanspruchung durch langjährige Fließbandarbeit kann auch zu dauerhaften Gesundheitsschäden führen. Mit dem Anspruch einer „Humanisierung der Arbeit" und durch den Einsatz neuer Technologien wurde die Fließbandarbeit in den vergangenen Jahren reduziert.

Büroangestellter um 1900

Q7 Aus einer deutschen Wochenzeitung von 1975:

In einem Gemeinschaftsprojekt wird der Elektrokonzern Bosch [...] versuchsweise Fließbandarbeit abschaffen und durch neue Formen der Arbeitsorganisation ersetzen. Statt eines oder weniger Handgriffe am Fließband sollen die Mitarbeiter [...] künftig inhaltsreichere Tätigkeiten ausüben und ihr Arbeitstempo stärker selbst bestimmen können.

(Michael Jungblut in: DIE ZEIT vom 24.06.1975)

B8 Fließbandproduktion in Hannover, um 1925

B6 Handwerker der vorindustriellen Phase

B9 Steuerzentrale einer vollautomatisierten Produktionsanlage, um 1995

Vom Diener zum Dienstleister – Die Verdrängung vieler Handwerksberufe durch die industrielle Fabrikproduktion hatte ebenso wie der Einzug neuer Anbautechniken und Maschinen in der Landwirtschaft zur Folge, dass viele Menschen ihre traditionelle Arbeit verloren. Für die Betroffenen waren damit meist wirtschaftliche und soziale Nachteile verbunden; oft veränderte sich sogar ihr gesamtes Leben. Wo und wie konnten sie in Zukunft ihren Lebensunterhalt verdienen?

Lange Zeit waren es der **Dienstleistungsbereich** und seit Beginn des 19. Jahrhunderts auch die schnell wachsenden Industriebetriebe, die neue Arbeitsplätze boten. Doch während die Industrie als Erwerbszweig seit den 1970er-Jahren und dem Einzug der **Automatisierung** in die Fabriken wieder an Bedeutung verliert, nimmt der Anteil der Dienstleistungsberufe weiter zu. Dieser Trend wird durch den Siegeszug des **Computers** enorm beschleunigt. Doch neben der Beschäftigtenzahl ist auch die Qualität vieler Dienstleistungsberufe gestiegen und das Selbstverständnis der dort arbeitenden Menschen hat sich gewandelt. Sie verstehen ihre Arbeit nicht mehr als „Dienst", sondern als „Serviceleistung", für die besondere Qualifikationen erforderlich sind.

Wandel birgt Risiken und Chancen – Auch heute, mit dem Übergang vom Industriezeitalter zum **Zeitalter der Informationstechnologie,** vollzieht sich ein Wandel der Arbeitswelt. Viele Menschen empfinden die damit einhergehende „Beschleunigung der Arbeit", z. B. durch den Computer, nicht als Fortschritt, sondern als Bedrohung. Andere wiederum sehen darin eine persönliche Bereicherung sowie Chancen für die Schaffung neuer Arbeitsplätze.

Eine Angestellte, um 2000. Moderne Büro- und Telekommunikationstechnologien verändern die Arbeit.

B 12 Berufstätige Frauen und Männer, um 2000

B 10 Nonnen bei der Krankenpflege, um 1240

B 11 Dienstmädchen, Foto um 1900

T 13 Durchschnittliche Wochenarbeitszeit in Deutschland

1850:	80 Stunden
1875:	72 Stunden
1900:	60 Stunden
1918:	48 Stunden
1980:	40 Stunden
2000:	37,5 Stunden

ARBEITSAUFTRÄGE

1. Lies Q1. Welche Bedeutung misst Friedrich Engels der Arbeit für die Evolution des Menschen zu? Überprüfe diese Auffassung in modernen Biologiebüchern.
2. Vergleiche B3, B4 und B5 und erläutere dann die Entwicklung der Landwirtschaft, wie sie in B2 dargestellt wird.
3. Erkläre in eigenen Worten, was man unter „entfremdeter Arbeit" versteht. Wie beurteilst du die Aussage, dass die Technik einerseits die Ursache für „entfremdete Arbeit" sein kann, andererseits aber auch das Mittel, sie zu beseitigen? Lies dazu Q7 und betrachte B6, B8 sowie B9.
4. Betrachte B5 und B9. Welche Folgen hatte die Technisierung der Landwirtschaft oder die Automatisierung der Industrie für die dort arbeitenden Menschen? Vergleiche auch mit B2.
5. Betrachte B10, B11 und B12. Erläutere das Berufsbild der Frau, das darin zum Ausdruck kommt. Wie beurteilst du die beruflichen Möglichkeiten von Frauen früher und heute?
6. Analysiere T13. Kannst du erklären, warum immer mehr Menschen sagen und glauben, sie „hätten keine Zeit"?

Erziehung zum Bürger – von der Antike bis zur preußischen Bildungsreform

B 1/B 2 Unterricht im antiken Rom (um 200 n. Chr.) und in einer preußischen Landschule (Anfang 19. Jh.)

Die Überschrift dieses Kapitels enthält zwei Begriffe, die in der Vergangenheit große **Privilegien** (= Vorrechte einer Minderheit) beschrieben: Bürger(tum) und Bildung.

In einer **griechischen Polis** war nur eine Minderheit auch Bürger der Polis. Das **Bürgerrecht** wurde in den alteingesessenen Familien vererbt. In Attika besaßen es nur etwa 40 000 von über 300 000 Einwohnern; in Sparta 9000 der etwa 250 000 Einwohner Lakoniens. Nur wer das Bürgerrecht besaß, konnte an den politischen Entscheidungen des Staates aktiv mitwirken und hatte Zugang zu politischen Ämtern. Die „Erziehung zum Bürger" war in Griechenland also das Privileg von Kindern und Jugendlichen, die aus Familien mit Bürgerrecht stammten. Allen anderen Kindern war der Zugang zu einer Schulbildung verschlossen.

Auch in **Rom** war man Bürger durch die Geburt von freien römischen Eltern der Stadt Rom. Erst später wurde es auf alle freien Untertanen des Reichs ausgedehnt. Dennoch blieb eine gute Ausbildung der Kinder im Römischen Reich das Privileg weniger reicher Familien.

Im **Mittelalter** waren Bürger ursprünglich die Bewohner im Schutz einer Burg. Später, als aus diesen Orten Städte wurden, besaßen etwa 50 Prozent der **Stadtbewohner** das Bürgerrecht. Die städtische Unterschicht (z. B. Krämer, Lehrlinge, Tagelöhner, Dienstpersonal sowie Gaukler und Bettler) war vom Bürgerrecht ausgeschlossen. Doch selbst für die Bürger der mittelalterlichen Stadt waren Lesen, Schreiben und Rechnen keineswegs selbstverständliche Fertigkeiten.

In der **frühen Neuzeit** verlor der Begriff des Bürgers bzw. des Bürgerrechts allmählich seine Bedeutung als Privileg bzw. Mittel der Ausgrenzung. Dennoch war eine gute Schulbildung bis ins 18./19. Jahrhundert eher eine Ausnahme und das Privileg der Kinder begüterter Familien.

„Mit Lesen und Schreiben fängt das Leben erst an."

Inschrift auf einer Wachstafel, Mesopotamien, 2. Jh. v. Chr.

ARBEITSAUFTRAG

1. Erläutere, warum eine gute Schulbildung früher das Privileg einer Minderheit war.

1. Ausbildung in Ägypten: Der Pharao braucht Beamte!

Die Geburt eines Kindes war für die ägyptische Familie ein freudiges Ereignis. Die Mutter kümmerte sich um die Betreuung und Erziehung des Kleinkinds.

Nur die Kinder der wohlhabenden Familien erhielten ab dem siebten Lebensjahr eine Schulausbildung. Der Unterricht fand in den **Palast- und Tempelschulen** statt oder – bei schönem Wetter – unter freiem Himmel. Kinder einfacher Familien mussten dagegen ab dem siebten Lebensjahr im Haus, im Garten oder auf dem Feld mithelfen. Der Anteil der ägyptischen Bevölkerung, der lesen und schreiben konnte, betrug daher nicht mehr als etwa fünf Prozent der Gesamtbevölkerung.

Junge Männer umwarben ihre Auserkorene mit poetischen Liebesliedern. Ehen waren meist keine von den Eltern aufgezwungene Zweckverbindungen, sondern beruhten auf der gegenseitigen Zuneigung des Paares. Der Mann war bei seiner Heirat etwa 20 Jahre alt, die Frau zwischen 14 und 16 Jahren. Die ägyptische Frau genoss in der Familie ein hohes Ansehen und war dem Mann in vielen Bereichen gleichgestellt.

B 2 Schreiber und Schreibschüler, um 1400 v. Chr.

Q 1 Eine Historikerin aus unserer Zeit schreibt über den Schulunterricht in Ägypten:

1 [Ab 2000 v. Chr.] wurden mehrere Schüler gemeinsam von einem Lehrer erzogen. Dieser, ein in seinem Beruf ausgebildeter Mann, ein
5 Maler, ein Beamter, ein Priester, war niemals Berufslehrer […]. Die Stätte des Unterrichts war meist ein schattiger Platz unter freiem Himmel. Dort saßen die Schüler
10 mit untergeschlagenen Beinen im „Schreibersitz". Auf den Knien hatten sie die Schreib- oder Lesetafel, eine handgroße Scherbe aus Kreide, neben sich den Griffelkasten
15 […].

(In: Emma Brunner-Traut: Die alten Ägypter. Verborgenes Leben unter den Pharaonen, Stuttgart 1976, S. 74–76. Gekürzt)

Q 3 Weisheitssprüche des Ptahhotep, Wesir des Pharaos Asosis, für seinen Sohn, ca. 2350 v. Chr.:

1 Sei nicht stolz auf dein Wissen, und vertraue nicht darauf, dass du ein Gelehrter seiest. Hole dir Rat bei dem Unwissenden wie bei dem Wissenden […]. Eine gute Rede findet man [auch] bei den Sklavinnen. […]
5 Bist du ein Mann in leitender Stellung und gibst der Menge Befehle, so strebe nach jeder Trefflichkeit […]. Die Wahrheit ist trefflich und ihre Tüchtigkeit dauert […], während man den, der ihre Gesetze übertrifft, bestraft. […] Wenn du einer bist, an den man sich bittend wendet,
10 so sei freundlich, wenn du auf das Sprechen eines Bittstellers hörst. […]
Wenn du groß geworden bist, nachdem du gering warst, und Vermögen erworben hast […], so vergiss nicht, wie es dir früher ergangen ist. Gib ab an deinen Nächsten.

(Zit. nach: Geschichte in Quellen, Bd. I, München 1989, S. 20. Gekürzt)

ARBEITSAUFTRÄGE

1. In Ägypten wurden die Schüler von Lehrern unterrichtet, die zusätzlich einen anderen Beruf ausübten (Q 1). Nenne mögliche Vor- und Nachteile dieser Regelung.
2. Beurteile die Ratschläge des Wesirs an seinen Sohn in Q 3.

2. Erziehung und Bildung in der griechischen Polis

In Athen und ganz besonders in Sparta wurden Kinder sehr viel reglementierter und strenger erzogen als in Ägypten. Der Hausherr hatte in Griechenland nahezu unbeschränkte Gewalt über sie. Er bestimmte über die Erziehung, die Berufswahl und die Eheschließung.

In Athen besuchten die Jungen ab dem siebten Lebensjahr die **Elementarschule.** Söhne aus einfachen Verhältnissen lernten meist nur Grundkenntnisse in Lesen, Schreiben und Rechnen. Die wohlhabenden Familien Athens sorgten dafür, dass ihre Söhne eine möglichst gute Ausbildung im **Gymnásion** erhielten. So wurde ursprünglich die Sporthalle in Athen bezeichnet, später war es der Name für die weiterführende Schule allgemein. Neben Gymnastik standen Arithmetik, Geometrie, Astronomie, Musik und Harmonielehre, Philosophie, Dialektik [Griech.: Kunst der Gesprächsführung] auf dem Stundenplan. Die Schulbildung im Gymnásion dauerte bis zum 18. Lebensjahr. Danach galt der junge Mann als erwachsen und leistete zwei Jahre lang Militärdienst für die Polis.

Die Mädchen lebten sehr abgeschirmt und wuchsen im Haus auf. Nur Töchter wohlhabender Familien erhielten von einem Privatlehrer Unterricht in Lesen, Schreiben, Tanzen und Musizieren. Vor allem wurden sie auf die Führung eines Haushalts vorbereitet. Mit etwa 14 Jahren wurden die Mädchen verheiratet – oft mit einem sehr viel älteren Mann.

In der Blütezeit der attischen Kultur (ab ca. 400 v. Chr.) konnten etwa 15 bis 20 Prozent der Bevölkerung lesen und schreiben.

B 1 Unterricht in einem Gymnásion Athens. Die Lehrer sitzen vor den Schülern. Rechts ein Sklave, der auf die Schüler aufpasst. Keramikschale, 480 v. Chr.

In der griechischen Polis SPARTA waren die gesamte Erziehung und die Lebenssituation der Kinder auf die „**Kriegerpolis**" ausgerichtet. Die musisch-literarische Bildung trat ganz zurück hinter Körperkultur, militärischen Drill und der Pflicht zum bedingungslosen Gehorsam.

Q 2 Lykurgos, Gesetzgeber der Polis von Sparta, soll im 7. Jh. v. Chr. folgende Erziehungsregeln formuliert haben:

1 Die Knaben […] gab Lykurgos nicht in die Hände von […] Pädagogen, noch durfte jeder seinen Sohn halten und aufziehen wie er wollte, sondern er nahm selbst alle zu sich, sobald sie sieben Jahre alt waren, und teilte sie in
5 „Horden", in denen sie miteinander aufwuchsen [und] erzogen wurden […]. Lesen und Schreiben lernten sie nur soviel, wie sie brauchten; die übrige Erziehung war darauf gerichtet, dass sie pünktlich gehorchten, Strapazen ertragen und im Kampf siegen lernten. […] Lykurgos […]
10 kräftigte auch den Körper der Jungfrauen […], damit die Zeugung der Kinder in kräftigen Körpern erfolge. […] Die Zucht erstreckte sich bis auf die Erwachsenen. Keinem stand es frei, zu leben wie er wollte, sondern sie lebten in der Stadt wie in einem Feldlager […].

(Plutarch, Lykurgos 14–24, zitiert nach: Geschichte in Quellen Bd. I, München 1989, S. 143 f. Gekürzt und umgestellt)

ARBEITSAUFTRÄGE

1. Betrachte B 1 und beschreibe, welchen Unterricht die Schüler bekommen. Welches Verständnis von Bildung wird deutlich?
2. Analysiere und beurteile die Erziehungsziele in Q 2. Welches Verständnis von Bildung wird deutlich? Vergleiche mit B 1.

3. Erziehung und Bildung in Rom

Auch in Rom hatte der Vater ein nahezu unbeschränktes Bestimmungsrecht über alle Mitglieder der Familie. Wurde ein Kind geboren, dann legte man es vor dem Familienvater auf den Boden. Wenn es gesund und kräftig war, hob dieser es vom Boden auf. Erst dann war das Kind in die Familie aufgenommen; andernfalls wurde es ausgesetzt.

Bis zum siebten Lebensjahr wurden die Kinder von der Mutter erzogen. In wohlhabenden Familien war dafür eine Amme oder eine Sklavin zuständig. Danach gingen Jungen und Mädchen zur **Elementarschule,** wo sie gegen ein Schulgeld lesen, schreiben und rechnen lernten. Die Lehrer der Elementarschulen waren oft selbst nicht sehr gebildet. Kinder wohlhabender Familien hatten daher meist einen gut ausgebildeten **Privatlehrer.**

Auch die weiterführenden, teuren **Grammatik- und Rhetorikschulen,** in denen die griechische Sprache, lateinische und griechische Literatur sowie die Kunst der freien Rede gelehrt wurden, blieben den Söhnen der Oberschicht vorbehalten. Hier wurden sie auf eine Karriere als Beamter, Politiker oder Offizier vorbereitet. Um die Ausbildung seiner Söhne kümmerte sich der Vater auch selbst. Sie nahmen an seinem Tagesablauf teil und lernten durch sein Beispiel.

Die Ausbildung der Mädchen war ganz darauf ausgerichtet, sie auf die Ehe und Führung eines großen Haushalts vorzubereiten. Bereits mit 12 bis 14 Jahren galten Römerinnen als heiratsfähig. Den zukünftigen Mann hatte ihr Vater meist schon vorher ausgewählt. Mit der Heirat wechselte die junge Frau ganz in die Familie ihres Mannes oder – wenn der noch lebte – in die Familie seines Vaters.

Die Söhne wurden mit 16 Jahren volljährig und damit römische Bürger. Bevor sie einen Beruf ergriffen und im Alter von 20 bis 25 Jahren eine Familie gründeten, mussten sie einen Militärdienst ableisten.

B1 Familienszene aus dem Leben eines römischen Jungen: Das Kind wird gestillt. Relief auf einem Grabstein (Ausschnitt), 3. Jh. n. Chr.

B2 Familienszene aus dem Leben eines römischen Jungen: Der heranwachsende Knabe liest seinem Vater vor. Relief auf einem Grabstein (Ausschnitt), 3. Jh. n. Chr.

B3 Vier Griffel aus Bronze, ein Tintenfass aus Ton, zwei Schreibtäfelchen aus Holz (mit Wachs überzogen), um 100 n. Chr.

ARBEITSAUFTRÄGE

1. Betrachte B1 und B2. Beschreibe den Eindruck, den die beiden Reliefs vom römischen Familienleben und von der Situation eines Kindes vermitteln.
2. Baue dir selbst eine Schreibtafel, wie sie in B3 abgebildet ist.

4. Das Mittelalter: Kloster- und Stadtschulen

Die Stellung von Kindern in der Familie war im Mittelalter durch die so genannte **Munt** [= Vorherrschaft] des Vaters geprägt. Kinder waren praktisch rechtlos, sie konnten verstoßen, verkauft oder gegen Geld vermietet werden. In armen Familien kam das tatsächlich auch vor.

Adlige Frauen und reiche Bürgerfamilien in der Stadt hatten Dienstpersonal, das die Kinder pflegte und sie ernährte. In einfacheren Familien kümmerten sich die Mütter um ihre Kinder. Doch schon ab vier Jahren mussten sie ihren Eltern helfen: beim Spinnen der Wolle, beim Viehhüten und bei der Gartenarbeit; sie sammelten Reisig und halfen im Haus. Im Alter von sieben Jahren mussten viele Kinder armer Familien ihr Elternhaus bereits verlassen und als Dienstpersonal oder Laufbursche selbst für sich sorgen.

Die Mädchen wurden im Alter von 12 bis 14 Jahren verheiratet, meist mit einem sehr viel älteren Mann. Die Jungen aus der Stadt begannen in diesem Alter eine Lehre, die zwischen drei und fünf Jahren dauerte.

Q 1 Der Kirchengelehrte Dionys der Karthäuser (um 1402–1471) schrieb in seiner Erziehungslehre:

1 Die Eltern sind verpflichtet, ihre Kinder nach Möglichkeit von dem Bösen und der Sünde abzuhalten, sie in den guten Sitten zu unter-
5 weisen und ihre Ausschreitungen zu ahnden und gebührend zu bestrafen. Solange sie noch klein sind, sollen sie mit der Rute und mit Schlägen gezüchtigt werden,
10 was später, wenn sie älter geworden, nicht mehr wohl geschehen kann. Desgleichen sind sie mit scharfen Worten und strengen Strafen zurechtzuweisen, jedoch
15 mit Vernunft, damit sie nicht zu sehr erbittert werden [...]. Die Eltern mögen wohl beherzigen, was die Heilige Schrift sagt: „Wer seinen Sohn lieb hat, der wird stets für
20 denselben die Rute haben, damit dieser Freude habe an seinem Ende". [...] Endlich sollen sich die Eltern hüten, ihre Söhne und Töchter ungewöhnlich [...] und prunk-
25 voll zu kleiden. Insbesondere sind die Töchter und Mädchen zu belehren und in Schranken zu halten.

(In: Michael Kaufmann [Hg.], Bibliothek der katholischen Pädagogik, Bd. 15, Freiburg 1904, S. 326–331. Gekürzt.)

B 2 Unterricht in der mittelalterlichen Klosterschule. Der Lehrer ist am Haarschnitt (Tonsur) als Mönch zu erkennen. Er wird mit Rute dargestellt. Sie galt bereits im antiken Rom als Zeichen der Strafgewalt und der Zucht.
Miniatur aus der sächsischen Weltchronik, Anfang des 14. Jh.

B 3 Das „graue Kloster" in Berlin. Um 1250 wurde es von Franziskanermönchen gegründete. Es beherbergte eine der ältesten Schulen Berlins. Die Ruinen des 1945 zerstörten Klosters befinden sich in der heutigen Klostergasse in Berlin-Mitte. Stahlstich von 1830

Schulen im Mittelalter – Eine geregelte Schulausbildung gab es bis ins 13./14. Jahrhundert nicht. Die schulische Versorgung in den mittelalterlichen Städten war deutlich schlechter als etwa im antiken Athen oder Rom. In der Zeit des Früh- und Hochmittelalters konnte daher nur etwa ein Prozent der Bevölkerung lesen und schreiben. Selbst Könige und Fürsten waren oft **Analphabeten.** Lesen und Schreiben galt als „Pfaffenkunst".

Tatsächlich waren es vor allem die Mönche der Klöster, die in den **Klosterschulen** Unterricht erteilten. Der Besuch der Klosterschulen war kostenpflichtig und daher ein Privileg von Kindern des Adels oder reicher Bürgerfamilien. Nur selten konnte ein begabter Bauernjunge teilnehmen. Der Unterricht bestand vor allem im Nachlesen lateinischer Bibeltexte – von denen die Schüler meist kein Wort verstanden. Schreiben wurde nur fortgeschrittenen Schülern gelehrt, denn das Schreibmaterial Pergament war kostbar.

Erst ab dem 13.–15. Jahrhundert verbesserte sich in den Städten das Schulwesen. Mit der wiederbelebten **Geldwirtschaft,** dem aufblühenden Fernhandel, in den Handwerkszünften und den neuen **Stadtverwaltungen** (Magistraten) wuchs die Bedeutung der Schriftform und der Grundrechenarten; beispielsweise für das Anfertigen von Rechnungen, Verträgen oder bei städtischen Verwaltungsakten. Es entstanden erste **städtische Schulen,** die eine Elementarbildung in Lesen, Schreiben und Rechnen vermittelten. Auch für den Besuch der Stadtschulen musste **Schulgeld** bezahlt werden, das sich arme Familien meist nicht leisten konnten. Zu Beginn des 17. Jahrhunderts konnten immerhin 40 bis 50 Prozent der Stadtbevölkerung halbwegs lesen, schreiben und rechnen. Auf dem Land waren es weiterhin weniger als zehn Prozent.

Q 4 Eine Historikerin aus unserer Zeit schreibt über die Mädchenbildung in der mittelalterlichen Stadt:

1 In [...] bürgerlichen Kreisen [war] kein großer Unterschied der Knaben- und Mädchenbildung festzustellen. Viele Frauen, vor allem
5 Kauffrauen, konnten lesen, schreiben, rechnen und [...] Geschäftsbücher führen. Aber seit etwa 1350 bahnte sich in den Städten eine Enwicklung an, von der die Mäd-
10 chen ausgeschlossen blieben. Die Bürgersöhne besuchten in zunehmendem Ausmaß Universitäten [...]. Die Universitäten überrundeten die klösterliche Gelehrsamkeit
15 und Bildung. Sie durchbrachen die überlieferte städtische Ordnung, an ihnen konnten Bürger- und sogar Bauernsöhne studieren [...]. Knaben- und Mädchenbildung
20 gingen jetzt getrennte Wege.

(In: Edith Ennen, Frauen im Mittelalter, München 1994, S. 194. Gekürzt)

ARBEITSAUFTRÄGE

1. Lies Q 1 und betrachte B 2. Erläutere den Eindruck, der vom Unterricht in den Klosterschulen vermittelt wird.
2. Analysiere den Text in Q 4. Wie schildert die Autorin den Bildungsstand bürgerlicher Frauen und Männer in der Stadt?
3. Erläutere mit Q 4 und K 5, welche Folgen die Gründung von Universitäten hatte. Beachte auch die Folgen für Frauen.

5. Von der Klosterschule zur preußischen Bildungsreform

Im Mittelalter waren in Europa zahlreiche Universitäten gegründet worden. Deren Lehrinhalte folgten zwar den Prinzipien des **Humanismus** (Lat.: *humanus* = menschlich, menschenfreundlich). Aber mit ihren Lehr- und Arbeitsmethoden waren sie noch ganz im Mittelalter verwurzelt. Das Studiengeld an den Universitäten war zudem so hoch, dass sie noch lange die exklusiven Ausbildungsstätten für Adels- und reiche Patriziersöhne blieben. Frauen hatten bis Anfang des 20. Jahrhunderts gar keinen Zugang.

Magistrate und Landesfürsten fördern die Schulbildung – Für die schulische Bildung breiterer Bevölkerungsgruppen waren die von den Stadtmagistraten eingerichteten städtischen Schulen von großer Bedeutung: **Volksschulen** für die „einfachen Leute" vermittelten Grundkenntnisse in Lesen, Schreiben und Rechnen. In den **Lateinschulen** erhielten vermögende Bürgerkinder eine humanistische Schulbildung; in den städtischen **Realschulen** wurde mehr Wert auf Mathematik und Ökonomie gelegt.

Mit der Reformation und dem Machtverfall der katholischen Kirche verloren auch die Klosterschulen ihre frühere Bedeutung. Für die Schulausbildung ihrer Untertanen waren in den protestantischen Ländern nun die Landesherren verantwortlich. Angeregt von den **Gedanken der Aufklärung** sollten alle Volksschichten eine „vernünftige" Ausbildung bekommen. Vor allem hatten viele Fürsten erkannt, dass die Schulbildung ihrer Untertanen zum **Aufschwung von Handel und Gewerbe** beitrug – und damit zu höheren Steuereinnahmen. In den Dorfschulen, deren Lehrer meist Pfarrer, ehemalige Soldaten oder Handwerker waren, lernten die Kinder jedoch kaum mehr als Grundkenntnisse in Lesen, Schreiben und Rechnen. Im Vordergrund standen der Katechismus, das Auswendiglernen von Kirchenliedern – und die Charakterbildung zum **gehorsamen Untertan**.

Seit Mitte des 17. Jahrhunderts führten die deutschen Landesfürsten nach und nach die **allgemeine Schulpflicht** ein: in Sachsen-Coburg-Gotha 1642, in Brandenburg-Preußen 1717, in Anhalt-Dessau 1774, in Sachsen erst 1835. Doch darf

Q1 Richtlinie König Friedrichs II. von Preußen an seinen Minister für Schulpolitik (1779):

1 Man muss auch darauf Acht geben, dass die Kinder fleißig in die Schulen kommen […]. Dass die Schulmeister auf dem Lande die Religion und die Moral den jungen Leuten lehren, ist recht gut […]. Darum müssen die Schulmeister sich Mühe geben, dass die Leute […] nicht
5 stehlen und morden […].
Ansonsten ist es auf dem platten Lande genug, wenn sie ein bisschen Lesen und Schreiben lernen; wissen sie aber zuviel, so laufen sie in die Städte und wollen Sekretäre und so was werden. Deshalb muss man auf'n platten Land
10 den Unterricht der jungen Leute so einrichten, dass sie das Notwendige, was zu *ihrem* Wissen nötig ist, lernen, aber auch in der Art, dass die Leute nicht aus den Dörfern weglaufen, sondern hübsch da bleiben.

(Zit. nach: Otto Bardong [Hg.], Friedrich der Große, Darmstadt 1982, S. 505. Gekürzt und vereinfacht)

B2 Unterricht in der Dorfschule um 1840. Gemälde von A. Anker 1896

man deren Auswirkung nicht überschätzen. Weder die Kinder auf dem Land noch die der proletarischen Stadtfamilien konnten regelmäßig eine Schule besuchen. Statt dessen mussten sie zum Lebensunterhalt der Familie beitragen.

Die preußische Bildungsreform – 1806 hatte Preußen eine vernichtende militärischen Niederlage gegen das napoleonische Frankreich erlitten. Nun setzte sich auch beim preußischen König und einer Gruppe hoher Beamter die Einsicht durch, dass das Überleben Preußens nur durch eine tiefgreifende Erneuerung von Staat und Gesellschaft möglich sei. Zu den zahlreichen Reformen, die eingeleitet wurden, gehörte auch die **Bildungsreform** WILHELM V. HUMBOLDTS von 1809. Humboldt verfolgte den Ansatz des Humanismus und der frühen Reformpädagogen (z. B. Pestalozzi, Basedow): Demnach war eine gute Allgemeinbildung ein Wert an sich und sollte gefördert werden. Ziel von Erziehung und Bildung war nun nicht mehr der gehorsame Untertan, sondern der **mündige Bürger**.

Volksschul-, Gymnasial- und Universitätswesen wurden in Preußen als ein einheitliches staatliches Bildungssystem eingerichtet. Der **Beruf des Lehrers** wurde durch eine staatliche Ausbildung sowie fachliche und pädagogische Leistungskriterien aufgewertet. Die allgemeine Schulpflicht, die in Preußen zwar schon seit 1717, aber doch eher formal bestand, war von den dafür verantwortlichen Gutsbesitzern nur widerwillig umgesetzt worden. Nun beaufsichtigte der Staat die Einhaltung der Schulpflicht, die in Preußen bis Mitte des 19. Jahrhunderts größtenteils auch durchgesetzt wurde.

Die Erziehung an den Gymnasien war sehr auf eine gute Allgemeinbildung ausgerichtet. Allerdings hatten die Traditionsfächer Latein, Altgriechisch und Mathematik noch lange Zeit ein Übergewicht gegenüber den modernen Fremdsprachen und den Naturwissenschaften. Prinzipiell stand das Gymnasium Jungen aus allen Gesellschaftsschichten offen, vorausgesetzt, deren Eltern konnten das Schulgeld dafür aufbringen. Für Mädchen blieb das Gymnasium noch bis Ende des 19. Jahrhunderts versperrt.

B 4 Wilhelm von Humboldt (1767–1835), preußischer Bildungsreformer (1809) und Gründer der Berliner Humboldt-Universität. Gedenksäule vor der Humboldt-Universität in Berlin-Mitte.
🌐 http://de.wikipedia.org/wiki/Wilhelm_von_Humboldt

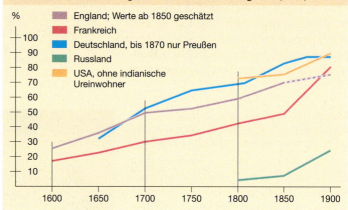

D 5 Entwicklung der Lese- und Schreibfähigkeit der erwachsenen männlichen Bevölkerung im internationalen Vergleich (in %)

ARBEITSAUFTRÄGE

1. Erarbeite mit K 5 von S. 218 und dem Darstellungstext von S. 219 den Beitrag der Universitäten im Mittelalter und in der frühen Neuzeit zur Bildung breiter Bevölkerungskreise.
2. Analysiere und beurteile mit Q 1 die Schul- und Bildungspolitik König Friedrichs II. von Preußen.
3. Beschreibe die in B 2 dargestellte Unterrichtssituation. Beachte die Gestik des Lehrers, die der Schüler sowie den Anteil an Jungen und Mädchen. Welche Schlüsse kann man ziehen?
4. Informiere dich im Internet (s. o.) über Wilhelm v. Humboldt.
5. Analysiere D 5. Nenne mögliche Gründe für die Entwicklung der Lese-/Schreibfähigkeit in den dargestellten Ländern.

Das Deutsche Kaiserreich

Mehr noch als bei den Barrikadenkämpfen der bürgerlich-demokratischen Revolution von 1848 wurde Berlin danach zum Mittelpunkt und wichtigen Schauplatz der deutschen Geschichte. Das Bild der Stadt und die darauf sichtbaren Personen und Gegenstände sind Ausdruck eines tiefgreifenden politischen und sozialen Wandels in ganz Deutschland während der zweiten Hälfte des 19. Jahrhunderts.

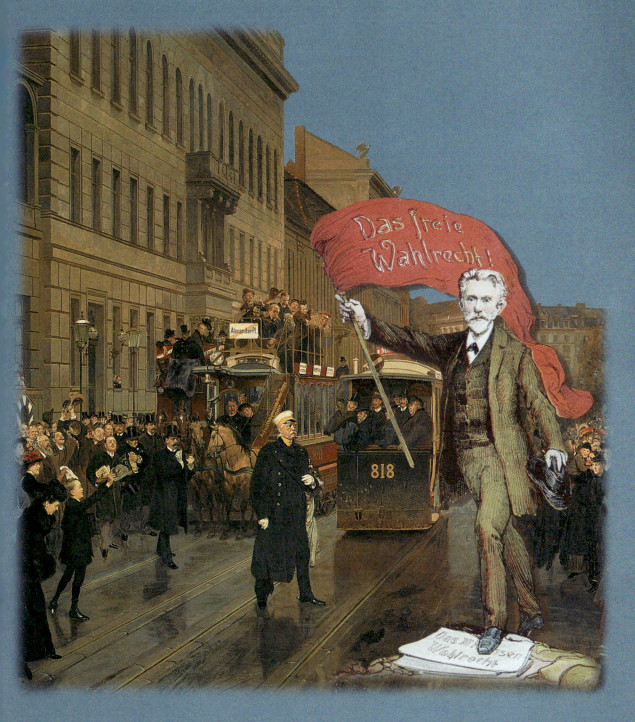

222 Das Deutsche Kaiserreich

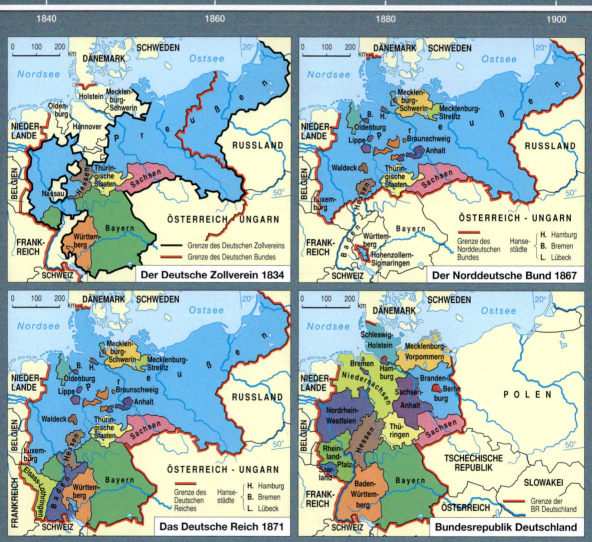

ARBEITSAUFTRAG

Vergleiche die Karten. Welche Grenzveränderungen fallen dir auf zwischen Karte 1 (Deutscher Zollverein, 1834) und Karte 2 (Norddeutscher Bund, 1867) sowie zwischen Karte 2 und 3 (Deutsches Reich, 1871)?

1. Preußen wird Vormacht in Deutschland

Die deutsche Revolution von 1848 war gescheitert. Das Bürgertum hatte seine Vorstellungen von Einheit und Freiheit nicht verwirklichen können. Besonders Preußen und Österreich gingen nun mit harter Hand gegen Demokraten und Liberale vor. Wichtige Grundrechte wurden eingeschränkt, die Bürgerinnen und Bürger wurden durch ein polizeiliches Spitzelsystem überwacht. Doch welche Politik verfolgte Preußen in den folgenden Jahren in Deutschland?

Preußens Vorherrschaft in Deutschland – Im Jahre 1851 war der Deutsche Bund wiederhergestellt worden. Fortan stritten die beiden deutschen Großmächte Österreich und Deutschland um die Vorherrschaft. Auf wirtschaftlichem Gebiet war Preußen erfolgreicher, da es den **Deutschen Zollverein** von 1834 ausbauen und Österreichs Beitrittswünsche abwehren konnte. Auch die industrielle Entwicklung verlief in Preußen besser und schneller als in Österreich.

Regierungswechsel in Preußen – 1858 übernahm WILHELM I. die Regierung. Im Rahmen der 1848 von seinem Bruder aufgezwungenen Verfassung wollte der neue König seinen Untertanen entgegenkommen, indem er die harte Unterdrückungspolitik beendete. Mit der Berufung von neuen, liberaleren Ministern begann eine „Neue Ära". In einer Frage aber war er zu keinem Nachgeben bereit: bei der von ihm geplanten **Heeresreform**. Er wollte das preußische Heer vergrößern und die dreijährige Wehrpflicht festlegen. Das Heer sollte den Aufstieg Preußens zur Vormacht in Deutschland bewirken.

Q1 Ansprache Wilhelms I.
an die preußischen Minister (1858):

Die Armee hat Preußens Größe geschaffen und dessen Wachstum erkämpft; ihre Vernachlässigung hat eine Katastrophe über sie und auch über den Staat gebracht, die glorreich verwischt worden ist durch die [...] Reorganisation des Heeres, welche die Siege des Befreiungskrieges bezeichnen [...]. Manches, was sich nicht bewährt hat, [wird] zu Änderungen Veranlassung geben. Dazu gehören ruhige politische Zustände und – Geld [...]. Preußens Heer muss mächtig und angesehen sein, um [...] ein schwer wiegendes politisches Gewicht in die Waagschale legen zu können.

(In: Geschichte in Quellen Bd. V, BSV, München 1989, S. 300. Gekürzt)

T2 Die Wirtschaftsentwicklung Österreichs und Preußens

	Österreich		Preußen	
	1850	1870	1850	1870
Roheisenproduktion in 1000 t	155	280	135	916
Steinkohleproduktion in 1000 t	665	3760	4046	23316
Dampfmaschinenkapazität in 1000 PS	100	800	57	2495
Eisenbahnkilometer	1357	6110	3549	10821
Baumwollspindeln in 1000	1346	1500	1701	550

(Vom Autor nach verschiedenen Quellen zusammengestellt)

B3 Taufe der 1000. Lokomotive „Borussia" durch den Gründer der Berliner Borsig-Werke, August Borsig, Gemälde von 1858

Von der Heeresreform zum Verfassungskonflikt – Das preußische Abgeordnetenhaus war nicht von vornherein gegen eine Heeresreform. Dennoch kam es zu einem schweren Konflikt zwischen König und Parlament. Der König wollte das nötige Geld auf dem verfassungsmäßigen Wege durch ein Gesetz bewilligen lassen. Über die Verwendung des Geldes im Einzelnen sollte das Parlament nicht mitbestimmen dürfen. Dieses bestand aber darauf und lehnte auch die dreijährige Dienstzeit der Wehrpflichtigen ab.

Der Streit zwischen dem König und dem Parlament verschärfte sich so weit, dass der Monarch bereits abdanken wollte. In dieser Situation wurde ihm vorgeschlagen, OTTO VON BISMARCK an die Spitze der Regierung zu berufen.

Ein Junker aus der Altmark – Otto von Bismarck war bereit, das Amt des Ministerpräsidenten zu übernehmen. Wer war dieser Mann?
Bismarck entstammte einer Adelsfamilie aus Schönhausen bei Stendal. Nach dem juristischen Studium hatte er seinen Landbesitz bewirtschaftet. Seit der Revolution von 1848, deren Ziele er vehement ablehnte, war er kein Unbekannter mehr. Mit Leidenschaft hatte er sich in die Politik gestürzt. Friedrich Wilhelm IV. nutzte sein politisches Talent und schickte ihn zum Frankfurter Bundestag. Dort sammelte er als preußischer Gesandter wertvolle politische Erfahrungen.

Der Verfassungsbruch – Gegen den König und seinen neuen Ministerpräsidenten stand die liberale Mehrheit des preußischen Abgeordnetenhauses. Die Abgeordneten verweigerten die Zustimmung zu weiteren Ausgaben. Bismarck regierte kurzerhand einige Jahre ohne Haushaltsgesetz (Etat). Dies war ein **Verfassungsbruch**, denn die Regierung musste die jährlichen Einnahmen und Ausgaben gesetzlich festlegen lassen. Letzlich ging es in dem Konflikt also um die Frage, ob in Preußen das Parlament weiterhin ein Kontrollrecht haben würde oder ob der König allein entschied.

Auch in der Außenpolitik gab es schwere Gegensätze. Bismarck sah für sein Land keinen anderen Weg als die Vergrößerung Preußens – und sei es durch einen Krieg!

Q 4 Das Preußische Abgeordnetenhaus in einer Note an König Wilhelm I. am 29. Januar 1863:

[…] II. Die letzte Session (Sitzungsperiode) wurde geschlossen, bevor für das Jahr 1862 das von der Verfassung vorgeschriebene Etat-Gesetz festgestellt worden war. Der Etatentwurf für das Jahr 1863, welcher vor Ablauf des vorigen Jahres hätte vereinbart sein sollen, war zurückgezogen worden […].
III. Seitdem haben die von Ew. Majestät berufenen Minister verfassungswidrig die Verwaltung ohne gesetzlichen Etat fortgeführt.

(In: Verhandlungen des Preußischen Hauses der Abgeordneten. Anlagen, Teil 1, Bd. 3, Berlin 1863, S. 3. Gekürzt)

Q 5 Rede Bismarcks vor einer Kommission des Preußischen Abgeordnetenhauses (September 1862):

[…] Preußen muss seine Kraft zusammenfassen und zusammenhalten auf den günstigen Augenblick, der schon einige Male verpasst ist; Preußens Grenzen, nach den Wiener Verträgen, sind zu einem gesunden Staatsleben nicht günstig. Nicht durch Reden und Mehrheitsbeschlüsse werden die Fragen der Zeit entschieden – das ist der Fehler von 1848 und 1849 gewesen –, sondern durch Eisen und Blut. […]

(In: H. Böhme [Hg.]: Die Reichsgründung. München 1967, S. 129. Gekürzt)

PERSONENLEXIKON

OTTO VON BISMARCK, 1815–1898.
1862 preußischer Ministerpräsident, 1867 Kanzler des Norddeutschen Bundes, 1871–1890 Reichskanzler. Gemälde von J. Becker, 1855

ARBEITSAUFTRÄGE

1. Auf welche geschichtlichen Ereignisse bezieht sich der König in Q 1? Welche Rolle soll die Armee künftig spielen?
2. Beschreibe mithilfe von B 3, wie der Unternehmer dargestellt wird. Überlege, auf wessen Seite Borsig im Verfassungskonflikt gestanden haben könnte. Nutze auch Q 4 und T 2.
3. Vergleiche die Position der Abgeordneten in Q 4 mit der von Bismarck in Q 5. Nimm Stellung zu beiden Äußerungen.
4. Interpretiere Q 5 mithilfe der Karten auf Seite 222.

2. Drei Kriege und ein Staatsakt – die Reichsgründung

Bismarck konnte sich trotz seiner verfassungswidrigen Etatpolitik gegenüber dem Parlament zunächst behaupten. Seine außenpolitischen Vorstellungen wurden jedoch selbst von konservativen Kreisen als „politisches Abenteurertum" abgelehnt. Konnte er sich auch damit durchsetzen?

Der Konflikt um Schleswig-Holstein – Dänemark gliederte 1863 Schleswig in den dänischen Staat ein, obwohl es zugesichert hatte, die beiden Herzogtümer Schleswig und Holstein nicht zu trennen. Dieses Vorgehen rief in ganz Deutschland Empörung hervor. Bismarck bewog Österreich zu einem gemeinsamen Krieg gegen Dänemark, das Schleswig-Holstein 1864 an Preußen und Österreich abtreten musste. Doch schon bald kam es zwischen den beiden Großmächten zum Konflikt um die Verwaltung Schleswig-Holsteins.

Krieg Preußens gegen Österreich – Der preußische König Wilhelm I. und Bismarck nutzten den Konflikt, um die Frage der Vorherrschaft in Deutschland militärisch zu entscheiden. Als Preußen im Sommer 1866 zu den Waffen griff, schlossen sich ihm nur die kleinen norddeutschen Staaten an. Die übrigen Staaten des Deutschen Bundes standen auf der Seite Österreichs. Dennoch gelang es Preußen, den Krieg durch einen entscheidenden Sieg bei **Königgrätz** in Böhmen zu beenden. Die Folge der österreichischen Niederlage war die Auflösung des Deutschen Bundes. Während sich alle deutschen Staaten nördlich des Mains unter preußischer Führung 1867 im **Norddeutschen Bund** vereinten, schied Österreich aus der bisherigen Verbindung mit Deutschland aus. Die süddeutschen Staaten Bayern, Württemberg, Baden und Hessen blieben vorerst selbstständig.

Die meisten liberalen Abgeordneten ließen sich von der Begeisterung über die preußischen Siege mitreißen und billigten nachträglich Bismarcks Militärausgaben. Diese kompromissbereiten Liberalen spalten sich 1867 von der Deutschen Fortschrittspartei ab. Die neu gegründete **Nationalliberale Partei** unterstützte fortan die Politik Bismarcks. Vorrangig waren nun für die Nationalliberalen die Verwirklichung des Nationalstaates sowie die wirtschaftlichen Interessen des aufstrebenden Großbürgertums.

B1 Truppenverladung auf einem Berliner Bahnhof, Gemälde von 1864

Q2 Aus dem Briefwechsel des liberalen Göttinger Juristen Rudolf von Ihering an seine Freunde:

Am 1. Mai 1866 schrieb er an einen Freund:
Mit einer solchen Schamlosigkeit […] ist vielleicht noch nie ein Krieg angezettelt worden wie der, den Bismarck gegenwärtig gegen Österreich zu erheben sucht! Das innerste Gefühl empört sich über einen solchen Frevel an allen Grundsätzen des Rechts und der Moral.

Am 19. August 1866 schrieb er in einem weiteren Brief:
Ich beuge mich vor dem Genie eines Bismarck, der ein Meisterstück der politischen Kombination und Tatkraft geliefert hat. Ich habe dem Mann alles, was er bisher getan hat, vergeben, ja mehr als das, ich habe mich überzeugt, dass es notwendig war, was uns Uneingeweihten als frevelhafter Übermut erschien. Es hat sich hinterher als unerlässliches Mittel zum Ziel herausgestellt. […] Ich gebe für einen solchen Mann der […] politisch und moralisch […] gewappneten Tat hundert Männer der liberalen Gesinnung, der machtlosen Ehrlichkeit. Hätte ich vor neun Wochen geglaubt, dass ich noch ein Loblied auf Bismarck singen würde? Aber ich kann nicht anders!

(In: G. Schönbrunn: Das bürgerl. Zeitalter 1815–1914, München 1980, S. 342 f.)

Der deutsch-französische Krieg – Mit Besorgnis hatte vor allem Frankreich den Aufstieg Preußens zur Vormacht in Deutschland verfolgt.

Im Sommer 1870 kandidierte ein Verwandter des preußischen Königs zeitweise für den spanischen Thron. Frankreich befürchtete eine territoriale „Einkreisung" und verlangte die dauerhafte Verzichtserklärung Preußens auf den spanischen Thron. Bismarck verschärfte den Streit seinerseits, indem er eine telegrafische Mitteilung des preußischen Königs zu den Vorgängen in gekürzter und verschärfter Fassung an die Presse gab. Frankreich reagierte auf diese **„Emser Depesche"** vom 13. Juli 1870 mit einer Kriegserklärung an Preußen.

Die süddeutschen Staaten traten an der Seite des Norddeutschen Bundes in den Krieg ein. Nach schweren französischen Niederlagen wurde im Mai 1871 Frieden geschlossen. Frankreich musste das Elsass sowie Teile Lothringens abtreten und 5 Milliarden Francs Kriegsentschädigung zahlen.

Die Gründung des Deutschen Reiches – Noch während des Krieges traten die süddeutschen Staaten dem Norddeutschen Bund bei, der von nun an die Bezeichnung **Deutsches Reich** führte. Am 18. Januar 1871 wurde in Versailles König Wilhelm I. zum Deutschen Kaiser ausgerufen. Später als die anderen europäischen Staaten war auch Deutschland ein Nationalstaat geworden.

Das Ziel des liberalen Bürgertums, „Einheit *und* Freiheit" miteinander zu verbinden, erfüllte sich jedoch nicht.

B 4 Proklamation Wilhelms I. zum Deutschen Kaiser in Versailles am 18. Januar 1871, Gemälde von Anton v. Werner, 1885 (Ausschnitt)

Q 3 Aus dem Tagebuch des preußischen Kronprinzen Friedrich Wilhelm:

1 Nachdem Seine Majestät eine kurze Ansprache an die deutschen Souveräne verlesen hatte, trat Graf Bismarck vor und verlas die Ansprache
5 „an das deutsche Volk". […] Nun trat der Großherzog von Baden vor und rief laut mit erhobener Rechten: „Es lebe Seine Kaiserliche Majestät der Kaiser Wilhelm!"
10 Ein donnerndes Hurra durchbebte den Raum, während die Fahnen und Standarten über dem Haupte des neuen Kaisers von Deutschland wehten […].

(In: H. Böhme [Hg.]: Die Reichsgründung. München 1967. S. 37f. Gekürzt)

Q 5 Der Nationalliberale Eduard Lasker in einem Aufruf an die Wähler zu den ersten Reichstagswahlen 1871:

1 Unsere schönste Hoffnung hat sich erfüllt: Den Norden und den ganzen Süden umfassen jetzt das Deutsche Reich und seine Verfassung. […] Der gesicherte Frieden soll uns ein sparsames, rechtliebendes und weises Re-
5 giment [= Regierung] bringen, welches allen nützlichen Kräften ohne Ausnahme gestattet, sich frei zu entfalten, und die Wohltaten, welche der Staat zuzuwenden fähig ist, sowie die Lasten, die er auferlegen muss, auf alle Klassen nach einem gerechten Verhältnis verteilt.

(In: Historisches Lesebuch 2. 1871–1914. Hrsg. von Gerhard A. Ritter, Frankfurt a. M. 1967, S. 183 f., Gekürzt)

ARBEITSAUFTRÄGE

1. Beschreibe B 1 und überlege, welche Bedeutung das neue Verkehrsmittel Eisenbahn für die Kriegführung gewonnen hat.
2. Analysiere den Text Q 2. Mit welchen Argumenten vertritt der Verfasser seine veränderte Position gegenüber Bismarck? Wie beurteilst du seinen Sinneswandel?
3. Erläutere mit Q 3 und B 4 den Ablauf der Kaiserproklamation 1871 in Versailles und beurteile die Wahl des Ortes.
4. Charakterisiere anhand von Q 5 das Verhältnis der Nationalliberalen zum Deutschen Reich.

Arbeit mit Bildern

Zu allen Zeiten haben Menschen Situationen ihres Lebens in Bildern festgehalten – für sich oder für die Nachwelt. Deshalb sind Bilder wichtige Quellen der Geschichte. Wir müssen aber unterscheiden, was Bilder uns *tatsächlich* mitteilen und was sie uns mitteilen *sollen*.

In der deutschen Geschichte des 19. Jahrhunderts war die Kaiserproklamation am 18. Januar 1871 von großer Bedeutung. Der Künstler Anton von Werner (1843 bis 1915) durfte als einer der wenigen Zivilisten an der Feier im Spiegelsaal des Versailler Schlosses teilnehmen. Man könnte also annehmen, dass er gezeichnet hat, was er sehen konnte. Doch es gibt zwei verschiedene Bilder von ihm zu diesem Ereignis. Worin unterscheiden sie sich und welche Gründe gibt es für die Unterschiede?

1877 feierte Kaiser Wilhelm I. seinen 80. Geburtstag, ein guter Anlass, ihm durch ein Gemälde zu huldigen. Die Kaiserin selbst, die Fürsten und die freien Reichsstädte gaben dem Künstler den Auftrag, das Bild zu malen. Obwohl jeder wusste, dass letztlich Bismarcks geschickte Politik zur Reichsgründung geführt hatte, sollte ihn Anton von Werner für diesen Anlass im Bild nicht besonders hervorheben. Die Auftraggeber wussten, dass der Kaiser über Bismarck noch verärgert war. Bismarck war gegenüber den deutschen Fürsten nicht dafür eingetreten, dass Wilhelm als „Kaiser von Deutschland" ausgerufen wurde, sondern nur als „Deutscher Kaiser". Du erkennst Bismarck im Bild B 1 daher nur schwer.

Die zweite Fassung des Bildes (B 4 auf der gegenüber liegenden Seite) entstand 1885. Der greise Kaiser selbst veranlasste den Künstler, ein Bild nach seinen gereiften Vorstellungen zu malen. Bismarcks Leistungen für Kaiser und Reich sollten gewürdigt werden. Schließlich war das Bild als Geschenk des Kaisers zu Bismarcks 70. Geburtstag gedacht!

B1 Kaiserproklamation. Gemälde Anton von Werners aus dem Jahr 1877

Welchen Einfluss hat der Kaiser nun auf diese neue Fassung genommen? Die Rolle des Militärs blieb erhalten. Der Kaiser selbst ist vielleicht auch besser zu erkennen, aber zuerst richten sich alle Augen auf Bismarck. Mit einer weißen Uniform, die er gar nicht anhatte, steht er im Vordergrund und verschwindet nicht mehr in der Masse. Der Blick ist auf den Kaiser gerichtet. Der Kaiser steht selbstverständlich erhöht, aber er sieht in Bismarck den „Schmied" der deutschen Einheit.

Der Kaiser wollte, dass der Nachwelt das Verhältnis zwischen ihm und dem Reichskanzler auf diese Weise übermittelt wurde. Diese spätere Fassung des Bildes von 1885 wurde auch viel intensiver verbreitet, sodass die erste Fassung (s. o.) teilweise in Vergessenheit geriet.

WORAUF DU ACHTEN MUSST

1. Bilder sind historische Quellen. Sie müssen entschlüsselt werden.
2. Prüfe und vergleiche die dargestellten Einzelheiten. Was kannst du über die Wahrhaftigkeit der Darstellung erfahren?
3. Bilder sind oft in einem bestimmten Auftrag gemalt worden. Wer waren die Auftraggeber?
4. Welche Absichten verfolgten die Auftraggeber mit dem Bild? Welche Meinung oder Ansicht sollte verbreitet werden?

3. Politik im Kaiserreich

Das Deutsche Reich wurde 1871 als Bund der deutschen Fürsten gegründet. Sie verstanden sich als Inhaber der Herrschaftsgewalt (Souveränität). Die Volksvertretungen in den deutschen Staaten hatten nur nachträglich zustimmen können. Die von Bismarck für den Norddeutschen Bund entworfene Verfassung wurde im Wesentlichen übernommen. Da der Kaiser an eine Verfassung (= Konstitution) gebunden war, bezeichnet man diese Staatsform als **konstitutionelle Monarchie**. Doch welche Rechte hatten der Kaiser und seine Regierung, welche Rechte besaßen die Volksvertreter?

Kaiser und Kanzler – Der Deutsche Kaiser, der als preußischer König auch den größten Einzelstaat regierte, hatte starke Machtbefugnisse: Er entschied über Krieg und Frieden, befehligte das Heer und ernannte (und entließ) den einzigen Minister, den **Reichskanzler.** Bismarck hatte dieses Amt auf sich zugeschnitten. Solange der Reichskanzler das Vertrauen des Kaisers besaß, war seine Stellung in der Regierung und gegenüber den gewählten Volksvertretern, dem **Reichstag**, unangefochten. Ihm unterstanden die Staatssekretäre, die die Reichsämter leiteten. Im **Bundesrat**, der Vertretung der deutschen Staaten, führte der Reichskanzler den Vorsitz.

Der Reichstag – Die Volksvertretung sollte es dem Kanzler ermöglichen, seine Politik darzustellen und sie bestätigen zu lassen. An einer demokratischen Mitbestimmung durch die Abgeordneten hatten weder der Kaiser noch Bismarck ein Interesse. Welche Rechte sah die Verfassung überhaupt für den Reichstag vor?

Der Reichstag war zusammen mit dem Bundesrat für die Gesetzgebung zuständig. Dazu gehörte auch das Recht, über den Etat mitzubestimmen. Sonst hatte er keine wesentlichen Rechte. Aber die Deutschen konnten dort durch ihre gewählten Vertreter ihre Interessen zum Ausdruck bringen und Forderungen stellen. Dadurch gewann er allmählich an politischer Bedeutung. Für die Wahlen zum Reichstag galt das **allgemeine Wahlrecht**. Die Männer über 25 Jahre wählten direkt und geheim die Abgeordneten. Frauen hatten kein Wahlrecht. Jede Stimme galt gleich viel. Dieses Wahlrecht förderte die Entwicklung der Parteien. ❷/7

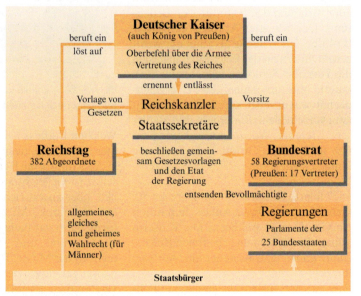

B 1 Die Verfassung des Deutschen Kaiserreichs von 1871

Jahr	Konservative	Nationalliberale	Linksliberale	Zentrum	Sozialdemokratie
1871	94	125	47	63	2
1874	55	155	50	91	9
1877	78	128	39	93	12
1878	116	99	29	94	9
1881	78	47	115	100	12
1884	106	51	74	99	24
1887	121	99	32	98	11
1890	93	42	76	106	35
1893	100	53	48	96	44
1898	79	46	49	102	56
1903	75	51	36	100	81
1907	84	54	49	105	43
1912	57	45	42	91	110

T 2 Reichstagswahl-Ergebnisse 1871–1912. Mandate der Parteien

Die Parteien – Nach 1860 hatten sich die Anhänger der unterschiedlichen politischen Richtungen in Parteien organisiert. Den Anfang machten **liberale** Parteien (**Fortschrittspartei, Nationalliberale**), die für die freie Entfaltung des Einzelnen in Staat, Wirtschaft und Gesellschaft eintraten. Ihre Anhänger kamen vor allem aus dem Bürgertum. Als Gegenbewegung entstanden **konservative** Parteien, die die bestehende Ordnung, insbesondere die Monarchie, erhalten wollten. Ihre Anhängerschaft fanden die Konservativen beim Adel, bei den Beamten und Offizieren, aber auch bei den Großindustriellen und den ostelbischen Großgrundbesitzern. Die Konservativen und später auch die Nationalliberalen unterstützten Bismarck. Wähler in allen Schichten fand das **Zentrum**, das für die Interessen der deutschen **Katholiken** eintrat.

Die meisten Industriearbeiter schlossen sich den **Sozialisten** an, die eine grundlegende Veränderung der bestehenden Verhältnisse anstrebten. Bismarck nutzte die wachsende Furcht vor einer scheinbar drohenden Revolution aus, um die Sozialdemokratie zu bekämpfen. Als 1878 zwei Attentate auf Wilhelm I. verübt wurden, setzte er im Reichstag das **Sozialistengesetz** durch. Abgesehen von den Wahlen wurden die Sozialisten von jeder politischen Betätigung ausgeschlossen.

Q3 Bismarck über das allgemeine Wahlrecht:

1 Die Annahme des allgemeinen Wahlrechts war eine Waffe im Kampfe gegen Österreich, im Kampfe für die deutsche Einheit. [...] 5 Wenn es auf Leben und Tod geht, sieht man die Waffen, zu denen man greift, nicht an; der einzige Ratgeber ist [...] der Erfolg [...]. Außerdem halte ich noch heute 10 das allgemeine Wahlrecht für ein berechtigtes Prinzip, sobald nur die Heimlichkeit beseitigt wird.

(In: Bismarck: Die gesammelten Werke. Band 15; 2. Aufl. Berlin 1932, S. 287. Bearbeitet)

Q4 Der liberale Politiker Hellmut v. Gerlach (1866–1935) über die Wahlen in der Provinz Niederschlesien:

1 Am besten kamen die konservativen Großgrundbesitzer mit ihren Landarbeitern aus. Die Landarbeiter gehorchten damals noch willenlos, waren Stimmvieh [...]. Dass bei der öffentlichen Landtagswahl keine einzige ihrer 5 Stimmen danebenging, ist selbstverständlich. Aber auch bei den [geheimen] Reichstagswahlen klappte es tadellos. Da saß der gnädige Herr als Wahlvorsteher obenan, und in der Mittagspause wurden die Arbeiter, direkt vom Feld weg, von Inspektor und Vogt in das Wahllokal ge- 10 führt. Draußen bekam jeder seinen „richtigen" Wahlzettel in die Hand gedrückt. [Bei den Wahlen vor 1914 verteilten die Parteien Wahlzettel mit den Namen ihrer Kandidaten, die nur abgegeben werden mussten.] Keiner traute sich, ihn unter der Kontrolle des gnädigen Herrn 15 gegen einen anderen umzutauschen.

(In: Gerhard A. Ritter [Hg.]: Historisches Lesebuch 2. 1871–1914. Frankfurt a. M. 1967, S. 125 f. Gekürzt)

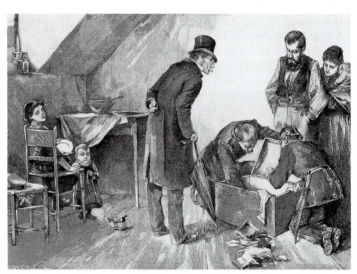

B5 Hausdurchsuchung in der Zeit des Sozialistengesetzes. Zeichnung um 1885

ARBEITSAUFTRÄGE

1. Beschreibe und benenne mit B1 das Regierungssystem des Deutschen Reiches. Kann man von „Demokratie" sprechen?
2. Werte mit T2 die Wahlergebnisse der Parteien 1871–1912 aus. Welche Parteien gewinnen bzw. verlieren an Bedeutung?
3. Erkläre mit Q3 Bismarcks Haltung zum allgemeinen Wahlrecht. Wie interpretierst du seine Absicht, beim Wahlrecht sollte die „Heimlichkeit beseitigt" werden? Nutze auch Q4.
4. Verfasse zu B5 einen Brief und schildere deine Eindrücke.

4. Eine Gesellschaft voller Widersprüche

Das Deutsche Reich zeigte sich nach außen geschlossen und mächtig. Doch im Innern bestanden tiefe Gegensätze. So klafften die Lebensverhältnisse der verschiedenen Bevölkerungsschichten sehr weit auseinander. Welche Widersprüche waren besonders auffällig?

Unternehmer und Arbeiter – Im Jahre 1882 arbeiteten mehr als zwei Millionen Männer und Frauen in den neu entstandenen Fabriken. Wie stellte sich ihre Lebenssituation dar?

Arbeitszeiten von 12–14 Stunden täglich, geringer Lohn, erbärmliche Wohnverhältnisse, keine Absicherung im Krankheitsfall: So sah das Leben der Arbeiter und das ihrer Familien zu Beginn des Kaiserreichs aus. Viele Unternehmer, von denen sich manche selbst aus kleinen Verhältnissen emporgearbeitet hatten, genossen dagegen ihren neu erworbenen Wohlstand. Sie ließen keinen Zweifel daran, dass sie die Herren in ihrem Betrieb waren. Einige Großunternehmer sorgten jedoch auch für soziale Leistungen: Sie bauten für ihre Arbeiter Wohnungen und richteten in ihren Unternehmen betriebliche Krankenkassen ein.

Gutsherren und Landarbeiter – Die Landwirtschaft spielte in Deutschland weiterhin eine wichtige Rolle. 1875 war noch fast jeder zweite Erwerbstätige in der Landwirtschaft beschäftigt. Vor allem

B2 Belegschaft einer Eisengießerei. Fotografie, 1894

B1 Ein Unternehmer aus Wuppertal. Gemälde von F. Roeber, 1890

B3 Landarbeiter gratulieren dem Gutsherrn zum Geburtstag. Lithografie von 1891

die **ostelbischen Gutsbesitzer** waren auf Landarbeiter angewiesen. Wie war das Verhältnis zwischen diesen Gutsherren und ihren Arbeitern?

Die Abhängigkeit vieler Landarbeiter war meist noch größer als die der Industriearbeiter. Der Gutsherr stellte dem Arbeiter außer dem geringen Lohn ein kleines Stück Land und eine kümmerliche Wohnung zur Verfügung. Dafür musste die ganze Familie auf seinen Feldern hart arbeiten. Der Gutshof war der Lebensmittelpunkt der Landarbeiter. Der Gutsherr hatte die Polizeigewalt und konnte die Arbeiter sogar am Verlassen ihres Wohnsitzes hindern. Die Gutsbesitzer und ihre Familien lebten anders: In ihren Gutshäusern und Schlössern hielten sie Abstand von der dürftigen Welt ihrer Landarbeiter.

Die Frauen im Kaiserreich – Die Reichsgründung hatte die rechtliche Lage der Frauen nicht verbessert. Sie besaßen kein Wahlrecht. In der Gesellschaft und in der Familie sollten sie sich weiterhin mit einer untergeordneten Rolle abfinden. Eine standesgemäße Heirat, Kinder und die Haushaltsführung prägten ihr „Glück". Immer mehr Frauen, vor allem aus den mittleren und gehobenen Schichten, wollten diesem Bild der gehorsamen Ehefrau und Mutter nicht mehr entsprechen. Doch die Gymnasien und Universitäten waren ihnen verschlossen. Als die ersten Frauen ihre Stimmen erhoben und das Recht auf Bildung verlangten, wurden sie heftig angegriffen und verspottet. Erst gegen Ende des 19. Jahrhunderts wurden junge Frauen auch zum Abitur zugelassen. Zugang zu Universitäten bekamen sie erst zu Beginn des 20. Jahrhunderts.

Die Arbeiterinnen in den Fabriken mussten genauso wie die Männer arbeiten, wurden aber noch schlechter entlohnt. Für sie kam es darauf an, am Arbeitsplatz den Männern gleichgestellt zu werden. Die so genannten Dienstmädchen kamen oft aus ländlichen Gegenden und leisteten in bürgerlichen Familien die Hausarbeit. Sie wurden kümmerlich entlohnt und hatten einen langen, harten Arbeitstag. Waren sie „widerspenstig" gegenüber der „Herrschaft", durften sie sogar geschlagen werden.

B 4 Dienstmädchen in einem gutbürgerlichen Haushalt, Foto um 1910

Q 5 Aus dem Leben der „bürgerlichen Tochter" Fanny Lewald (1811–1889):

1 „Und wir Frauen sitzen und sitzen von unserem siebzehnten Jahre ab, und warten und warten, und hoffen und harren in müßigem Brüten von einem Tage zum andern, ob denn ein Mann noch nicht kommt, der uns ge-
5 nug liebt, um sich unserer Hilflosigkeit zu erbarmen."
Als Fanny 26 Jahre alt war, drängte sie der Vater [...], einen ihr gleichgültigen Landrat zu heiraten. Fanny weigerte sich, die Ehe mit diesem Versorgungsmann einzugehen. Sie galt danach als „altes Mädchen" und
10 bemühte sich, im Haus des Vaters mit Nähen, Schneidern, Musikunterricht [...] dienstbar zu sein.
Um 1870 gab es in Preußen 1,25 Millionen unverheiratete Frauen, die sich irgendwie bei der Verwandtschaft durchschlagen mussten.

(B. Duden / E. Meyer-Renschhausen: Frauenarbeit in Preußen. In: Preußen. Zur Sozialgeschichte eines Staates. Reinbek 1981. S. 280. Gekürzt)

ARBEITSAUFTRÄGE

1. Beschreibe B 1. Wie ließ sich der Unternehmer abbilden? Gib deinen Eindruck wieder. Vergleiche mit dem Bild der Arbeiter in B 2. Was drücken die Haltung und die Gesichter der Arbeiter deiner Meinung nach aus?
2. Beschreibe mithilfe von B 3 die Lebens- und Wohnverhältnisse einer Gutsbesitzerfamilie um 1900.
3. Lies Q 5. Entwirf einen Brief, in dem Fanny Lewald ihrem Vater mitteilt, dass sie der geplanten Heirat nicht zustimmt.

5. Die Anfänge des deutschen Sozialstaates

Bismarck hatte die Sozialdemokratie und ihre Forderungen nach grundlegenden gesellschaftlichen Reformen stets auf das Schärfste bekämpft. Mit dem „Sozialistengesetz" von 1878 wurden den Sozialdemokraten und Gewerkschaften alle politischen Aktivitäten, bis auf die Teilnahme an Wahlen, verboten. Andererseits erkannte Bismarck, dass er die „Arbeiterfrage" mit polizeilichen Mitteln und repressiven Gesetzen allein nicht würde lösen können.

Bismarcks Sozialgesetzgebung – Um den Einfluss der Sozialdemokraten dauerhaft zu schwächen, wollte Bismarck die Arbeiter mit einer vorbildlichen Sozialpolitik für den Staat gewinnen. Anfang der 1880er-Jahre brachte er gegen die Stimmen der Sozialdemokraten und der Linksliberalen eine Reihe von Gesetzen durch, die eine Versorgung der Arbeiter bei Krankheit, Unfall oder Invalidität sowie im Alter durch **Versicherungen** begründete. /8

Das Versicherungssystem entstand 1883 aus bescheidenen Anfängen und wurde bis 1914 weiter ausgebaut:
– Von ca. 4,3 Millionen **Krankenversicherten** im Jahre 1885 stieg die Anzahl auf 15,6 Millionen im Jahre 1914.
– In der **Unfallversicherung** waren 1884 knapp 3 Millionen Menschen erfasst, im Jahre 1913 bereits 28 Millionen.
– Der 1889 eingeführten **Rentenversicherung** gehörten 1914 bereits ca. 16,5 Millionen Erwerbstätige an.

Bismarcks Versuch, die Sozialdemokratie durch seine **Sozialgesetzgebung** zu schwächen und die Arbeiterschaft für den Staat und die Monarchie zu gewinnen, scheiterte. Trotz des Sozialistengesetzes gewannen die Sozialdemokraten immer mehr Mitglieder und Stimmen. Doch auch die Bismarck'schen Sozialversicherungen hatten Bestand: Sie waren der Anfang der **Sozialpolitik** in Deutschland und wurden zum Vorbild für ähnliche Sozialgesetze in anderen Ländern.

B1 Die deutschen Sozialversicherungen. Staatliches Plakat von 1913

Vertiefung

5. Die Anfänge des deutschen Sozialstaates

T 2 Die Sozialversicherungen zur Zeit des Deutschen Kaiserreiches im Vergleich zu heute:

Seit	Versicherungsart	früher Versicherungsleistungen	früher Beitragsanteile	heute Versicherungsleistungen	heute Beitragsanteile
1883	gesetzliche Krankenversicherung	ärztliche Behandlung, Medikamente, 13 Wochen lang Krankengeld	2/3 vom Betrieb 1/3 vom Arbeiter	ärztliche Behandlung, Medikamente, ab der 7. Woche Krankengeld	1/2 vom Arbeitgeber 1/2 vom Beschäftigten
1884	gesetzliche Unfallversicherung für Arbeitsunfälle	ab der 13. Woche Unterstützung, danach bei Bedarf Rente	zu 100 % von den Betrieben an die Berufsgenossenschaften	ab der 7. Woche Unterstützung, danach bei Bedarf Rente	zu 100 % von den Betrieben an die Berufsgenossenschaften
1889	Alters- und Invalidenrente	Altersrente ab dem 70. Lj. (mindestens 30 Beitragsjahre; Invalidenrente ab 5 Beitragsjahren)	1/2 vom Arbeitgeber 1/2 vom Arbeiter	Altersrente ab dem 65. Lj. (mindestens 5 Beitragsjahre; Invalidenrente ab 5 Beitragsjahren). Vorgezogen: ♂ ab 63; ♀ ab 60	1/2 vom Arbeitgeber 1/2 vom Beschäftigten
1927	Arbeitslosenversicherung	–	–	12 Monate Arbeitslosengeld I (ab 55 J.: 18 Monate), danach Arbeitslosengeld II und Förder-/Umschulungsmaßnahmen	1/2 vom Arbeitgeber 1/2 vom Beschäftigten
1995	Pflegeversicherung	–	–	häusliche (ambulante) Pflege und stationäre Pflege in Heimen bei Bedarf	1/2 vom Arbeitgeber 1/2 vom Beschäftigten (in Sachsen: 2/3 vom Beschäftigten)

Q 3 Reichskanzler Otto v. Bismarck begründete 1889 die Einführung der Sozialversicherungen für Arbeiter:

Wenn wir 700 000 kleine Rentner haben, die vom Reich ihre Rente beziehen, so halte ich das für einen außerordentlichen Vorteil.
5 Dann werden sie Interesse für den Staat haben. Die Leute sagen: Wenn der Staat zu Schaden geht, verliere ich meine Rente. [...] Ich glaube, dass [... wir] den gemei-
10 nen Mann das Reich als eine wohltätige Institution anzusehen lehren werden. [...]
Es hat mich in keiner Weise überrascht, dass die Sozialdemokrati-
15 sche Partei gegen dieses Gesetz ist. Täuschen wir uns doch darüber nicht, dass wir mit der Sozialdemokratie [...] im Krieg [leben]. Also wird ihr auch jedes Ent-
20 gegenkommen für die Leiden des armen Mannes, welches von Staats wegen geschieht, hinderlich sein – das mindert die Unzufriedenheit, und Unzufriedenheit
25 brauchen sie.

(In: Otto v. Bismarck: Gesammelte Werke, Bd. 15, Berlin 1930, S. 396 und S. 403. Bearbeitet)

Q 4 Die Sozialgesetzgebung Bismarcks im Urteil des zeitgenössischen Sozialpolitikers Gustav Schmoller:

Die Arbeiterversicherungsgesetzgebung ist die große unsterbliche soziale Tat seines Lebens. Sie wäre ohne seine Überzeugung und ohne seine Tatkraft nicht vorhanden. Und ohne sie wäre die deutsche Volkswirtschaft
5 und die Lage der arbeitenden Klassen in Deutschland heute eine wesentlich andere, nach meiner Überzeugung ungünstigere, unvollkommenere, zurückgebliebenere. Und da die meisten anderen Staaten die deutsche Gesetzgegung mehr und mehr nachzuahmen begannen,
10 so handelt es sich nicht allein um eine deutsche, sondern um eine weltgeschichtliche Wendung der Sozialpolitik.

(Gustav Schmoller, zitiert nach: Bußmann, Walter [Hg.] Bismarck im Urteil der Zeitgenossen und der Nachwelt, Stuttgart 1968. S. 58)

ARBEITSAUFTRÄGE

1. Informiere dich mit B 1 und T 2 über die Sozialversicherungen des Deutschen Reiches und wann sie eingeführt wurden. Überlege, an wen sich das Plakat richtet und was es bezweckt.
2. Vergleiche und beurteile mit T 2 die Leistungen der Sozialversicherungen im Deutschen Kaiserreich und heute.
3. Wie begründet Bismarck in Q 3 die Sozialversicherungen? Welche Haltung hat er gegenüber der Sozialdemokratie?
4. Die Sozialdemokraten lehnten die Sozialversicherungsgesetze (anfangs) ab. Kannst du mögliche Gründe dafür nennen?
5. Wie beurteilt der Verfasser von Q 4 Bismarcks Sozialpolitik?

6. Wirtschaft und Gesellschaft im Kaiserreich

Nach der Reichsgründung erlebte die deutsche Wirtschaft zunächst einen großen Aufschwung. Doch dieser währte nicht lange. Welche Gründe hatte der Aufschwung? Wie kam es zur Krise und wie konnte sie überwunden werden?

Aufschwung der Gründerjahre – Nach der militärischen Niederlage von 1870/71 musste Frankreich das Elsass und Teile Lothringens mit seinen wertvollen Erzgruben an Deutschland abtreten. Darüber hinaus wurde es zur Zahlung von fast fünf Milliarden Goldfranc **Kriegsentschädigung** verpflichtet. Dadurch floss viel Geld nach Deutschland, das der Staat ausgeben und so die Wirtschaft „ankurbeln" konnte. Die Banken verliehen Kapital zu niedrigen Zinsen, sodass zahlreiche neue Unternehmen gegründet, Fabriken errichtet, Kauf- und Wohnhäuser gebaut wurden. Ein Teil des Geldes kam auch von den Bürgern. Sie erwarben von ihren Spargutshaben **Aktien**, das heißt, sie kauften Anteile an den neu gegründeten Unternehmen. Man spricht von dieser Zeit auch als den **„Gründerjahren"**.

Wirtschaftliche Reformen – Zum Boom der Gründerjahre trug auch bei, dass auf die nationale Einheit eine Reihe wirtschaftlicher Reformen folgte. Vor 1871 hatten die einzelnen Bundesstaaten ihre eigenen Währungen, Briefmarken und sogar eigene Maßeinheiten wie Zoll, Elle, Rute etc. Es gab über zwanzig verschiedene Ortszeiten. Selbst die Spurweiten der Eisenbahnen unterschieden sich.

Um in Deutschland einen **gemeinsamen Wirtschaftsraum** zu schaffen, wurden nach 1871 eine einheitliche Währung, einheitliche Maße und Gewichte eingeführt. Das Münzgesetz von 1871 legte fest, dass bis 1875 die Umstellung auf Mark, Groschen und Pfennige als einheitliches Zahlungsmittel abgeschlossen sein sollte. Erstmals konnten in ganz Deutschland Waren ohne Umrechnung gehandelt werden. Mit den neuen Währungs- und Maßeinheiten setzte sich auch das **Dezimalsystem** als Rechnungsgrundlage durch.

In Aktiengesellschaften neu angelegtes Kapital: drei verschiedene Zeitabschnitte

1851: 2,4* (20 Jahre bis 1870)
1871: 2,8* (bis 1873, 10 Jahre)
1874: 2,9* (bis 1896)

* Ausgaben in Mrd. Mark

T1 Neue Währungseinheiten, Maße und Gewichte nach 1871:	
Taler, Gulden	Mark, Groschen und Pfennige
Quart	Liter und Zentiliter
Scheffel	Hektoliter (= 100 l)
Elle, Fuß, Zoll	Meter und Zentimeter
Meile	Kilometer
Lot	Kilogramm und Gramm

B 2 Blick in das 1897 erbaute Kaufhaus Wertheim, Berlin. Foto 1906

6. Wirtschaft und Gesellschaft im Kaiserreich 235

Krise und Börsenkrach – Schon 1873 brach diese Entwicklung ab. Die Hoffnung auf schnelle Gewinne erfüllte sich nicht. Es kam vielmehr zu einer Überproduktionskrise: Viele Produkte und Dienstleistungen der neu gegründeten Unternehmen fanden keine Käufer mehr. Die Folge waren sinkende Löhne. Viele Menschen wurden arbeitslos. Zahlreiche Firmen „machten Pleite", sie mussten schließen. Auf die kurze Phase der Gründerjahre folgte eine Phase der **Depression** (= wirtschaftlicher Niedergang); sie dauerte bis in die 1890er-Jahre.

Der Staat greift in die Wirtschaft ein – Die Liberalen im Reichstag traten für die ungehinderte Entwicklung der Wirtschaft sowie für den freien Handel über die Staatengrenzen hinweg ein. Der Staat war dieser wirtschaftlichen Zielsetzung bislang gefolgt. Doch viele Unternehmer aus der Eisen- und Textilindustrie sowie die großen Gutsbesitzer hatten infolge der Wirtschaftskrise und der ausländischen Konkurrenz Schwierigkeiten, ihre Produkte zu verkaufen. Bei Bismarck fanden sie für ihre Forderungen nach einem Eingreifen des Staates ein offenes Ohr. Er setzte 1879 im Reichstag durch, dass ausländische Erzeugnisse mit Einfuhrzöllen, so genannten **Schutzzöllen**, belegt wurden. Auf diese Weise konnten die deutschen Produkte im Inland wieder zu höheren Preisen verkauft werden. Der Staat schützte so die Wirtschaftsinteressen der Großindustriellen und der Großgrundbesitzer. Einen Aufschwung der gesamten Wirtschaft konnte er mit den Schutzzöllen jedoch nicht erreichen.

Aufschwung durch Innovation – Der Aufschwung setzte erst in den 1890er-Jahren ein, als die **Elektroindustrie**, die **Verkehrstechnik** und – einige Jahre später – die **chemische Industrie** zu „Motoren" eines kräftigen, lang anhaltenden Wirtschaftswachstums wurden. Eine Vielzahl neuer Dienstleistungen und Produkte entstanden: Grammofon und Schallplatte, das Kino, der drahtlose Telegraf, Elektrobahnen, Automobile, Konserven, Fertigsuppen und andere Konsumartikel.

Q3 Die Börsenspekulation der Jahre 1871–1873: Höhepunkt und Zusammenbruch:

Der Nachschub an frischen Aktien war gewaltig. […] Gegründet wurde alles, was sich an der Börse verkaufen ließ: Banken und Versicherungen, Pferdebahnen, Maschinenfabriken und botanische Gärten, Bierbrauereien
5 und Hotels, Eisenbahnen. […] Der wahnwitzige Börsenboom, der im Oktober 1873 endete und dann in die längste und schwerste Wirtschaftskrise des Jahrhunderts mündete, führte zu einer nie dagewesenen Umverteilung des Volksvermögens. Hunderttausende verloren,
10 als die Kurse ins Bodenlose abrutschten, ihre Ersparnisse. Unzählige Familien waren so gründlich ruiniert, dass sie mehrere Generationen brauchten, um sich davon wieder zu erholen. In Berlin stieg die Zahl der Selbstmorde sprunghaft an, für viele Spekulanten endete der Traum
15 vom ewigen Reichtum im Obdachlosenasyl.

(In: G. Ogger: Die Gründerjahre. München/ Zürich 1982. S. 180. Gekürzt)

B4 Berlin, Potsdamer Platz, Lithografie, um 1900

ARBEITSAUFTRÄGE

1. Erläutere mithilfe von T1 und dem Darstellungstext, welche Bedeutung die Einführung einer einheitlichen Währung und einheitlicher Maßeinheiten für die Wirtschaft besaß.
2. Beschreibe B2. Verfasse nun einen Brief, in dem ein Landarbeiter seiner Familie den Besuch im Kaufhaus schildert.
3. Lies Q3 und überlege, ob die Auswirkungen des Börsenkrachs nur die Sparer und Spekulanten betrafen.
4. Beschreibe B4. Prüfe, welche für die damalige Zeit neuartigen Technologien, Industrieprodukte oder Konsumartikel auf dem Bild zu erkennen sind.

7. Die Außenpolitik Bismarcks

Die Gründung des Deutschen Reiches resultierte aus dem Krieg gegen Frankreich. Es lag mitten in Europa und war kaum von natürlichen Grenzen umgeben. Welche Außenpolitik war für Deutschland angemessen?

Bismarcks außenpolitische Vorstellungen – Der Reichskanzler wusste um die schwierige Lage des Reiches. Er betonte ausdrücklich, dass Deutschland keine Ansprüche gegenüber seinen Nachbarn erheben werde. Wie aber wollte er die Sicherheit Deutschlands gewährleisten?

Frankreich konnte sich mit dem Verlust Elsass-Lothringens nicht abfinden, zumal der dortigen Bevölkerung das Selbstbestimmungsrecht verweigert wurde. Bismarck wollte verhindern, dass Frankreich Verbündete fand, mit denen es sein Ziel, Elsass-Lothringen zurückzugewinnen, durchsetzen konnte. Er suchte die Zusammenarbeit mit den beiden Kaiserreichen Österreich-Ungarn und Russland. Allerdings hatten diese beiden Mächte gegensätzliche Interessen auf dem Balkan, in die auch die fünfte europäische Großmacht, England, verwickelt war. Bismarck war auch an guten Beziehungen zu England sehr interessiert.

Die Bündnispolitik Bismarcks – Seit 1873 wurde die Zusammenarbeit mit Österreich-Ungarn und Russland verwirklicht, später dann auch mit Italien. Die Vertragspartner versprachen sich gegenseitige Hilfe, falls sie angegriffen würden. Dies betraf vor allem einen Angriff Frankreichs auf Deutschland. Bismarck gelang es, die von ihm gewünschten Bündnisse zu knüpfen und verhalf Deutschland zu einer starken, aber ausgleichenden Rolle in Europa.

Der Berliner Kongress – Ein Höhepunkt seiner auf Ausgleich zwischen den europäischen Großmächten gerichteten Politik war der **Berliner Kongress** im Jahre 1878. Im russisch-türkischen Krieg von 1877/78 hatte Russland das Osmanische Reich (Türkei) besiegt. Dadurch hatte es eine Vormachtstellung in Südosteuropa errungen. Österreich-Ungarn und England erhoben dagegen Einspruch. Es entstand sogar die Gefahr eines Krieges. Auf einem Kongress der Großmächte in Berlin 1878 erreichte Bismarck als „ehrlicher Makler" einen Kompromiss, der den Frieden auf dem Balkan sicherte.

Ein weiterer Erfolg Bismarcks – Russland hatte auf dem Berliner Kongress viele seiner Ziele nicht erreicht. Es fühlte sich von

B1 „Unsere Fahne – trotz alledem". Straßenszene in Straßburg (Elsass). Lithografie von A. Lemercier, 1871

Deutschland im Stich gelassen. Außerdem gab es Konflikte wegen der deutschen Schutzzölle, die den russischen Agrarprodukten den Weg auf die deutschen Märkte erschwerten. Dennoch gelang es Bismarck im Jahre 1887, Russland erneut vertraglich zu binden. Der **Rückversicherungsvertrag** enthielt ein Neutralitätsversprechen Russlands im Falle eines französischen Angriffs auf Deutschland. ⓔ/9

Bismarcks Außenpolitik war ein kompliziertes Geflecht von Verträgen. Aber taugte es noch in der heraufkommenden Zeit des Imperialismus, des Strebens der Großmächte nach Weltherrschaft?

Neuer Kurs – mit welchem Ziel? – Nach dem Tode Wilhelms I. (1888) kam dessen Enkel Wilhelm II. (1888–1918) an die Regierung. Würden der 29-jährige Monarch und der 73-jährige Kanzler zu einer gemeinsamen Politik finden?

Bismarck hatte als Kanzler viele Jahre die Politik bestimmt. Doch der junge Kaiser wollte die Politik selbst gestalten und folgte Bismarcks Vorstellungen nicht. Innenpolitisch wollte Wilhelm II. der Arbeiterschaft entgegenkommen. In der Außenpolitik wurde der Rückversicherungsvertrag mit Russland nicht verlängert. Da die Gegensätze unüberbrückbar waren, wurde Bismarck 1890 entlassen. Doch die Grundprobleme des Reiches wurden in den Folgejahren nicht gelöst. Der Kaiser und die herrschenden Schichten waren nicht bereit, dem Reichstag größeren Einfluss auf die Innen- und Außenpolitik einzuräumen. Das Reich beteiligte sich vielmehr am Wettlauf der Großmächte um Macht und Einfluss und gefährdete damit den Frieden in Europa.

„Der Lotse muss das Schiff verlassen". Politischer Cartoon von Sir John Tenniel. Erschienen in der englischen satirisch-humoristischen Zeitung „Punch" am 29. März 1890.

Q3 Rede Bismarcks vor dem Reichstag am 6. Februar 1888:

1. […] Wir liegen mitten in Europa. Wir haben mindestens drei Angriffsfronten. Frankreich hat nur seine östliche Grenze, Russland nur seine westliche Grenze, auf der es angegriffen werden kann. Wir sind der Gefahr der Koalition [des Bündnisses feindlicher Staaten] nach unserer geografischen Lage und nach dem minderen Zusammenhang, den die deutsche Nation bisher in sich hatte, mehr ausgesetzt als andere Völker.
2. […] Wenn wir die Isolierung verhüten wollen, so müssen wir einen sicheren Freund haben. Wir haben vermöge der Gleichheit der Interessen zwei zuverlässige Freunde – zuverlässig nicht aus Liebe zueinander; denn Völker führen wohl aus Hass gegeneinander Krieg; aber aus Liebe, das ist noch nicht dagewesen, dass sich das eine für das andere opfert. […] Mit unseren Bundesgenossen […] einigen uns die zwingendsten Interessen des europäischen Gleichgewichts und unserer eigenen Zukunft.

(In: H. Kraemer [Hg.]: Die Reden des Fürsten Bismarck aus den Jahren 1847–1895. Band 1. Halle o.J. S. 430, 440. Gekürzt)

Q4 Kaiser Wilhelm II vor dem Landtag der Provinz Brandenburg am 24. Februar 1892:

[…] Brandenburger, zu Großem sind wir noch bestimmt, und herrlichen Tagen führe Ich euch noch entgegen. Lassen Sie sich nur durch keine Nörgeleien und durch kein missvergnügliches Parteigerede Ihren Blick in die Zukunft verdunkeln […]. Mit Schlagwörtern allein ist es nicht getan, und den ewigen missvergnüglichen Anspielungen über den neuen Kurs und seine Männer erwidere Ich ruhig und bestimmt: „Mein Kurs ist der richtige und er wird weiter gesteuert."

(In: J. Penzler [Hg.]: Die Reden Kaiser Wilhelms II. in den Jahren 1888–1895. Erster Teil. Leipzig o.J. S. 209 f. Gekürzt)

ARBEITSAUFTRÄGE

1. Betrachte B1. Beachte die Farbe der Kleider der drei Frauen. Erkennst du die politische Aussage des Malers?
2. Erkläre mit Q3 und K2, wie Bismarck die Lage des Deutschen Reiches in Europa sieht. Welche Bundesgenossen und Freunde hat er im Blick? Welche Staaten hat er nicht gemeint?
3. Analysiere K2. Nenne für jedes Bündnis einen Grund.
4. Gib den Eindruck wieder, den Wilhelm II. in Q4 vermittelt.

Zeitstrahl – Das Deutsche Kaiserreich

	Politik	Kultur	Alltag
1890	1890: Entlassung Bismarcks 1888: Wilhelm II. wird Deutscher Kaiser 1887: Rückversicherungsvertrag Deutschland–Russland	1890: Preußische Schulkonferenz; Wilhelm II. ruft zur Bekämpfung der Sozialdemokratie in der Schule auf.	1883ff: Beginn der Sozialgesetzgebung (Kranken-, Unfall- und Rentenversicherung)
1880	1882: Dreibund zwischen Deutschland, Österreich-Ungarn, Italien 1881: Dreikaiservertrag zwischen Deutschland, Österreich-Ungarn, Russland 1878: Sozialistengesetz 1873: Dreikaiserabkommen Deutschland, Österreich-Ungarn, Russland	1880: Nur einer von 1.000 Studenten in Preußen entstammt einer Arbeiterfamilie	1878: Die politische Überwachung wird im Rahmen des Sozialistengesetzes (bis 1890) verschärft 1875: Noch arbeitet jeder zweite Erwerbstätige in der Landwirtschaft 1873: Beginn einer langdauernden Wirtschaftskrise (bis ca. 1895)
1870	1871: Gründung des Deutschen Reiches. Der preußische König Wilhelm I. wird zum „Deutschen Kaiser" ausgerufen 1870/71: Deutsch–Französischer Krieg	1871ff: Zunehmende Militarisierung der Kultur und der Gesellschaft bis ca. 1900: Mädchen/Frauen bleiben von der höheren Schulbildung ausgeschlossen	1870–1873: „Gründerjahre", ein Industrialisierungsschub in Deutschland, besonders in Preußen Kinderarbeit in Fabriken, Handwerksbetrieben und in der Landwirtschaft (bis etwa 1890/1903)
	1866: Krieg Preußens gegen Österreich 1864: Krieg Preußens und Österreichs gegen Dänemark 1862: Otto von Bismarck wird preußischer Ministerpräsident	1869: Gesetz des Norddeutschen Bundes über die Gleichberechtigung der religiösen Bekenntnisse	
1860	1858–1866: Heereskonflikt in Preußen (ab 1862: Verfassungskonflikt)		
1850	1851: Der Deutsche Bund von 1815 wird wieder hergestellt 1849: Dreiklassenwahlrecht in Preußen (bis 1918) 1848/49: Demokratische Revolution in Deutschland	1848/49: Einschränkung der Pressefreiheit	seit 1849: Polizeiliches Spitzelwesen in Preußen
1845			seit 1830/35: Beginn der Industrialisierung in Deutschland

Zusammenfassung – Das Deutsche Kaiserreich

Nach dem Scheitern der demokratischen Revolution von 1848 wurde die Entwicklung eines deutschen Nationalstaates von Preußen vorangetrieben. Dies wurde möglich, nachdem Preußen infolge dreier siegreich geführter Kriege zur Führungsmacht in Deutschland aufgestiegen war. 1871 wurde der preußische König Wilhelm I. von den deutschen Fürsten zum „Deutschen Kaiser" ausgerufen. Dem Deutschen Reich von 1871 gehörten 25 Bundesstaaten an, aber nicht mehr Österreich. Die Verfassung des Deutschen Reiches gab dem Kaiser und dem von ihm berufenen Reichskanzler eine starke Stellung. Die Abgeordneten des Reichstags, die vom Volk in allgemeinen, gleichen und geheimen Wahlen bestimmt wurden, besaßen wenig Einfluss auf die Politik.

Der Aufstieg Preußens und die Gründung des deutschen Nationalstaats 1871 ist eng mit der Person Otto von Bismarcks verbunden. Seit 1862 regierte er Preußen mit harter Hand als Ministerpräsident. Von 1871 bis 1890 war er der erste deutsche Reichskanzler. In diesen Jahren verstand er es, Deutschland durch geschickte Diplomatie und Verträge mit den Nachbarstaaten abzusichern.

Das allgemeine, gleiche Wahlrecht, von dem Frauen jedoch bis 1919 ausgeschlossen blieben, förderte die Entwicklung der politischen Parteien in Deutschland. Den wachsenden Einfluß der Sozialdemokraten versuchte Bismarck vergeblich durch das Sozialistengesetz von 1878 zu schwächen.

Die Wirtschaftsentwicklung Deutschlands blieb auch nach der Reichsgründung von starken Gegensätzen geprägt: Phasen des Aufschwungs folgten Krisen und Depressionen. Vor allem die Arbeiter und ihre Familien lebten in bitterer Armut. Erst seit 1883 entstand mit der Kranken-, Unfall- und Rentenversicherung von Reichskanzler Bismark eine staatliche Sozialpolitik.

ARBEITSAUFTRÄGE

1. Das liberale und demokratische Bürgertum der Revolution von 1848 wollte die nationalstaatliche Einheit Deutschlands mit einer freiheitlichen Verfassung und politischer Mitbestimmung verbinden. Wurden diese Ziele mit der Reichsgründung von 1871 erreicht? Begründe dein Urteil.
2. Trage in einer Tabelle ein, was du an der Politik Bismarcks positiv beurteilst und was negativ. Zu welchem Gesamturteil kommst du?

Standard-Check: Das solltest du können!

1. Wichtige Arbeitsbegriffe
Hier sind wichtige Arbeitsbegriffe des Kapitels aufgelistet. Übertrage sie in dein Heft und formuliere zu jedem Begriff eine kurze Erläuterung.

- Berliner Kongress
- Konstitutionelle Monarchie
- Norddeutscher Bund
- Parteien
- Sozialistengesetz
- Sozialstaat
- Verfassung

2. Interpretation eines Verfassungsschemas

2.1 Erläutere die Rechte und Aufgaben des Kaisers, des Reichskanzlers und des Reichstags im Deutschen Kaiserreich.

2.2 Beurteile die Machtverteilung zwischen Kaiser, Reichskanzler und Reichstag. Achte besonders auf die Rechte des Reichstags.

2.3 Kann man die Verfassung als demokratisch bezeichnen? Begründe deine Meinung.

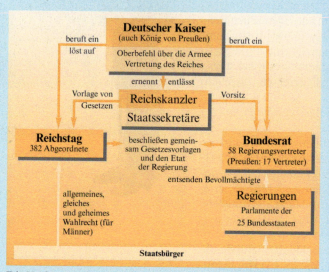

Die Verfassung des Deutschen Kaiserreichs von 1871

3. Interpretation eines Quellentextes

3.1 Kläre zunächst dir unbekannte Begriffe oder Namen.

3.2 Fasse in eigenen Worten die wesentlichen Aussagen des Quellentextes zusammen.

3.3 Ordne den Text quellenkritisch ein: Wer ist der Autor? Wann hat er den Text verfasst? An wen richtet sich der Text? Wurde er von Interessen/Absichten geleitet?

3.4 Formuliere nun deine Meinung zum Text.

Q Der Nationalliberale Eduard Lasker in einem Aufruf an die Wähler zu den ersten Reichstagswahlen 1871:

1 Unsere schönste Hoffnung hat sich erfüllt: Den Norden und den ganzen Süden umfassen jetzt das Deutsche Reich und seine Verfassung. […] Der gesicherte Frieden soll uns ein sparsames,
5 Recht liebendes und weises Regiment [= Regierung] bringen, welches allen nützlichen Kräften ohne Ausnahme gestattet, sich frei zu entfalten und die Wohltaten, welche der Staat zuzuwenden fähig ist, sowie die Lasten, die er auferlegen muss, auf
10 alle Klassen nach einem gerechten Verhältnis verteilt.

(In: Historisches Lesebuch 2. 1871–1914. Hrsg. von Gerhard A. Ritter, Frankfurt a. M. 1967, S. 183 f., Gekürzt)

Die Lösungen zu diesen Standard-Checkaufgaben findest du auf Seite 278.

Aber: Erst selbst lösen, dann überprüfen. Dein Können kannst du bewerten (☺ ☺ ☹).

Deine Leistungsbewertung zeigt dir, was du noch einmal wiederholen solltest.

Das konnte ich
☺ = gut
☺ = mittel
☹ = noch nicht

Imperialismus und Erster Weltkrieg

241

Um das Jahr 1890 ließ sich ein deutscher Politiker von Afrikanern auf einem Radwagen durch ein Gebiet im Osten Afrikas kutschieren. Diese Besichtigungsfahrt war kein touristisches Reisevergnügen. Es war die Zeit des Imperialismus, die Zeit, in der die Europäer Afrika, Asien, Ozeanien und Teile Südamerikas als Kolonien unter sich aufgeteilt hatten. Diese Kolonien und ihre wirtschaftliche Ausbeutung führten immer wieder zu schweren Konflikten zwischen den Großmächten. Auch der Ausbruch des Ersten Weltkriegs (1914–1918) wäre ohne die imperialistische Politik der Großmächte kaum denkbar gewesen.

242 Imperialismus und Erster Weltkrieg

Die Aufteilung der Welt bis 1914

ARBEITSAUFTRAG

Welche Staaten besaßen im 19. Jahrhundert Kolonien? Fertige eine Liste an und trage dort auch ein, wo die Kolonien der einzelnen Länder lagen.

Teil I: Die Aufteilung der Welt
1. Aus Kolonialismus wird Imperialismus

Seit dem Entdeckungszeitalter im 15. und 16. Jahrhundert versuchten die Europäer, Kolonien in Besitz zu nehmen, um sie wirtschaftlich auszubeuten. Anfangs waren es meist einzelne Kaufleute und Handelsunternehmen aus Portugal, Spanien, Großbritannien, den Niederlanden und Frankreich. Später übernahmen dann meist deren Mutterländer die Herrschaft in den Kolonien.

Die Welt wird aufgeteilt – In der zweiten Hälfte des 19. Jahrhunderts verschärfte sich die Kolonialpolitik der Großmächte zu einem regelrechten „Wettlauf um die Aufteilung der Welt". Worin lagen die Gründe für diese Entwicklung?

Die europäischen Nationalstaaten waren durch die Industrialisierung in eine Konkurrenz um billige Rohstoffe und um Absatzmärkte für ihre Produkte in der ganzen Welt geraten. Kolonien galten als Beweis einer erfolgreichen Machtpolitik. Viele Staaten Europas, auch Deutschland, beteiligten sich am Wettlauf um unerschlossene Gebiete, vor allem in Afrika und Asien. Russland breitete sich vor seiner „Haustür" nach Südosteuropa aus. Die USA traten nicht direkt als Kolonialmacht auf, beherrschten aber durch ihre wirtschaftliche Macht die Staaten Süd- und Mittelamerikas.

Eine staatliche Politik mit dem Ziel, den eigenen Herrschaftsbereich und die wirtschaftliche Macht auf Kosten anderer Länder auszubauen, wird **Imperialismus** genannt (von lat.: *imperium* = Reich, Herrschaftsgebiet). Der Imperialismus der großen Mächte hatte das Ziel, ein Weltreich zu errichten. 🌐/1

T1 Fläche (in 1000 km²) und Bevölkerung (in Millionen) europäischer Kolonialstaaten

	Mutterland		abhängige Gebiete	
	Fläche	Einw.	Fläche	Einw.
Großbritannien				
1881	314	34,5	22 136	257,3
1899	314	38,1	27 781	347,4
1909	314	45,1	29 557	349,1
Frankreich				
1881	528	36,9	526	5,6
1899	536	38,5	3 792	44,7
1909	536	39,3	5 947	42,8
Deutschland				
1881	540	45,2	–	–
1899	540	54,3	2 600	9,4
1909	540	60,6	2 650	12,4
Portugal				
1881	92	5,2	1 822	6,8
1899	92	5,4	2 093	7,7
1909	92	5,9	2 093	8,0
Niederlande				
1881	33	5,1	2 046	24,5
1899	33	5,2	2 046	37,8
1909	33	5,8	2 046	48,5

(Zusammengestellt nach: Der Große Ploetz, 31. aktualisierte Auflage, Freiburg/Würzburg 1991, S. 732)

B2 Manufakturladen in Surinam (niederländische Kolonie), um 1908

ARBEITSAUFTRÄGE

1. Finde in der Karte auf S. 242 die britischen, französischen und deutschen Kolonialgebiete. Erläutere mit T1, wann etwa die Kolonialreiche der drei Staaten ihr größtes Wachstum hatten.
2. Analysiere T1. Wie entwickelten sich die Kolonialreiche der alten Kolonialmächte Portugal und Niederlande in der Phase des Imperialismus? Nenne mögliche Gründe.
3. Beschreibe B2. Erläutere die Einzelheiten und vergleiche mit einem heutigen Geschäft.

2. Motive und Rechtfertigung des Imperialismus

In ihrem Wettlauf um Kolonien und Einfluss teilten die europäischen Mächte Afrika und, zusammen mit Japan, auch große Teile Asiens unter sich auf. Sie konnten sich dabei auf ihre wirtschaftliche, technische und militärische Überlegenheit stützen. Aber wie wurde diese imperialistische Politik von den Europäern begründet und gerechtfertigt?

Wirtschaftsinteressen – Hintergrund der imperialistischen Politik war der gewaltige Anstieg der Wirtschaftskraft während der Industrialisierung. Durch Massenproduktion entstanden Gütermengen, die im eigenen Land nicht mehr abgesetzt werden konnten.

Auch Banken und Unternehmen der Industriestaaten legten Teile ihrer Gewinne in den Kolonien oder in anderen abhängigen Gebieten an. Sie setzten dort Kapital ein, um neue Wirtschaftsbetriebe oder Verkehrswege aufzubauen. Dabei hofften sie auf spätere Gewinne.

Daneben wuchs in den europäischen Industriestaaten die Hoffnung, durch den Erwerb von Kolonien eine Entspannung der sozialen Frage im eigenen Land zu erreichen. Die Kolonien sollten das wirtschaftliche Wachstum des Mutterlandes stärken, den Wohlstand der gesamten Nation fördern und dadurch politische sowie soziale Konflikte entschärfen.

Rechtfertigungen des Imperialismus – Seit den ersten Entdeckungsfahrten hielten sich die Europäer anderen Völkern gegenüber für überlegen. Wie äußerte sich diese Einstellung im Zeitalter des Imperialismus?

Die Europäer waren überzeugt, dass ihre Kultur einen besonders hohen und wertvollen Entwicklungsstand der Menschheit darstellte. Sie glaubten sogar, im Auftrag Gottes zu handeln, wenn sie ihre Kultur und die christliche Religion den „unterentwickelten" Völkern aufzwan-

T1 Werte der ausgeführten Waren wichtiger Industriestaaten

	Großbritannien (Mio. Pfd.)	Frankreich (Mio. Frs.)	Deutsches Reich (Mio. RM)
1870	199,6	3082	–
1880	223,0	3815	2813,7
1890	263,5	4128	4126,4
1900	291,2	4526	5768,6
1910	430,5	6857	8926,9

(In: Der Große Ploetz, 31., aktualisierte Auflage, Freiburg/Würzburg 1991, S. 732)

Q2 Cecil Rhodes, Premierminister der britischen Kapkolonie, 1877:

1 Ich behaupte, dass wir die erste Rasse in der Welt sind und dass es umso besser für die menschliche Rasse ist, je mehr von der Welt wir bewohnen [...]. Da [Gott] offenkundig die Englisch sprechende Rasse zu seinem aus-
5 erwählten Werkzeug formt, durch welches er einen Zustand der Gesellschaft hervorbringen will, der auf Gerechtigkeit, Freiheit und Frieden gegründet ist, muss er offensichtlich wünschen, dass ich tue, was ich kann, um jener Rasse so viel Spielraum und Macht wie möglich zu
10 geben. Daher [...] denke ich, dass das, was er gern von mir getan haben möchte, ist, so viel von der Karte von Afrika britisch rot zu malen als möglich und anderswo zu tun, was ich kann, um die Einheit zu fördern und den Einfluss der Englisch sprechenden Rasse auszudehnen.

15 (In: W. Mommsen, Imperialismus. Seine geistigen, politischen und wirtschaftlichen Grundlagen, Hamburg 1977, S. 273. Gekürzt)

Q3 Der französische Außenminister Hanotaux, 1902:

1 Bei der Ausdehnung Frankreichs handelt es sich nicht um Eroberungs- oder Machtpolitik, sondern darum, [...] in Landstrichen, die gestern barbarisch waren, die Prinzipien der Zivilisation zu verbreiten, deren sich zu rühmen
5 eine der ältesten Nationen des Globus wohl das Recht besitzt [...]. Es handelt sich darum, unsere Sprache, unsere Sitten, unser Ideal, den französischen Namen inmitten der stürmischen Konkurrenz der anderen Rassen, die alle auf demselben Wege marschieren, zu schützen.
10 Die französische Ausdehnung hatte zu allen Zeiten zivilisatorischen und religionsmissionarischen Charakter [...]. Wenn die Kunst, die Literatur, die Sprache, der Geist Galliens nicht ausgesät worden wären, der Rest des Universums wäre unfruchtbar geblieben.

(In: L. Zimmermann, Der Imperialismus, Stuttgart 1967, S. 25 f. Gekürzt)

gen. Kaum jemand fragte dabei, ob diese „Europäisierung" von den Einheimischen gewollt war.

Imperialismus, Nationalismus und Rassismus waren dabei aufs Engste miteinander verknüpft. Der Nationalismus wurde in der zweiten Hälfte des 19. Jahrhunderts zu einer übersteigerten, häufig aggressiven und überheblichen Haltung gegenüber anderen Völkern (= **Chauvinismus**). In den imperialistischen Staaten ging man nicht von einer Gleichrangigkeit aller Nationen aus, sondern von der Überlegenheit der eigenen Nation.

Dazu diente eine Einteilung der Menschen in so genannte höhere und niedere „Rassen". Der Engländer HOUSTON CHAMBERLAIN griff die Evolutionslehre Charles Darwins auf. Doch während Darwin davon gesprochen hatte, dass in der Natur immer die *anpassungs*fähigere Tier- oder Pflanzenart überlebe, behauptete Chamberlain, dass unter den menschlichen Rassen nur die stärkeren auf Kosten der schwächeren überleben. Nach dieser Theorie des **Sozialdarwinismus** bildete die vorgeblich überlegene weiße Rasse eine „Herrenrasse".

> **Q4** Der afro-karibische Schriftsteller Aimé Césaire urteilt über den Kolonialismus und Imperialismus:
>
> Der Kolonisator, der im anderen Menschen ein Tier sieht, nur um sich selber ein ruhiges Gewissen zu verschaffen, dieser Kolonisator
> 5 wird objektiv dahin gebracht, sich selbst in ein Tier zu verwandeln […]. Man erzählt mir von Fortschritt und geheilten Krankheiten. Ich aber spreche von zertretenen
> 10 Kulturen, […] von Tausenden hingeopferten Menschen. Ich spreche von Millionen Menschen, denen man das Zittern, den Kniefall, die Verzweiflung eingeprägt hat.
>
> (In: A. Césaire, Über den Kolonialismus, Berlin 1968, S. 27. Gekürzt)

B6 Unterricht in Deutsch-Ostafrika (heute Tansania), um 1903

B5 Französische Zeitung, 1911: „Frankreich wird Marokko Kultur, Wohlstand und Frieden bringen."

ARBEITSAUFTRÄGE

1. Analysiere die Zahlen (Ausfuhren und Jahre) aus T1. Wie entwickelte sich die Höhe der Ausfuhren in den drei Ländern? Welche Rückschlüsse lassen sich daraus ziehen?
2. Stelle aus Q2 und Q3 die Argumente zusammen, mit denen der Imperialismus gerechtfertigt wird. Wie urteilt demgegenüber der Schriftsteller in Q4?
3. Beschreibe B5 und B6. Erläutere mit möglichst vielen Einzelheiten, wie die Weißen und wie die Schwarzen dargestellt sind.

3. Großbritannien – eine imperialistische Weltmacht

Nachdem die amerikanischen Kolonien 1783 von England unabhängig geworden waren, war das Interesse an einer Erweiterung des Empire in England zunächst erlahmt. Nur in Indien, wo sich die Ostindische Kompanie niedergelassen hatte, war die britische Herrschaft ausgebaut worden. Doch England war im 19. Jahrhundert die führende Industriemacht der Welt. Welche Politik betrieb England in der Phase des Imperialismus?

Erneuerung des Empires? – Als führende Industriemacht wollte Großbritannien eine „offene Tür" für seinen Handel in der ganzen Welt haben. Doch im Verlauf des 19. Jahrhunderts begannen andere Industriestaaten zu wirtschaftlichen Konkurrenten Großbritanniens zu werden. Die Einigung Deutschlands zum Nationalstaat hatte seinen raschen Aufstieg zur Industrienation unterstützt. Auch die Vereinigten Staaten von Amerika suchten neue Absatzgebiete für ihre Industrieprodukte. Diese Konkurrenzsituation wurde verschärft, da die Wirtschaft aller europäischen Industriestaaten nach 1873 von einer schweren Absatzkrise gelähmt wurde und dringend neue Märkte brauchte.

Nun sollte nach britischer Vorstellung ein starkes, in sich geschlossenes Wirtschaftsimperium gebildet werden. Später sagte man, aus dem Mutterland Großbritannien (Great Britain) sollte das „Größere Britannien" (Greater Britain) werden, das alle Kolonien einschloss. Ein erster Schritt war, dass sich die englische Königin Viktoria ab 1877 auch „Kaiserin von Indien" nannte.

Indirekte Herrschaft – Die Europäer hatten seit dem 15. Jahrhundert von der afrikanischen Goldküste, dem späteren Ghana, Goldstaub und Sklaven gekauft.

PERSONENLEXIKON

Benjamin Disraeli, 1804 – 1881.
Britischer Premierminister 1868 und 1874 – 1880

Q 1 Der britische Premierminister Lord Palmerston 1850:

1 […] wir wünschen aufs Dringlichste, dass sich die Zivilisation nach Afrika ausdehnt; wir sind überzeugt, dass der Handel der beste
5 Pionier der Zivilisation ist, und wir sind zufrieden, dass genügend Raum in Afrika für den Handel aller Nationen der Welt ist. Daher würden wir jede Ausdehnung des
10 Handels in Afrika mit Genugtuung betrachten; vorausgesetzt, dass dieser Handel nicht auf einem Monopol beruht und nicht aufgrund eines Systems durchgeführt wird,
15 das andere ausschließt.

(In: W. Mommsen, Imperialismus. Seine geistigen, politischen und wirtschaftlichen Grundlagen, Hamburg 1977, S. 44)

B 2 Kwaku Dua von Asante (Goldküste) und sein Hofstaat, um 1900

B 3 König Prempeh I. von Asante und britische Beamte nach 1920

Zu Beginn des 19. Jahrhunderts setzten sich die Engländer dort mit Handelsstützpunkten fest. 1874 errichteten sie eine Kolonie und begannen, das Land systematisch auszubeuten. Dies geschah z. B. durch das Anlegen von Goldminen.

Als Basis für ihre Herrschaft schlossen die britischen Kolonialherren mit den einheimischen Häuptlingen Verträge ab. Die Häuptlinge erhielten für die Ausbeutung der Goldminen jährlich eine geringe Miete, von den großen Gewinnen waren sie jedoch ausgeschlossen.

Auch für die Verwaltung der Kolonien griffen die Briten auf einheimische, von der Bevölkerung respektierte Persönlichkeiten zurück. Bisherige Könige oder Häuptlinge wurden in ihrer Funktion belassen, waren aber nun den englischen Beamten verantwortlich. So wurde ihr Ansehen für die britische Herrschaft genutzt. Diese Methode wird „indirect rule" (dt.: indirekte Herrschaft) genannt.

Konflikte zwischen den Kolonialmächten – Die imperialistische Politik führte immer wieder zu Gegensätzen zwischen den Großmächten, besonders in Afrika und in islamischen Ländern. Dies zeigt das Beispiel Ägyptens. Das Land war seit dem 16. Jahrhundert Teil des Osmanischen Reiches. Nach dem Ägyptenfeldzug Napoleons 1798/99 galt es jedoch als französisches Einflussgebiet. Mithilfe Frankreichs wurde 1859 bis 1869 der Bau des Suezkanals finanziert. Auch England hatte Kredite für die Entwicklung des Landes gegeben. Als der ägyptische Vizekönig 1876 in Finanznöte geriet, wurde eine gemeinsame französisch-englische Finanzaufsicht eingesetzt. Damit war das Land praktisch von Frankreich und England abhängig.

Doch 1883 machte England Ägypten zu seinem Schutzgebiet. Daraus entwickelte sich ein dauernder Konflikt mit Frankreich um den Einfluss in Afrika.

PERSONENLEXIKON

CECIL RHODES, 1853–1902. Britischer Finanzminister 1884. Er setzte seinen Reichtum, gewonnen durch das Gold- und Diamantenmonopol in Südafrika, zur britischen Expansion in Afrika ein. Von 1890 bis 1894 war er Premierminister der englischen Kapkolonie.

Q4 Der britische Politiker Lord Roseberry 1893:

1 […] Es wird gesagt, dass unser Empire bereits groß genug sei und dass es keiner weiteren Expansion mehr bedürfe. Dies wäre in der Tat
5 richtig, wenn die Welt unbegrenzt groß wäre; doch unglücklicherweise ist sie es nicht. Wir sind im Augenblick damit beschäftigt, „Schürfrechte für die Zukunft" ab-
10 zustecken, wie es in der Sprache der Bergleute heißt. Was wir ins Auge zu fassen haben, ist nicht, was wir im gegenwärtigen Augenblick, sondern was wir in Zukunft
15 nötig haben.
(In: W. Mommsen, Imperialismus. Seine geistigen, politischen und wirtschaftlichen Grundlagen, Hamburg 1977, S. 64 f. Gekürzt)

B5 „Rhodes-Koloss", der Afrika überspannt. Britische Karikatur, 1892

ARBEITSAUFTRÄGE

1. Erläutere mithilfe von Q1 die Politik Großbritanniens. Ziehe auch T1 auf S. 243 sowie T1 auf S. 244 zur Erklärung heran.
2. Beschreibe die Fotografien B2 und B3. Erläutere, welche Personen auf den Fotos jeweils die wichtigsten sind. Vergleiche dann beide Fotos: Was hat sich für die Afrikaner geändert?
3. Erläutere die Ziele Großbritanniens in Q4. Vergleiche mit Q1.
4. Erläutere, welche Absicht Großbritanniens die Karikatur B5 darstellt. Mit welchen Mächten könnten die Briten dabei in Konflikt geraten?

4. Ein Platz an der Sonne – Deutschland will Weltmacht werden

Nach der Reichsgründung 1871 wurden auch in Deutschland Kolonien gefordert. Welche Interessen und Vorstellungen hatten dazu geführt? Konnte sich Deutschland mit den „alten" Kolonialmächten arrangieren?

Kolonien für Deutschland – Reichskanzler Bismarck hatte einer deutschen Kolonialpolitik anfangs noch sehr zurückhaltend gegenübergestanden. Doch seit dem Ende der 1870er-Jahre wurde der Ruf nach eigenen Kolonien in Deutschland immer lauter und drängender. 1882 wurde der „Deutsche Kolonialverein" gegründet, der v. a. von der Großindustrie, zahlreichen Wirtschaftsverbänden und einer nationalen Presse unterstützt wurde. Deshalb erklärte das Reich die zuvor von Kaufleuten als Niederlassungen erworbenen Gebiete Deutsch-Ostafrika (1885), Deutsch-Südwestafrika (1884), Togo (1884) und Kamerun (1884) zu deutschen Schutzgebieten. ⓔ/2

Weltpolitik – Nach Bismarcks Entlassung im Jahre 1890 übernahm der junge Kaiser Wilhelm II. unverzüglich die Leitung der deutschen Außenpolitik. Welche Auffassung vertrat Wilhelm II. in der Kolonialfrage?

Nach Auffassung des Kaisers galten Kolonien als Zeichen der Macht eines Staates. Deutschland war mit seiner Güterproduktion mittlerweile an die zweite Stelle der Industrienationen gerückt. Jetzt wurde immer mehr die Auffassung vertreten, Deutschland sei bisher bei der Aufteilung der Welt zu kurz gekommen. Neu gegründete Massenverbände wie der „Alldeutsche Verband" verbreiteten diese Politik propagandistisch. Der deutsche Kaiser wurde zum obersten Wortführer einer imperialistischen Stimmung in Deutschland. Die deutsche Weltpolitik setzte sich nun zwei Ziele: den Erwerb weiterer Kolonien und, v. a. im Hinblick auf den Konkurrenten England, den Bau einer Schlachtflotte.

Erfolge der deutschen Weltpolitik? – Konsequent verfolgten Kaiser und Reichsregierung nach 1890 eine imperialistische Politik. Gelang es ihnen, bei der Aufteilung der Welt „erfolgreich" zu sein und eigene Kolonien zu erwerben?

Deutschland wollte bei seiner Kolonialpolitik „freie Hand" behalten. Der Kaiser und die Regierung versuchten daher

B1 Kaiser Wilhelm II. Gemälde von Max Koner, 1890

PERSONENLEXIKON

WILHELM II., 1859–1941. König von Preußen und deutscher Kaiser 1888–1918; hatte als Monarch autokratische Ansprüche und den Ehrgeiz des „persönlichen Regiments"; glühender Anhänger des Flottenbauprogramms. Wilhelm II. befürwortete den Kriegseintritt Deutschlands 1914. Nach dem Zusammenbruch des Reichs wurde er am 9. November 1918 zur Abdankung gezwungen.

Q2 Gründungsaufruf für den 1891 gegründeten Alldeutschen Verband:

1 Der Zweck […] ist:
1. Belebung des vaterländischen Bewusstseins in der Heimat und Bekämpfung aller der nationalen Entwicklung entgegengesetzten Richtungen.
5 2. Pflege und Unterstützung deutsch-nationaler Bestrebungen in allen Ländern, wo Angehörige unseres Volkes um die Behauptung ihrer Eigenart zu kämpfen haben, und Zusammenfassung aller deutschen Elemente auf der Erde für diese Ziele.
10 3. Förderung einer tatkräftigen deutschen Interessenpolitik in Europa und Übersee. Insbesondere auch Fortführung der deutschen Kolonial-Bewegung zu praktischen Ergebnissen.

(In: W. Mommsen, Imperialismus. Seine geistigen, politischen und wirtschaftlichen Grundlagen, Hamburg 1977, S. 128. Bearbeitet)

nicht, sich mit den anderen Kolonialmächten abzustimmen. Die Hoffnung der deutschen Politik war vielmehr, die Streitigkeiten zwischen den anderen Staaten, insbesondere die zwischen England und Frankreich, zum eigenen Vorteil nutzen zu können. So wollte man in Afrika ein Kolonialreich gewinnen, das von Kamerun im Westen bis nach Deutsch-Ostafrika im Osten reichte.

Diese Strategie schien 1898 aufzugehen, als britische und französische Truppen bei Faschoda, im Nordosten Afrikas, aufeinander stießen und zwischen beiden Staaten ein Krieg drohte. Überraschend bot die britische Regierung den Deutschen ein Bündnis gegen Frankreich an. Doch der Kaiser und die deutsche Regierung schlugen das Angebot aus. Sie vertrauten auf das Flottenbauprogramm und wollten die deutschen Kolonialinteressen weiter im Alleingang verwirklichen. So kam es zu einer erneuten Annäherung zwischen Großbritannien und Frankreich, die 1904 zur **Entente cordiale** (dt.: herzliches Einvernehmen) führte: Beide Staaten einigten sich über alle kolonialen Streitigkeiten.

Deutsche Kolonialbestrebungen in China? – 1897 besetzte Deutschland den Hafen von Kiautschau in China. Damit sollte ein Handelsstützpunkt für den riesigen chinesischen Markt gewonnen werden. Das chinesische Kaiserreich hatte im Lauf des 19. Jahrhunderts viel von seiner ehemaligen Macht eingebüßt. Deutschland, aber auch andere imperialistische Mächte nutzten diese Schwäche.

Die religiösen und wirtschaftlichen Änderungen, die die Europäer nach China brachten und dort erzwingen wollten, führten 1900 zu einem Volksaufstand. Die chinesischen Aufständischen nannten sich „Faustkämpfer für Recht und Einigkeit", von den Europäern wurden sie „Boxer" genannt.
Der Aufstand wurde von Truppen der imperialistischen Staaten blutig niedergeschlagen. In der Folge einigten sie sich auf eine Politik der „offenen Tür" für den Handel mit China. Damit waren den deutschen Kolonialbestrebungen auch in China enge Grenzen gesetzt.

PERSONENLEXIKON

CARL PETERS, 1856–1918. Schriftsteller, Gründer des „Schutzgebietes" und späterer Reichskommissar Deutsch-Ostafrikas. Er wurde später auf Druck der SPD aus dem Reichskolonialdienst entfernt.

Q 3 Reichskanzler von Bülow 1897 vor dem Reichstag:

1 Die Zeiten, wo der Deutsche dem einen seiner Nachbarn die Erde überließ, dem anderen das Meer und sich selbst den Himmel reservierte, [...] diese Zeiten sind vorüber. Wir müssen verlangen, dass der deutsche Missionar und der deutsche Unternehmer, die deutschen Waren, die deutsche Flagge
10 und das deutsche Schiff in China genauso geachtet werden wie diejenigen anderer Mächte. [Lebhaftes Bravo!] [...] Mit einem Worte: Wir wollen niemanden in den
15 Schatten stellen, aber wir verlangen auch unseren Platz an der Sonne. [Bravo]

(In: G. A. Ritter [Hg.], Das Deutsche Kaiserreich 1871–1914, Göttingen 1977, S. 136 f. Gekürzt)

K 4

ARBEITSAUFTRÄGE

1. Beschreibe B 1. Welchen Eindruck sollte das Bild des Kaisers auf den Betrachter machen?
2. Lies Q 2. Erläutere, was der Verein bewirken will. Liste auf, was der Verein tun könnte, um sein Programm zu verwirklichen.
3. Erläutere und beurteile die Motive, die Q 3 für die deutsche Kolonialpolitik nennt. Vergleiche mit Q 2.
4. Mache dir mit K 4 und dem Text ein Bild von der deutschen Kolonialpolitik in China. War diese Politik erfolgreich?

5. Deutsch-Südwestafrika – der Völkermord an den Herero

Deutsch-Südwestafrika – 1883 hatte der Bremer Kaufmann Lüderitz in Erwartung von Bodenschätzen den Einheimischen im Gebiet des heutigen Namibia Land abgekauft. 1884 übernahm das Deutsche Reich den Schutz über diese Kolonie Deutsch-Südwestafrika. Zu den einheimischen Stämmen gehörten die HERERO und die NAMA. Sie lebten von der Viehhaltung. Als die Zahl der weißen Siedler immer größer wurde und diese das Weidegebiet sowie die Wasserstellen der Einheimischen besetzten, erhoben sich die Nama gegen die Siedler. Doch brutale Strafen und die Androhung eines Kriegs führten zur ihrer Unterwerfung.

Im Jahr 1904 kam es erneut zu einem blutigen Konflikt um das Land. Die deutschen Siedler hatten mit dem Bau einer Eisenbahnlinie begonnen. Das gesamte Volk der Herero erhob sich nun gegen die deutsche „Schutztruppe", denn durch den Eisenbahnbau verloren sie große Teile ihres Landes. Der deutsche General VON TROTHA schlug den Aufstand brutal nieder. Bis zu 14 000 Soldaten kämpften gegen die schlecht bewaffneten Herero. Mehrere Stammesfürsten wurden hingerichtet, auch solche, die sich vermittelnd eingeschaltet hatten. Männer, Frauen und Kinder wurden in die Wüste getrieben, wo sie verhungerten oder verdursteten. Von 60 000 bis 80 000 Herero überlebten nur etwa 15 000.

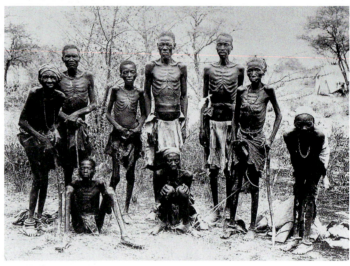

B 2 Gefangene Herero, Foto um 1907

Q 1 Nama-Fürst Hendrik Witbooi an den Gouverneur, 1894:

1 Ich habe den Deutschen Kaiser in meinem Leben noch nicht gesehen, deshalb habe ich ihn auch nicht erzürnt mit Worten oder
5 Taten […]. Aber Sie sagen: Macht hat Recht […]. Weiter sagen Sie auch, dass Sie unschuldig sind an diesem Blutvergießen, welches nun geschehen soll, und dass Sie
10 die Schuld auf mich legen; aber das ist unmöglich, dass Sie so denken […]. So liegt die Rechenschaft über das unschuldige Blut, das vergossen werden soll, nicht
15 auf mir, denn ich bin nicht der Urheber dieses Krieges.

(T. Leutwein: Elf Jahre Gouverneur in Deutsch-Südwestafrika, Berlin 1906, S. 43 f. Gekürzt)

Q 3 Der deutsche General von Trotha, 1904:

1 Da ich mit den Leuten weder paktieren kann noch ohne ausdrückliche Weisung seiner Majestät des Kaisers und Königs will, so ist eine gewisse rigorose Behandlung aller Teile der Nation [der Herero] unbedingt notwendig. […]
5 Deshalb halte ich es für richtiger, dass die Nation in sich untergeht und nicht noch unsere Soldaten infiziert und an Wasser und Nahrungsmitteln beeinträchtigt. Außerdem würde irgendeine Milde von meiner Seite von Seiten der Herero nur als Schwäche aufgefasst werden.

(In: Geschichte betrifft uns, 1985, Kolonien für Deutschland, 1884–1918 II, S. 9)

ARBEITSAUFTRÄGE

1. Erläutere die Haltung des Nama-Fürsten Witbooi in Q 1.
2. Erläutere die Haltung des Generals von Trotha in Q 3 und vergleiche sie mit den Argumenten des Nama-Fürsten Witbooi. Wie urteilst du über den Konflikt und die Argumente beider Seiten?

Arbeit mit Quellen

Wie eine Quelle für einen Fluss den Ausgangspunkt bildet, so übernimmt eine historische Quelle diese Funktion für die Geschichte. Meist liegen unterschiedliche Informationen über eine Epoche vor. Dann kann man sich aus verschiedenen Quellen ein Bild über die Zeit machen.

Bevor du einzelne Quellen vergleichen kannst, musst du jede Quelle gesondert interpretieren. Erst dann stellst du Gemeinsamkeiten und Unterschiede fest und kannst Rückschlüsse ziehen.

Aus der Politik in der Kolonie Deutsch-Südwestafrika nach 1884 sind zahlreiche Schriftstücke überliefert. So erfährst du aus Q6, was der Fürst der Nama, eines Stammes in Südwestafrika, dem deutschen Gouverneur Theodor Leutwein 1894 mitteilt. Er weiß um die Bedeutung, die die Macht in dieser Zeit für das Recht hatte. Der Gouverneur hat diese Macht. Er, der Stammesfürst, hat sie nicht. Er sieht ein Blutvergießen voraus. Trotzig und bestimmt weist er die Verantwortung dafür von sich. Er will keinen Krieg.

In Q8 schildert 1904 der General von Trotha, dass er sich in einem Konflikt befände: Er will den Krieg gegen die Herero beenden. Verhandlungen mit den Führern des Aufstandes und Milde sind aus seiner Sicht unmöglich. Also bleibe ihm nur, brutal und rücksichtslos gegen den gesamten Stamm vorzugehen.

Was lässt ein Vergleich beider Quellen an Aussagen zu? Der afrikanische Stammesfürst der Nama will keinen Krieg. Der deutsche General will das Volk der Herero ausrotten. Im Lehrbuchtext erfährst du, dass die Nama den Drohungen der Deutschen nachgegeben haben. Da die Herero sich nicht unterwerfen wollen, sollen sie nach dem Willen des deutschen Generals „untergehen".

Die Quellen beziehen sich auf Ereignisse, die wenige Jahre auseinanderliegen.

B1 Das Selbstverständnis des Gouverneurs Leutwein

Doch in beiden Quellen geht es um den Konflikt der Einheimischen mit den Kolonialherren. Ziehst du die Informationen aus dem Lehrbuchtext hinzu, stellst du fest, dass letztendlich afrikanische Stammesvertreter für die deutschen Kolonisatoren keine gleichberechtigten Verhandlungspartner waren. Sie hatten sich zu unterwerfen.

Wenn du zwei oder mehrere Quellen befragst, kannst du dir ein realistischeres Bild von den Ereignissen machen; besonders dann, wenn die Quellen verschiedene Sichtweisen wiedergeben. Vielleicht kannst du dann die Selbstdarstellungen aus dieser Zeit (z. B. B1 auf dieser Seite) besser einschätzen.

WORAUF DU ACHTEN MUSST

1. Interpretiere jede einzelne Quelle. Du musst den Inhalt verstehen und die Aussage des Autors erfassen.
2. Stelle den Zusammenhang zwischen den Quellen her. Gibt es Unterschiede oder Gemeinsamkeiten in den Äußerungen?
3. Welche Informationen erhältst du durch einen Vergleich der Quellen?

6. Entkolonisierung

Deutschland musste nach dem Ende des Ersten Weltkriegs 1918 seine Kolonien aufgeben. Andere Kolonien erlangten erst nach 1945, nach dem Zweiten Weltkrieg, die staatliche Unabhängigkeit. Warum kam es nach 1945 zur Entkolonisierung? Welche Folgen hatte der Imperialismus für die früheren Kolonien?

Ursachen der Entkolonisierung – Durch den Zweiten Weltkrieg hatten die Industrieländer in West- und Mitteleuropa ihre weltbeherrschende Stellung verloren. An ihre Stelle waren die beiden neuen Supermächte USA und UdSSR getreten. Gleichzeitig begannen die Völker in den Kolonien, ein neues Nationalbewusstsein zu entwickeln. Nicht selten kam es zu Befreiungskriegen, getragen von einer nationalen Unabhängigkeitsbewegung.

Bei den alten Kolonialmächten wuchs nun auch die Einsicht, dass man den bisher unterdrückten Völkern das Recht auf Selbstbestimmung nicht mehr vorenthalten könne. Am Ende ging es nur noch darum, zu entscheiden, wie schnell und auf welche Weise der Rückzug aus den Kolonien erfolgen sollte.

Nach dem Imperialismus – Die neuen unabhängigen Länder trafen nach der Entkolonisierung auf Probleme, von denen einige bis heute nicht gelöst sind. Für viele ehemalige Kolonien vollzog sich der Übergang zur Unabhängigkeit zu schnell. Hinzu kam, dass die von den Kolonialmächten meist willkürlich gezogenen Grenzen nicht die alten Stammestraditionen der Bevölkerung berücksichtigten. So brachen oft Stammesgegensätze auf, die damit verbundene Vetternwirtschaft verschärfte die Probleme. Diese Konflikte wurden häufig – und werden z. T. immer noch – durch gewaltsame Militärputsche „gelöst".

Darüber hinaus wurden von den Kolonialherren die traditionellen landwirtschaftlichen Methoden der Einheimischen zerstört und eine eigene industrielle Entwicklung unterdrückt. Den neuen Staaten fehlte somit oft die wirtschaftliche Grundlage für eine erfolgreiche Entwicklung. Eine wirtschaftliche Abhängigkeit des unterentwickelten Südens von den reichen Industriestaaten des Nordens besteht fort.

> **Q1** Julius K. Nyerere, früherer Staatspräsident von Tansania, schrieb 1977:
>
> Den armen Ländern wird gesagt, sie müssten hart arbeiten, mehr produzieren und wären dann in der Lage, ihre Armut zu überwinden [...]. Nehmen wir den Fall von Sisal [= Faserstoff für Seile, Teppiche etc.] – früher Tansanias wichtigster Exportartikel – und beziehen ihn auf den Preis von Traktoren. 1965 konnte ich einen Traktor für 17,25 Tonnen Sisal kaufen; der gleiche Traktor kostete 1972 indes so viel wie 47 Tonnen Sisal [...]. Die reichen Länder werden reicher, weil ihre wirtschaftliche Stärke ihnen wirtschaftliche Macht verleiht; die armen Länder bleiben arm, weil ihre wirtschaftliche Schwäche sie zu Marionetten im Machtspiel der anderen macht.
>
> (In: J. Tinbergen [Hg.], Der Dialog Nord-Süd, Frankfurt/Main 1977, S.16. Gekürzt)

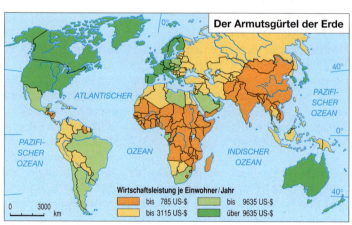

K2 Der Armutsgürtel der Erde. Wirtschaftsleistung je Einwohner/Jahr: bis 785 US-$, bis 3115 US-$, bis 9635 US-$, über 9635 US-$

ARBEITSAUFTRÄGE

1. Schreibe auf, aus welchen Gründen die ehemaligen Kolonien auch nach Erreichung ihrer Unabhängigkeit soziale und wirtschaftliche Probleme haben. Lies dazu den Text und Q1.
2. Vergleiche das Schaubild K2 mit der Karte der Kolonialreiche auf Seite 242. Was fällt dir dabei auf?

Teil II: Auf dem Weg in den Ersten Weltkrieg
1. Bündnispolitik und Flottenbauprogramm

Bei der „Aufteilung der Welt" herrschte große Konkurrenz zwischen den Großmächten. Um die Gefahr militärischer Konflikte zu verringern, sicherten sich ihre Einflusssphären und Kolonialgebiete durch Verträge untereinander ab. Doch die Kolonialpolitik und die Absprachen über Einflussgebiete in Afrika und Asien veränderten das Kräfteverhältnis der Mutterländer in Europa. Wie entwickelte sich in dieser Zeit das Bündnissystem der europäischen Mächte?

Q1 Winston Churchill, Erster Lord der britischen Admiralität, 1911:

1 Die Flotte ist für Großbritannien eine Notwendigkeit, während sie für Deutschland in vieler Hinsicht nur einen Luxus bedeutet. Unsere
5 Flotte ist für das Dasein Großbritanniens von größter Wichtigkeit, ja sie bedeutet unsere Existenz.

(In: W. Churchill, Weltkrisis, Bd.1, 1911–1914, Leipzig 1924, S. 83)

Q3 Der deutsche Admiral Tirpitz zur Rüstungspolitik, 1900:

1 Um unter den bestehenden Verhältnissen Deutschlands Seehandel und Kolonien zu schützen, gibt es nur ein Mittel: Deutschland
5 muss eine so starke Schlachtflotte besitzen, dass ein Krieg auch für den seemächtigsten Gegner (also Großbritannien) mit derartigen Gefahren verbunden ist, dass
10 seine eigene Machtstellung in Frage gestellt wird. Zu diesem Zweck ist es nicht unbedingt erforderlich, dass die deutsche Schlachtflotte ebenso stark ist wie die größte
15 Seemacht, denn eine große Seemacht wird im allgemeinen nicht in der Lage sein, ihre sämtlichen Streitkräfte gegen uns zu konzentrieren.

(In: V. R. Berghahn/W. Deist, Rüstung im Zeichen der wilhelminischen Weltpolitik, Düsseldorf 1988, S. 285 f.)

PERSONENLEXIKON

ALFRED V. TIRPITZ, 1849–1930, Admiral. Staatssekretär im deutschen Marineministerium; betrieb den planmäßigen Ausbau der Marine

T4 Flottenbau in Großbritannien und Deutschland (Expl.)		
	GB	D
1906	3	2
1907	–	3
1908	2	4
1909	10	4
1910	5	4
1911	5	4
1912	5	2
1913	5	3
	38	26

B2 „Der Kaiser und sein Lieblingsspielzeug". Gemälde von W. Stöwer, 1912

Deutschland verliert an Einfluss – Die größten Kolonialmächte waren Ende des 19. Jahrhunderts Großbritannien und Frankreich. Die deutsche Kolonialpolitik hatte infolge der späten Industrialisierung und Staatsgründung sowie der zurückhaltenden Kolonialpolitik Bismarcks erst Ende des 19. Jahrhunderts eingesetzt. Russland hatte seinen Einfluss vor allem auf dem Balkan ausgedehnt. Sein Expansionsstreben berührte aber die Interessen Österreich-Ungarns, das mit Deutschland und Italien im **Dreibund** von 1882 verbündet war. Zwar hatte Bismarck Russland im **Rückversicherungsvertrag** eine Art Vorherrschaft über den Balkan zugestanden. Aber diese Vorherrschaft sollte nur gelten, soweit sie nicht Interessen Österreich-Ungarns oder des Dreibundes beeinträchtigten.

Bismarcks Nachfolger Caprivi verlängerte diesen Rückversicherungsvertrag mit Russland nicht. Er fürchtete, durch einen Vertrag mit Russland die erhoffte deutsche Annäherung an Großbritannien zu gefährden. Großbritannien hielt jedoch bis 1904 an seiner bündnisfreien Politik der **splendid isolation** (dt.: segensreiche Abschottung) fest: Es wollte keine Bündnisverpflichtungen eingehen, um sich die politische Handlungsfreiheit zu bewahren.

Französisch-russisches Bündnis – Im Jahr 1894 schlossen Frankreich und Russland ein neues Bündnis miteinander. Auch Russland gewann so eine neue Absicherung gegenüber dem Dreibund. Das gegen Deutschland gerichtete Bündnis der zwei großen Mächte im Osten und Westen des europäischen Kontinents hatte Deutschland durch eigene diplomatische Fehler verursacht. Gab es eine Chance, diesen Fehler zu korrigieren?

Entente cordiale – 1898 standen sich im kleinen ägyptischen Ort Faschoda französische und englische Truppen kampfbereit gegenüber. Der Streit hatte sich um die Vorherrschaft im südlich davon gelegenen Sudan entzündet. In Deutschland wurde dies als Bestätigung eines ernsten Konflikts zwischen Frankreich und England angesehen. Dennoch schlugen der Kaiser und die deutsche Regierung das überraschende Bündnisangebot Großbritanni-

T5 Rüstungsausgaben europäischer Staaten in Millionen Reichsmark

	1905	1910	1913
Frankreich	991	1177	1327
Großbritannien	1263	1367	1491
Deutsches Reich	1064	1377	2111
Österreich-Ungarn	460	660	720
Russland	1069	1435	2050

(Nach: M. Stürmer: Das ruhelose Reich, Deutschland 1866–1918, Berlin, 1983, S. 328)

Q6 August Bebel im Reichstag, 1911:

1 Es kann auch so kommen wie zwischen Japan und Russland [zu einem Krieg 1904/05]; eines Tages kann die eine Seite sagen: Das
5 kann so nicht weitergehen, […] wenn wir länger warten, dann geht es uns schlecht, dann sind wir der Schwächere statt der Stärkere. Dann kommt die Katastrophe.
10 Dann wird in Europa der große Generalmarsch geschlagen, auf den hin 16 bis 18 Millionen Männer, ausgerüstet mit Waffen, gegeneinander als Feinde ins Feld rücken.

15 (In: G. W. F. Hallgarten, Imperialismus, Bd. 2, München, 1951, S. 394. Gekürzt)

Das beliebteste Kleidungsstück für Jungen im Deutschen Kaiserreich wurde der Matrosenanzug.

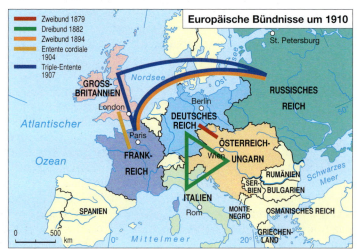

ens aus. Stattdessen meinte man, weitere Kolonien in Afrika fordern zu können. Daraufhin schlossen England und Frankeich 1904 eine Art Bündnis miteinander, die **Entente cordiale**. Die deutsche Außenpolitik stand vor einem „Scherbenhaufen".

Politische Isolierung Deutschlands – Als die Entente cordiale 1907 durch Russland zur **Triple-Entente** (dt.: Einvernehmen der drei Staaten) erweitert wurde, war Deutschland durch ein Bündnissystem der drei anderen großen europäischen Mächte eingekreist. Die deutsche Hoffnung, die Konflikte zwischen den anderen Mächten für eine eigene starke Stellung ausnutzen zu können, war vollkommen gescheitert.

Deutsche Flottenpolitik – Für das weitere Verhältnis zwischen Großbritannien und Deutschland wurde besonders das deutsche Flottenbauprogramm zu einer starken Belastung. Was war der Hintergrund für diesen Konflikt?

Nach den Vorstellungen des deutschen Kaisers und der Militärs sollte die angestrebte deutsche Weltmachtstellung durch eine große deutsche Schlachtflotte abgesichert werden; sie sollte auch einen neuen Schub für die Industrialisierung geben und damit den allgemeinen Wohlstand in Deutschland heben.

Mit einer Propaganda, die das innenpolitische „Parteiengezänk" beenden und die meisten Deutschen einnehmen sollte, heizte Admiral Tirpitz die nationale Flottenbegeisterung an. Das nötige Geld wurde durch zusätzliche Steuern sowie durch Aktivitäten des „Flottenvereins" bereitgestellt. Ihm beizutreten galt geradezu als patriotische Pflicht.

Admiral Tirpitz wollte die deutsche Flotte so stärken, dass es für England oder ein anderes Land ein hohes Risiko bedeutete, die deutsche Flotte im Kriegsfalle anzugreifen. England sah die deutsche Flottenrüstung jedoch als grundsätzliche Bedrohung. Die Folge war ein deutsch-englischer Rüstungswettlauf.

Friedensbemühungen in Europa – In Europa war viel von Krieg die Rede. In allen großen Ländern gab es politische Gruppierungen, die zum Krieg drängten. Bei anderen stieß das „Säbelrasseln" dagegen auf Widerstand. Die Sozialisten sahen die Abschaffung des Kapitalismus als einzige Möglichkeit, Kriege in Zukunft zu vermeiden. Diese Forderung wurde 1889 beim Zusammenschluss der europäischen Arbeiterparteien, der **Sozialistischen Internationale**, vertreten.

Die **Pazifisten** (dt.: Friedensfreunde) wollten durch internationale Vereinbarungen den Krieg als Mittel der Politik überflüssig machen. Unter dem Einfluss ihrer Forderungen fanden 1899 und 1907 internationale Friedenskonferenzen statt. Aber eine Friedensordnung oder eine Vereinbarung über das Ende des Wettrüstens kam nicht zustande.

PERSONENLEXIKON

BERTHA VON SUTTNER, 1843–1914. Engagierte Friedenskämpferin; Friedensnobelpreis 1905; Autorin des Romans „Die Waffen nieder"

B 8 Friedenskundgebung der SPD 1911 in Berlin (Treptower Park)

ARBEITSAUFTRÄGE

1. Vergleiche die Argumente von Admiral Churchill (Q 1) mit denen von Admiral v. Tirpitz (Q 3). Wie urteilst du selbst?
2. Welche Gefühle sollten mit B 2 beim Betrachter ausgelöst werden? Gibt es vergleichbare Bilder auch heute?
3. Vergleiche anhand von T 4 und T 5 die Entwicklung der Rüstungsausgaben. Nenne Gründe für diese Entwicklung.
4. Erläutere die Argumente Bebels in Q 6. Berücksichtige die Stellung seiner Partei, der SPD, im Deutschen Reich. Kannst du beurteilen, ob August Bebel Recht behalten hat?
5. Beschreibe mit K 7 und K 2 von S. 236, wie sich das europäische Bündnissystem zwischen 1887 und 1914 verändert hat.

2. Krisenregion Balkan

Die Balkankrisen – Das Osmanische Reich war Ende des 19. Jahrhunderts wie Österreich-Ungarn ein **Vielvölkerstaat**. Auf dem Balkan stießen die Interessengebiete beider Mächte zusammen. Doch auch Russland verfolgte in diesem Gebiet seine Ziele: Es sah sich als Schutzmacht der orthodoxen Christen auf dem Balkan und in Griechenland. Ferner unterstützte es den **Panslawismus** (= Einigungsbewegung aller Slawen) und die Unabhängigkeitsbestrebungen der slawischen Völker. Doch viele Slawen lebten unter der Herrschaft Österreich-Ungarns, sodass Österreich die russische Balkanpolitik wie eine „Zündschnur" am eigenen Staat sah. Ein weiteres Ziel Russlands war es, die Meerengen des Bosporus und der Dardanellen zu beherrschen sowie einen Zugang zum Mittelmeer zu erhalten. Wie verfolgten Österreich und Russland ihre Ziele auf dem Balkan?

„Kranker Mann am Bosporus" – Schon lange war das Osmanische Reich geschwächt; man sprach vom „kranken Mann am Bosporus". 1908 gab es einen Aufstand gegen den absolutistisch regierenden Sultan und für eine Verfassung. Diesen Zeitpunkt nutzte Österreich-Ungarn und gliederte Bosnien sowie die Herzegowina in sein Territorium ein. Im selben Jahr erklärte sich Bulgarien zu einem unabhängigen Königreich. Damit waren der russische Expansionsdrang auf dem Balkan und der erstrebte Zugang zum Mittelmeer fürs Erste blockiert.

Die Türkei, seit 1908 Nachfolgestaat des Osmanischen Reiches, war innenpolitisch nicht gefestigt und militärisch schwach. Russland nutzte 1912 diese Gelegenheit und unterstützte den „Balkanbund" Serbiens, Montenegros, Bulgariens sowie Griechenlands bei ihrer Befreiung aus der türkischen Herrschaft. Dieser Balkankrieg endete mit dem fast vollständigen Rückzug der Türkei aus Europa.

Als neuer bedeutender Staat trat nun Serbien auf, das zum erbitterten Feind Österreichs wurde und für die Unabhängigkeit aller slawischen Völker eintrat.

„Mohammed führt den Halbmond wieder nach Asien". Karikatur auf den Balkankrieg 1912, Lithografie von 1912

K1

K2

Schüsse in Sarajewo – Europa glich 1914 einem Pulverfass. Ein Attentat auf das österreichisch-ungarische Thronfolgerpaar ließ das Fass explodieren. Am 28. Juni 1914 erschoss ein serbischer Attentäter den österreichischen Thronfolger Franz Ferdinand in Sarajewo. Die Serben sahen seit der Annexion Bosniens und der Herzegowina durch Österreich keine Möglichkeit mehr, ihr nationales Ziel eines Großserbiens zu verwirklichen. Franz Ferdinand hatte zudem eine Neuorganisation der Doppelmonarchie Österreich-Ungarn geplant: die Umwandlung in eine österreichisch-ungarisch-slawische „Dreiheit". Auch dieser Plan gefährdete die panslawistischen Bestrebungen Russlands und Serbiens.

Serbiens Regierung wurde verdächtigt, dass sie bei dem Attentat ihre Hand im Spiel hätte. Das Land sollte darauf die ganze Macht Österreich-Ungarns zu spüren bekommen, das darin von seinem engsten Verbündeten Deutschland bestätigt wurde. Österreich konnte sich auf die deutsche Bündniszusage verlassen. Auf der anderen Seite drohte die Gefahr, dass Russland Serbien unterstützen würde. Über den Konflikt zwischen Österreich und Serbien konnten also die Bündnisse der Entente und des Dreibunds miteinander in Krieg geraten.

Q 3 Der deutsche Kaiser Wilhelm II. am 31. Juli 1914 an Kaiser Franz Joseph I. von Österreich:

1 Ich bin bereit, die Verpflichtungen unseres Bündnisses zu erfüllen und unmittelbar zum Krieg gegen Russland und Frankreich zu schrei-
5 ten. In diesem schwierigen Kampf ist es von äußerster Bedeutung, dass Österreich seine Hauptstreitkräfte gegen Russland wirft und nicht verbraucht in einer Offensive
10 gegen Serbien [...]. Serbien spielt eine untergeordnete Rolle in diesem gewaltigen Kampf.

(In: F. Fischer, Hitler war kein Betriebsunfall, München 1992, S. 52. Gekürzt)

Die Kriegsmaschine läuft – Da ein Krieg in ganz Europa nicht ausgeschlossen war, wurde wochenlang verhandelt. Doch als Serbien ein österreichisches Ultimatum nicht ganz erfüllte, erklärte Österreich am 28. Juli 1914 Serbien den Krieg. Die Generalmobilmachung der russischen Truppen am 31. Juli 1914 wurde von der deutschen Regierung als Bedrohung hingestellt: Am 1. August 1914 erklärte sie Russland den Krieg. Dadurch war das Bündnissystem der Entente herausgefordert und wurde wirksam. Der Krieg in Europa, der durch den Kriegseintritt der USA 1917 zum Weltkrieg wurde, hatte begonnen. ⓔ/6

Ermordung des österreichisch-ungarischen Thonfolgerpaares in Sarajewo am 28.6.1914. Illustration von 1914

Q 4 Der deutsche Botschafter in Russland, 21. Juli 1914:

1 Der [russische Außen-] Minister fuhr erregt fort, auf jeden Fall dürfe Österreich nicht vergessen, dass es mit Europa zu rechnen habe. Russland würde [Österreichs] Schritt in Belgrad, der auf eine Erniedrigung Serbiens ab-
5 sehe, nicht gleichgültig zusehen können [...]. Russland würde es nicht dulden können, dass Österreich Serbien gegenüber eine drohende Sprache führe oder militärische Maßregeln treffe.

(In: H. Schmid, Fragen an die Geschichte, Berlin 1994, Bd. 3, S. 316. Gekürzt)

Q 5 Der deutsche Botschafter in Großbritannien, 29. Juli 1914:

1 Die britische Regierung wünscht, solange sich der Konflikt auf Österreich und Russland beschränke, abseits zu stehen. Würden wir [Deutschland] aber und Frankreich hineingezogen, so sei die Lage sofort eine andere.

(In: H. Schmid, Fragen an die Geschichte, Berlin 1994, Bd. 3, S. 316)

ARBEITSAUFTRÄGE

1. Liste mithilfe von K 1 und K 2 auf, welche Veränderungen auf der Landkarte Europas zu erkennen sind. Warum war Russlands Expansion auf den Balkan und an die Meerengen zwischen Schwarzem und Ägäischem Meer 1913 fürs Erste blockiert?
2. Welche Haltung nimmt der deutsche Kaiser in Q 3 zu dem drohenden Krieg ein? Berücksichtige bei deiner Analyse von Q 3 die Äußerungen des Kaisers zu Russland und Frankreich.
3. Diskutiere anhand von Q 3, Q 4 und Q 5 die Frage, wer Schuld am Ausbruch des Ersten Weltkriegs trug.

Teil III: Der Erste Weltkrieg
1. Kriegsbeginn und Kriegsbegeisterung

Die Julikrise 1914 gipfelte in der Kriegserklärung Österreichs an Serbien vom 28. Juli und entfesselte den Krieg der europäischen Großmächte gegeneinander. War diese krisenhafte Entwicklung nicht zu stoppen?

Spiel mit dem Feuer – Die Ermordung des österreichischen Thronfolgerpaars war nur der Anlass, nicht die eigentliche Ursache für den lange erwarteten Krieg. Der Grund waren machtpolitische Interessengegensätze Österreichs und Russlands auf dem Balkan. Obwohl der deutsche Kaiser und die Regierung wussten, dass eine Kriegserklärung Österreichs an Serbien auch Russland auf den Plan rufen würde, unterstützten sie Österreich bei diesem Schritt. Die Generalmobilmachung der russischen Truppen wurde von der deutschen Regierung als Bedrohung dargestellt. Am 1. August erklärte Deutschland Russland den Krieg. Als daraufhin Frankreich seine Truppen mobilisierte, erklärte Deutschland am 3. August auch Frankreich den Krieg. Bereits einen Tag zuvor hatte Deutschland das neutrale Luxemburg besetzt. Als die deutschen Truppen auch die Neutralität Belgiens verletzten, erklärte England am 4. August Deutschland den Krieg. Die Lunte am „Pulverfass Balkan" war gezündet.

von 1871 nur durch einen Krieg möglich geworden sei. Aber auch in anderen Ländern war die Kriegsbereitschaft schon seit Jahren durch nationalistische Zeitungen sowie durch die Propaganda von Kriegervereinen gefördert worden.

In Deutschland und Österreich sah man sich eingekreist von den „Barbaren" im Osten sowie den Franzosen und Engländern im Westen, die den Mittelmächten den wirtschaftlichen Erfolg neideten. Man glaubte sogar an einen „Existenzkampf der Germanen". In Frankreich und England wiederum sah man die menschliche Zivilisation durch die eroberungslüsternen Deutschen gefährdet.

B1 Deutsche Kriegsfreiwillige. Foto vom 1. August 1914

Kriegspropaganda und Kriegsbegeisterung – In den großen Städten Europas löste der Kriegsbeginn regelrechte Jubelfeiern aus. Was trieb die Menschen dazu, mit Begeisterung den Krieg zu begrüßen?

Im gesamten 19. Jahrhundert hatte es immer wieder militärische Auseinandersetzungen zwischen einzelnen Staaten gegeben. Kriege galten als legitimes Mittel, nationale Interessen durchzusetzen. Vor allem in Deutschland stand militärisches Denken hoch im Kurs. Es herrschte die Überzeugung, dass die Reichsgründung

B2 Reservisten in Paris. Foto aus dem August 1914

1. Kriegsbeginn und Kriegsbegeisterung

Waffen statt Völkerverbrüderung – Die Arbeiterparteien Europas hatten sich 1889 zur Sozialistischen Internationale zusammengeschlossen und die Verbrüderung der Völker gefordert. Der Parteivorstand der deutschen SPD hatte im Juli 1914 einen Protestaufruf gegen das „verbrecherische Treiben der Kriegshetzer" verbreitet und zu Friedensversammlungen aufgerufen. Doch am 4. August 1914 stimmten die deutschen Sozialdemokraten ebenso wie die französischen Sozialisten der Aufnahme von Krediten zur Finanzierung der Kriegskosten zu. Den Regierungen wurden außerordentliche Vollmachten übertragen.

Bereits am Tage der deutschen und französischen Mobilmachung hatten beide Staatsoberhäupter das nationale Gemeinschaftsgefühl vor jubelnden Menschenmassen in Berlin und Paris bestärkt. Der deutsche Kaiser wie auch der französische Staatspräsident verkündeten fast gleichlautend einen innenpolitischen „Burgfrieden": In Kriegszeiten dürfe es im Volk keine Parteien mehr geben, nur noch Deutsche bzw. Franzosen.

Wir sind dabei! – Die Kriegspropaganda traf bei vielen Menschen auf ein Lebensgefühl, das den Kriegsbeginn mehr als eine Befreiung denn als eine Bedrohung empfand. Im Krieg, so die Erwartung, könne das Gefühl empfunden werden, Teil des Volkes zu sein. Viele junge Männer, auch Künstler und Schriftsteller, meldeten sich begeistert freiwillig zum Kriegsdienst. Das tatsächliche Ausmaß des Krieges und seine Verwüstungen hatte jedoch kaum ein Zeitgenosse erahnt.

B 4 „Große Hasenjagd". Deutsche Bildpostkarte, 1914

Q 3 Erklärung der Reichstagsfraktion der SPD, 4. August 1914:

Die Folgen der imperialistischen Politik sind wie eine Sturmflut über Europa hereingebrochen. Die Sozialdemokratie hat diese
5 verhängnisvolle Entwicklung mit allen Kräften bekämpft […]. Ihre Anstrengungen waren vergeblich. Jetzt stehen wir vor der ehernen Tatsache des Krieges, uns drohen
10 die Schrecknisse feindlicher Invasionen […]. Es gilt diese Gefahr abzuwehren, die Kultur und die Unabhängigkeit unseres eigenen Landes sicherzustellen. Da ma-
15 chen wir wahr, was wir immer betont haben: Wir lassen in der Stunde der Gefahr das eigene Vaterland nicht im Stich.

(In: W. Michalka, Der Erste Weltkrieg, München 1994, S. 11. Gekürzt)

Q 5 Der 38-jährige Landwirt Stefan Schimmer aus Bayern schrieb an seine Familie:

24.8.1914: […] Bis jetzt wurden auf deutscher Seite alle Schlachten gewonnen. Die bayerische Armee kämpft wie wütend, was die Kugel verschont, wird mit dem Seitengewehr oder dem Gewehrkolben niedergemacht […].
5 4.9.1914: Die deutsche Kavallerie steht vor den Toren von Paris. Die bayerische Armee liegt in den Vogesen im Gefecht. Jetzt kann man annehmen, dass Paris in acht Tagen kapituliert hat.

(In: P. Knoch [Hg.], Kriegsalltag, Stuttgart 1989, S. 114 f. Gekürzt)

ARBEITSAUFTRÄGE

1. Betrachte B 1 und B 2. Beschreibe die möglichen Gefühle und Gedanken der einrückenden Soldaten. Ziehe auch B 4 sowie Q 5 dazu heran.
2. Erläutere mit Q 3, wie die SPD ihre Zustimmung zu den Kriegskrediten begründet. Diskutiert diese Auffassung.
3. Erläutere, wie auf der Postkarte B 4 der Feind dargestellt wird. Welche Wirkung sollte von solchen Karten ausgehen?

2. Der Verlauf des Krieges

Alle Krieg führenden Mächte erwarteten eine schnelle militärische Entscheidung. Am Ende blickte man aber auf einen vier Jahre dauernden Weltkrieg zurück, in dem mehr als acht Millionen Menschen den Tod fanden. Wie verlief dieser Krieg? ⓔ/6

Vom Bewegungskrieg zum Stellungskrieg – Die deutsche Militärführung wollte verhindern, dass Deutschland zeitgleich einen Krieg an zwei Fronten, im Osten und Westen, führte. Die Truppen sollten daher anfangs im Westen konzentriert werden, um Frankreich anzugreifen. Dabei sollten die französischen Truppen weiträumig umgangen werden. Dafür nahm das Deutsche Reich die Verletzung der Neutralität Belgiens und Luxemburgs in Kauf. Binnen sechs Wochen sollte so der Sieg über Frankreich errungen sein. Danach sollten die Truppen in den Osten geschickt werden.

Doch der deutsche Vormarsch wurde im September 1914 von einer Gegenoffensive der Entente-Mächte an der Marne gestoppt. Die deutschen Truppen mussten sich wieder Richtung Belgien zurückziehen, wo sie sich in Schützengräben festsetzten. Aus dem angestrebten Bewegungskrieg wurde ab November 1914 ein Stellungskrieg. Die Front zwischen den feindlichen Truppen erstarrte in einem 760 Kilometer langen System von Schützengräben.

Eine ähnliche Situation war auch an der Ostfront eingetreten. Zwar hatten die Mittelmächte bis Sommer 1915 das anfangs erfolgreiche russische Heer in einer großen Offensive wieder weit auf russisches Gebiet zurückdrängen können. Aber dann waren die Truppen beider Heere gezwungen gewesen, sich in einem Grabenkrieg zu verschanzen.

Q2 Reichskanzler Bethmann-Hollweg an den deutschen Botschafter in London, 3. August 1914:

1 Bitte [britischem Außenminister] zu sagen, dass, wenn wir zur Neutralitätsverletzung Belgiens schritten, wir dazu durch die Pflicht der Selbsterhaltung gezwungen würden. Wir befänden uns in einer militärischen Zwangs-
5 lage. Die unselige russische Mobilmachung hätte uns, die wir uns bis dahin militärisch auf Defensivregeln beschränkt hätten, plötzlich in Gefahr gesetzt, nachdem Frankreich schon vorher stark gerüstet hätte, von den Fluten von Ost und West verschlungen zu werden.

(In: I. Geiss [Hg.], Juli-Krise 1914, München 1965, S. 364. Gekürzt)

Q3 Die Kriegsziele Deutschlands. Septemberprogramm der Regierung Bethmann-Hollweg, 9. September 1914:

1 Sicherung des Deutschen Reiches nach West und Ost auf erdenkliche Zeit [...].
1. Frankreich: [...] In jedem Fall abzutreten, weil für die Erzgewinnung unserer Industrie nötig, [ist] das Erz-
5 becken von Briey. Ferner in Raten zahlbare Kriegsentschädigung; sie muss so hoch sein, dass Frankreich nicht imstande ist, in den nächsten 15 bis 20 Jahren erhebliche Mittel für Rüstung aufzuwenden [...].
2. Belgien: Angliederung von Lüttich und Verviers. [...]
10 Belgien [muss], wenn es auch als Staat äußerlich bestehen bleibt, zu einem Vasallenstaat herabsinken.
3. Luxemburg: Wird deutscher Bundesstaat [...].
4. Es ist zu erreichen: Die Gründung eines mitteleuropäischen Wirtschaftsverbandes durch gemeinsame Zollab-
15 machung [...]. Dieser Verband unter deutscher Führung muss die wirtschaftliche Vorherrschaft Deutschlands über Mitteleuropa stabilisieren.

(In: F. Fischer, Der Griff nach der Weltmacht, Düsseldorf 1961, S. 93 f. Gekürzt)

K1 Deutscher Angriff 1914

2. Der Verlauf des Krieges

Kriegswende im Osten – Im Dezember 1916 gab es erste Initiativen der Mittelmächte für eine Friedenskonferenz, da ein Sieg für keine Seite möglich schien. Warum dauerte der Krieg dennoch zwei weitere Jahre?

Oktoberrevolution in Russland – Der militärische Misserfolg des russischen Heeres im Jahr 1915 mit Millionen Kriegstoten und die schlechte Versorgungslage der Zivilbevölkerung hatten im Frühjahr 1917 in Russland zu Massenstreiks und Aufständen der Soldaten geführt. Die Unruhen mündeten im Frühjahr 1917 in einer Revolution und der **Abdankung des Zaren**. Doch auch die neue bürgerliche Regierung verlor bald den Rückhalt in der Bevölkerung, weil sie den verhassten Krieg nicht sofort beendete. Im Oktober 1917 wurde auch sie von den radikalen Sozialisten unter Führung LENINS in der **Oktoberrevolution** gestürzt. Um den aufflammenden Bürgerkrieg überstehen zu können, suchten die Revolutionäre den Friedensschluss mit den Mittelmächten. Im Dezember 1917 wurde der Krieg im Osten auf Initiative Russlands durch einen Waffenstillstand beendet. Deutschland diktierte Russland am 3. März 1918 im **Frieden von Brest-Litowsk** sehr harte Friedensbedingungen: Neben großen Gebietsverlusten sollte Russland 90% seiner Kohlebergwerke, 50% der Industriebetriebe, 30% der Ackerfläche und 25% seiner Bevölkerung verlieren. ⊕/7

K 5

Q4 Lenin auf dem VII. Parteitag zur Rechtfertigung des Friedensvertrags mit Deutschland, 7.3.1918:

1 Wenn man nicht gewillt ist, auf dem Bauch durch den Schmutz zu kriechen, ist man kein Revolutionär […]. Wenn ich den Frieden
5 in einem Augenblick annehme, wo die Armee flieht, so um Schlimmeres zu verhüten. Jeder Bauer und Arbeiter wird mir Recht geben, denn er versteht, dass der Friede
10 ein Mittel ist, Kräfte zu sammeln […]. Wenn wir diesen Frieden unterschreiben, geben wir die Arbeiterrevolution nicht auf, […] denn durch *einen* Krieg, durch *einen*
15 Friedensvertrag *allein* wird eine solche historische Krise nicht entschieden.

(In: W. I. Lenin, Ausgewählte Werke Bd. 4, Frankfurt/Main 1971, S. 201 ff. Bearbeitet)

K 6

Die Ausweitung zum Weltkrieg – Befreit von der zweiten Front im Osten starteten die Mittelmächte im Frühjahr 1918 eine große Offensive im Westen. Doch die Armeen der Entente-Mächte waren durch den **Kriegseintritt der USA** im April 1917 entscheidend verstärkt worden. Nach anfänglichen Erfolgen blieben die Angriffe des deutschen Heeres bald stecken und wurden zurückgeschlagen. Warum waren die USA auf der Seite der Entente-Mächte in den Krieg eingetreten?

Deutscher U-Boot-Krieg – England hatte bereits 1914 damit begonnen, durch eine **Seeblockade** der Nordsee die Versorgung Deutschlands zu schwächen. Die deutsche Schlachtflotte war zu schwach, um das weit gespannte Netz der englischen Blockade zu durchbrechen. Daher griffen U-Boote der deutschen Marine feindliche Kriegsschiffe ohne Vorwarnung an. Doch am 7. Mai 1915 versenkte ein deutsches U-Boot den britischen Passagierdampfer LUSITANIA. Unter den 1198 Zivilisten, die ums Leben kamen, waren auch 139 Amerikaner. Als die militärisch neutralen USA scharf gegen diese **Verletzung des See- und Völkerrechts** protestierten, stellte Deutschland vorübergehend den U-Boot-Krieg ein. Doch im Januar 1917 entschied die Oberste Heeresleitung (OHL) des Deutschen Reichs, den „uneingeschränkten U-Boot-Krieg" wieder aufzunehmen: Ohne Vorwarnung griffen deutsche U-Boote nun alle Schiffe an – auch Handels- und Passagierschiffe. Dabei machten sie auch keinen Unterschied zwischen Schiffen feindlicher oder neutraler Nationen. Daraufhin traten die USA im April 1917 in den Krieg gegen Deutschland ein.

Q 8 Der Präsident der USA, Woodrow Wilson, in einer Rede vor dem amerikanischen Kongress, 2. April 1917:

1 Der deutsche Unterseebootkrieg gegen den Handelsverkehr ist ein Krieg gegen die Menschheit. [...] Es sind keine Unterschiede gemacht worden, die Herausforderung hat der ganzen Menschheit gegolten [...]. Unser
5 Ziel ist, die Grundsätze des Friedens und der Gerechtigkeit [in] der Welt gegen selbstsüchtige und autokratische Mächte zu verteidigen. Wir haben keinen Streit mit dem deutschen Volk. [Doch] seine Regierung hat nicht auf sein Betreiben hin gehandelt, als sie in den Krieg eintrat.
10 Das geschah nicht mit vorheriger [...] Billigung des Volkes. Es war ein Krieg, der beschlossen wurde [...] im Interesse von Dynastien oder von kleinen Gruppen.

(In: Geschichte in Quellen, Bd. 5, München 1989, S. 57. Gekürzt)

Q 7 Der Chef des deutschen Admiralstabs, Admiral von Holtzendorff, in einem Brief vom 22.12.1916:

1 Der Krieg verlangt eine Entscheidung vor Herbst 1917, wenn er nicht [...] für uns verhängnisvoll enden soll. Gelingt es, England das
5 Rückgrat zu brechen, so ist der Krieg sofort zu unseren Gunsten entschieden. Englands Rückgrat aber ist der Schiffsraum, der den großbritannischen Inseln die not-
10 wendige Zufuhr für die Erhaltung des Lebens und der Kriegsindustrie bringt. [...] Ein bald einsetzender uneingeschränkter U-Boot-Krieg ist trotz der Gefahr eines Bru-
15 ches mit Amerika das richtige Mittel, den Krieg siegreich zu beenden.

(In: Geschichte in Quellen, Bd. 5, S. 52 f. Bearbeitet)

B 9 Versenkung des Passagierschiffs Lusitania am 7. 5. 1915 durch ein deutsches U-Boot. Kolorierter Druck

Niederlage im Westen – Bereits vor ihrem Kriegseintritt hatten die USA den Entente-Mächten Kredite gewährt sowie Kriegsmaterialien geliefert. Trotz des deutschen U-Boot-Kriegs waren diese in gesicherten Geleitzügen nach Europa gelangt. Zwischen April 1917 und Oktober 1918 wandten die USA weitere 30 Milliarden Dollar für Kriegszwecke auf und entsandten 1,8 Millionen gut ausgerüsteter Soldaten zu den Kampfstätten.

Im August 1918 erlitt die deutsche Armee in Frankreich eine schwere Niederlage. Der größeren Truppenstärke und der **besseren Ausrüstung der Alliierten** konnte sie nicht mehr standhalten. Mit ihren **neuartigen Tanks** (dt.: Panzer) konnten englische Truppenverbände die deutschen Stellungen regelrecht überrollen. Die Westfront musste zurückverlegt werden und drohte völlig zu zerbrechen.

Im September 1918 gaben sich Österreich-Ungarn sowie die mit den Mittelmächten verbündeten Staaten Bulgarien und das Osmanische Reich militärisch geschlagen und baten um Waffenstillstandsverhandlungen. Auch der deutsche Zusammenbruch war jetzt nur noch eine Frage der Zeit.

> **Q 11** Friedensprogramm des US-Präsidenten Wilson vom 8. Januar 1918 (das 14-Punkte-Programm):
>
> 1. Alle Verträge zwischen Staaten sollen veröffentlicht werden; Abschaffung der Geheimdiplomatie
> 2. Freiheit der Schifffahrt auf allen Meeren
> 3. Aufhebung aller wirtschaftlichen Schranken sowie Festsetzung gleichmäßiger Handelsbeziehungen zwischen den Staaten
> 4. Vereinbarungen über Rüstungsbegrenzungen
> 5. Friedliche Regelung der Kolonialfragen
> 6. Räumung des gesamten russischen Gebiets von fremden Truppen
> 7. Räumung Belgiens von fremden Truppen und Wiederherstellung seiner Neutralität
> 8. Räumung Frankreichs von fremden Truppen; Wiederherstellung der zerstörten Teile; Rückgabe von Elsass-Lothringen an Frankreich
> 9. Grenzen für Italien nach dem Nationalitätenprinzip
> 10. Autonomie der Völker Österreich-Ungarns
> 11. Wiederherstellung Serbiens, Rumäniens und Montenegros
> 12. Gesicherte Souveränität für den türkischen Teil des Osmanischen Reichs, aber Autonomie für die anderen Völker und Ende der türkischen Herrschaft; freie Durchfahrt durch die Dardanellen und den Bosporus
> 13. Errichtung eines unabhängigen polnischen Staates
> 14. Gründung eines Völkerbundes zur Regelung von internationalen Konflikten […].
>
> (Nach: Geschichte in Quellen, Bd. 5, München 1989, S. 104 f. Zusammengefasst)

B 10 Ein deutsches U-Boot versenkt zwei Dampfer aus einem feindlichen Geleitzug. Aquarell von Willy Stöwer, 1917

ARBEITSAUFTRÄGE

1. Beschreibe anhand von K 1 die Strategie der deutschen Militärführung. Erläutere die Folgen des Plans für Belgien. Beurteile die Begründung der deutschen Regierung in Q 2.
2. Lies Q 3. Welches waren die Kriegsziele des Deutschen Reiches im September 1914? Vergleiche mit Q 2. Wie bewertest du die Aussage von Q 2, nachdem du Q 3 gelesen hast?
3. Beschreibe mithilfe von K 5, wie sich der Frontverlauf im Osten verändert hat. Nenne mögliche Gründe für den unterschiedlichen Frontverlauf Ende 1917 bzw. im Sommer 1918.
4. Analysiere K 6 und beurteile die Auswirkungen des Friedensschlusses für Russland. Lies dazu auch den Darstellungstext.
5. Wie begründet Lenin in Q 4 den Friedensschluss von Brest-Litowsk? Nenne Pro- und Kontra-Argumente für seine Haltung.
6. Erläutere und beurteile die Motive der deutschen Admiralität in Q 7 für den uneingeschränkten U-Boot-Krieg; vgl. auch B 9.
7. Nenne mithilfe von Q 8 und Q 11 die Motive für den Kriegseintritt der USA und erläutere die Ziele für die Nachkriegszeit.

3. Kriegswirtschaft und „Heimatfront"

Der Weltkrieg veränderte auch das Leben der Zivilbevölkerung nachhaltig. Da Deutschland nicht auf einen langen Krieg vorbereitet war, führte die englische Seeblockade bald zu einer schweren Versorgungskrise der Bevölkerung. Wie versuchte man die Situation zu bewältigen?

Rationierungen – Der Staat errichtete eine Form von **Zwangswirtschaft**: Rohstoffe wurden beschlagnahmt und der Rüstung zugeführt. Den Bauern und dem Lebensmittelhandel wurden Produktionsvorschriften und Preisbeschränkungen auferlegt. Die knappen Lebensmittel wurden rationiert (= eingeteilt) und mussten über **Lebensmittelkarten** bezogen werden.

Doch die offiziellen Rationen reichten nicht zur Deckung des täglichen Kalorienbedarfs, sodass viele Menschen hungerten, insbesondere in den städtischen Arbeiterhaushalten, auch Kriegsversehrte, Kranke und Rentner. Finanziell Bessergestellte deckten ihren Nahrungsmittelbedarf teilweise auf dem **Schwarzmarkt**, der gegen Kriegsende fast ein Drittel des gesamten Lebensmittelhandels ausmachte. Einen Höhepunkt erreichte der Hunger im „Kohlrübenwinter" 1916/17. An den Folgen der Unterernährung starben in Deutschland rund 800 000 Menschen den Hungertod.

Kriegsanleihen – Um die hohen Kosten der Kriegführung zu bestreiten, wurden die Bürger unter großem Propagandaaufwand zur Zeichnung von **Kriegsanleihen** gedrängt: Das waren Kredite des Staates bei seinen Bürgern; diese liehen dem Staat ihr Geld. Bald gehörte es zur „patriotischen Pflicht", Kriegsanleihen zu zeichnen. Nach dem verlorenen Krieg und dem Untergang des Kaiserrreichs waren sie nahezu wertlos, die Bürger hatten ihr Geld verloren. Einige Unternehmen profitierten aber vom Krieg. Sie erhielten Aufträge des Heeres und konnten dabei große Gewinne machen.

B2 Das Eiserne Kreuz. Lithografie von Heinrich Zille, 1916

B1 Vor einem Lebensmittelgeschäft, Foto 1916

B3 Frauen bei der Arbeit in einer Munitions- und Gewehrfabrik, Foto 1916

4. Kriegswirtschaft und „Heimatfront"

Frauen an der Heimatfront – Besonders Frauen waren durch die Mehrfachbelastung von Haushalt, Familie und Erwerbstätigkeit extrem belastet. Neben die Sorge um die Männer, Väter und Söhne an der Front traten der tägliche Überlebenskampf gegen die miserable Lebensmittelversorgung und die Verpflichtung zur Arbeit in den Betrieben oder anderen Versorgungseinrichtungen. Überall, wo die Männer kriegsbedingt fehlten, übernahmen sie nun Verantwortung.

Innenpolitischer Stimmungswandel – Die Not in der Heimat und die Todesnachrichten von der Front bewirkten einen Umschwung der anfangs kriegsbegeisterten Stimmung. Der politische „Burgfrieden" wurde brüchig. Immer häufiger wurde über die Notwendigkeit eines Friedens diskutiert. Die Linksliberalen und Sozialdemokraten waren gegen Eroberungen als Ziel des Krieges. 1917 forderten sie die Abkehr vom Ziel des militärischen „Siegfriedens" und die Aufnahme von Friedensverhandlungen. Doch die Oberste Heeresleitung unter den Generälen HINDENBURG und LUDENDORFF weitete die Kampfhandlungen mit dem uneingeschränkten U-Boot-Krieg sogar noch aus.

B 5 Protestzug gegen die schlechte Versorgungslage, Foto 1918

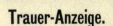

B 4 Ein stummer Proteste gegen die absurden Durchhalteparolen des Kriegsernährungsamts und gegen den Krieg selbst, 1917

Q 6 Eine Australierin berichtet Ende 1917 aus Leipzig:

1 Wir haben eine seltsame Woche durchgestanden – die schlimmste Woche, die das deutsche Volk bis jetzt erleben musste. Keine Kohle, das elektrische Licht abgestellt, Gas heruntergedreht und praktisch nichts zu
5 essen – es scheint keine Kartoffeln mehr zu geben. Jeder hat ein halbes Pfund so genannte „Kartoffelflocken" bekommen. Sie scheinen aus getrockneten Kartoffelschalen zu sein. Wir hatten also dies halbe Pfund, 5 Pfund Rüben, 3 1/2 Pfund Brot und das war alles. [...] Je-
10 des andere Volk dieser Erde würde sich gegen eine Regierung erheben, die es in solches Elend geführt hat, aber diese Leute haben keinen Funken Unternehmungsgeist mehr.

(In: B. Hüppauf [Hg.], Ansichten vom Krieg, Königstein 1984, S. 141. Gekürzt)

ARBEITSAUFTRÄGE

1. Erläutere mithilfe von B 1, B 2 und B 3 die Auswirkungen des Kriegsgeschehens auf die Menschen an der „Heimatfront", berücksichtige besonders die Situation der Frauen.
2. Betrachte B 4 und B 5. Überlege dir selbst eine Protestaktion gegen die schlechte Versorgungslage.
3. Wie beurteilt die Autorin von Q 6 den politischen Widerstandsgeist der Deutschen Ende 1917? Wie ist deine Meinung?

4. Kapitulation und Zusammenbruch der Monarchie

Die Hungersnot sowie die Ängste der Menschen um das eigene Schicksal und das der Soldaten hatten 1917/1918 in ganz Deutschland zu Teuerungsprotesten, Unruhen und Massenstreiks geführt. Doch ein frühes Ende des Krieges konnte die Bevölkerung nicht erzwingen. Erst im November 1918 endete der Krieg mit der bedingungslosen Kapitulation Deutschlands und dem Zusammenbruch der Monarchie. Wie kam es dazu?

Zusammenbruch des Kaiserreichs – Im August 1918 konnte die Oberste Heeresleitung das wirkliche Ausmaß des militärischen Fiaskos nicht mehr verschleiern. Nun forderte sie die Bildung einer neuen Regierung und die sofortige Aufnahme von **Waffenstillstandsverhandlungen**. Am 3. Oktober 1918 trat die neue Regierung unter Reichskanzler Prinz MAX VON BADEN zusammen; ihr gehörten erstmals auch Vertreter der SPD an. Noch am selben Tag schickte die Regierung ein Telegramm an US-Präsident WILSON und ersuchte um die Aufnahme von Waffenstillstandsverhandlungen. Doch Wilson nannte als Bedingungen für Verhandlungen demokratische Verhältnisse in Deutschland und das Ende der Monarchie. Daher gab Prinz Max von Baden am 9. November 1918 ohne Zustimmung Wilhelms II. die **Abdankung des Kaisers** bekannt. Der Weg für ein Waffenstillstandsabkommen war frei.

Q2 Telegramm der deutschen Regierung an den US-Präsident Wilson vom 3.10.1918:

1 Die deutsche Regierung ersucht den Präsidenten der Vereinigten Staaten von Amerika, die Herstellung des Friedens in die Hand
5 zu nehmen […]. Sie nimmt das vom Präsidenten der Vereinigten Staaten in der Kongressbotschaft am 8. Januar 1918 [14-Punkte-Programm] und in seinen späteren
10 Kundgebungen aufgestellte Programm als Grundlage für Friedensverhandlungen an.

(In: Amtliche Urkunden zur Vorgeschichte des Waffenstillstandes 1918, hrsg. vom Auswärtigen Amt, Berlin 1924, S. 74. Gekürzt)

PERSONENLEXIKON

ERICH LUDENDORFF, 1865–1937.
Im 1. Weltkrieg zusammen mit Paul von Hindenburg Chef der Obersten Heeresleitung (OHL). Im Herbst 1918 drängte er die Reichsregierung, Waffenstillstandsverhandlungen aufzunehmen; 1923 Beteiligung am Hitler-Putsch; 1925 Kandidat der NSDAP für die Reichspräsidentenwahl

Q1 Telegramme der Obersten Heeresleitung (OHL) an die deutsche Regierung, im Herbst 1918:

1 *General Hindenburg, 1. 10. 1918:*
„General Ludendorff bat seine dringende Bitte zu übermitteln, dass unser Friedensangebot so-
5 fort hinausgehe. Heute halte die Truppe noch, was morgen geschieht, sei nicht vorauszusehen."

General Hindenburg, 10. 11. 1918:
10 „In den Waffenstillstandsverhandlungen muss versucht werden, Erleichterungen […] zu erreichen. Gelingt die Durchsetzung nicht, so wäre trotzdem abzuschließen."

(In: H. D. Schmid, Fragen an die Geschichte, Band 4, Frankfurt/Main 1983, S. 10. Gekürzt)

B3 „Der Weg zum Waffenstillstand", engl. Flugblatt vom Oktober 1918

Die Waffenstillstandsbedingungen – Am 8. November 1918 nannten die Alliierten die Bedingungen eines Waffenstillstands:
– sofortige Räumung Frankreichs, Belgiens und Luxemburgs
– Abtretung von Elsass-Lothringen an Frankreich
– Besetzung linksrheinischer deutscher Gebiete durch alliierte Truppen binnen 25 Tagen sowie die Einrichtung einer rechtsrheinischen Sicherheitszone
– Entwaffnung der deutschen Armee
– Aufhebung des deutsch-sowjetischen Friedensvertrags von Brest-Litowsk
– Beibehaltung der Blockade Deutschlands durch die Alliierten.

Die deutsche Regierung empfand die Bedingungen als überaus hart. Doch die Alliierten ließen keine Verhandlungen zu. Angesichts der aussichtslosen militärischen Situation sowie der Nöte und Unruhen in Deutschland unterschrieb die deutsche Delegation am 11. November 1918 die Waffenstillstandsurkunde.

Q4 Note des amerikanischen Präsidenten W. Wilson an die deutsche Regierung, 23.10.1918:

1 [Der] Waffenstillstand [muss] eine Wiederaufnahme der Feindseligkeiten seitens Deutschlands unmöglich machen. [...] Die Vereinigten Staaten [werden nur] mit Vertretern des deutschen Volkes verhandeln. [...] Wenn mit den militärischen Beherrschern und monarchischen Autokraten Deutschlands jetzt verhandelt werden muss, kann Deutschland über keine Friedensbedingungen verhandeln, sondern muss sich ergeben.

(In: Amtliche Urkunden zur Vorgeschichte des Waffenstillstandes 1918, hrsg. vom Auswärtigen Amt, Berlin 1924, S. 189 f. Bearbeitet)

B6 Extrablatt der sozialdemokratischen Zeitung „Vorwärts", 9.11.1918

B5 Foto von der Delegation der Alliierten in Compiègne, 11. November 1918

ARBEITSAUFTRÄGE

1. Welche Position vertritt die Oberste Heeresleitung am 1.10.1918 in Q1 hinsichtlich der Erfolgsaussichten Deutschlands im 1. Weltkrieg? Wie beurteilt der englische Karikaturist in B3 das Verhalten der deutschen OHL im Herbst 1918?
2. Die deutsche Regierung empfand die Waffenstillstandsbedingungen und die Haltung der Alliierten als sehr hart. Analysiere Q2, Q4 sowie B6 und versuche, die Enttäuschung der deutschen Seite zu begründen.
3. Die französischen Verhandlungsführer der Alliierten setzten harte Waffenstillstandsbedingungen für Deutschland durch. Nenne mögliche Gründe für die harte französische Haltung.

Suche von Informationen mit dem Internet

Das Internet hat neue Möglichkeiten der weltweiten Kommunikation und Datenübertragung geschaffen. Es ermöglicht auch die Recherche nach (historischen) Fakten und Daten, da es den weltweiten Zugang zu gespeicherten Text-, Bild- und Tondokumenten bietet. Für eine erste Annäherung an ein Thema erweisen sich **elektronische Lexika** und **Nachschlagedienste** wie www.wissen.de, www.geschi.de oder www.wikipedia.org/wiki.de als nützlich.

Wenn du jedoch Webseiten zu einem bestimmten Thema von verschiedenen Institutionen, Organisationen oder Privatpersonen einsehen willst, solltest du für die Suche einen **Katalog** oder eine **Suchmaschine** nutzen. Teste einmal die Nutzung für die Themen **„Erster Weltkrieg"** und **„Imperialismus"**.

Als Suchmaschine nach Stichwörtern wird **„Google"** www.google.de viel genutzt, denn Google ordnet die Suchergebnisse von Webadressen nach Abrufhäufigkeit. Gib für deine Recherche z.B. das **Stichwort „Erster Weltkrieg"** ein und klicke **„Seiten auf Deutsch"** an.
Du erhältst über 784 000 Ergebnisse und musst daher die Suche durch Zusatzstichwörter präzisieren, z.B. „Giftgas".
Über die Maske **Erweiterte Suche** kannst du die recherchierten Dateien weiter eingrenzen.

Eine weitere Suchstrategie besteht darin, direkt die **Webseiten von Institutionen oder Organisationen** zu besuchen, die zu deinem Thema vermutlich Informationen enthalten. Außerdem gibt es für spezielle Themen und Fachgebiete meist Spezialadressen im Internet. Für das Fach Geschichte z.B. die Adressen www.hdg.de, www.lsg.musin.de/gesch, www.bildungsserver.de/geschichte, http://geschichte.zum.de/.

B 1 Internetsuche mit der Suchmaschine www.google.de

Für Internetrecherchen gelten die gleichen quellenkritischen Methoden wie für andere Quellen: Zur Überprüfung von Zahlen, Daten und Darstellungen solltest du immer eine zweite Quelle heranziehen! Aus der Webadresse lässt sich meist ein Hinweis auf den Anbieter der Daten/Informationen entnehmen, sodass du deren Seriosität bzw. Objektivität einschätzen kannst.

WORAUF DU ACHTEN MUSST

1. Suche systematisch (Katalog) oder per Stichwort (Suchmaschine). Gib bei der Suchmaschine ein möglichst treffendes Stichwort oder eine Kombination von Stichwörtern ein.
2. Verschaffe dir einen Überblick über die „Treffer" und überlege, wie sich die Suche weiter eingrenzen lässt.
3. Verarbeite die Inhalte nach den Kriterien der kritischen Quelleninterpretation. Überprüfe Zahlen, Daten und Darstellungen durch (eine) weitere Quelle(n).
4. Zitiere aus dem Internet immer unter Angabe der genauen Webadresse als Quellenangabe.

5. Historiker diskutieren über die Frage der Kriegsschuld

Deutschland und seine Verbündeten wurden im Versailler Vertrag als Alleinschuldige des Ersten Weltkriegs benannt. Doch die deutsche Öffentlichkeit sowie die meisten deutschen Historiker bestritten lange Zeit diese Kriegsschuld, zumindest die Alleinschuld am Ausbruch des Kriegs. Mehrheitlich herrschte die Meinung vor, dass Deutschland im Sommer 1914 in einen gerechten Verteidigungskrieg hineingezwungen wurde.

Die Fischer-Kontroverse – In den 1960er-Jahren wurde die Diskussion erneut durch den Historiker FRITZ FISCHER entfacht. Fischer betonte, dass die deutsche Außenpolitik vor und während des Krieges von aggressiven, expansionistischen Zielen geprägt war. Diese Ziele schlugen sich u.a. im „Septemberprogramm" des Reichskanzlers Bethmann-Hollweg nieder (vgl. Q 3, Seite 260 und basierten auf dem Streben nach einer deutschen Hegemonie in Europa.

Die Debatte um die deutsche Kriegsschuld zeigt, dass historische Sachverhalte sehr kontrovers beurteilt werden können. Sie zeigt auch, dass ein Urteil über historische Ereignisse Wandlungen unterworfen ist.

Q 1 Der Historiker Fritz Fischer zur Kriegsschuld, 1961:

1 Bei der angespannten Weltlage des Jahres 1914, nicht zuletzt als Folge der deutschen Weltpolitik […], musste jeder begrenzte (loka-
5 le) Krieg in Europa, an dem eine Großmacht unmittelbar beteiligt war, die Gefahr eines allgemeinen Krieges unvermeidbar nahe heranrücken.
10 Da Deutschland den österreichserbischen Krieg gewollt, gewünscht und gedeckt hat und, im Vertrauen auf die deutsche militärische Überlegenheit, es im
15 Jahre 1914 bewusst auf einen Konflikt mit Russland und Frankreich ankommen ließ, trägt die deutsche Reichsführung einen erheblichen Teil der historischen
20 Verantwortung für den Ausbruch eines allgemeinen Krieges.

(In: F. Fischer, Der Griff nach der Weltmacht, Düsseldorf 1961, S.97. Gekürzt)

Q 2 Der Historiker W. Mommsen zur Kriegsschuld, 1981:

1 Die verantwortlichen Staatsmänner […] wagten es gar nicht erst, den öffentlichen Erwartungen hinsichtlich der Aussichten einer Verwirklichung imperialistischer Ziele entgegenzuwirken, weil sie fürchteten, dass sie dann des
5 Defätismus [Miesmacherei] oder Pazifismus geziehen würden. […] Unter diesen Voraussetzungen ist es nicht überraschend, dass sich die deutsche Regierung im Juli 1914 […] eigentlich gegen die eigene Überzeugung für einen politischen Kurs entschied, der nach Bethmann-
10 Hollwegs Eingeständnis „einem Sprung ins Dunkle" gleichkam und den Ausbruch des Ersten Weltkrieges unvermeidlich machte.

(In: W. Mommsen: Der autoritäre Nationalstaat, Frankfurt 1990, S. 211)

Q 3 Der Historiker T. Nipperdey zur Kriegsschuld, 1991:

1 Der Krieg, die deutsche Kriegsbereitschaft und die Krisenpolitik waren nicht eine Folge des deutschen Systems. […] Auch in den parlamentarischen Ländern […] spielten die Militärplanungen eine bedeutende und ver-
5 hängnisvolle Rolle. […] Zwei Dinge gelten für alle […]: Alle glaubten sich in der Defensive, und alle waren kriegsbereit. Alle überschätzten die eigene existenzielle Bedrohung, alle unterschätzten den kommenden Krieg. […] Der Krieg kam, weil alle oder einige am Frieden verzwei-
10 felten, nicht weil alle oder einige zum Krieg unter allen Umständen entschlossen waren. Und […] so haben alle Anteil an der Zuspitzung der Krise. […].

(In: T. Nipperdey, Deutsche Geschichte 1866 – 1918, Bd. 2, München 1992, S. 696 f. Gekürzt)

ARBEITSAUFTRAG

1. Analysiere die Texte der drei Historiker. Welche Tendenz zur Kriegsschuldfrage wird jeweils deutlich? Wie ist dein Urteil angesichts deiner Kenntnisse zum Ausbruch des Krieges?

Zeitstrahl – Imperialismus und Erster Weltkrieg

	Politik	Kultur	Alltag/Wirtschaft
1920	1919: Vertrag von Versailles 11.11.1918: Deutsche Kapitulation / Waffenstillstand 9.11.1918: Abdankung des deutschen Kaisers 1917: Kriegseintritt der USA 1914–1918: I. Weltkrieg 1914: Ermordung des österreichischen Thronfolgers 1908/12: Balkankrisen	1918: Zusammenbruch des alten monarchistischen Gesellschaftssystems 1916 f.: Künstler stellen den Schrecken des Krieges dar 1914: Gesellschaftlicher Konsens über die Kriegführung („Burgfrieden"); Kriegspropaganda und Kriegsbegeisterung	Frühjahr 1919: Demonstrationen gegen die Bedingungen des Versailler Friedensvertrags November 1918: Streiks und revolutionäre Erhebungen in ganz Deutschland (Arbeiter- und Soldatenräte) 1916 ff.: Brennstoff- und Lebensmittelrationierung; bis Ende 1918 in Deutschland 800 000 Hungertote)
1910			
1900	1907: Triple-Entente zwischen England, Frankreich und Russland 1904/07: Hereroaufstände in Deutsch-Südwestafrika 1904: Entente cordiale 1900: „Boxeraufstand" in China 1894: Französisch-Russisches Bündnis	1905: Bertha von Suttner erhält den Friedensnobelpreis 1900 ff.: Militarisierung der deutschen Gesellschaft (Beispiele: Flottenschauspiele, Kinofilme, militärische Feiern) 1899–1914: Pazifisten und Sozialisten treten für den Erhalt des Friedens ein 1891: Gründung des „Alldeutschen Verbands"	1914–1918: Die Menschen erleben die Schrecken eines Krieges mit neuer Dimension 1912 ff.: In den europäischen Zeitungen ist häufiger von einem drohenden Krieg zu lesen 1904/07: Ermordung Zehntausender Herero in Deutsch-Südwestafrika um 1900: In den Kinos laufen Filme über die deutsche Kriegsflotte; der Matrosenanzug wird zum beliebtesten Kleidungsstück für Jungen um 1900: Zurschaustellung fremder Kulturen in „Exoten- und Völkerschauen"
1890	1890 ff.: Deutsches Flottenbauprogramm 1888: Wilhelm II. wird Deutscher Kaiser 1882: Dreibund Deutschland, Österreich-Ungarn, Italien		
1880		1880 ff.: Kulturelle Fremdbestimmung der Einheimischen in den Kolonien durch die Kolonialmächte	
1870	1870 ff.: England nutzt in Afrika das Herrschaftssystem „indirect rule"	1870 ff.: Die Kolonialmächte rechtfertigen ihre Politik als „Zivilisation der kolonisierten Völker" 1870 ff.: Afrikanische Könige und Stammesführer werden abhängig von Beamten der Kolonialmächte	1870 ff.: In den Kolonien entstehen Manufakturläden mit industriellen Produkten der Mutterländer; in den Mutterländern der Kolonien entstehen Kolonialwarenläden
1860	1860 ff.: Die Kolonialpolitik der Großmächte steigert sich zum Imperialismus	1860 ff.: Die Menschen in den Kolonien werden mit den „Segnungen" der europäischen Kultur konfrontiert	1860 ff.: Die traditionellen Lebensformen der Menschen in den Kolonien werden zerstört

Zusammenfassung – Imperialismus und Erster Weltkrieg

In der zweiten Hälfte des 19. Jahrhunderts verschärfte sich die Kolonialpolitik der Großmächte zu einem regelrechten „Wettlauf um die Aufteilung der Welt". An dieser **imperialistischen Politik** beteiligten sich u. a. England, Frankreich, Russland, die USA und Deutschland.

Die Kolonialmächte rechtfertigten ihr Eindringen in fremde Länder mit der angeblichen Überlegenheit der europäischen (weißen) Kultur. Tatsächlich hatten sie vor allem wirtschaftliche und machtpolitische Gründe für ihre imperialistische Politik. Die Kolonialpolitik der Weißen war oft von großer Brutalität gegenüber den Einheimischen und ihrer Kultur geprägt. Beim **Aufstand der Herero** in der Kolonie Deutsch-Südwestafrika wurden Zehntausende der dort lebenden Herero getötet.

Kaiser Wilhelm II. wollte die angestrebte Weltmachtstellung Deutschlands mit einer Kampfflotte absichern. Die aggressive **Kolonial- und Flottenpolitik** sowie eine undiplomatische Außenpolitik führten Deutschland in eine Konfrontation mit England, Frankreich und Russland. Als die drei Länder 1907 das Bündnis der Triple-Entente schlossen, war Deutschland in die Isolation geraten.

In dem von machtpolitischen Konflikten aufgeheizten europäischen „Pulverfass" war die Ermordung des österreichischen Thronfolgers nur Anlass, nicht Ursache der Explosion: Im August 1914 begann der **Erste Weltkrieg**, der für die Völker Europas in einer Katastrophe und 1918 für Deutschland in einer Niederlage endete. Der Eintritt der USA in den Krieg 1917 und deren militärische sowie wirtschaftliche Überlegenheit entschied den Krieg: Am 11. November 1918 musste Deutschland die **Kapitulationsurkunde** unterzeichnen. Eine Folge des verlorenen Krieges war das **Ende der Monarchie** in Deutschland; eine **demokratische Republik** wurde ausgerufen.

ARBEITSAUFTRAG

Wie beurteilst du die Auffassung, dass der Imperialismus der europäischen Großmächte eine der Ursachen für den Ausbruch des Ersten Weltkriegs war? Begründe deine Meinung.

ZUM WEITERLESEN

Ettinghoffer, P. C.: Verdun. Das große Gericht, Augsburg 2000
Frank, R.: Der Junge, der seinen Geburtstag vergaß. Ein Roman gegen den Krieg, Ravensburger Buchverlag, Ravensburg 1994
Remarque, E. M.: Im Westen nichts Neues, Kiepenheuer & Witsch, Köln 1993
Timm, U.: Morenge, Kiepenheuer & Witsch, Köln 1985

/1 http://de.wikipedia.org/wiki/Imperialismus
/2 http://de.wikipedia.org/wiki/Sozialdarwinismus
/3 http://www.dhm.de/ausstellungen/tsingtau/katalog/
/4 http://gfbv.de/voelker/afrika/herero.htm
/5 http://www.bmlv.gv.at/hgm/sarajewo.html
/6 http://de.wikipedia.org/wiki/Erster_Weltkrieg
/7 http://www.dhm.de/lemo/html/wkw/aussenpolitik/vertrag/index.html
/8 http://www.dhm.de/lemo/forum/kollektives_gedaechtnis/024/index.html
/9 http://www.versailles-vertrag.de/vv.htm
/10 http://www.lsg.musin.de/Gesch/Material/Quellen/Kriegsschuldfrage_beurteilung.htm
/11 http://www.erster-weltkrieg.clio-online.de/_Rainbow/documents/texte/ZZF/gkracht.pdf

Check-up

Standard-Check: Das solltest du können!

1. Wichtige Arbeitsbegriffe
Hier sind wichtige Arbeitsbegriffe des Kapitels aufgelistet. Übertrage sie in dein Heft und formuliere zu jedem Begriff eine kurze Erläuterung.

Balkankrise	Dreibund
Flottenbaupolitik	Heimatfront
Imperialismus	Reparationen
Menschen- und Materialschlacht	

2. Erstellen von Statistiken und Diagrammen

2.1 Dargestellt sind die Nahrungsmittelrationen in Prozentwerten (1914 = 100 %), die man zwischen Juli 1916 und Juli 1918 auf offizielle Lebensmittelkarten erhielt. Diskutiere, welche Konsequenzen diese Ernährungssituation für Menschen hatte, die sich allein über die Lebensmittelkarten versorgen mussten.

2.2 Übertrage die tabellarische Form der Darstellung in deinem Heft in die Form eines grafischen Schaubildes. Ein Muster findest du unter der Tabelle T 1.

T 1 Nahrungsmittelrationen pro Kopf der Bevölkerung während des Ersten Weltkriegs (in %-Werten, 1914 = 100 %)

	Juli 1916	Juli 1917	Juli 1918
Fleisch	31 %	20 %	12 %
Fisch	51 %	–	5 %
Eier	18 %	13 %	13 %
Butter	22 %	21 %	28 %
Pflanzenfett	39 %	41 %	17 %
Käse	3 %	4 %	15 %
Zucker	49 %	61 %	82 %
Brot/Getreideprodukte	71 %	94 %	94 %
Kartoffeln	53 %	47 %	48 %

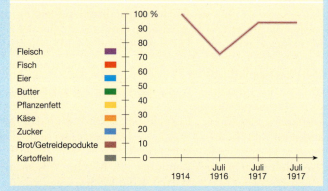

3. Interpretation eines historischen Fotos

3.1 Erläutere den Inhalt des Fotos und die Zeitumstände, unter denen es gemacht wurde.

3.2 Schreibe einen Kurzbericht über die Mehrfachbelastung von Frauen während des Ersten Weltkriegs.

3.3 Diskutiere, wie sich das Rollenverständnis vieler Frauen damals veränderte.

B 2 Frauen bei vormals „typischer" Männerarbeit, Foto 1917

Die Lösungen zu diesen Standard-Checkaufgaben findest du auf Seite 279. Aber: Erst selbst lösen, dann überprüfen. Dein Können kannst du bewerten (☺ ☺ ☹). Deine Leistungsbewertung zeigt dir, was du noch einmal wiederholen solltest.

Das konnte ich
☺ = gut
☺ = mittel
☹ = noch nicht

Lösungen zu den Aufgaben der „Check-up"-Seite 44
Aufbruch in eine neue Zeit und Welt

Aufgabe 1:
Wichtige Begriffe des Kapitels und deren Erläuterung
Ablasshandel: Bezeichnet den Verkauf von Ablassbriefen. Das waren Urkunden, die von der katholischen Kirche im Mittelalter und zu Beginn der Neuzeit an Gläubige verkauft wurden. Mit dem Kauf eines Ablassbriefs war die Zusage verbunden, dass der Gläubige für seine Sünden nur kurz im Fegefeuer büßen müsse. Der Ablasshandel war für die Kirche ein einträgliches Geschäft.
Bannbulle: Bezeichnet meist eine päpstliche Urkunde, mit der ein Geistlicher oder ein Laie von den Sakramenten der Kirche ausgeschlossen und aus der Glaubensgemeinschaft der Christen ausgestoßen wurde. Nach der Verfassung des Deutschen Reichs musste auf einen päpstlichen Bann vom Kaiser auch die Reichsacht verhängt werden. Der Betroffene war damit auch aus der Rechtsgemeinschaft ausgeschlossen und musste um Leib und Leben fürchten. Außer dem Kirchenbann gab es im Mittelalter auch den königlichen Bann, mit dem der König Einzelne oder ganze Städte mit Geboten und Verboten belegen konnte.
Entdeckungsfahrten: Neue technische Erfindungen für die Navigation und die Verbesserung der Schiffe hatten seit dem 15. Jh. die Schifffahrt über das offene Meer erleichtert. In der zweiten Hälfte des 15. Jh. sowie im 16. und 17. Jh. veranlassten die Herrscher der west- und südeuropäischen Länder nun systematisch Entdeckungsfahrten. Auch private Handelsgesellschaften waren an der Finanzierung beteiligt. Ziele der Entdeckungsfahrten waren die Erkundung neuer Seewege, z. B. nach Indien, die Erschließung von Kolonien sowie der gewinnbringende Handel mit Gewürzen, Farbstoffen oder Edelmetallen.
Reformation: (von lat.: *reformatio* = Neugestaltung, Erneuerung). Begriff für die kirchliche Erneuerung im 16. Jh. und die Herausbildung neuer Glaubensgemeinschaften (z. B. Protestanten, Calvinisten, Hugenotten, Puritaner). Zu den wichtigsten Reformatoren im deutschsprachigen Raum gehörten Martin Luther in Wittenberg, Ulrich Zwingli in Zürich sowie Johannes Calvin in Genf. Luthers Lehre fand in Deutschland auch bei einigen Landesfürsten Unterstützung. Dabei spielten sowohl religiöse als auch machtpolitische Gründe eine Rolle.
Reliquie: Als „Reliquie" bezeichnet man einen Gegenstand, der von einer/einem christlichen Heiligen stammt oder mit ihr/ihm in Verbindung gebracht wird. Das kann ein Knochen der/des verstorbenen Heiligen sein oder etwas anderes. Auch wenn ihre Herkunft und Echtheit meist sehr zweifelhaft waren, bildeten Reliquien im Mittelalter begehrte und verehrte Schaustücke in Kirchen sowie an Wallfahrtsstätten. Ihr Besitz zog zahlreiche Pilger an – und mit diesen reiche Spenden.
Renaissance (von frz.: Wiedergeburt): Epoche des Übergangs vom Mittelalter zur Neuzeit. Ausgangspunkt waren im 15./16. Jh. die oberitalienischen Handelsstädte. Von dort breiteten sich die Gedanken der Renaissance und des Humanismus (von lat.: *humanus* = menschenfreundlich) allmählich in Europa aus. Ihre Anhänger verbanden damit antike Ideale in der Kunst und Architektur. Vor allem aber vertraten sie ein neues Menschenbild. Es war vom Anspruch auf Individualismus, Freiheit und der Gestaltung der eigenen Lebensbedingungen gekennzeichnet.
Heliozentrisches Weltbild: Im Gegensatz zum antiken und mittelalterlichen Weltbild, das die Erde im Zentrum der Welt und die Sonne um die Erde kreisen sah (= geozentrisches Weltbild), setzte sich im 16. Jh. allmählich die Erkenntnis durch, dass die Sonne im Mittelpunkt unseres Sonnensystems steht und die Erde als Planet um die Sonne kreist (= heliozentrisches Weltbild). Begründer des heliozentrischen Weltbilds waren Nikolaus Kopernikus und Johannes Kepler. Die Kirche leistete erbitterten Widerstand gegen das heliozentrische Weltbild, weil es angeblich im Widerspruch zum Wortlaut der Bibel stünde.

Aufgabe 2:
Ergänzung und Interpretation einer Abbildung
Aufgabe 2.1: Aus den Kolonien Amerikas wurden Edelmetalle, Baumwolle, Zucker und Tabak nach Europa gebracht. Von Europa aus fuhren Handelsschiffe mit Alkohol, bunten Stoffen, Metallwaren und billigem Glasschmuck an die Südwestküste Afrikas und tauschten dort ihre Ladung gegen Sklaven. Die Sklaven wurden nach Amerika transportiert und auf Sklavenmärkten verkauft.
Aufgabe 2.2: Am atlantischen Dreieckshandel waren Kaufleute aus den amerikanischen Kolonien sowie aus Europa beteiligt, ferner Sklavenhändler aus Afrika und Europa sowie die Plantagenbesitzer in Amerika. Sie alle zogen aus dem Dreieckshandel hohe Gewinne. Als Betroffene waren naturgemäß auch die Millionen Afrikaner beteiligt, die unter Zwang nach Amerika gebracht wurden.
Aufgabe 2.3: Hier ist deine Meinung gefragt.

Aufgabe 3:
Interpretation eines Quellentexts aus unserer Zeit
Aufgabe 3.1: Die Kernaussagen des Textes lauten: Eine Hauptursache für die Hexenverfolgung jener Zeit waren die Existenzängste der Menschen, die vom schnellen gesellschaftlichen Wandel, von Seuchen und Missernten etc. hervorgerufen wurden. In dieser Situation suchten die Menschen nach „Sündenböcken", die sie für ihre Not verantwortlich machen konnten.
Aufgabe 3.2: Der Autor ist ein Historiker unserer Zeit, der das Phänomen der Hexenverfolgung wissenschaftlich untersucht. Er vertritt eine Meinung, diese scheint aber nicht von persönlichen Interessen geprägt zu sein. Der Text richtet sich an Wissenschaftler und an die interessierte Öffentlichkeit.
Aufgabe 3.3: Hier ist deine Meinung gefragt.

Lösungen zu den Aufgaben der „Check-up"-Seite 84
Absolutismus und Aufklärung

Aufgabe 1:
Wichtige Begriffe des Kapitels und deren Erläuterung
Absolute Macht/Absolutismus: Form der Monarchie, in der der König über die uneingeschränkte (absolute) Macht verfügt. Absolutistisch regierenden Königen war es gelungen, die Kontrolle durch die Reichsstände, eine Reichsverfassung oder durch ein Parlament auszuschalten.
Amtsadel: Man unterscheidet zwischen Geburts- und Amtsadel. Die Mitglieder des Amtsadels hatten diesen Stand nicht seit Generationen ererbt, sondern als Anerkennung durch den König erworben. Doch auch die Würde des Amtsadels wurde innerhalb der Familie erblich. Anders als der Geburtsadel gehörte der Amtsadel zum „niederen Adel". Dennoch versuchten viele begüterte Bürger des Dritten Standes, einen Adelstitel zu erwerben, oft gegen Zahlung einer hohen Summe in die Kasse des Königs.
Manufaktur: Bereits in der Antike bekannte, besonders im 17./18. Jh. verbreitete Form des Großbetriebs mit arbeitsteiliger Massenproduktion. Die Werkzeuge, Rohstoffe und das Manufakturgebäude sind Eigentum des Unternehmers. Er zahlt den in der Manufaktur beschäftigten Arbeitern einen Stück- oder Stundenlohn. Der entscheidende Unterschied zur Fabrik ist, dass die Manufaktur noch nicht die Antriebskräfte Dampf bzw. Elektrizität kannte.
Merkantilismus: Staatlich gelenktes Wirtschaftssystem des Absolutismus. Der Staat richtete u. a. Manufakturen ein und baute Verkehrswege. Fertigwaren der Nachbarländer wurden mit hohen Einfuhrzöllen belegt. Nur Rohstoffe sollten ins Land gebracht werden. Der Export eigener Handelsgüter wurde gefördert. So sollten die eigene Wirtschaft und das Steueraufkommen gefördert werden.
Hofadel: Der Hofadel war Teil des Hochadels, also Mitglieder der alten Adelsgeschlechter; er war „hoffähig". Besonders in Frankreich, im Zeitalter des Absolutismus, musste sich der Hofadel auch tatsächlich häufig am Hof des Königs aufhalten, um eigene politische oder wirtschaftliche Interessen durchsetzen zu können.
Stehendes Heer: Im Mittelalter unterhielten Könige und Fürsten kein festes Heer, das dauerhaft zur Verfügung stand. Im Kriegsfall wurden Heere eigens aufgestellt und danach wieder aufgelöst. Erst seit dem 17. Jh. begannen zahlreiche absolutistische Herrscher damit, auch in Friedenszeiten eine Armee dauerhaft unter Waffen zu halten. Ein solches „stehendes Heer" war sehr teuer im Unterhalt. Aber die Fürsten versprachen sich davon größere Macht nach innen und nach außen.
Aufgeklärter Absolutismus: Die Aufklärer hatten den Gedanken verbreitet, dass der Staat ursprünglich ein selbst gewählter Zusammenschluss der Menschen aus vernünftigen Gründen sei. Deshalb sollte die Macht der absolutistischen Fürsten beschränkt und nach den vernünftigen Grundsätzen einer Verfassung neu geordnet werden. Für diese Ideen der Aufklärung waren scheinbar auch einige deutsche Fürsten aufgeschlossen. Man spricht vom „aufgeklärten Absolutismus". Doch von wenigen Ausnahmen abgesehen, gaben sie ihre Stellung als absoluter Monarch nicht preis.
Stände/Ständegesellschaft: Die Herrschafts- und Gesellschaftsordnung des Mittelalters und der frühen Neuzeit war eine Ständegesellschaft mit einer starren Ständeordnung. An ihrer Spitze standen König und weltlicher Adel. Ihnen folgten die Geistlichen der Kirche (= Klerus). Der dritte, unterste Stand waren im Frühmittelalter die Bauern, später Bauern und Stadtbürger. Die politisch führenden und sozial priviligierten Stände waren Adel und Klerus. Der Dritte Stand erlangte erst seit Ende des Mittelalters in den Ständeversammlungen des Reichs als Vertreter der Reichsstädte ersten politischen Einfluss.

Aufgabe 2 : Richtig oder falsch?
Die Aussage: *„Als Absolutismus bezeichnet man eine Herrschaftsform, die in Europa zwischen ca. 1500 – ca. 1700 existierte"*, ist wegen des genannten Zeitraums falsch. Richtig ist der Zeitraum: zwischen ca. 1500 – ca. 1850.
Die Aussage : *„Der Merkantilismus gilt als typische Wirtschaftsform des Absolutismus unter König Karl I."* ist falsch. Der Merkantilismus entstand in Frankreich und erlebte seine Blütezeit unter Ludwig XIV.

Aufgabe 3: Aufbau einer absolutistischen Gesellschaft
Aufgaben 3.2: Die Säulen des Schaubilds sind (von links nach rechts) mit den Bezeichnungen „Hofadel", „Heer", „Verwaltung" und „Wirtschaft" zu beschriften. Im Giebel des Hauses steht der König, ganz unten der Dritte Stand.
Aufgabe 3.3: Das Schaubild bringt zum Ausdruck, dass sich der König als „über dem Staat stehend" versteht. Die Stützen (Säulen) seiner Macht sind „Hofadel", „Heer", „Verwaltung" und „Wirtschaft". Obwohl die Bürger des Dritten Stands (Bauern und Stadtbürger) den größten Bevölkerungsanteil stellen und 90 % des Steueraufkommens zahlen, werden sie nicht als „Stützen des Staates" gesehen.
Aufgabe 3.4: Ludwig XIV. war es gelungen, den Adel der Herzogtümer und Grafschaften weitgehend zu entmachten und an seinen Hof in Versailles zu binden. Dort konnten sie dem König zwar ihre politischen und wirtschaftlichen Interessen vortragen, aber seinen absolutistischen Machtanspruch konnten sie nicht gefährden. Sie spielten ihre „Rollen" im Zeremoniell des „Sonnenkönigs".

Aufgabe 4: Bildinterpretation
Aufgaben 4.1. und 4.2: Der Zeichner hat Ludwig XIV. in seiner Karikatur aller Attribute der königlichen Würde beraubt. Zum Vorschein kommt ein kleiner, hässlicher und gebrechlich wirkender Mann. Der Zeichner bringt damit zum Ausdruck, dass die Selbstdarstellung Ludwigs XIV. als „Sonnenkönig" vor allem vom äußeren Schein lebt.
Aufgaben 4.3: Hier ist deine Meinung gefragt.

Lösungen zu den Aufgaben der „Check-up"-Seite 140
Bürgerliche Revolutionen / Napoleon

Aufgabe 1:
Wichtige Begriffe des Kapitels und deren Erläuterung
Frontier: Bezeichnung für die vordere Grenzlinie der von den europäischen Siedlern in Nordamerika erschlossenen Gebiete. Da die Erschließung von den ersten Kolonien der Ost- zur Westküste erfolgte, verschob sich auch die Frontier kontinuierlich in dieser Richtung.
Gewaltenteilung: Die Philosophen der Aufklärung forderten, die absolute Macht der Fürsten zu begrenzen und auf mehrere Institutionen zu übertragen. In den neuen Staatsverfassungen der USA (1789) und Frankreichs (1791) gab es deshalb das Parlament (gewählte Volksvertreter) als Gesetzgebende Gewalt (Legislative). Davon getrennt waren die Ausführende Gewalt der Regierung (Exekutive) und die unabhängige Recht sprechende Gewalt der Gerichte (Jurisdiktion). Diese Dreiteilung der Macht ist kennzeichnend für einen modernen Rechtsstaat.
Glorious Revolution: Bezeichnung für die unblutige Revolution von 1689 in England. Das englische Parlament hatte 1660 die Nachkommen Karls I. wieder auf den Thron berufen. Als es gut 25 Jahre später erneut zu Konflikten zwischen dem Parlament und dem englischen König kam, setzte das Parlament 1689 den bisherigen König ab und berief mit Wilhelm von Oranien einen neuen König. Wilhelm musste zuvor mit der Bill of Rights weitreichende Zugeständnisse an das englische Parlament machen.
Jakobiner: Der bedeutendste politische Klub der Französischen Revolution, benannt nach dem Versammlungsort, dem ehemaligen Kloster St. Jacob in Paris. Die Jakobinerklubs hatten zahlreiche Ableger in ganz Frankreich. In der Nationalversammlung bildeten sie die radikal-republikanische Partei; ab 1793 waren sie für die Schreckensherrschaft („terreur") der radikalisierten Revolution verantwortlich. 1794 wurden der Jakobinerklub aufgelöst und seine Führer, u. a. Maximilien Robespierre, hingerichtet.
Nationalkonvent: 1789 hatten sich in Frankreich die Abgeordneten des Dritten Standes zur National*versammlung* erklärt. Sie arbeitete eine Verfassung aus, mit der Frankreich zur konstitutionellen Monarchie wurde. Im Herbst 1792 wurde eine neue Verfassungsversammlung gewählt. Sie trug den Namen National*konvent*. Im Nationalkonvent dominierten die radikaleren politischen Kräfte; er beschloss daher die völlige Abschaffung der Monarchie.
Rheinbund: Im Juli 1806 sagten sich 16 süd- und westdeutsche Staaten vom Deutschen Reich los und bildeten den Rheinbund. Das war das Ende des „Heiligen Römischen Reichs deutscher Nation"; der Habsburger Franz II. trat als deutscher Kaiser zurück. Die Rheinbundstaaten waren von Napoleon abhängig und mussten Truppen sowie Geld für die Kriege Napoleons bereitstellen. 1813 löste sich der Rheinbund wieder auf.
Preußische Reformen: Nach der schweren Niederlage Preußens gegen Napoleon 1806 kamen der preußische König und die Regierung zu der Einsicht, dass die Zukunft Preußens nur durch eine Reihe einschneidender Reformen gesichert werden könne. Zu diesen Reformen, die zwischen 1807 und 1811 eingeleitet wurden, gehörten u. a. die Befreiung der Bauern aus der Leibeigenschaft, eine neue Städteordnung, die Einführung der Gewerbefreiheit, eine Bildungsreform und das Edikt über die Judenemanzipation.
Sezessionskrieg: Bürgerkrieg der amerikanischen Südstaaten gegen die Nordstaaten (1861–1865). Die Nordstaaten hatten 1861 die totale Abschaffung der Sklaverei gefordert, woraufhin etwa 10 Südstaaten ihren Austritt aus den Vereinigten Staaten erklärten. Darüber kam es zum blutigen Bürgerkrieg, den 1865 die Nordstaaten siegreich beendeten. Die Südstaaten wurden wieder angeschlossen; die Sklaverei wurde offiziell abgeschafft.

Aufgabe 2:
Analyse und Interpretation von Diagrammen
Aufgabe 2.1: Um 1780 machte der Dritte Stand (Bürger und Bauern) in Frankreich etwa 98 % der Bevölkerung aus (B1). Die Verteilung des Landbesitzes (B2) entsprach jedoch nicht dieser Bevölkerungsverteilung. Denn 30 % des Landes besaß der Erste Stand (Geistliche/Kirche), 40 % besaß der französische Adel. Die Steuern (B3) wurden nicht nach den Vermögensverhältnissen erhoben (vgl. B2). Adlige waren ganz von Steuern befreit, der Dritte Stand leistete etwa 90 % des Steueraufkommens.
Aufgabe 2.2: Obwohl der Dritte Stand die bei weitem größte Bevölkerungsgruppe stellte und 90 % der Steuern aufbrachte, hatte er in der Ständeversammlung nur geringen politischen Einfluss. 1789, während der Generalständeversammlung, lehnte der französische König die Forderung des Dritten Standes ab, dass nach Köpfen und nicht nach Ständen getrennt abgestimmt werden solle. Daraufhin erklärte sich der Dritte Stand zur Nationalversammlung und leitete damit die Französische Revolution ein.

Aufgabe 3:
Analyse und Interpretation eines Schaubilds
Aufgabe 3.1: Nur Bürger mit einem bestimmten Mindestvermögen durften die Stadtverordneten (Stadtparlament) wählen. Das Wahlrecht war ein so genanntes „Zensuswahlrecht". Das Stadtparlament wählte den Magistrat, der dann aus seinen Reihen Kandidaten für die wichtigen Ämter der Stadt (z. B. für den Bürgermeister) vorschlug. Ausgewählt und ernannt wurden sie durch den preußischen König.
Aufgabe 3.2: Das Zensuswahlrecht der preußischen Städteordnung hatte zur Folge, dass nur begüterte Bürger in das Parlament und die Stadtregierung gewählt wurden.
Aufgabe 3.3: Da der König aus den Kandidaten für wichtige Ämter der Stadt „seine" Kandidaten auswählen und ernennen konnte, war das Recht zur Selbstverwaltung der Städte deutlich eingeschränkt.

Lösungen zu den Aufgaben der „Check-up"-Seite 170
Die deutsche Revolution von 1848

Aufgabe 1:
Wichtige Begriffe des Kapitels und deren Erläuterung
Deutscher Bund von 1815: Auf dem Wiener Kongress von 1814/15 wurde von den deutschen Fürsten der Deutsche Bund gegründet. Er schloss 35 deutsche Einzelstaaten und vier Städte zusammen. Sein Ziel war der gegenseitige Schutz der Mitgliedsstaaten. Faktisch war er auch ein Instrument der Fürsten zur Unterdrückung der liberalen und demokratischen Opposition in den Einzelstaaten. Der Deutsche Bund bestand bis 1866, als Preußen die bisherige Vormacht Österreich im Bund angriff und besiegte.
Frankfurter Nationalversammlung: Versammlung von ca. 550 gewählten Delegierten aus allen Staaten Deutschlands (des Deutschen Bundes von 1815). Die Nationalversammlung tagte von Mai 1848 bis April 1849 in Frankfurt a. M. Ihre Aufgaben und Ziele waren:
– die Zugehörigkeit der Staaten des Deutschen Bundes zum angestrebten Nationalstaat zu bestimmen,
– eine Verfassung für diesen deutschen Nationalstaat auszuarbeiten.
Der Verfassungsentwurf der Nationalversammlung sah die so genannte „kleindeutsche Lösung" eines Nationalstaats vor, das heißt ohne Beteiligung Österreichs, sowie eine konstitutionelle Monarchie.
Konstitutionelle Monarchie: Form der staatlichen Ordnung, bei der zwar weiterhin ein König an der Spitze des Staates steht. Im Gegensatz zur absoluten Monarchie (↑ Absolutismus) sind die Rechte des Königs in der konstitutionellen Monarchie aber durch die Rechte des Parlaments eingeschränkt. Welche Rechte der König bzw. das Parlament hat, regelt die Verfassung (lat.: *constitutio*).
Parteien: Sie entstanden als Zusammenschluss von Abgeordneten in den Parlamenten. Abgeordnete mit gleichen oder ähnlichen Zielen schlossen sich in einer Partei zusammen. In Deutschland bildeten sich frühe Formen der Parteien, die Fraktionen, erstmals 1848 im Parlament der Nationalversammlung. Heute sind Parteien Organisationen mit meist zahlreichen Mitgliedern. Sie stellen bei Wahlen ihre Kandidaten und Programme zur Abstimmung.
Wiener Kongress: Er fand 1814/15 als Kongress der Fürsten Europas statt. Die Fürsten trafen dort Vereinbarungen, die ihre durch die Französische Revolution und die Herrschaft Napoleons erschütterte absolutistische Machtposition wiederherstellen sollte (lat.: Restauration = Wiederherstellung). Die großen europäischen Staaten sicherten sich auf dem Kongress auch ihre Gebietsgewinne während der napoleonischen Kriege.

Aufgabe 2:
Interpretation des Verfassungsschemas der Frankfurter Nationalversammlung vom März 1849
Aufgaben 2.1 und 2.2. Die Machtstellung des Kaisers war nach dem Verfassungsentwurf der Frankfurter Nationalversammlung zwar weiterhin groß, aber deutlich eingeschränkt. Der erbliche Kaiser war „automatisch" Staatsoberhaupt. Er sollte über die Ernennung bzw. Abberufung der Reichsregierung entscheiden können und verfügte auch über das Recht, den Reichstag aufzulösen. Doch waren diese Rechte eher formaler Art, denn die Reichsregierung war dem Reichstag gegenüber rechenschaftspflichtig, nicht dem Kaiser. In die konkrete Regierungsarbeit war der Kaiser laut Verfassung nicht eingebunden.
Der Reichskanzler hatte eine starke Stellung, solange er das Vertrauen der Mehrheit der Abgeordneten des Reichstags besaß. Er sollte, wie die Minister der Regierung, dem Reichstag gegenüber Rechenschaft ablegen, nicht dem Kaiser.
Der Reichstag konnte die von der Regierung eingebrachten Gesetze beschließen oder ablehnen; er konnte auch eigene Gesetzesentwürfe zur Abstimmung einbringen. Ohne seine Zustimmung konnte der Etat (Haushalt) der Regierung nicht verabschiedet werden. Seine politische Bedeutung besaß der Reichstag auch als Forum der Diskussion; darüber berichteten dann die Zeitungen.
Aufgabe 2.3: Mit dem allgemeinen, gleichen und geheimen Wahlrecht (wenn auch nur für Männer) enthielt der Verfassungsentwurf von 1849 ein zentrales Element demokratischer Verfassungen. Der so gewählte Reichstag entschied über die Zusammensetzung der Regierung und verfügte über Kontrollmöglichkeiten der Regierungsarbeit. Auch das Prinzip der Gewaltenteilung war gewährleistet. Der Verfassungsentwurf der Nationalversammlung von 1849 war daher demokratisch.
Aufgabe 2.4: Ein vom Staatsoberhaupt, der Regierung und dem Parlament (Reichstag) unabhängiges oberstes Gericht kann die Verfassung und die demokratischen Grundrechte der Bürger gegenüber missbräuchlichen Änderungen oder gegenüber verfassungswidrigen Gesetzen der Regierung schützen.

Aufgabe 3: Interpretation eines Quellentextes
Aufgaben 3.1. und 3.2: Der Staatswissenschaftler v. Haller versucht in seinem Text, den absolutistischen Anspruch der deutschen Fürsten, der durch die Aufklärung, die bürgerlichen Revolutionen und die Herrschaft Napoleons in Europa schwer erschüttert war, zu rechtfertigen.
Aufgabe 3.3: Carl Ludwig v. Haller war ein konservativer, königstreuer Staatswissenschaftler. Er schrieb den Text 1816, also direkt nach dem Wiener Kongress, auf dem die Fürsten Europas ihre alte absolutistische Machtposition wiederherstellen wollten. Der Text war vor allem als Streitschrift gegen die liberale und demokratische Opposition in Deutschland gerichtet und sollte deren Forderungen nach politischer Freiheit und parlamentarischer Mitbestimmung zurückweisen.
Aufgabe 3.4: Hier ist deine Meinung gefragt.

Lösungen zu den Aufgaben der „Check-up"-Seite 198
Industrialisierung und soziale Frage

Aufgabe 1:
Wichtige Begriffe des Kapitels und deren Erläuterung
Aktiengesellschaft: Ein Unternehmen, das sein benötigtes Kapital durch den Verkauf von Anteilsscheinen an dem Unternehmen (= Aktien) beschafft. Die Käufer der Aktien (= Aktionäre) sind dann Miteigentümer des Unternehmens und daher am Gewinn oder Verlust beteiligt.
Dampfmaschine: Maschine, die thermische Energie (z. B. aus der Verbrennung von Kohle) in mechanische Energie umwandelt, z. B. für den Antrieb einer Pumpe. Der höhere Druck des zu Wasserdampf erhitzten Wassers kann in mechanische Energie umgewandelt werden. Mit der Dampfmaschine konnte sehr viel mehr Energie erzeugt werden als früher; sie machte die Energieversorgung auch weitgehend unabhängig von äußeren Faktoren. Dampfmaschinen markierten den Beginn der Industrialisierung.
Fabrik: Ende des 18. Jh. zuerst in England entstandene Form des Großbetriebs mit arbeitsteiliger Massenproduktion. Sie ist die typische Produktionsstätte des Industriezeitalters. Der entscheidende Fortschritt gegenüber der Manufaktur war der Einsatz neuartiger Maschinen mit neuer Antriebskraft: anfangs Dampf, später Elektrizität. Dadurch konnte die Warenproduktion vervielfacht werden.
Klassenkampf: Nach der Theorie von Marx und Engels mündet die Ausbeutung der Arbeiter (Proletarier) durch die Besitzer der Produktionsmittel (Maschinen, Rohstoffe, Fabrikgebäude etc.) unausweichlich im Klassenkampf und schließlich in einer Revolution. Dann würden die Produktionsmittel in Gemeineigentum überführt; die Gesellschaft wandele sich zum klassenlosen Kommunismus.
Manufaktur: Form des Großbetriebs mit arbeitsteiliger Massenproduktion (z. B. Porzellanmanufaktur). Die Werkzeuge, Rohstoffe und das Manufakturgebäude sind Eigentum des Unternehmers. Er zahlt den Arbeitern einen Stück- oder Stundenlohn. Der entscheidende Unterschied zur Fabrik ist die eingesetzte Energieform. Die Manufaktur kennt noch keinen Dampf- oder Elektroantrieb.
Proletarier, Proletariat: (von lat.: *proletarius* = Bürger der untersten Klasse). Seit der Industrialisierung Bezeichnung für eine neue soziale Gruppe von kaum ausgebildeten und schlecht bezahlten Lohn-/Fabrikarbeitern. Im Kommunismus bezeichnet der Begriff die Arbeiterklasse.
Schlüsselindustrie: Ein Industriezweig, der aufgrund seiner Größe eine große Bedeutung für eine Volkswirtschaft hat (Beispiel: Maschinenbau) oder dessen Technologie die Basis für zahlreiche andere Industriezweige ist (Beispiel: Chemische Industrie).
soziale Frage: Bezeichnung für die sozialen Probleme, die im Gefolge der Industrialisierung entstanden und vor allem die Arbeiterschaft betrafen. Dazu gehörten: niedrige Löhne, lange Arbeitszeiten, gefährliche Arbeitsbedingungen, ärmliche Wohnverhältnisse, die fehlende soziale Absicherung bei Krankheit oder im Alter, Kinderarbeit etc.

Aufgabe 2: Interpretation von Statistiken und Diagrammen
Aufgabe 2.1: Vorteil der Darstellungsform in einer Statistik ist die große Präzision der Zahlenwerte. Ihr Nachteil gegenüber dem Diagramm ist die geringere Übersichtlichkeit; zentrale Entwicklungstrends sind schlechter zu erkennen. Beim Diagramm verhält es sich umgekehrt.
Aufgaben 2.2. und 2.3: In England begann die Industrialisierung früh und behielt ihren kräftigen Entwicklungstrend bei. Gründe waren ein früh einsetzendes Bevölkerungswachstum und die damit verbundene Bereitstellung eines großen Arbeiterheeres, zahlreiche Erfindungen und technische Innovationen im eigenen Land sowie eine Schicht aus Kaufleuten, Adligen und bürgerlichen Unternehmern, die früh bereit waren, ihr Geld in neue Produkte und Technologien zu investieren.
In Deutschland setzte die Industrialisierung verspätet ein. Als Gründe sind das gegenüber England später einsetzende Bevölkerungswachstum, die territoriale Zersplitterung in zahlreiche Einzelstaaten und der fehlende einheitliche Binnenmarkt zu nennen. Auch hatten Großgrundbesitzer und Adel, anders als in England, keine Interesse an der industriellen Entwicklung. Das deutsche Bürgertum, die Antriebs- und Unternehmerschicht der Industrialisierung, gewann erst ab den 1830er-Jahren an Bedeutung.
Österreichs industrielle Entwicklung verlief bis etwa 1840 parallel zur deutschen. Nach der Gründung des Deutschen Zollvereins 1834, dem Österreich nicht angehörte, verlor es den Anschluss an die industrielle Entwicklung. Dazu trug die konservative, adelsfreundliche Politik bei.
Frankreichs Industrialisierung setzte zwar früh ein, aber das geringe Bevölkerungswachstum und die ungebrochene Bedeutung der Landwirtschaft waren für die vergleichsweise „flache" Entwicklung im 19. Jh verantwortlich.
In den USA begann die Industrialisierung erst mit dem Zustrom von Millionen Einwanderern ab den 1830er-Jahren. Dann verlief die Entwicklung ungebremst und kräftig. Auch Russlands Industrialisierung begann erst in den 1830/40er-Jahren. Sie verlief im 19. Jh. kontinuierlich, aber – gemessen an der Größe und Einwohnerzahl – auf niedrigem Niveau.

Aufgabe 3: Interpretation einer Karikatur
Aufgabe 3.1: Die Karikatur bringt die Mechanisierung und monotone Gleichförmigkeit der Fabrikarbeit zum Ausdruck.
Aufgabe 3.2: Die Monotonie der Arbeit wird durch die Gleichförmigkeit der Figuren (Mimik, Körperhaltung) und der von ihnen bedienten Werkzeuge ausgedrückt.
Aufgabe 3.3: Der Karikaturist betrachtet Fabrikarbeit kritisch. Die von den Maschinen vorgegebenen, immer gleichen Abläufe und Bewegungen sind für die Arbeiter(innen) eine Belastung.
Aufgabe 3.4: Hier ist deine Meinung gefragt.

Lösungen zu den Aufgaben der „Check-up"-Seite 240
Das Deutsche Kaiserreich

Aufgabe 1:
Wichtige Begriffe des Kapitels und deren Erläuterung
Berliner Kongress: Treffen der Vertreter der Großmächte in Berlin im Jahr 1878. Nach dem Sieg im russisch-türkischen Krieg wollte Russland weitgehende territoriale und machtpolitische Ziele durchsetzen, stieß aber auf den Widerstand Österreichs und Großbritanniens. Österreich wehrte sich gegen ein großbulgarisches Reich auf dem Balkan mit Russland als „Schutzmacht", Großbritannien war gegen eine russische Kontrolle der Meerengen bei Konstantinopel. Ein weiterer Krieg drohte. Auf dem Berliner Kongress brachte Bismarck, als „ehrlicher Makler" einen Kompromiss zustande, der vorläufig den Frieden auf dem Balkan sicherte.
Konstitutionelle Monarchie: Form der staatlichen Ordnung, bei der zwar weiterhin ein König an der Spitze des Staates steht; im Gegensatz zur absoluten Monarchie (→ Absolutismus) sind die Rechte des Königs in der konstitutionellen Monarchie aber durch die Rechte des Parlaments eingeschränkt. Welche Rechte der König bzw. das Parlament in der konstitutionellen Monarchie haben, regelt die Verfassung (lat.: *constitutio*).
Norddeutscher Bund: Vereinigung der deutschen Staaten nördlich des Mains unter preußischer Führung. Der Norddeutsche Bund trat an die Stelle des Deutschen Bundes. Seine Verfassung bildete die Grundlage der Reichsverfassung von 1871. Die süddeutschen Staaten vollzogen die Gründung des Deutschen Reiches 1871 durch Beitritt zum Norddeutschen Bund.
Parteien: Sie entstanden als Zusammenschluss von Abgeordneten in den Parlamenten; Abgeordnete mit gleichen oder ähnlichen politischen Zielen schlossen sich in einer Partei zusammen. In Deutschland bildeten sich frühe Formen der Parteien, die Fraktionen, erstmals 1848 im Parlament der Nationalversammlung. Aus Gruppen von Parlamentariern wurden allmählich Organisationen mit vielen Mitgliedern. Heute stellen Parteien bei Wahlen nicht nur Kandidaten, sondern auch Programme zur Abstimmung.
Sozialistengesetz: Versuch Bismarcks, den wachsenden politischen Einfluss der Sozialdemokratie und der Gewerkschaften durch ein Gesetz zu unterdrücken; abgesehen von der Teilnahme an Wahlen (die sozialdemokratische Reichstagsfraktion blieb bestehen) wurden die Sozialdemokraten von jeder politischen Betätigung ausgeschlossen, ihre Zeitungen und Vereine wurden verboten. Das Sozialistengesetz galt von 1878 bis 1890.
Sozialstaat: Bezeichnung für einen Staat, der durch Gesetze auf einen gewissen Ausgleich sozialer Unterschiede bzw. für die soziale Sicherheit seiner Staatsangehörigen auf einem Mindestniveau sorgt. Bismarcks Sozialgesetzgebung mit der Einführung der ersten Sozialversicherungen wird als Anfang des deutschen Sozialstaats angesehen.
Verfassung: In modernen Staaten regelt die Verfassung die Auf- und Verteilung der Staatsgewalt auf verschiedene Institutionen sowie Personen (Gewaltenteilung). Ziel dieser Aufteilung ist einerseits, eine zu große Machtkonzentration bei einer Person oder bei wenigen Personen zu verhindern. Andererseits soll die Unabhängigkeit der verschiedenen Institutionen gesichert werden, beispielsweise die der Gerichte/Rechtsprechung.
In konstitutionellen Monarchien beruht die Verfassung meist auf einer (schriftlichen) Übereinkunft zwischen König und Parlament über deren jeweilige Rechte und Pflichten. In absoluten (absolutistischen) Monarchien oder in Diktaturen existiert entweder gar keine Verfassung oder sie existiert nur „auf dem Papier".

Aufgabe 2:
Interpretation des Verfassungsschemas (Deutsches Reich 1871)
Aufgaben 2.1 und 2.2:
Die Machtstellung des Kaisers war insofern groß, als er allein über die Wahl bzw. die Abberufung des Reichskanzlers entschied. Er verfügte auch über das Recht, den Reichstag aufzulösen. In die konkrete Regierungsarbeit war der Kaiser laut Verfassung aber nicht eingebunden.
Der Reichskanzler hatte eine sehr starke Stellung, solange er das Vertrauen des Kaisers besaß. Der Reichstag (und/oder der Bundesrat) konnten ihn nicht abwählen oder politisch zur Rechenschaft ziehen. Nur der Reichskanzler (oder die ihm unterstellten Staatssekretäre) konnte(n) Gesetzesentwürfe zur Abstimmung in den Reichstag (und den Bundesrat) einbringen.
Der Reichstag konnte die von der Regierung eingebrachten Gesetze entweder beschließen oder ablehnen; eigene Gesetzesentwürfe konnte der Reichstag nicht zur Abstimmung einbringen. Ohne seine Zustimmung konnte der Etat (Haushalt) der Regierung nicht verabschiedet werden. Ausgaben der Regierung waren ohne Zustimmung des Parlaments zum Etat verfassungswidrig. Seine politische Bedeutung besaß der Reichstag mehr als Forum der Diskussion; darüber berichteten dann die Zeitungen.
Aufgabe 2.3:
Mit dem allgemeinen, gleichen und geheimen Wahlrecht (wenn auch nur für Männer) enthielt die Verfassung von 1871 ein wichtiges Element demokratischer Verfassungen. Doch der fehlende Einfluss des Reichstags auf die Zusammensetzung der Regierung und seine geringe Kontrollmöglichkeit der Regierungsarbeit lassen nur ein Urteil zu: Die Verfassung des Deutschen Reichs von 1871 war nicht demokratisch.

Aufgabe 3:
Interpretation eines Quellentextes
Aufgaben 3.1 und 3.2:
In seinem Wahlaufruf zu den ersten Reichstagswahlen bringt der Nationalliberale Eduard Lasker seine Begeisterung über die Reichsgründung zum Ausdruck. Er äußert sich über den erwünschten Charakter der zukünftigen Regierung (sparsam, rechtliebend, weise) und bringt die Erwartung zum Ausdruck, dass der Staat den „nützlichen Kräften" „freie Entfaltung" ermöglichen soll. Das ist natürlich auf die Wirtschaft, das Unternehmertum gemünzt. Sein Appell an die „Gerechtigkeit", was Wohltaten und Lastenverteilung angeht, zielt ebenfalls auf günstige Bedingungen für das Bürgertum. Versteckt lässt sich daraus vielleicht eine Kritik an den Adelsprivilegien z. B. in steuerlicher Sicht ablesen.
Aufgabe 3.3:
Eduard Lasker (1829–1894) war 1862–1879 Mitglied des preußischen Abgeordnetenhauses, 1876–1884 Mitglied des Reichstages (zunächst des Norddeutschen Bundes, dann des Deutschen Reiches). Er war Mitbegründer der Nationalliberalen Partei, die unter dem Eindruck des preußischen Sieges über Österreich entstand und Bismarck unterstützte. In der Quelle wird diese Unterstützung deutlich sichtbar. Lasker fordert hier keine weitergehenden demokratischen Rechte, sondern begnügt sich mit einem Appell, der den Interessen des aufstrebenden Wirtschaftsbürgertums entsprach. Später geriet Lasker wegen des Kulturkampfs, der Sozialistengesetze und der Schutzzollpolitik Bismarcks allerdings immer mehr in Gegensatz zu seiner Partei und trat 1880 aus ihr aus.

Lösungen zu den Aufgaben der „Check-up"-Seite 272
Imperialismus und Erster Weltkrieg

Aufgabe 1:
Wichtige Begriffe des Kapitels und deren Erläuterung
Balkankrise: Die tieferen Ursachen der Balkankrise waren:
- die innere Schwäche des Osmanischen Reichs und dessen fortschreitender Kontrollverlust über die beherrschten Balkanstaaten (seit Mitte des 19. Jahrhunderts)
- der Versuch Russlands und Frankreichs, in das entstehende Machtvakuum vorzudringen
- die Entstehung einer südslawischen Nationalbewegung (Panslawismus), die alle Südslawen unter türkischer Herrschaft (Rumänen, Bulgaren, Serben, Montenegriner) bzw. österreichisch-ungarischer Herrschaft (Bosnien, Herzegowina) befreien und in einem Staat vereinigen wollte
- das hegemoniale Großmachtstreben des Deutschen Reichs unter Kaiser Wilhelm II., das sich auch gegen eine Machtausweitung Russlands auf dem Balkan richtete.

Wegen dieser gegensätzlichen, konfliktreichen Interessen, die auf dem Balkan zusammenstießen, sprach man Anfang des 20. Jahrhunderts vom „Pulverfass Balkan". Die Ermordung des österreichischen Thronfolgers durch einen serbischen Nationalisten 1914 in Sarajewo brachte das „Pulverfass" zur Explosion und löste den Ersten Weltkrieg aus. Das Attentat war aber nur der Auslöser, nicht die eigentliche Ursache für den Krieg.

Dreibund: Verteidigungsbündnis der Staaten Deutschland, Österreich-Ungarn, Italien, das erstmals 1882 geschlossen und 1912 erneuert wurde. Italien schied jedoch schon 1914/15 aus dem Bündnis aus, das damit nur noch aus den so genannten Mittelmächten Deutschland und Österreich-Ungarn bestand. Dem Dreibund, später den beiden Mittelmächten, stand seit 1907 das Verteidigungsbündnis der so genannten Triple-Entente – Großbritannien, Frankreich und Russland – gegenüber.

Flottenbaupolitik: Bestrebung des deutschen Kaisers und der führenden deutschen Militärs, die angestrebte deutsche Weltmachtstellung durch eine starke Schlachtflotte abzusichern; die Flottenbaupolitik der deutschen Regierung führte seit Beginn des 20. Jahrhunderts zu starken Spannungen mit Großbritannien, das darin eine Bedrohung seiner führenden Rolle als Seemacht sah.

Heimatfront: Bezeichnung für den Teil der Zivilbevölkerung, der an der Produktion oder Bereitstellung von Waffen oder sonstigen kriegsnotwendigen Materialen beteiligt war.

Imperialismus: Das Streben der Großmächte oder eines einzelnen Staates nach politischer, wirtschaftlicher und militärischer Hegemonie über andere Staaten. Ziel einer imperialistischen Politik ist die wirtschaftliche Ausbeutung der beherrschten Staaten sowie der Ausbau der eigenen machtpolitischen Stellung. Als Höhepunkt der imperialistischen Großmachtpolitik gilt die Zeit von 1870–1914. Der Imperialismus der europäischen Großmächte war eine Ursache für den Ausbruch des Ersten Weltkriegs.

Menschen- und Materialschlacht: Bezeichnung für eine Kriegsstrategie, bei der der Gegner durch die „Masse" der eingesetzten Soldaten und Kriegsmaterialien überrollt werden soll; im Ersten Weltkrieg waren die Folgen dieser Strategie, die von beiden Kriegsparteien verfolgt wurde, mehr als 8,5 Millionen toter Soldaten sowie weitere Millionen Tote unter der Zivilbevölkerung.

Aufgabe 2:
Erstellen von Statistiken und Diagrammen
Aufgabe 2.1:
In den Jahren 1916–1918 musste die deutsche Zivilbevölkerung ihren täglichen Kalorienbedarf vor allem durch Kartoffeln, Brot und Steckrüben decken. Die Rationen der meisten anderen Nahrungsmittel sanken auf z. T. unter 20 Prozent des Vorkriegsniveaus. Aber die zugeteilten Kartoffel- und Brotrationen reichten nicht aus, um den Kalorienbedarf der Menschen hinreichend zu decken. Wer dazu in der Lage war, versorgte sich auf dem Schwarzmarkt gegen sehr hohe Preise mit zusätzlichen Lebensmitteln. Die anderen mussten hungern. Besonders in den Wintermonaten der Jahre 1916/17 war die Versorgungslage in Deutschland so schlecht, dass Hunderttausende verhungerten.

Aufgabe 2.2:
Die Entwicklung der Versorgungssituation in tabellarischer Form (mit Zahlenwerten) ist zwar exakt, sie ist aber nicht so anschaulich wie die Darstellung in Form eines Diagramms. Wenn du in deinem Heft die Darstellung der Tabelle in ein Diagramm überführst, musst du Folgendes berücksichtigen:
- Da es sich bei den abzubildenden Werten um Prozent-Werte handelt, muss der Ausgangspunkt, der Basiswert von 100 Prozent für das Jahr 1914, deutlich zu erkennen sein.
- Die Abstände der Prozent-Werte auf der senkrechten Skala (= y-Koordinate) und der Zeitabstände auf der waagerechten Skala (= x-Koordinate) müssen proportional sein. Das heißt beispielsweise für den Wert von 30 Prozent, dass dessen Strecke auf der y-Koordinate auch dreimal so lang ist wie die Strecke für zehn Prozent.

Aufgabe 3:
Interpretation eines historischen Fotos
Aufgabe 3.1:
Das Foto stammt aus der Zeit des Ersten Weltkriegs; sehr viele Männer waren als Soldaten an der Front. Es zeigt zwei Frauen in „Männerkleidung", die als Fensterputzerinnen arbeiten.

Aufgabe 3.2:
In dem Kurzbericht über die Mehrfachbelastung von Frauen während des Ersten Weltkriegs sollten folgende Aspekte berücksichtigt werden:
- Die Belastung durch Kindererziehung und Haushaltsführung blieb unverändert bestehen.
- Die schlechte Versorgungslage mit Lebensmitteln, Heizmaterial und sonstigen Gütern des täglichen Lebens verlangte den Frauen viel zusätzlichen Zeit- und Organisationsaufwand ab.
- Viele Frauen mussten in den Betrieben und in staatlichen Versorgungseinrichtungen die Lücken schließen, die durch das Fehlen der Männer entstanden waren.
- Als zusätzliche Belastung wirkte die ständige Sorge um das Schicksal der Ehemänner, Väter, Brüder oder Söhne, die als Soldaten an der Front dienten.

Aufgabe 3.3:
Für viele Frauen bedeuteten die zusätzlichen Anforderungen, die der Krieg für sie brachte, eine extreme Belastung. Andererseits machten sie die Erfahrung, dass sie Aufgaben meisterten, die bis dahin als typische „Männerarbeit" galten. Die zuvor herrschende Rollenverteilung zwischen Männern und Frauen wurde nun von vielen, besonders von den jüngeren Frauen, hinterfragt.

Sach- und Personenverzeichnis

A
Abgaben 28, 52, 106 ff., 132
Abgeordnete 108 ff., 119, 122, 162 ff., 169
Abitur 231
Ablassbrief, A.-handel 29, 43, 273
Absolutismus 61 ff., 83, 89 f., 274, 284
Adel, Adlige 22 f., 56, 63 ff., 76 f., 92, 104 ff., 131, 178, 229, 274, 284
Afrika 243 f., 247, 249, 253
Aktien, A.-gesellschaften 181, 276
Alldeutscher Verband 248, 270
Allgemeiner Dt. Arbeiterverein 189, 194, 196
Amerika 20 ff., 43, 58 ff., 92 ff.
Amt, Ämter 63 ff., 107 f.
Ancien Régime 106 ff., 110
Anglikaner 87 f.
Arabisches Reich, Araber 16 f., 18
Arbeiter, A.-bewegung 143, 158, 162, 173 ff., 179, 188 ff., 197, 230
Armee 53, 56 f., 112 f., 117, 123 f., 133
Armut 156, 182 ff., 197, 199 ff.
Asien 243, 253
Assignaten 110, 113
Aufklärung 70 ff., 83, 110 f., 141 f., 206, 219, 274, 284
Augsburger Religionsfrieden 37, 43, 56 f., 284
August II. (der Starke) 76, 83
Außenpolitik 248 f.
Auswanderer 100, 156
Azteken 24, 43

B
Baden 225
Balkan 254, 256 ff., 276
Bank, B.-wesen 125
Barock 77
Bauern 52 f., 69, 106 ff., 162, 210
Bauernbefreiung 132, 179, 197
Bauernkrieg, B.-haufen 52 f., 284
Bayern 59, 126, 150, 225
Beamte 22, 66 ff., 106 ff., 107, 122 ff., 131, 214 ff.
Bebel, August 189, 194 f., 254
Befreiungskriege 134, 147, 166
Belgien 258, 260, 267
Berlin 130, 159 ff., 179, 182, 191, 203 ff., 259
Berliner Kongress 236, 278
Bethmann-Hollweg 260
Bevölkerung 56 ff., 68, 106, 127, 156 f., 173 ff., 182 ff., 197
Bibel 13 ff. 28 ff., 88
Bildung 133, 136, 142, 185, 192, 201 f., 213 ff.

Bill of Rights 91, 99
Bischof, Bischöfe 110
Bischofssitze, -städte 56
Bismarck, Otto von 191, 224 ff., 232 f., 235 ff., 248, 254
Bistümer 126
Böhmen 225, 256
Bosporus 256
Boston Tea Party 97
Brandenburg 71, 203 ff.
Brest-Litowsk 261, 267
Buchdruck, Bücher 17, 43
Bulgarien 256, 263
Bulle (päpstliche. Verordnung) 33, 40
Bülow, von 249
Bundesrat 228
Bundesverfassung 148 ff.
Burg 213
Bürger, Bürgertum 106 ff., 122, 132, 142, 147 f., 154 f., 169, 203, 213 ff.
- im Absolutismus 64 ff.
- im Mittelalter 213 ff.
- in der frühen Neuzeit 64, 68, 79, 213 ff.
Bürgerkrieg 45 ff., 90 f., 104 f.
Bürgerrechte 105, 110 ff., 132, 136, 141 ff., 213 ff.
Burgfrieden 259
Burschenschaft 151

C
Calvin, C.-nismus 39, 205
Chamberlain, Houston 245
Chauvinismus 245
Chemische Industrie 181, 208
China 249
Christen, Christentum 21 ff., 26
Christianisierung 21 ff.
Churchill, Winston 253
Code Civil 125
Colbert, Jean Baptiste 68
Cortès 24 f.
Cromwell, Oliver 90

D
Dampfantrieb, Dampflokomotive, Dampfmaschine 101, 173 ff., 179 f., 197, 211, 277
Dänemark 225
Dardanellen 256
Darwin, Charles 245
Darwinismus 284
Demokratie 101, 136, 141 ff., 150 ff., 162 ff., 285
Deutsche Nation 134
Deutsche Revolution (1848) 145 ff., 207
Deutscher Bund 147 ff., 159, 163 ff., 169, 225, 276, 284

Deutscher Kolonialverein 248
Deutscher Zollverein 178, 197, 223, 284
Deutsches Reich 178 f., 203, 226, 230
Deutsch-französischer Krieg (1870/71) 226
Deutschland 243, 258 ff., 271
Deutsch-Ostafrika 248 f.
Deutsch-Südwestafrika 248, 250 f., 271
Dezimalsystem 234
Dienstleistungen 235
Dienstmädchen 231
Direktorium 122 ff.
Disraeli, Benjamin 246
Dorf, D.-gemeinde 75
Dreibund 254, 257, 279
Dreieckshandel 25, 92
Dreifelderwirtschaft 173
Dreißigjähriger Krieg 56 f., 80, 205
Dresden 76, 158, 161
Dritter Stand 69, 106 ff., 116, 167, 274 f.

E
Edelmetalle 18 ff., 25 f.
Ehe 193, 214 ff.
Eisenbahn, E.-linien 101, 177 ff.
Elektroindustrie 180 f., 208
Elisabeth I. (von England) 89
Elsass 226, 234, 236
Emser Depesche 226
Engels, Friedrich 188 f., 194 f., 209
England 73, 80, 87 ff., 118, 123, 143, 157, 166, 175 ff., 197
Entdeckungen, E.-fahrten 16 ff.
Entente 249, 254 f., 257, 260, 262
Erfindungen 16 f., 176 f., 197
Ernte. E.-erträge 28, 106 f., 156
Erster Weltkrieg 258 ff.
Erziehung 117, 193, 213 ff.
Europa 72, 80, 94, 112 ff., 126 ff., 141 ff., 147 ff., 169, 199

F
Fabrik(en) 173 ff., 184 ff., 197, 277, 284
Familie 155, 182 ff., 200 f., 214 ff.
Faschoda 254
Fischer, Fritz 269
Flotte 16 f., 87, 124 f., 129
Flottenpolitik 249, 253 ff., 271, 279
Fortschrittspartei 229
Fraktion, Fraktionskämpfe 163
Frankfurter Bundestag 148 f., 159 ff.
Frankfurter Nationalversammlung 143, 159 ff., 169, 238, 276
Frankreich 36, 39, 56 ff., 63 ff., 72,

Sach- und Personenverzeichnis

80, 87, 106 ff., 158, 166, 178, 226, 236 f., 243, 247, 249, 254, 258, 260, 263, 267 ff., 271
Franz Ferdinand 257
Franz Joseph I., (österr. Kaiser) 257
Französische Revolution 106 ff., 123 ff., 131, 136, 142 f., 147 f., 167
Frau(en) 40 f., 116, 142 f., 186, 213 ff., 230, 265
Frauenarbeit 186
Frauenbewegung 284
Frauenemanzipation 116 f., 143, 192 f.
Frieden 37, 45 ff., 147 ff., 225f., 265 ff.
Friedenskonferenz(en) 255, 261
Friedrich II. (der Große) 58 f., 74 f., 84, 205
Frondienst 52 ff., 79, 132
Fugger 27
Fürsten 27 f., 43, 126 f., 143, 147 ff., 162 ff.

G
Galilei, Galileo 23 ff.
Geistliche 106 ff., 112 f., 204
Generalstände 107 ff., 116
Gentry 89
Gericht, G.-barkeit 136, 120, 141 ff.
Gerlach, Hellmuth von 229
Gesellschaftsvertrag 111
Gesetze, G.-geber 98 ff., 110, 120 ff.
Getreide, G.-anbau 106 f., 113, 119, 128
Gewaltenteilung 98, 110, 120 ff., 275, 284
Gewerbefreiheit 132 f., 178
Gewerkschaften 143 f., 189 ff., 265
Ghana 246 f.
Gilde 178
Girondisten 112 ff., 118 f.
Glaubensflüchtlinge 72, 94 ff.
Gleichgewicht, europäisches 80, 129, 148
Gleichstellung 105, 116, 142 ff.
Globalisierung 284
Glorious Revolution 91
Goldene Bulle 27
Gott, Götter 24, 32
Gottesdienst 32 f.
Gottesgnadentum 89 f.
Gouges, Olympe de 116 f., 142
Griechenland 256
Großbritannien 58, 87 ff., 128, 147 ff., 236, 243, 245 ff., 254, 258, 267, 271
Große Armee 134, 136
Großer Kurfürst 72, 205 f.
Großgrundbesitzer 229, 231
Gründerjahre 180, 234
Grundherr, -schaft 52 ff., 64, 79, 94, 106 ff., 132, 175 ff., 210
Grundrechte 99, 143 ff., 173 ff.
Grundzins 52 f.
Guillotine 114 ff., 122
Gutsherr 230 f.
Gymnasium 231

H
Habsburger 27, 26, 59, 76 f.
Hambacher Fest 153
Handel, Händler 18 ff., 68, 92 ff., 128, 175, 219
Handelsplätze, -städte 12, 16, 88, 203 f.
Handelswege, -straßen 203 f.
Handwerk(er) 100, 107, 156, 162, 173 ff., 203 f., 210
Hanse 12, 56 f.
Heer, H.-dienst 56 f., 66 f., 72 ff., 87, 119
Heeresreform 223 f.
Heiliges Römisches Reich deutscher Nation 36 f., 126, 169, 284
Heimarbeiter 88, 173 ff.
Heinrich VIII. (Tudor) 87
Herero 250, 271
Herrscher, aufgeklärter 70 f., 74 f., 78 f.
Herzog, H.-tum 72
Hessen 37, 152, 225
Hexen, Hexenprozess 40 f.
Hindenburg, Paul von 265
Hof, höfisches Leben 63 ff., 73
Holtzendorff, Henning von 262
Hörige, Hörigkeit 131
Hugenotten 39, 72, 205 f.
Humanismus 11, 71, 219, 273
Hungeraufstände 69, 107 ff., 113, 116, 156
Hungerkrise, Hungersnot 40, 156 f.
Hus, Jan 28, 33

I
Ihering, Rudolf von 225
Imperialismus 237, 241 ff., 279, 284
Indianer, Indios 21 ff., 100 ff., 142, 285
Indien 246
Individuum 11, 101, 185
Industrie, Industrialisierung, industrielle Revolution 156, 173 ff., 199 f., 211, 235
Industriearbeiter 173 ff., 179 ff., 184 ff.
Inka 22 f., 43
Inquisition 15, 40 f.
Italien 100 f., 236

J
Jakobiner 111 ff., 275
Japan 243, 258 ff.
Jerusalem 29
Juden 141, 206
Judenverfolgung 51, 206

K
Kaiser 27, 36 f., 56 f., 126, 136, 164 f., 228, 285
Kaisertum, Kaiserreich 266
Kamerun 249
Kapital 180
Karl I. (von England) 90 f.
Karl V. 34 ff., 43
Karlsbader Beschlüsse 151, 154, 158, 238
Katholiken 34 ff., 56 ff., 87, 203, 229
Kaufleute 100, 107
Ketzer 33, 40 f.
Kinder, K.-arbeit 71, 105, 144, 185 f., 209 ff.
Kirche 13 ff., 43, 106 ff., 126, 190, 197, 204 f.
Kirche, anglikanische 87 f.
Kirche, protestantische 34 ff.
Kirche, römisch-katholische 28 f., 34 ff., 87
Kirchengüter 87, 110, 126
Klasse(n), Klassenkampf 188 ff., 194 f., 277
Kloster 35, 53 f., 87, 204, 217 f.
Kohle, Koks 177 f.
Kolonialismus 243
Kolonien, Kolonialpolitik 25 f., 58, 89, 92 ff., 128, 243 ff., 285
Kolumbus, Christoph 20 f.
Kommunismus 189, 194 f., 277, 285
König, Königin 173 ff., 89, 107 ff.
Königgrätz 225
Königreich 63 f.
Konservative 229
Konsuln 124 f.
Kontinentalsperre 129 f., 147
Konzil 28, 33, 39
Kopernikus, Nikolaus 13
Kopfsteuer 79
Kranke, K.-pflege 117
Krankenversicherung 232
Kreuzzüge 50 ff.
Krieg(e) 45 ff., 66, 80 f., 112 ff., 118 ff.
Krieg, preußisch-österreichischer 58 f.,
Kriege, napoleonische 123 ff., 136, 148
Kriegsanleihen 264
Kriegsdienst 119, 127 ff., 134, 215 f.
Kurfürst(en), K.-tum 27 f., 33 ff., 72, 76, 205 f.

L
Landarbeiter 231
Landesausbau 74, 206

Landesherren 34 ff., 53, 65, 206, 219
Landwirtschaft 69, 88 f., 92, 104, 156, 173 f., 199 f., 210
Lasker, Eduard 226
Lassalle, Ferdinand 189, 194
Lebensmittelkarten 264
Leibeigenschaft 79, 132
Leipzig 134, 192
Lenin (Wladimir I. Uljanow) 261
Leonardo da Vinci 11, 13
Leutwein, Theodor 251
Liberalismus 150 ff., 162
Liebknecht, Wilhelm 189 f., 194 f.
Lothringen, Lothringer 50, 57, 226, 234, 236
Ludendorff 265 f.
Ludwig XIV. 63 ff., 83
Ludwig XVI. 106 ff.
Lusitania 262
Luther, Martin 32 ff., 41, 43, 205
Luxemburg 258, 260, 267

M
Magistrat 285
Manufaktur(en) 68, 173 f., 205, 211, 284
Maria Theresia, österreichische Kaiserin 58 f., 75
Markt, Märkte 203 f.
Marne 260
Marx, Karl, Marxismus 188 f., 194 f.
Märzregierungen 159 ff.
Maschinen, M.bau 179 ff.
Max von Baden 266
Medien 69, 74, 141 ff., 151, 158 ff.
Menschenrechte 99, 110, 122, 116 f., 141 f., 285
Merkantilismus 67 ff., 129, 178, 274, 285
Metternich 137, 148, 151, 153, 158
Mietskasernen 182 f.
Mittelalter 213 ff.
Mittelmächte 261
Mittelmeer, -raum 46, 48, 123 f.
Mommsen, W. 269
Monarchie, absolute 61 ff., 83, 89 f.
Monarchie, aufgeklärte 71 ff.
Monarchie, konstitutionelle 111, 150 ff., 162 ff., 276, 278, 285
Mönche 204
Montenegro 256
Munt 217

N
„9. November" (1848, 1918) 164, 266 f.
Nama 250 f.
Napoleon Bonaparte 122 ff., 147, 169, 207, 247
Nation, Nationalstaat 26, 64 f., 131 f., 134 f., 144 ff., 166 f., 285
Nationalismus 245

Nationalstaat 285
Nationalversammlung, N.-konvent 108 ff., 114 ff., 130 ff., 169, 275
Neue Welt 22 ff., 94 ff.
Niederlande 243
Nipperdey, Thomas 269
Norddeutscher Bund 225 ff., 228, 278
Nyerere, Julius K. 252

O
Offiziere 229
Oktoberrevolution (in Russland) 261
Opposition 150 ff., 169
Osmanisches Reich 256, 263, 279
Österreich 223 f., 236, 254, 256 ff., 263
Österreich 58 f., 72, 75, 80 ff., 112 f., 118, 123 ff., 147 ff., 178 f.
Ostseeraum 57, 78
Otto I. 27

P
Palästina, Palästinenser 50
Palmerston, Henry (Lord) 246
Panslawismus 256 f., 279
Papier 17
Papst 15, 27, 32 ff., 40 f., 45, 50 f., 190, 204
Paris 259
Parlament 90, 99, 107, 143 ff., 150 ff., 166, 190, 285
Parteien 143, 162 ff., 188 ff., 194 f., 276, 278, 285
Pauperismus 156, 184 ff.
Pazifismus 255
Pest 40
Peters, Carl 249
Petition of Right 90
Pilgrim Fathers 95
Pizarro, Francisco 23 f.
Plantagen. P.-besitzer 26, 95 ff., 104
Polen 76, 79 ff., 130, 148
Portugal 19 f., 43, 118, 243
Porzellan 77
Preise, Höchstpreise 119 ff.
Pressefreiheit, P.-zensur 69, 74, 141 ff., 158
Preußen 58 f., 72 ff., 80 ff., 112 f., 118, 123 ff., 147 ff., 159 ff., 169, 178 ff., 200, 223 ff.
Preußische Reformen 131 f., 178, 207, 219
Priester 24, 114, 118, 190
Privileg 92, 106, 178, 213
Proletarier 188 ff., 197, 277, 286
Protestanten 36 ff., 43, 56 f., 286
Puritaner 88

R
Rassentrennung 105
Rassismus 245
Recht(e) 65 f., 75, 83, 98 ff., 110 ff., 133 ff., 137, 141, 147 ff.
Rechtsstaat 286
Reformation 27 ff., 35 ff., 43, 205 f., 286
Reformen 39, 71 ff., 79, 105, 127 ff., 131, 158 ff., 169, 190
Reichsacht 34
Reichskanzler 228, 276
Reichsstadt 36, 126
Reichsstände 34 ff., 57
Reichstag 34, 36, 43, 228, 276, 278, 286
Religion 14 f., 27 ff., 40 f., 50 f., 56 f., 72, 94 f.
Religion, islamische 50 f., 203
Religion, jüdische 51, 203
Religion, christliche 29, 36, 50 f., 203 ff.
Religionskonflikte 36 ff., 64, 144, 205
Reliquie 29
Renaissance 43, 70, 141, 273, 286
Rentenversicherung 232
Reparationen 234
Republik 114 ff., 119, 136, 150 ff.
Restauration 147 ff., 164, 169, 286
Revolution 108 ff., 123 ff., 142, 152 ff., 286
Rheinbund, R.-staaten 127 ff., 169, 275
Rhodes, Cecil 244
Ritter 50 f.
Rom 28, 48 f.
Römisches Reich 124
Roseberry (Lord) 247
Rückversicherungsvertrag 237
Russisch-türkischer Krieg 236
Russland 59, 72, 78 ff., 126 ff., 147 ff., 236 f., 243, 254 ff., 260 f., 271
Rüstung 254
Rüstungswettlauf 255

S
Sachsen 33, 37, 59, 76 f., 126 ff., 148, 150, 165, 182
Säkularisierung 126
Sansculotten 113 ff., 119 f.
Sarajewo 257
Schlesien 58 f., 74, 156 f., 182
Schloss 63 f., 76, 205
Schmoller, Gustav 232
Schule(n) 71, 105, 141, 188, 202 f., 213 ff.
Schutzzölle 235, 237
Schwarzmarkt 264
Schweden 56 f., 78, 80, 126
Schwerindustrie 180 f
Seeweg nach Indien 19

Septemberprogramm 260
Serbien 256 f.
Seuchen 26, 183
Sezession, Sezessionskrieg 104, 183, 275
Siebenjähriger Krieg 58 f., 96
Siedler 75, 94 ff., 100 ff.
Sieyès, Emmanuel-Joseph 108, 124
Simonie, Ämterkauf 28
Sklaven, Sklaverei 26 f., 95 ff., 104 f., 142
Slawen 75, 203
Söldner, S.-heere 56 f., 66, 97, 286
Souveränität 111 f., 148
Sowjetunion 252
Sozialdarwinismus 245, 284
Sozialdemokratie 189 f., 194 f.
Soziale Frage 184 ff., 197, 277
Sozialgesetzgebung 184, 191, 197, 232, 278
Sozialismus 286
Sozialisten, S.-gesetz 189 f., 143, 229
Sozialistengesetz 229, 232, 278
Sozialistische Internationale 255, 259
Sozialpolitik 232
Sozialstaat 286
Spanien 19, 27, 43, 56 ff., 80
Spanien 243
SPD 258, 266
Spinner, Spinnräder, Sp.-maschinen 174 f., 178
Stadt, Städte 133, 182 f., 213 ff.
Stadtbevölkerung, St.-bewohner 107 ff., 182 f., 213 ff.
Stadträte, St.-verwaltung 218
Stadtrecht 133, 205
Stamm, Stämme 102 f.
Stand 67, 101, 106 ff., 116, 286
Ständeordnung, St.-staat 67, 77, 106 ff., 110, 116, 178, 185, 274, 286
Ständeversammlung 36

Steuer(n) 64, 68, 72, 90, 96, 107 ff., 119, 152 f., 166, 207
Steuerbewilligungsrecht 64, 90, 96, 152, 166
Streiks 143, 88 f.
Studenten 144, 150 ff.
Suezkanal 247
Suttner, Bertha von 255

T
Terror (terreur) 120 ff.
Textilindustrie 129, 156 f., 176 ff., 197
Tirpitz, Alfred von 253, 255
Togo 248
Trotha, von 250
Tuch, T.-produktion 88, 129, 156 f.
Türkei 256
Türken 18, 36

U
UN Unfallversicherung 232
Unabhängigkeitserklärung 98
Unabhängigkeitskriege 98 f.
Universität 231
Universitäten 141, 208, 218
Unternehmer 230
USA 243, 246, 252, 257, 262 f., 271

V
Vereinigte Staaten von Amerika 98 ff.
Verelendung 156, 166
Verfassung 98 f., 110 f., 119 ff., 135, 140 ff., 160 ff., 278
Versailles 63 ff., 107 ff., 227
Verwaltung 22, 64 ff., 98 f., 133, 137
Viktoria, Königin von England 246
Völkerschlacht (bei Leipzig) 134, 147
Volkssouveränität 98 f., 111 f., 114, 153, 287
Volksvertretung 147 f., 163 ff.

W
Wahlen, W.-recht 105, 111, 116 ff., 122, 143, 156, 194 f., 207
Wahlrecht 228, 231, 287
Wallfahrten 29
Wartburgfest 150 f.
Washington, George 97 f., 142
Weber, Webstuhl 156 f., 176 ff.
Weltbild (heliozentrisches) 13 ff.
Werner, Anton von 227
Westfälischer Frieden 57
Westfranken, W.-Reich 50
Wiener Kongress 147 ff., 276
Wilhelm I. (dt. Kaiser) 223 ff., 237
Wilhelm II. (dt. Kaiser) 237, 248, II. 257, 271
Wilson, Woodrow 266 ff.
Wirtschaftskrise 98, 128, 166, 234
Wissen, W.-schaft 12 ff., 158
Witbooi, Hendrik 250
Wohlfahrtsausschuss 118 ff.
Wohnen, W.-not 73, 173, 182 ff., 191, 197, 229 f.
Wormser Edikt 34
Württemberg 225

Z
Zar, Zaren 59, 78 f.
Zarismus 261
Zehnt 28, 106 f.
Zeigner, Erich 267
Zeitungen, Zeitschriften 117, 142
Zensur 69, 74, 151 ff., 158 ff.
Zentrum 229
Zionismus 287
Zoll, Zölle 68, 96 ff., 128, 178, 197, 203
Zunft 79, 178

Begriffslexikon

Absolute Macht/Absolutismus: Form der Monarchie, in der der König die uneingeschränkte (absolute) Macht besitzt. Absolutistisch regierenden Königen war es gelungen, die Kontrolle durch die Reichsstände, eine Reichsverfassung oder durch ein Parlament auszuschalten.

Adel: Bis ins 18. Jh. der führende Stand in Europa. Die bürgerlichen Revolutionen in England (1689) und Frankreich (1789) beendeten dort die Vorherrschaft des Adels. In Deutschlands behielt er seine Stellung und politische Macht bis weit ins 19. Jh.

Aufklärung: Geistige Bewegung des 17. und 18. Jh., die an den Humanismus der Renaissancezeit anknüpfte. Gegen den absoluten Machtanspruch der Fürsten setzten die Aufklärer die Macht der Vernunft. Die Menschen sollten eine neue, vernünftige Staatsordnung begründen, die ihnen Freiheit und gleiche Rechte sicherte.

Augsburger Religionsfrieden: Reichsgesetz, das zwischen König Ferdinand I. und den Reichsständen ausgehandelt und 1555 verabschiedet wurde. Es erkannte die protestantische Glaubensrichtung als gleichberechtigt an, befestigte so die protestantische Religion und damit die sich entwickelnde Glaubensspaltung in Deutschland.
Die Landesherren erhielten mit diesem Gesetz die Freiheit, die Konfession für ihren Territorialstaat festzulegen. Es galt der Grundsatz „cuius regio, eius religio", zu deutsch: wer die Herrschaft hat, legt die Religion fest. Wer einem anderen Glaubensbekenntnis anhing, musste zur Konfession des Landesherrn übertreten oder auswandern.

Bauernkriege: Bezeichnung für Bauernaufstände 1524/1525 in Süd- und Mitteldeutschland. Von den Gedanken der Reformation angeregt und getrieben von ihrer schlechten wirtschaftlichen Lage, stellten die Bauern Forderungen nach mehr Rechten. Die Söldnerheere der Fürsten schlugen die Bauernaufstände blutig nieder.

Darwinismus, Sozialdarwinismus: Vom Naturforscher Charles Darwin entwickelte Theorie, der zufolge in der Natur immer diejenigen Tier- und Pflanzenarten überleben, die sich besten an die Umweltbedingungen anpassen können. Der Brite Houston Chamberlain griff die Evolutionslehre auf und behauptete, dass unter den menschlichen „Rassen" die stärkeren auf Kosten der schwächeren überleben (Sozialdarwinismus). Seit der Zeit des Imperialismus wurden Argumente von der vermeintlichen Überlegenheit der „höherwertigen weißen Rasse" genutzt, um den Erwerb und die Ausbeutung von Kolonien zu rechtfertigen. Unter der nationalsozialistischen Ideologie gipfelte der Rassismus in einem als „Rassenkrieg" geführten Eroberungsfeldzug gegen Polen und die Sowjetunion sowie im Massenmord an der jüdischen Bevölkerung Europas.

Deutscher Bund: Auf dem Wiener Kongress 1815 wurde der Deutsche Bund gegründet. Er schloss 35 deutsche Einzelstaaten und vier Städte zusammen. Im Deutschen Bund stritten Preußen und Österreich um die Vorherrschaft. Ziel des Deutschen Bundes war der gegenseitige Schutz der Mitgliedsstaaten. Faktisch war er auch ein Instrument der Fürsten zur Unterdrückung der liberalen und demokratischen Opposition in den Einzelstaaten. Der Deutsche Bund bestand bis 1866, als Preußen die Vormacht Österreich angriff und besiegte.

Deutscher Zollverein: Unter der Führung Preußens erfolgte 1834 die Gründung des Deutschen Zollvereins. Damit wurde erstmals ein einheitlicher Binnenmarkt zwischen 18 (von 39) Staaten bzw. Reichsstädten des Deutschen Bundes geschaffen.

Fabrik: Ende des 18. Jahrhunderts zuerst in England entstandene Form des Großbetriebs mit arbeitsteiliger Massenproduktion. Der entscheidende Unterschied zur **Manufaktur** besteht im Einsatz neuartiger Maschinen mit neuer Antriebskraft: anfangs Dampf, später Elektrizität. Dadurch konnte die Warenproduktion vervielfacht werden. Die Fabrik ist die typische Produktionsstätte des Industriezeitalters.

Frauenbewegung: Mitte des 19. Jh. entstandene und Ende der 1960er-Jahre sich neu formierende Bewegung zur Beseitigung der gesellschaftlichen und politischen Benachteiligung von Frauen. Ihre Forderungen zielen u. a. auf gleiche Bezahlung, gleiche Karrierechancen und einen höheren Anteil von Frauen in Führungspositionen.

Gewaltenteilung: Die Philosophen der Aufklärung forderten, die absolute Macht der Fürsten zu begrenzen und auf mehrere Personen und Institutionen zu übertragen. In den neuen Staatsverfassungen Frankreichs und der USA gab es deshalb das Parlament als Gesetzgebende Gewalt (Legislative). Davon getrennt waren die Ausführende Gewalt der Regierung (Exekutive) und die unabhängige Recht sprechende Gewalt der Gerichte (Jurisdiktion).

Globalisierung (von lat. globus = [Erd-] Kugel): Internationale Zusammenarbeit und Verflechtung großer Wirtschaftskonzerne und Finanzmärkte sowie die damit verbundenen Auswirkungen auf das Leben der Menschen. Der Begriff umfasst auch grenzübergreifende politische und technische Entwicklungen.

Heiliges Römisches Reich: Die deutschen Könige ließen sich im Mittelalter vom Papst zum römischen Kaiser krönen. Das Kaisertum des Mittelalters sollte als „Heiliges Römisches Reich" das Kaiserreich der Antike fortsetzen. Es beanspruchte eine universale (= allen Reichen übergeordnete) Herrschaft in Europa und verstand sich als „Schutzmacht aller Christen". Doch erstreckte sich die Herrschaft des Kaisers tatsächlich nur über ein stets sich veränderndes Gebiet Mitteleuropas.

Imperialismus (von lat., imperium = großes Reich): Streben eines Staats nach Herrschaft über ein Weltreich; seit dem 16. Jahrhundert errichteten die großen europäischen Nationalstaaten Kolonien in Übersee. In der zweiten Hälfte des 19. Jahrhunderts verschärfte sich die Kolonialpolitik der Großmächte zu einem „Wettlauf" um die Aufteilung der Welt. Sie wollten Rohstoffe für ihre Industrien gewinnen und hofften auf Absatzmärkte für deren Produkte. Bei diesem Versuch, die Welt aufzuteilen, kam es zu zahlreichen Konflikten zwischen den imperialistischen Staaten. Diese Konflikte gehören zu den Ursachen für den Ers-ten Weltkrieg.

Indianer: Europäischer Name für die Ureinwohner Amerikas. Dieser Name geht auf den Irrtum Kolumbus' zurück, er habe Indien entdeckt. In Südamerika wurde der Name **Indios** gebraucht. Durch die Kolonisation der Europäer verloren schätzungsweise 1,5 Millionen Indianer ihr Leben. Sie kamen durch schwere Arbeit und Seuchen um oder wurden von den Europäern ermordet.

Kaiser: s. „Heiliges Römisches Reich"

Kolonien, Kolonisation (von lat. colonia = Pflanzstadt): Siedlungen oder Handelsstützpunkte außerhalb des eigenen Staatsgebietes; mit der Errichtung spanischer und portugiesischer Kolonien in Mittel- und Südamerika durch Kolumbus, Pizarro und Cortés begann um 1500 das Kolonialzeitalter. Vom 16. bis zum 19. Jahrhundert bauten europäische Großmächte wie Spanien, Portugal, die Niederlande, Frankreich und Großbritannien große Kolonialreiche auf. Sie beherrschten ihre Kolonien wirtschaftlich und politisch. Gegen Ende des 19. Jahrhunderts, im Zeitalter des Imperialismus, wurde die Welt von den Großmächten regelrecht aufgeteilt. Folgen der Kolonisierung waren die Übernahme von Teilen der Kultur des „Mutterlandes" (Sprache, Religion) sowie die wirtschaftliche Abhängigkeit der Kolonien. Die ehemaligen Kolonien sind seit 1945 selbstständige Staaten geworden.

Kommunismus (von lat. communis = gemeinsam, allgemein): Politische und soziale Bewegung, die eine revolutionäre Veränderung der Gesellschaft anstrebt. Wichtige Ziele sind die Errichtung einer klassenlosen Gesellschaft und die Überführung von Produktionsmitteln in Gemeineigentum. Die führende Rolle bei der Durchsetzung des Kommunismus kommt der kommunistischen Partei sowie den Arbeitern und Bauern zu („Diktatur des Proletariats"). Die Grundlagen der kommunistischen Theorie wurden im Wesentlichen von K. Marx, F. Engels und W. I. Lenin formuliert.

Magistrat: Bezeichnung für die Verwaltung und die Beamten einer Stadt. **Menschenrechte:** Grundrechte, die jedem Menschen von Natur aus zustehen. Dazu gehören u. a. die rechtliche Gleichstellung, das Recht auf Eigentum, die Meinungs- und Glaubensfreiheit. In den Verfassungen der USA (1789) und Frankreichs (1791) wurden den Bürgern(innen) erstmals Menschenrechte zugesichert.

Menschenrechte: Grundrechte, die jedem Menschen von Natur aus, immer und unveräußerlich zustehen, wie das Recht auf Gleichheit, Eigentum, Meinungs- und Glaubensfreiheit.
In den Verfassungen der USA (1789) und Frankreichs (1791) wurden den Bürgerinnen und Bürgern des Staates erstmals Menschenrechte zugesichert.

Merkantilismus: Staatlich gelenktes Wirtschaftssystem in der Zeit des Absolutismus. Der Staat richtete u. a. Manufakturen ein und baute Verkehrswege. Fertigwaren der Nachbarländer wurden mit hohen Einfuhrzölle belegt. Nur Rohstoffe sollten ins Land gebracht werden.

Monarchie (griech. Herrschaft eines Einzelnen): Der Monarch oder König handelte aus der Überzeugung, von Gott als König bestimmt zu sein (Gottesgnadentum). Er erwarb sein Königtum durch Erbfolge oder Wahl. Nach dem Kriterium der Machtfülle entwickelten sich vom 16. bis 18. Jahrhundert unterschiedliche Formen der Monarchie: In der absoluten Monarchie herrschte der König mit uneingeschränkter Gewalt über seine Untertanen. In der konstitutionellen Monarchie schränkte eine Verfassung (lat.: constitutio) die Macht des Königs zugunsten einer gewählten Volksvertretung ein und verpflichtete ihn auf ein schriftlich festgelegtes Gesetz.

Nationalstaat: In der frühen Neuzeit entstand in England und Frankreich ein einheitlicher Nationalstaat: Der König herrschte mithilfe einer zentralen Verwaltung, eines zentralen Gerichtswesens und einer Versammlung der Stände einheitlich über den gesamten Staat. Dadurch bildete sich eine Gemeinschaft von Untertanen gleicher Sprache und Kultur: die Nation. In Deutschland wurde erst 1871 ein Nationalstaat gegründet, später als bei den meisten Nachbarstaaten. Problematisch konnte das Zusammenleben verschiedener Nationen in einem „Vielvölkerstaat" werden, z. B. in Österreich-Ungarn. Nach dem Ersten Weltkrieg wurde jeder Nation das Selbstbestimmungsrecht zugesprochen.

Parlament: Seit 1215 nannten sich die Vertreter der Stände in England „Parlament" (lat., Besprechung). Sie waren seit der „Glorreichen Revolution" von 1668/69 die Vertreter der Nation. In modernen Demokratien bestehen die Parlamente aus den gewählten Vertretern des Volkes. Sie haben die Aufgaben, die Gesetze zu beschließen und die Arbeit der gewählten Regierung zu kontrollieren. Parlamente bestehen manchmal aus zwei „Kammern", wie dem Ober- und dem Unterhaus (England) oder dem Senat und dem Repräsentantenhaus (USA). In Frankreich gibt es seit der „Französischen Revolution" die „Nationalversammlung" als Parlament. Im Deutschen Kaiserreich gab es ab 1871 den Reichstag als Parlament. Bis in das 20. Jahrhundert hinein waren seine Rechte sehr eingeschränkt.

Parlamentarische Demokratie: Regierungsform, die auf der Gewaltenteilung in gesetzgebende Gewalt (Parlament), ausübende Gewalt (Regierung) und Recht sprechende Gewalt (Gerichte) beruht; die vom Volk in allgemeinen, freien, gleichen und geheimen Wahlen gewählten Abgeordneten im Parlament beschließen die Gesetze und kontrollieren die Regierung. In Deutschland wurde die parlamentarische Demokratie zuerst mit der Weimarer Verfassung von 1919 eingeführt.

Parteien: Gemeint sind politische Parteien; sie entstanden als Zusammenschluss der Abgeordneten in den Landtagen und Parlamenten. Abgeordnete mit gleichen oder ähnlichen politischen Zielen schlossen sich in einer Partei zusammen. In Deutschland bildeten sich frühe Formen der Parteien, die Fraktionen, erstmals 1848 im Parlament der Paulskirche. Sie unterschieden sich nach ihrer Auffassung von der angestrebten Staatsform als Liberale, Demokraten und Konservative. Aus Gruppen von Parlamentariern wurden allmählich Organisationen mit vielen Mitgliedern. Heute stellen die Parteien bei Wahlen nicht nur Kandidaten, sondern auch Programme zur Abstimmung. In Deutschland sind zz. die CDU/CSU, SPD, FDP, Bündnis 90/Die Grünen und Die Linke/PDS als Parteien in den Parlamenten vertreten.

Proletariat, Proletarier: (von lat.: proletarius = Bürger der untersten Klasse) Bezeichnung für die mit der Industrialisierung entstehende soziale Schicht von schlecht ausgebildeten und schlecht bezahlten Lohnarbeitern.

Protestanten: Ursprünglich die Bezeichnung der Fürsten und Städte, die Luther und die Reformation unterstützten und gegen den Reichstagsbeschluss von Speyer 1529 protestierten. Daher stammt die Bezeichnung „Protestanten" für die reformatorischen Glaubensgemeinschaften.

Rechtsstaat: Staatswesen, in dem alle staatliche Gewalt an Recht und Gesetz gebunden ist und der Bürger vor der Willkür des Staates geschützt ist. Die wichtigsten Merkmale sind die Existenz einer Verfassung, die Gewaltenteilung zwischen gesetzgebender Gewalt, ausübender Gewalt und Rechtsprechung, die Unabhängigkeit der Gerichte, die Geltung der Grund- und Menschenrechte sowie die Möglichkeit jedes Einzelnen, seine Rechte vor unabhängigen Gerichten einzuklagen (Rechtsschutzgarantie).

Reformation: (lat.: reformatio = Neugestaltung, Erneuerung) Begriff für die kirchliche Erneuerung im 16. Jahrhundert und die Herausbildung neuer Glaubensgemeinschaften (z. B. Protestanten, Calvinisten, Puritaner).

Reichstag: Im Heiligen Römischen Reich deutscher Nation war der Reichstag seit dem 15. Jahrhundert die Vertretung der Fürsten und Städte. Er hatte die Aufgabe, den Kaiser zu beraten und über Gesetze, die der Kaiser erließ, abzustimmen. Im Deutschen Kaiserreich (gegründet 1871) wurde das Parlament „Reichstag" genannt. Es wurde nach allgemeinem, gleichem und geheimem Wahlrecht (nur für Männer) gewählt. Der Reichstag besaß nur sehr eingeschränkte Rechte. Seine Aufgabe war es, die Gesetzesvorschläge der Regierung und den Etatentwurf (Haushalt) zu beschließen oder abzulehnen.

Renaissance: (frz.: Wiedergeburt) Epoche des Übergangs vom Mittelalter zur Neuzeit. Ausgangspunkt waren im 15./16. Jh. die oberitalienischen Handelsstädte. Von dort breiteten sich die Gedanken der Renaissance und des Humanismus (von lat.: humanus = menschenfreundlich) allmählich in Europa aus. Ihre Anhänger verbanden damit einerseits antike Ideale in der Kunst und Architektur. Vor allem aber vertraten sie ein neues Menschenbild. Es war vom Anspruch auf Individualismus, Freiheit und der Gestaltung der eigenen Lebensbedingungen gekennzeichnet.

Restauration: (lat.: Wiederherstellung) Zeit zwischen 1814/15 (Wiener Kongress) und den Revolutionen von 1830 (Frankreich) und 1848 (Deutschland und Österreich). Die Fürsten Europas versuchten ihre durch die Herrschaft Napoleons erschütterte Machtposition wiederherzustellen.

Revolution: (lat./frz.: Umwälzung) Im Gegensatz zu Reformen meint Revolution einen Prozess der tiefgreifenden, grundsätzlichen Umgestaltung, an dessen Ende eine neue gesellschaftliche oder politische Ordnung steht.

Stände/Ständeordnung: Die Fürsten der frühen Neuzeit waren zur Durchsetzung ihrer Herrschaft auf die Beteiligung der Fürsten und Städte in ihren Territorien angewiesen, z. B. in Fragen der Kriegführung und Bewilligung von neuen Steuern. Auf Land- oder Reichstagen traten Fürsten und das Bürgertum der Städte dem Landesfürsten jeweils in Gruppen gegenüber: Unterteilt in Klerus, Adel und Bürgertum berieten sie zunächst nach Gruppen getrennt, danach wurde für die Gruppe eine Stimme abgegeben. Diese Versammlungen wurden Stände genannt. Bald wurden auch die einzelnen Gruppen „Stand" genannt. In der Französischen Revolution wurde die Vertretung des 3. Standes als Nationalversammlung ausgerufen.

Söldner: Bezeichnung für Soldaten, die für Lohn (Sold) von Kriegsherrn angeworben wurden. Sie hatten nur den Sold und die Beute aus Plünderungen für ihren Lebensunterhalt. Deshalb mussten sie sich auch nach Beendigung eines Kriegszugs auf jeden Fall weiterverdingen. Im Dreißigjährigen Krieg kämpften die Soldaten selbst für die Gegenpartei weiter. In späteren Jahrhunderten bildeten die Herrscher ein ständig bezahltes, ein sog. stehendes Heer.

Sozialismus (von lat., socius = Genosse): im 19. Jh. entstandene politische Bewegung, die eng mit der Arbeiterbewegung und den Gewerkschaften verbunden ist; Ziel des Sozialismus ist es, die als ungerecht empfundenen Herrschafts- und Besitzverhältnisse zu verändern und ein höheres Maß an Freiheit und Gleichheit für alle Bevölkerungsschichten zu erreichen; Mitte des 19. Jahrhunderts kam es zu einer Spaltung des Sozialismus in Sozialisten und Kommunisten. Während die Kommunisten eine rasche, revolutionäre Veränderung der Gesellschaft forderten, setzen die Sozialisten (seit 1890: Sozialdemokraten) auf allmähliche, schrittweise Reformen der Gesellschaft.

Sozialstaat: Bezeichnung für moderne Industrieländer, in denen der Staat regulierend in die Abläufe der freien Marktwirtschaft eingreift, um den Bürgern angemessene Arbeitsbedingungen und im Fall von Krankheit, Unfall, Alter, Invalidität oder Arbeitslosigkeit ein Einkommen zu sichern. Diesem Zweck dienen gesetzliche Arbeitsschutzvorschriften und ein Sozialversicherungssystem. Weitere sozialpolitische Maßnahmen sind staatliche Aufwendungen für die Familienförderung, das Gesundheits- und Bildungswesen, den Wohnungsbau.

Verfassung: Die Verfassung (lat.: constitutio) des modernen Staates ist ein durch die Volksvertretung eines Staates beschlossenes Gesetz, das die Verteilung der Staatsgewalt auf verschiedene Personen und Institutionen regelt. Die ersten beiden Verfassungen in diesem Sinne waren die Verfassung der USA vom 4. März 1789 und die Verfassung Frankreichs vom September 1791.

(Volks-)Souveränität: Als „Souveränität" bezeichnete man im Absolutismus die uneingeschränkte Macht des Königs. Alle Bauern, Bürger und Fürsten sollten gleichermaßen seine Untertanen sein. Der König hatte auch die Macht, Gesetze zu verordnen. Seit der amerikanischen und französischen Revolution wurde das Volk als Träger der Souveränität verstanden. Der Staat erhielt durch eine Versammlung von Vertretern der ganzen Nation, das Parlament, eine Verfassung. In allgemeinen und gleichen Wahlen wurden die Abgeordneten der Parlamente stets neu bestimmt. Als Vertreter des Volkes beschlossen sie alle Gesetze. Träger der staatlichen Gewalt war erstmals das Volk. Während des ganzen 19. Jahrhunderts war im übrigen Europa strittig, ob der König oder das Volk der Träger der Souveränität sei. In Deutschland wurde die Volkssouveränität erst 1918 durchgesetzt.

Wahlrecht: Das Recht der Bürger und Bürgerinnen, die Vertreter des Volks im Parlament durch Wahl zu bestimmen; während der Französischen Revolution wurde dieses Wahlrecht für Bürger durchgesetzt, aber es galt erst ab einem bestimmten Einkommen. Dieses vermögensabhängige Wahlrecht wird „Zensuswahlrecht" genannt (von lat., census = Abgabe). In den Staaten des Deutschen Bundes wurden die „Landtage" ähnlich gewählt: Die männliche Bevölkerung wurde in Gruppen mit gleich großem Steueraufkommen geteilt. Da jede Gruppe über gleich viele Stimmen verfügte, hatten wenige reiche Bürger genauso viele Stimmen wie die Masse der Bauern, Handwerker und Arbeiter. Diese verschiedenen Gruppen nannte man „Klassen", das Wahlrecht „Dreiklassenwahlrecht". Die Nationalversammlung der Paulskirche wollte 1849 in Deutschland ein Wahlrecht einführen, bei dem alle Bürger unabhängig von ihrem Einkommen das gleiche Stimmrecht haben: das allgemeine und gleiche Wahlrecht. Doch erst das Parlament des Deutschen Reichs, der Reichstag, wurde ab 1871 in allgemeiner und gleicher Wahl bestimmt. Wahlberechtigt waren aber nur Männer. Frauen erhielten in Deutschland erst 1918 das Wahlrecht, in der Weimarer Republik.

Zionismus: In der zweiten Hälfte des 19. Jh. entstandene Bewegung, die die Rückkehr der Juden nach Palästina und die Bildung des 1948 gegründeten jüdischen Staates anstrebte.

Bildnachweis

akg-images: 11/RS, B2, 12/RS, B5, 13/RS, 14/B1, 15, 17/RS, 20/RS, 23/B4, 27, 31/B2, 32/RS, 34, 36/B1, 37 o., B2, 43, 47 o., 49 o. (Erich Lessing), 52 o., 54, 61, 65, 67, 71/B4, B5, 72 o., 73, 74 o., 77 o., 79 (2), 81/B2, 85 (3); 87 o., 89/B5, 90, 91, 94, 96, 97, 98/B2, 102/B2, 104, 105 (2), 113 (3), 114, 116 (2), 117, 119, 122 o., 123 o., 124 (2), 125/B5, 131, 139, 142, 145 o.l., o.r., 148, 150, 151 o., 152/B1, 153, 155/B3, 156, 159, 162/RS u., 167, 169, 171 u.r., 176/B6, 178/B2, 179/RS u., 180, 188 o., 190 (2), 191, 194, 195 o., 199 r., 200, 203 o.r., 205 (2), 206 (2), 207/B11, 211/B8, 216/B1, B2; 235, 237, 239, 246 o., 247 o., 249, 255 o., 262, 266 o., 256;
P. Ariès/G. Duby, Geschichte des privaten Lebens, Fischer, 1991: 63, 64, 66/RS, 69;
Artothek: 12/B6, 213/B2, 219;
Banco Ultramarino, Lissabon: 19/B4;
Bayerisches Armeemuseum, Ingolstadt: 56, 134;
Berlin-Museum 223;
Mauritius: 211/B9;
Bildarchiv Foto Marburg: 50;
Bismarck-Museum, Friedrichsruh 224;
BPK: 9 l., 14/RS, 17/B6, 19/RS, 25/B2, 28, 29, 118/B6, B7, 35/B4, 38, 40, 41, 68, 71 o., 72 u., 75 (2), 76 (3), 101, 106, 108 (2), 111, 120, 125 o., 126, 130 (2), 133, 141 r., l., 142, 143 (2), 145 u., 151/B4, 154 o., 155/B4, 160/B6, 161/B1, 162/RS o., B1, 165, 171 o., u.l., 173/B2, 177 (2), 178/ o., 179/RS o., B3, 184, 188/B2, 192/B2, 209 M., 210 o., B3, B5, 211 o., B6, 227, 232, 234, 241 o., 243, 248 B1, 248 o., 253 o., 254, 255 B8, 267 B6, 258/B1, (Hermann Buresch) 226;
Bridgeman Giraudon: 120/B6, 135, 173/B1, 197, 210/B4, 215;
Bibliothèque nationale de France: 51, 109, 123/B1;

Clas Broder, Hamburg 253 B2;
Claus-Peter Groß, Berlin 231;
Cliché Bibliothèque Nationale de France 245/B5;
© CORBIS: 103 (Christian Barthelmess);
Deutsches Museum, München: 174, 176/B4, 225;
Deutsche Post AG, Frankfurt: 35 o.;
DHM, Berlin: 175/B3, 189 (2), 265/B4, B5, 272;
V. Döring, Hohen-Neuendorf: 161/B2;
dpa: 45 (Hintergr.);
Folkwang-Museum, Essen 230/B1;
Foreign and Commonwealth Office/Services Command, Library, London 246 B2, B3;
Frank Plate, Frankfurt a. M. 230/B3;
Fürstlich Waldburg-Zeil'sches Gesamtarchiv, Leutkirch: 53;
Germanisches Nationalmuseum, Nürnberg: 16/B1, 166, 266 B3
C.-P. Groß: 212 u.;
F. Hafner: 141 M.;
Haus-, Hof- und Staatsarchiv, Wien: 36 o.;
Historisches Museum Basel: 77 o., 83;
Historisches Museum, Frankfurt: 160/B7;
Ibero-amerikan. Institut, Stiftung Preußischer Kulturbesitz, Berlin/Foto: V. Döring: 22/B3, 24;
Klammet Europa-Farbbildarchiv: 89 o., 175 o.;
Kulturhistorisches Museum Magdeburg: 31/B1;
Landesarchiv Berlin: 217/B3;
Landesmuseum für Technik und Arbeit, Mannheim: 181/B5;
Langewiesche-Brandt, Ebenhausen: 193/B4;
Les Musées de la Ville de Paris/Ladet 236/B1;
Münchner Stadtmuseum: 149;
Panorama-Museum, Bad Frankenhausen/© VG Bild-Kunst, Bonn 2006: 55;

Picture-alliance/ZB/© ZB-Fotoreport: Titelbild, 216;
Privatarchiv P. Hartmann: 33, 74/B2, 185;
Rheinisches Bildarchiv, Köln: 216/B3;
Rheinisches Landesmuseum, Trier: 213/B1;
Rijksmuseum – Stichting Amsterdam: 39;
Sächsische Landesbibliothek, Dresden 264 B2;
Scala, Florenz: 48 RS u., 212/B10;
A. G. Shedid, München: 214;
Staatsarchiv Hamburg: 128;
Stiftung Stadtmuseum Berlin/Foto: Bartsch: 154/B1;
SV-Bilderdienst 245/B6, 267/B5, 258 B2
terre des hommes/Theo Dom: 199 l., 201/B6;
© The Royal Collections Enterprise, Windsor Castle: 87/B1;
ullstein bild: 136 (Imagno), 144, 182, 183 (KPA), 201/B5 (Still Pictures), 172/B5 (Frank Lehmann), 208, 212 o., B12, 241 u., 250, 264 B3, 264/B1, 271
ullstein/Archiv Gerstenberg: 98 o., 100, 152 o., 157, 229;
ullstein – Willy Stöwer 263;
Universitätsbibliothek Heidelberg: 45 l.;
VWV-Archiv: 52/B1, 112, 122/B2, 186, 199 M.;
Werksarchiv Henkel: 181/B7;
Wilhelm Stöckle, Filderstadt 221 r.;
H. Wunderlich: 20/B1;

Nicht in allen Fällen war es uns möglich, die Rechteinhaber der Abbildungen ausfindig zu machen. Für eventuell entstandene Fehler oder Auslassungen bitten wir um Verständnis. Berechtigte Ansprüche werden selbstverständlich im Rahmen der üblichen Vereinbarungen abgegolten.